国家文化产业资金支持媒体融合重大项目

U0861857

“基于工作过程的项目化教学”创新教材

会计信息系统应用

叶剑明 江春燕 张莉 主编

Application of Accounting Information System

东北财经大学出版社
Dongbei University of Finance & Economics Press
大连

图书在版编目（CIP）数据

会计信息系统应用 / 叶剑明，江春燕，张莉主编．—大连：东北财经大学出版社，2020.8

（“基于工作过程的项目化教学”创新教材）

ISBN 978-7-5654-3754-0

Ⅰ．会…　Ⅱ．①叶…②江…③张…　Ⅲ．会计信息-财务管理系统-教材　Ⅳ．F232

中国版本图书馆CIP数据核字（2020）第020862号

东北财经大学出版社出版

（大连市黑石礁尖山街217号　邮政编码　116025）

网　　址：http://www.dufep.cn

读者信箱：dufep@dufe.edu.cn

大连图腾彩色印刷有限公司印刷　东北财经大学出版社发行

幅面尺寸：185mm×260mm　字数：392千字　印张：16.5

2020年8月第1版　2020年8月第1次印刷

责任编辑：包利华　刘贤恩　责任校对：冯志慧

封面设计：冀贵收　版式设计：钟福建

定价：38.00元

教学支持　售后服务　联系电话：（0411）84710309

前　言

本教材以用友ERP-U8 V10.1软件为载体，从企业实际应用出发，以四川汇行商贸有限公司日常经营活动为原型，模拟企业信息化管理中的总账、应收款管理、应付款管理、薪资管理、固定资产管理、报表等业务，重点介绍信息化环境下各项业务的处理流程和方法，具有很强的实战性和可操作性。

本教材以应用能力培养为目标，设计了7个工作项目和24个工作任务，具有以下特点：第一，教材以会计工作过程的真实任务为导向，根据财务工作岗位设计工作任务及能力需求，以一个业务案例贯穿整个财务工作的始终，利于激发学生主动学习的兴趣；第二，打破分模块的教学模式，将整个教学模块按会计工作流程整体融通，符合现实工作应用；第三，以2019年12月的业务为案例背景，紧扣最新财税政策，充分体现案例的与时俱进；第四，教材中的每个任务均提供了详细的操作步骤、软件操作截图，并配有高质量软件操作演示视频（110个），图文视频结合，内容详实，方便读者使用。

本教材案例由成都文理学院魏元方设计，项目1、项目2、项目3由四川商务职业学院王伯平编写，项目4由四川财经职业学院黄媛编写，项目5由四川财经职业学院江春燕、党爱编写，项目6、项目7由四川财经职业学院叶剑明、四川文化产业职业学院张莉编写，讲解视频由张莉制作。全书由叶剑明、江春燕、张莉总纂、定稿。在编写过程中得到了新道科技有限公司的大力支持和帮助，在此表示感谢。

由于作者水平和实践经验有限，书中不妥之处，恳请读者批评指正，请将建议和意见发至11045584@qq.com邮箱，十分感谢!

编　者

2020年8月于成都

目　录

项目 1　构建会计信息系统 / 1

任务一　准备用友 ERP-U8 V10.1 安装环境 / 1
任务二　安装 SQL Server 2008 R2 数据库服务器 / 6
任务三　用友 ERP-U8 V10.1 软件安装 / 21

项目 2　系统级初始化 / 30

任务一　系统管理 / 30
任务二　数据准备及基础设置 / 46

项目 3　模块级初始化 / 82

任务一　总账系统初始化 / 82
任务二　固定资产系统初始化 / 88
任务三　薪资管理系统初始化 / 97
任务四　应收款管理系统初始化 / 104
任务五　应付款管理系统初始化 / 111

项目 4　日常业务处理 / 118

任务一　总账系统日常业务处理 / 118
任务二　固定资产管理系统日常业务处理 / 140
任务三　薪资管理系统日常业务处理 / 151
任务四　应收款管理系统日常业务处理 / 158
任务五　应付款管理系统日常业务处理 / 179

项目 5　期末处理 / 197

任务一　固定资产管理系统期末处理 / 197
任务二　薪资管理系统期末处理 / 200
任务三　应收款管理系统期末处理 / 203
任务四　应付款管理系统期末处理 / 205
任务五　总账系统期末处理 / 207

项目 6　UFO 报表 / 232

任务一　自定义报表 / 232
任务二　利用模板生成报表 / 239
任务三　会计报表的日常管理 / 244

项目 7 新年度账开启 / 252
任务一 开启新年度账 / 252
主要参考文献 / 254

项目1　构建会计信息系统

【项目描述】

四川汇行商贸有限公司，企业单位（贸易商），主要代理销售品牌男鞋、女鞋；始建于2011年，经过多次体制变更，现由五个投资者共同投资组建；位于成都市龙泉驿区北泉路4276号。

微课：会计电算化概述

该公司注册资本100万元；现有职工67人，其中：一般人员47人，公司管理人员20人；法人代表：张洪刚。2013年经主管税务机关核准为增值税一般纳税人，社会统一信用代码：915101042515496872。公司电话号码：028-84645235，传真号码：028-84645236，邮政编码：610101。

公司在中国工商银行龙泉驿支行开立基本账户，账号：4402201365425893581。

按照有限责任公司的规定，公司的权力机构为股东会。公司设立董事会对股东会负责，董事长张洪刚为公司的法定代表人。公司设总经理对董事会负责。

公司建立了职能型组织机构，分别设置了行政部、财务部、采购部、市场部、信息部、仓储部等职能部门。

随着公司规模的发展，公司高层决定从2019年12月起开始使用信息化软件来管理企业的日常业务，经过分析对比，决定选用用友ERP-U8 V10.1软件，使用模块为总账、固定资产、薪资管理、应收款管理、应付款管理等。

【解决方案】

1.准备用友ERP-U8 V10.1安装环境；

2.安装SQL Server 2008 R2数据库服务器；

3.安装用友ERP-U8 V10.1软件。

任务一　准备用友ERP-U8 V10.1安装环境

说明：本教程在教学上结合会计信息化教考系统使用用友ERP-U8 V10.1软件，故选择在单机上安装用友ERP-U8 V10.1，操作系统使用Windows 7旗舰版。

（一）安装IIS

Internet Information Services（IIS，互联网信息服务），是由微软公司提供的基于运行Windows的互联网基本服务。IIS的默认安装不完全，需要自己手动添加进行安装。

1.进入控制面板后，选择“程序”（如图1-1所示）

选择“程序和功能”中的“打开或关闭Windows功能”，如图1-2所示。

2.选择Internet信息服务进行设置

选择“Internet信息服务”，进入后，要把加号都点开，简单的做法是选取可选的全部项目，如图1-3所示。

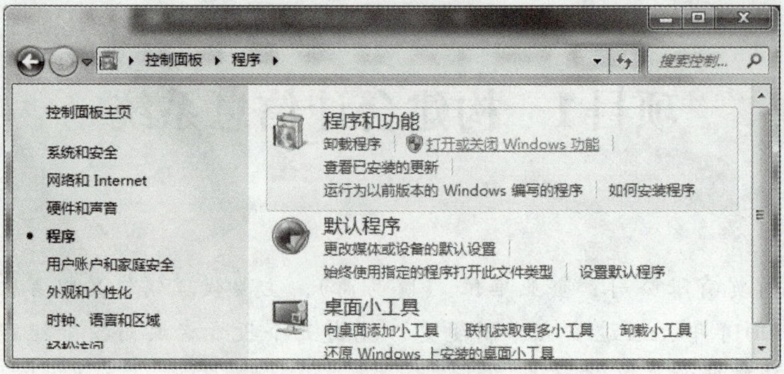

图1-1　控制面板

图1-2　打开或关闭Windows功能

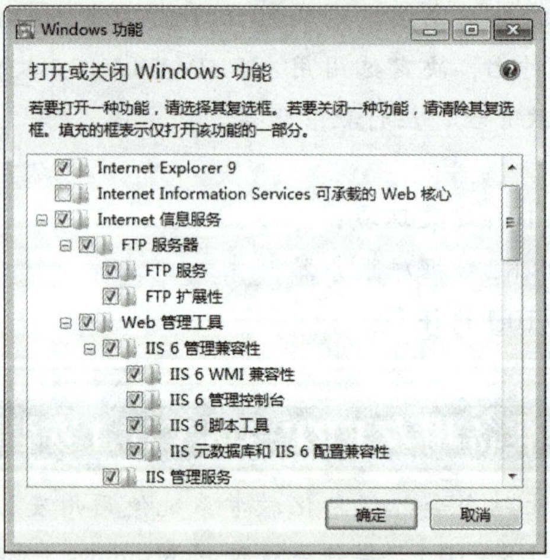

图1-3　选择Internet信息服务

进行相关设置后，选择“确定”，系统会自动完成IIS的安装。然后重新启动。

（二）安装环境的准备

1.安装用户

在安装软件过程中，一般都要更改有关的环境设置，因此一般要具有管理员权限才能安装，最好在安装时使用超级用户。

Windows 7旗舰版安装完成后，默认登录的不是超级用户（Administrator），可使用如下方法将超级用户释放出来：

在桌面的“计算机”图标上单击鼠标右键，显示如图1-4所示。

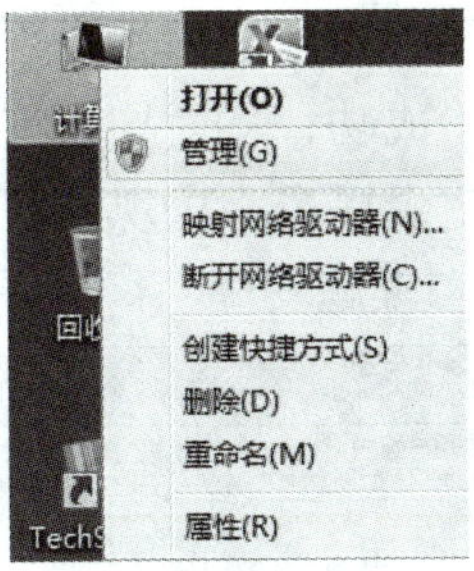

图1-4 右键单击桌面“计算机”图标

选择“管理”，再选择“本地用户和组”，再选择“用户”，然后再选择“Administrator”，如图1-5所示。

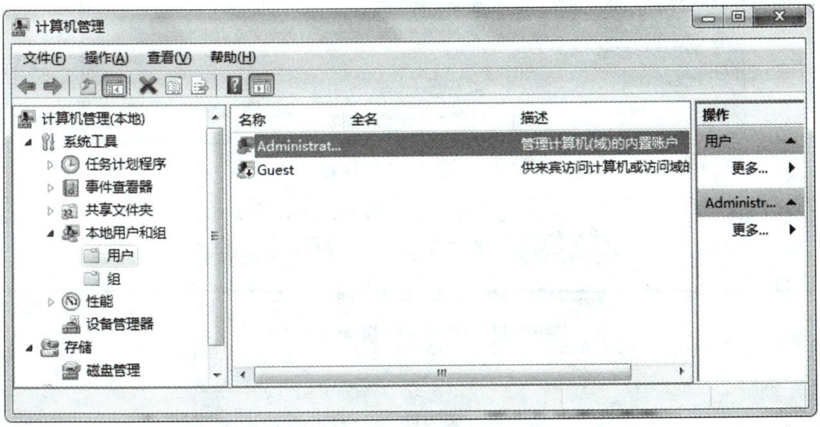

图1-5 计算机管理

双击“Administrator”，将“账户已禁用”前面的“√”去掉（单击“√”），如图1-6所示，选择“确定”，退出后重新启动操作系统。

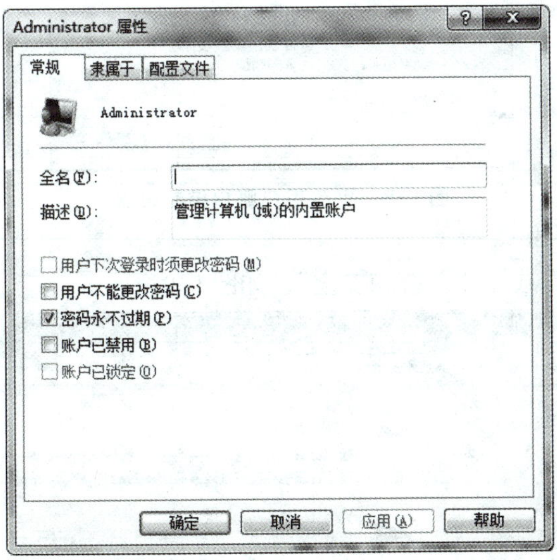

图1-6 定义Administrator属性

2.更改用户账户控制设置

为了安全起见，Windows 7对用户的权限进行了控制，以防止非法软件被安装，但在安装一些软件时，是需要最高权限的，否则表面上似乎安装完成，但由于安装人员的权限不够，导致在修改有关系统参数时不成功，从而导致安装后无法使用。这种问题是安装程序在安装过程中发生的，系统不一定会提示，出现错误的时候很难查找原因和解决办法。

选择“控制面板”|“用户账户和家庭安全”|“用户账户”，如图1-7所示。

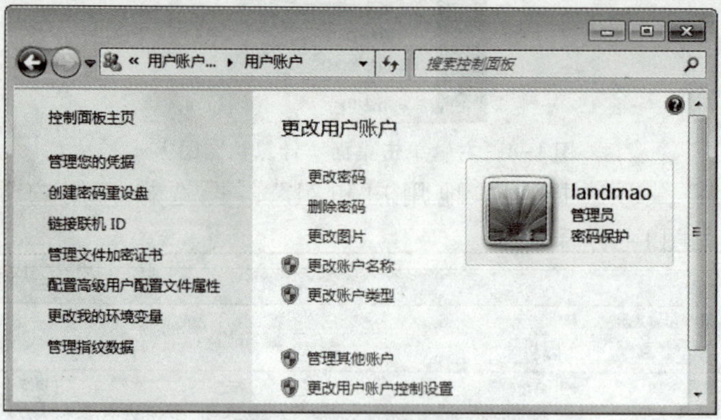

图1-7　进入“用户账户”

单击“更改用户账户控制设置”，然后设为最低，如图1-8所示。

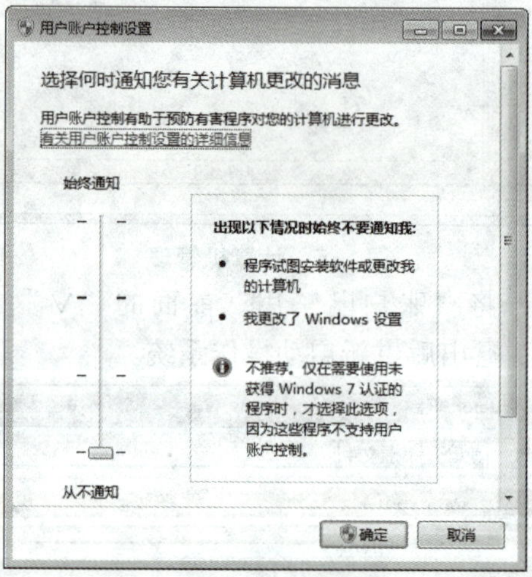

图1-8　更改用户账户控制设置

3.更改计算机名称

打开“控制面板”，选择“系统和安全”，如图1-9所示。

图1-9　进入“系统和安全”

再选择“系统”，如图1-10所示。

图1-10 进入“系统”

在用友U8系统中，计算机名不能使用有“-”特殊字符，如需要更改，可选择计算机名的“更改设置”功能完成。图1-11所示的是将计算机名称建议为：“大写+数字”。

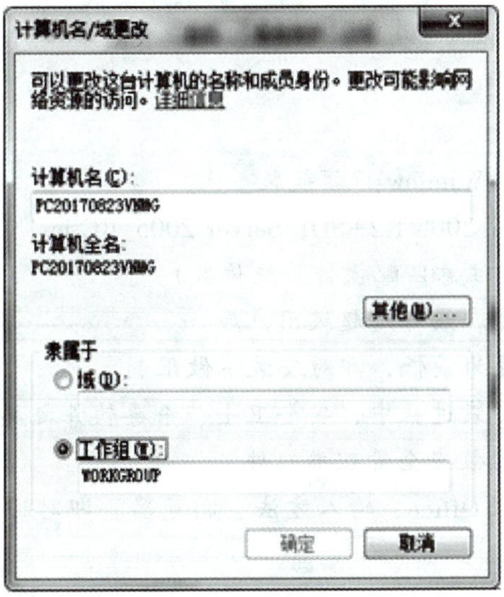

图1-11 修改计算机名

单击“确定”，重新启动后完成。

4. 日期分隔符设置

在用友U8系统中，要求将日期分隔符号设置为“-”，设置的方法为：

进入Windows7控制面板，选择“时钟、语言和区域”，再选择“更改日期、时间或数字格式”，按照图1-12设置短日期的格式（设置为yyyy-MM-dd格式）。

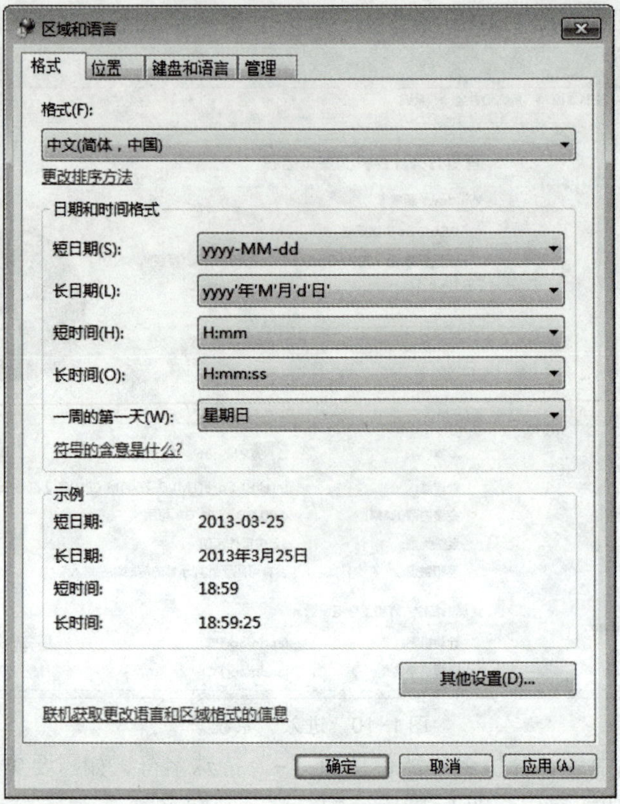

图 1-12 设置日期和时间格式

单击“确定”完成。

【温馨提示】

安装时注意以下事项：

1.操作系统：建议采用Windows 7旗舰版。

2.数据库：SQL Server 2008 R2+SQL Server 2005_BC.msi（组件安装包第三方组件3rdProgram文件夹中自带，注意匹配操作系统位数）。

3.安装的权限：管理员。最好是超级用户。

4.用户权限控制：设置为最低，即对安装不做限制。

5.安全管理软件：在安装过程中，安全卫士、杀毒软件之类的软件必须停止运行。最好先卸载，安装成功后再安装安全管理类软件。

6.其他软件：可以安装Office、输入方法、浏览器、即时通讯类软件。不能在同一环境存在其他管理软件。

任务二 安装SQL Server 2008 R2数据库服务器

一、准备安装环境

准备好SQL Server 2008 R2（32位或64位）完整企业版的安装程序，如图1-13所示。

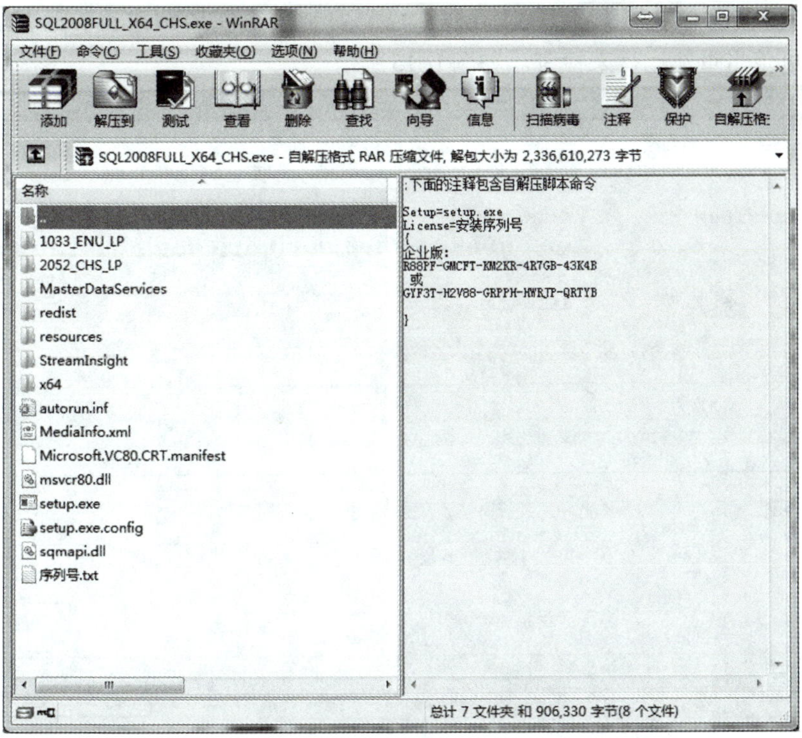

图 1-13　准备安装程序

二、安装数据库

运行安装包中的"setup.exe"，在弹出的窗口上选择"安装"，在安装页面的右侧选择"全新安装或向现有安装添加功能"。如图 1-14 所示。

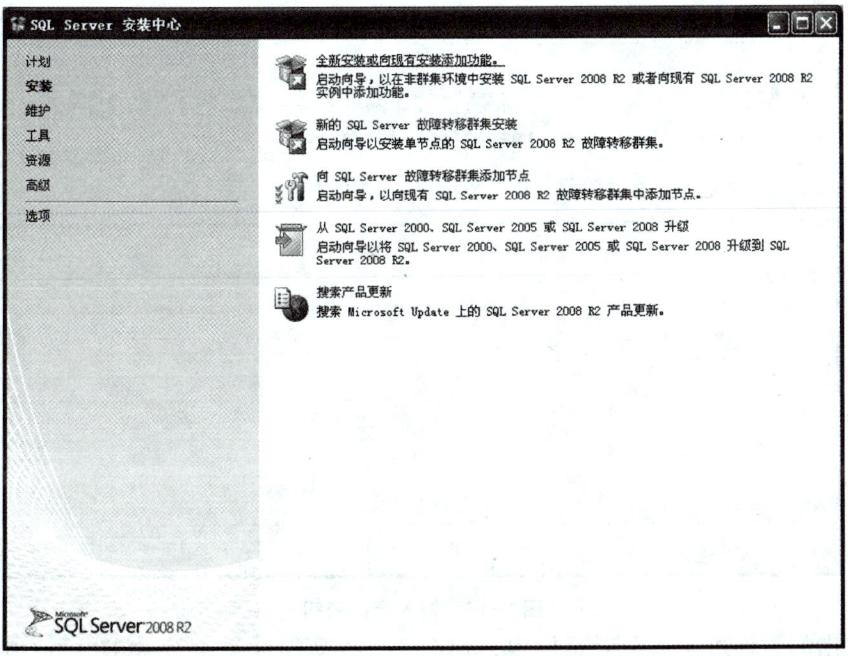

图 1-14　安装数据库

弹出“安装程序支持规则”对话框，检测安装是否能顺利进行，通过就单击“确定”，否则可单击重新运行来检查。如图1-15所示。

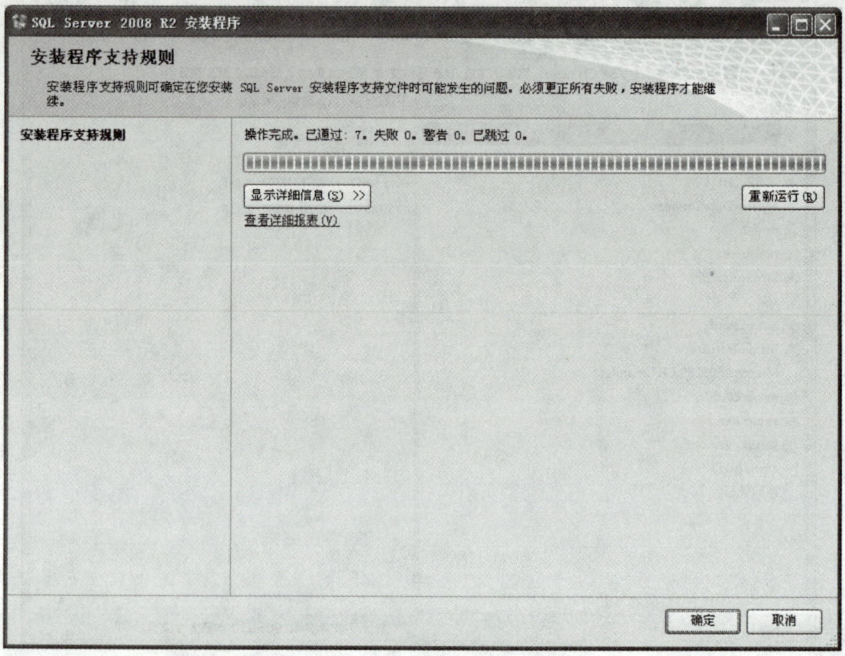

图1-15 检测安装程序

在弹出的“产品密钥”对话框中选择“输入产品密钥”选项，并输入SQL Server 2008 R2安装光盘的产品密钥，如图1-16所示。单击“下一步”。

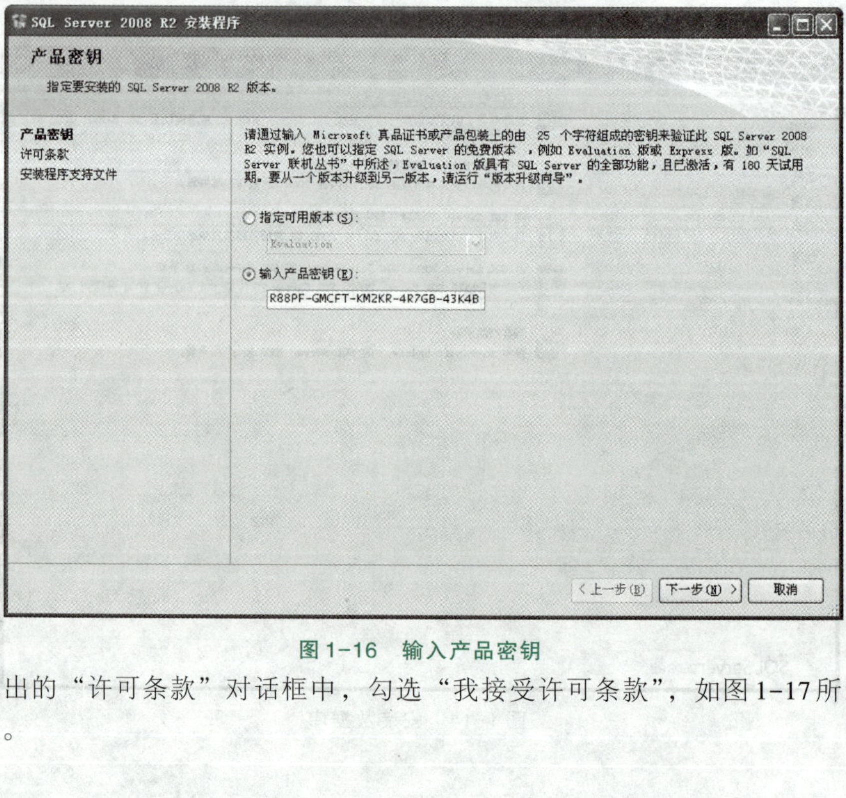

图1-16 输入产品密钥

在弹出的“许可条款”对话框中，勾选“我接受许可条款”，如图1-17所示，单击“下一步”。

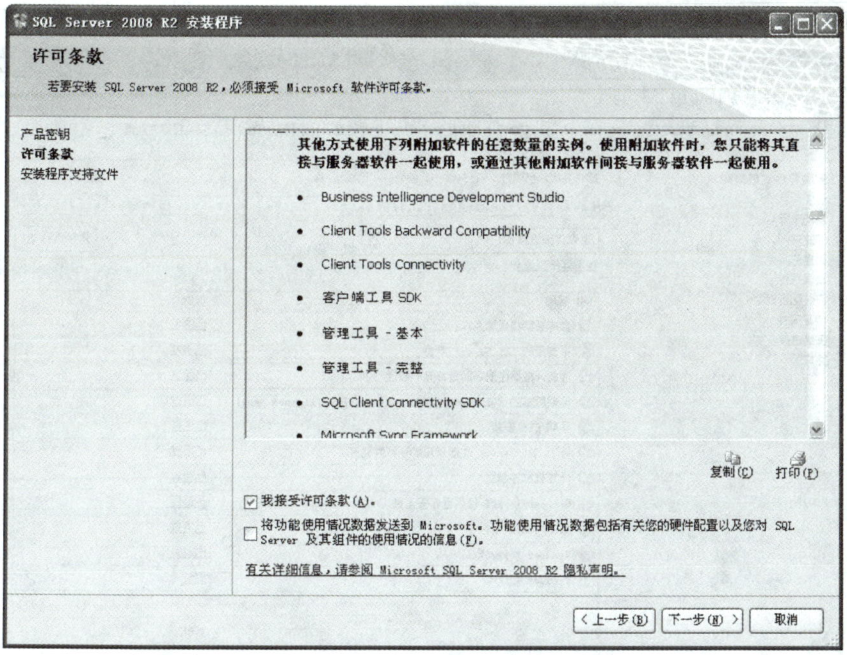

图1-17　“许可条款”对话框

弹出“安装程序支持文件”对话框，单击“安装”以安装程序支持文件，如图1-18所示。若要安装或更新SQL Server 2008 R2，这些文件是必需的。

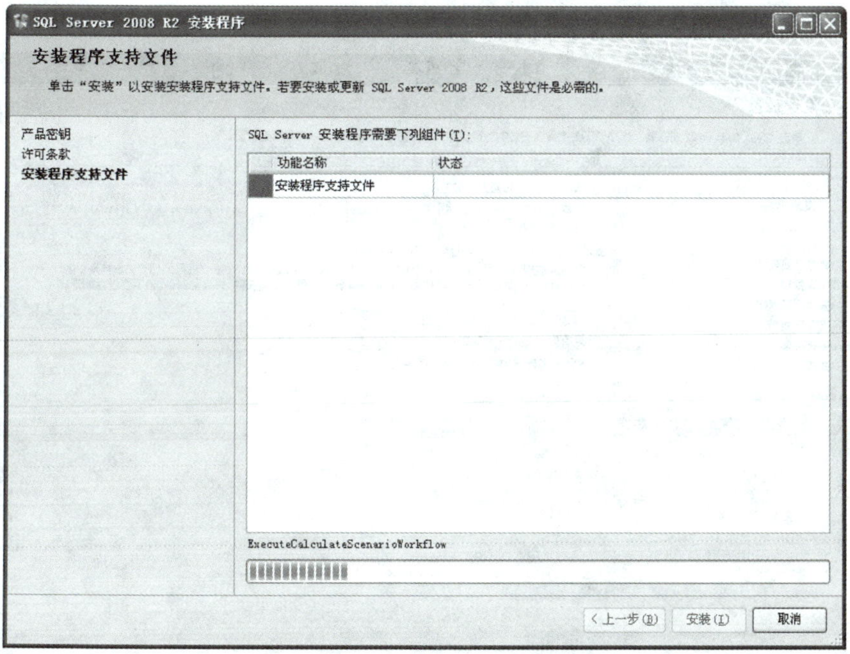

图1-18　“安装程序支持文件”对话框

单击“下一步”，弹出“安装程序支持规则”对话框。安装程序支持规则可确定在安装SQL Server 2008 R2安装程序文件时可能发生的问题。必须更正所有失败，安装程序才能继续。如图1-19所示。确认通过单击“下一步”。如果操作系统没有安装.net framet3.5 sp1，将会自动安装。如果出现了Windows防火墙警告，则直接关掉防火墙。

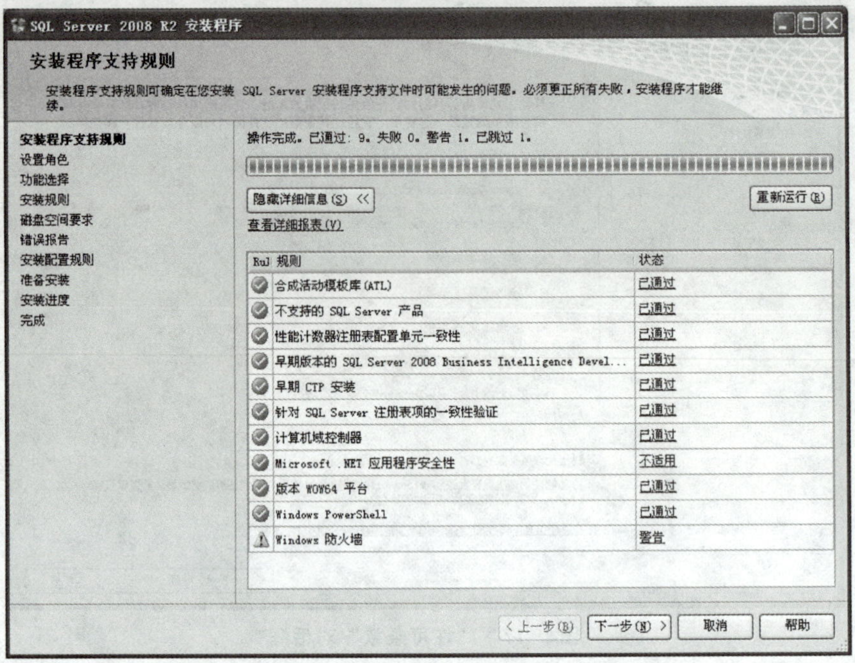

图1-19 “安装程序支持规则”对话框

必备环境全部通过后，单击“下一步”。在“设置角色”对话框中勾选“SQL Server功能安装”，如图1-20所示。单击“下一步”。

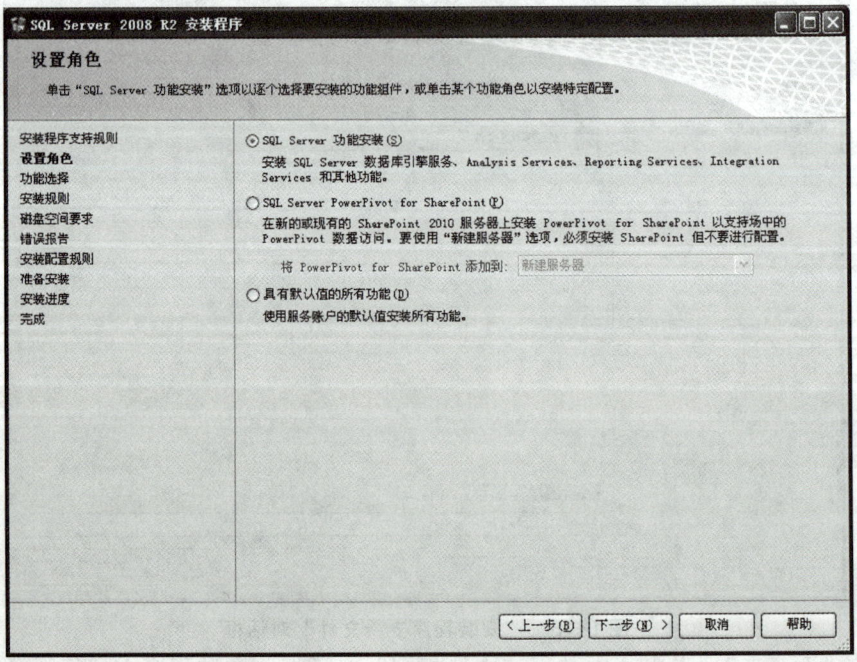

图1-20 “设置角色”对话框

在弹出的“功能选择”对话框中选择要安装的功能，并选择“共享功能目录”，如图1-21所示。单击“下一步”。

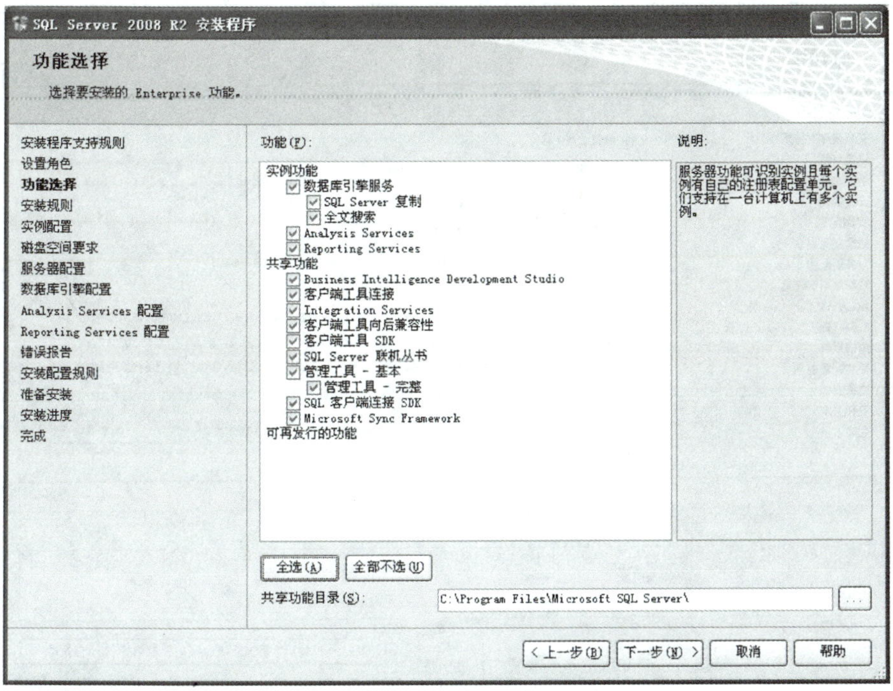

图1-21 “功能选择”对话框

弹出“安装规则”对话框，安装程序正在运行规则以确定是否要阻止安装过程，有关详细信息，请单击“帮助”。如图1-22所示。

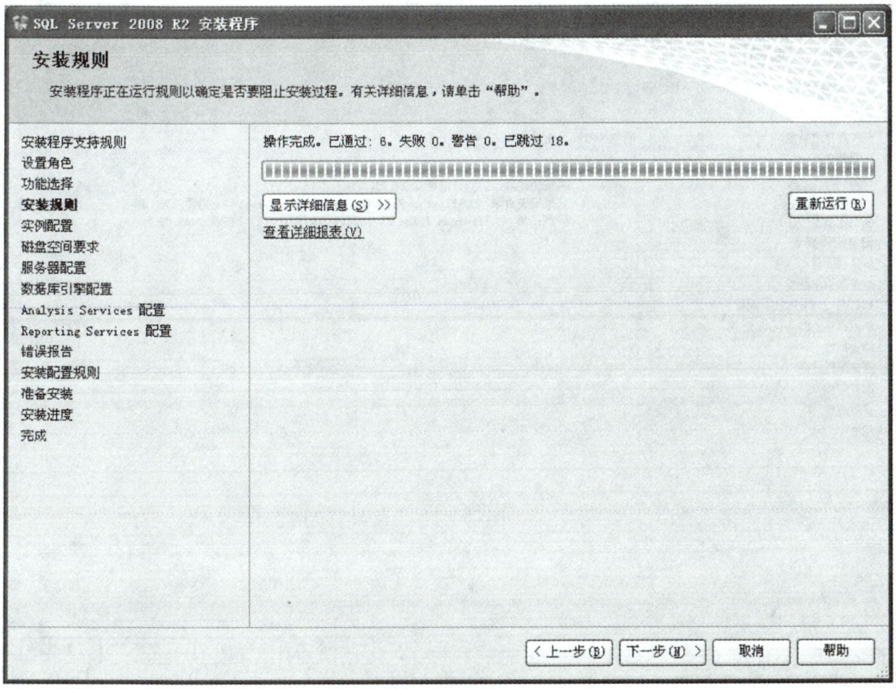

图1-22 “安装规则”对话框

单击“下一步”，出现“实例配置”对话框。指定SQL Server实例的名称和实例ID。实例ID将成为安装路径的一部分。这里选择“默认实例”。如图1-23所示。

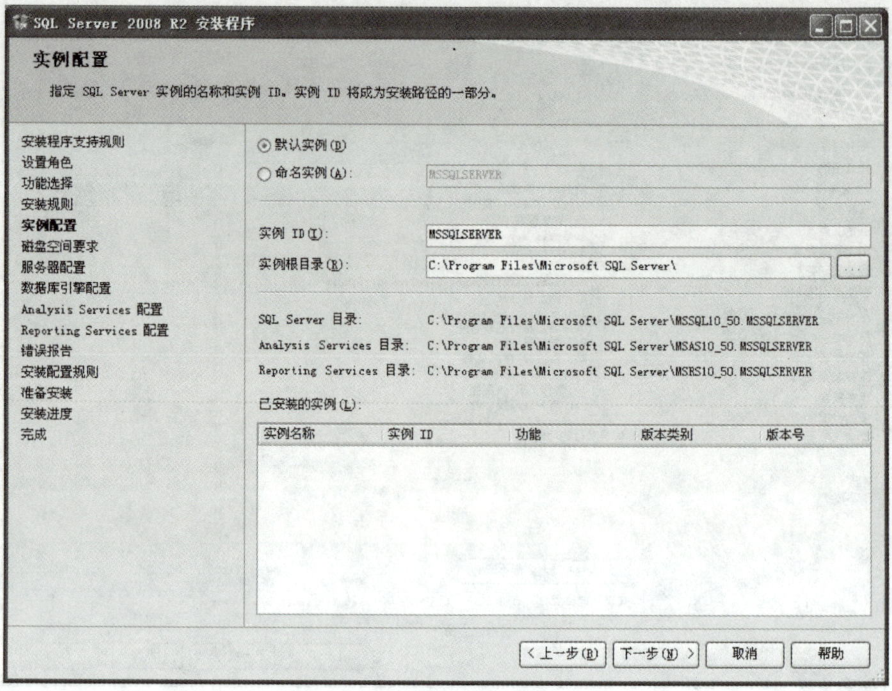

图 1-23 “实例配置”对话框

单击“下一步”，弹出“磁盘空间要求”对话框，可以查看所选择的SQL Server功能所需的磁盘空间摘要。如图1-24所示。

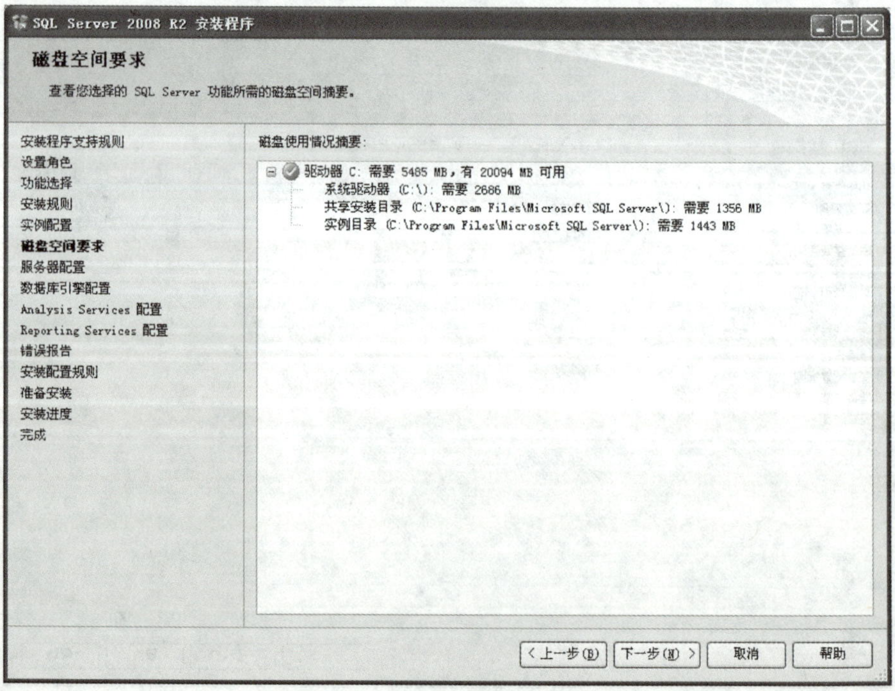

图 1-24 “磁盘空间要求”对话框

单击“下一步”，弹出“服务器配置”对话框，指定服务账户和配置排序规则，在页面中单击“对所有SQL Server服务使用相同的账户”。如图1-25所示。

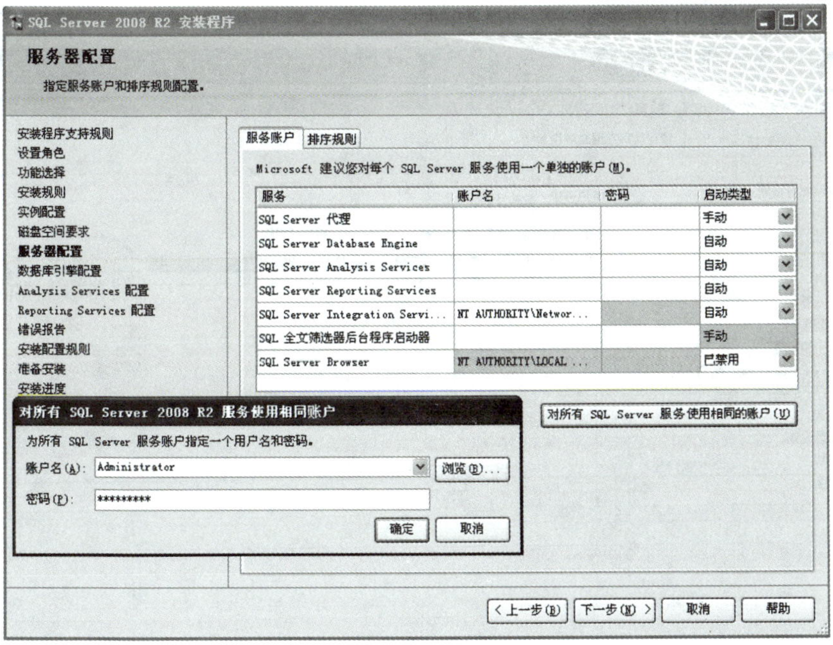

图1-25 “服务器配置”对话框

注意：SQL Server 2008 R2可以对不同服务指定不同账户，一般单击“对所有SQL Server服务使用相同的账户”，选择Windows的Administrator管理员账户和密码。建议在安装SQL Server 2008 R2之前把Windows的管理员密码设置好，安装完SQL Server 2008 R2之后不要修改管理员密码。否则可能导致SQL Server 2008 R2服务无法启动。

单击“下一步”，弹出“数据库引擎配置”对话框，选择“混合模式”，输入用户名和密码，添加当前用户。如图1-26所示。

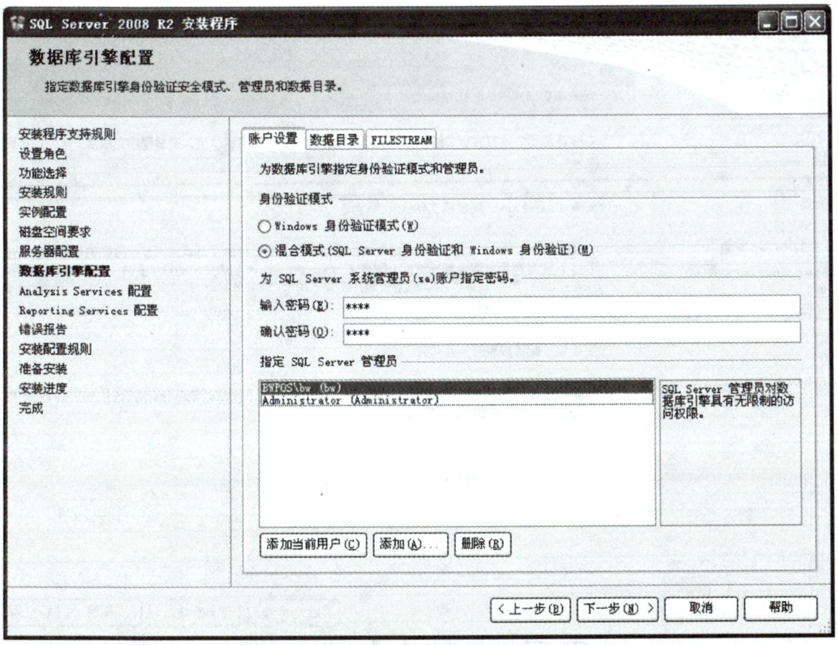

图1-26 “数据库引擎配置”对话框

单击“添加当前用户”，单击“下一步”。如图1-27所示。

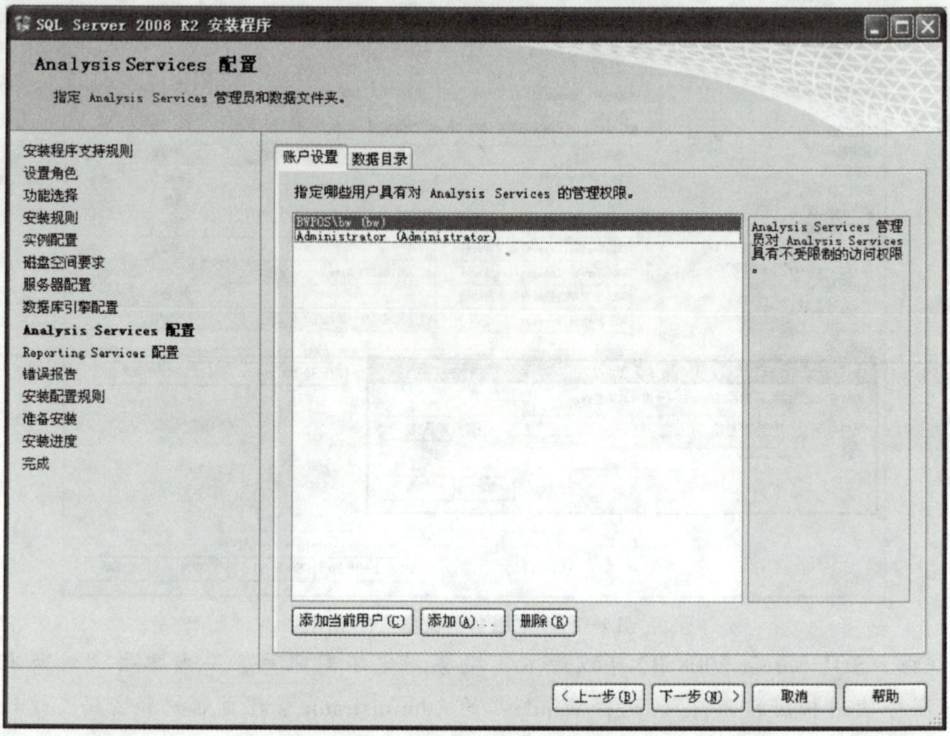

图1-27 选择“添加当前用户”

选择“安装本机模式默认配置”。如图1-28所示。

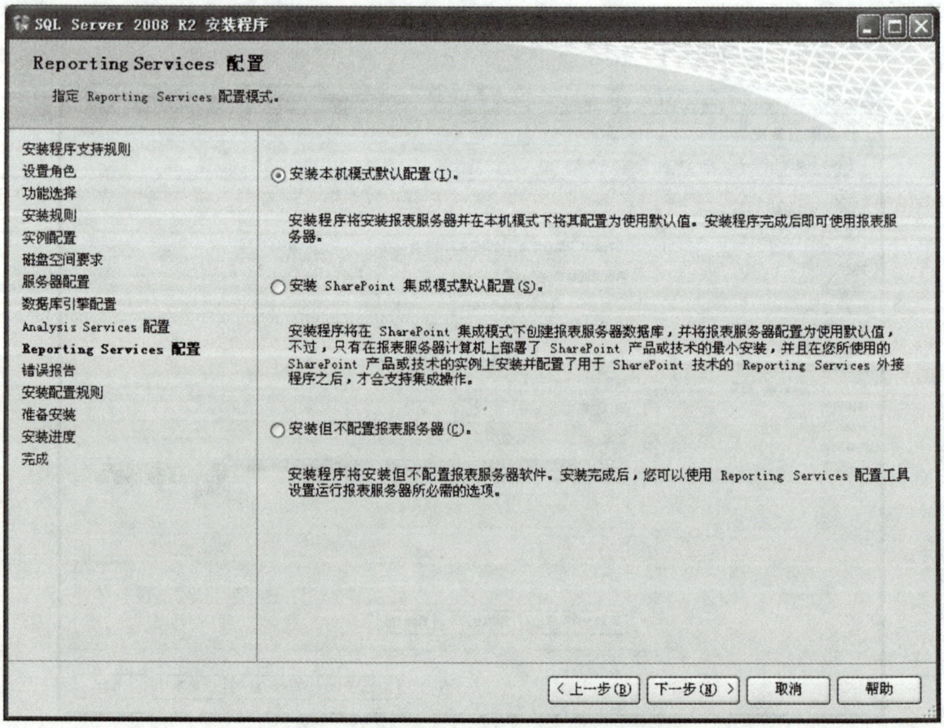

图1-28 选择“安装本机模式默认配置”

单击“下一步”。如图1-29所示。

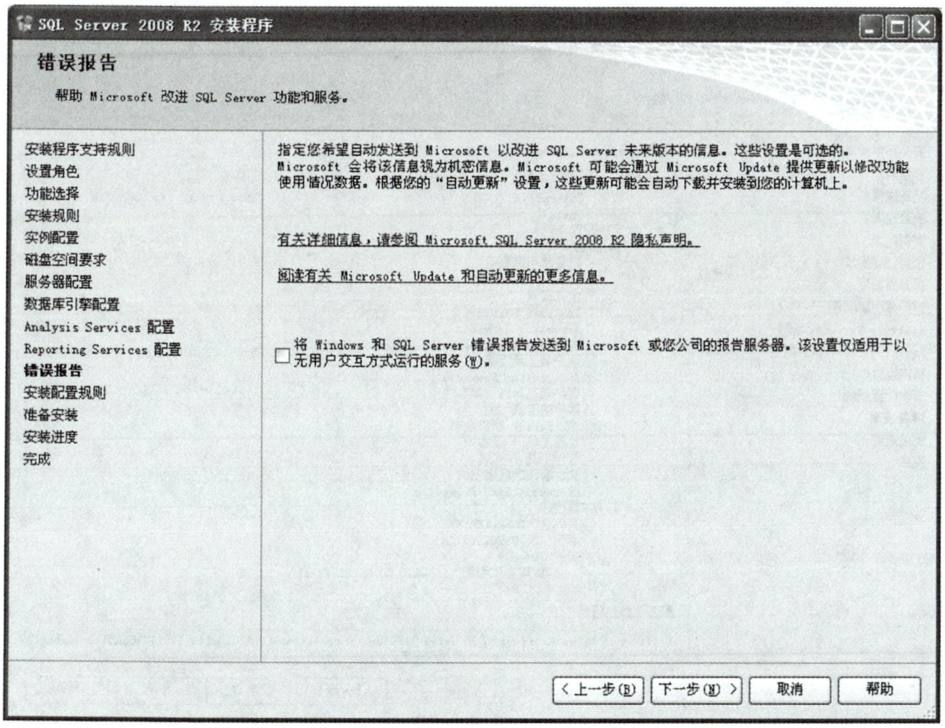

图1-29 “错误报告”对话框

单击“下一步”。如图1-30所示。

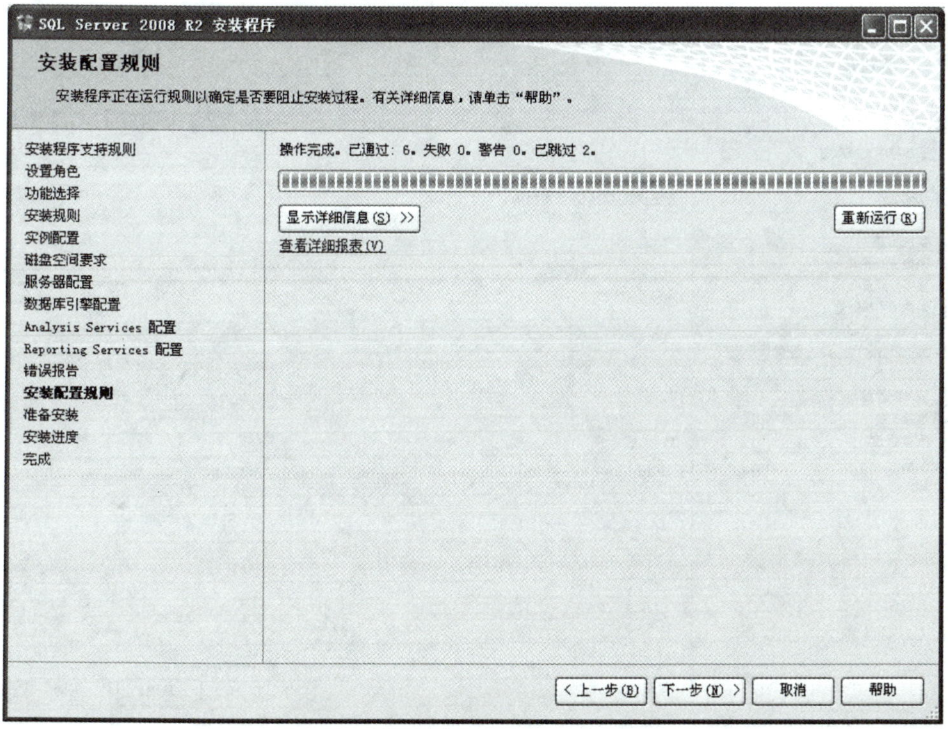

图1-30 “安装配置规则”对话框

单击“下一步”。如图1-31所示。

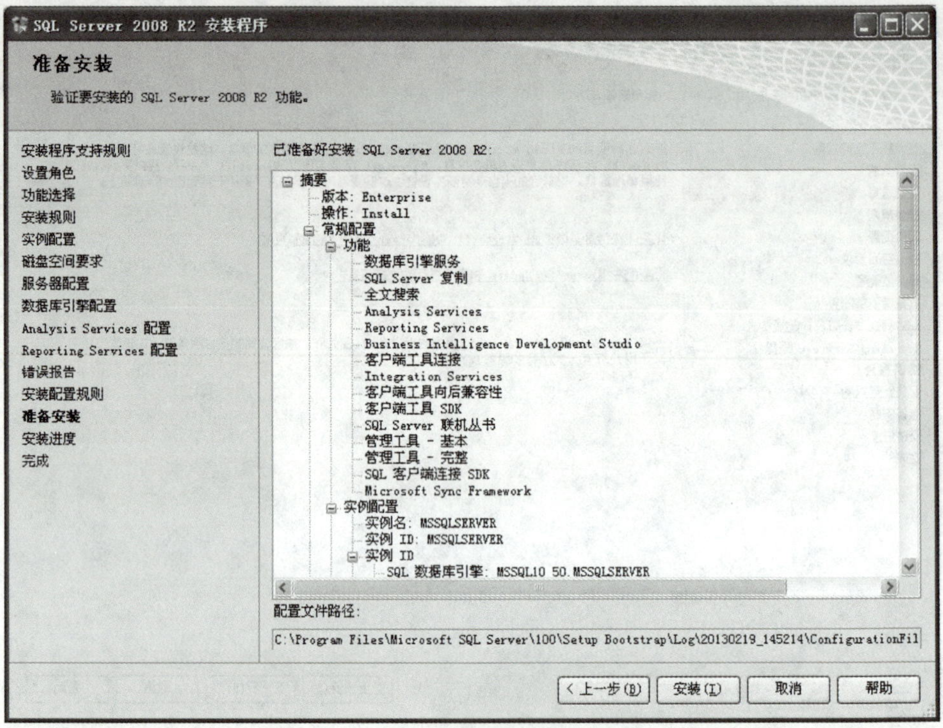

图1-31 “准备安装”对话框

单击“安装”。如图1-32所示。

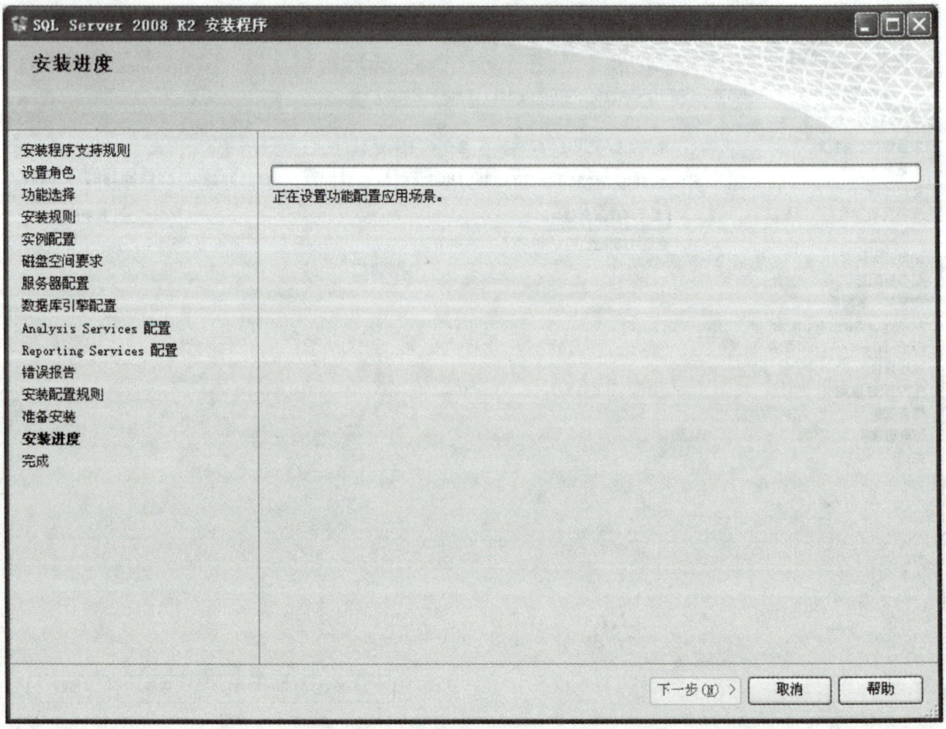

图1-32 “安装进度”对话框

然后等待安装完成。如图1-33所示。

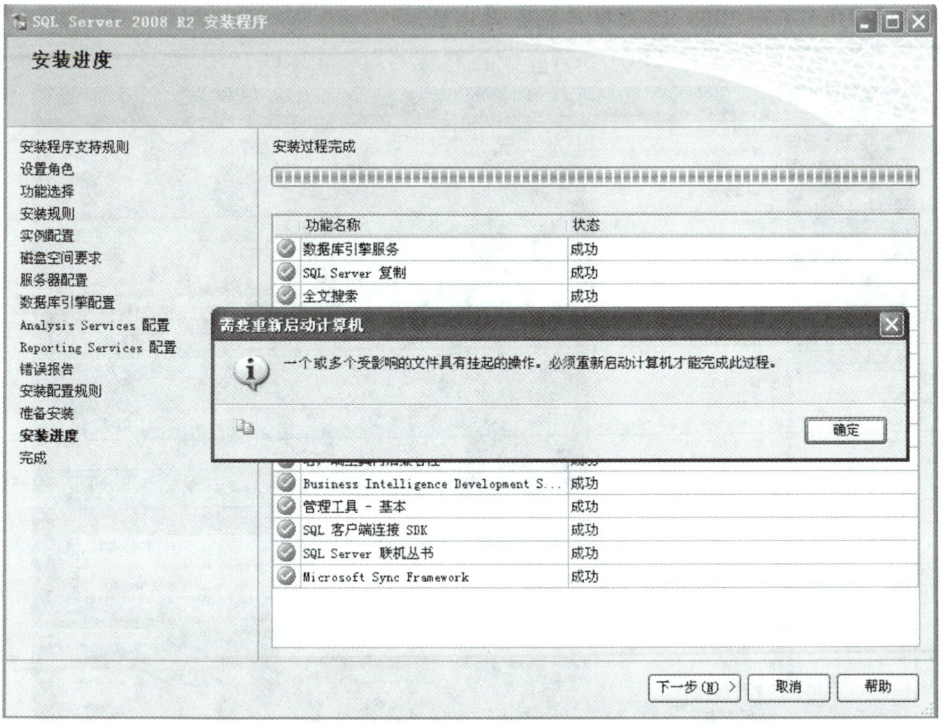

图1-33　等待安装

单击“确定”。安装完成，单击“关闭”即可。如图1-34所示。

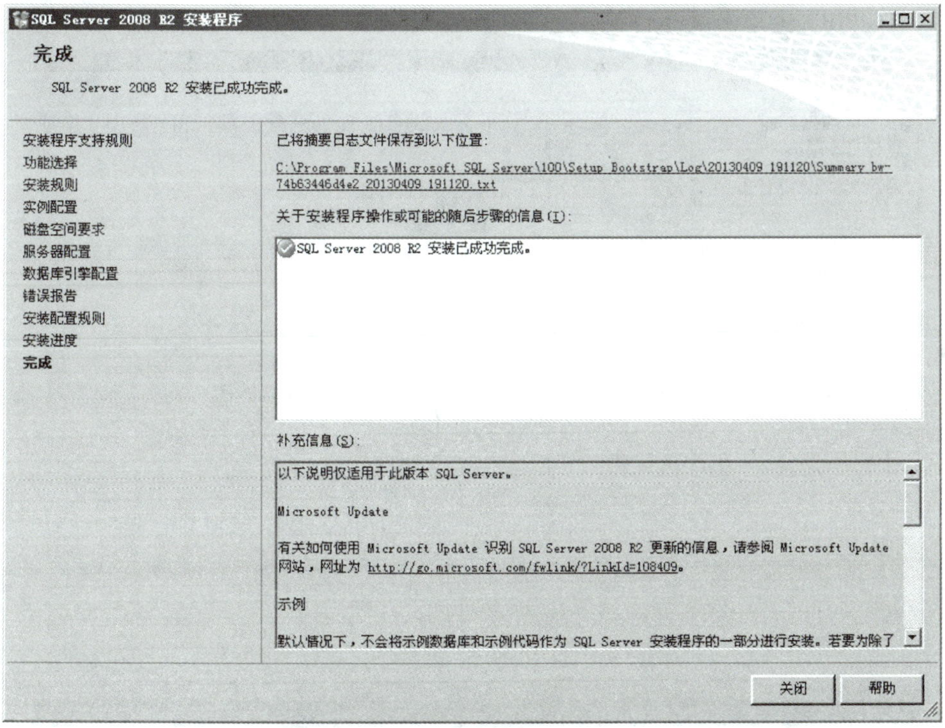

图1-34　安装完成

三、完成配置

1.配置SQL Server 2008 R2数据库服务器地址

单击“开始”菜单中的“SQL Server配置管理器”。如图1-35所示。

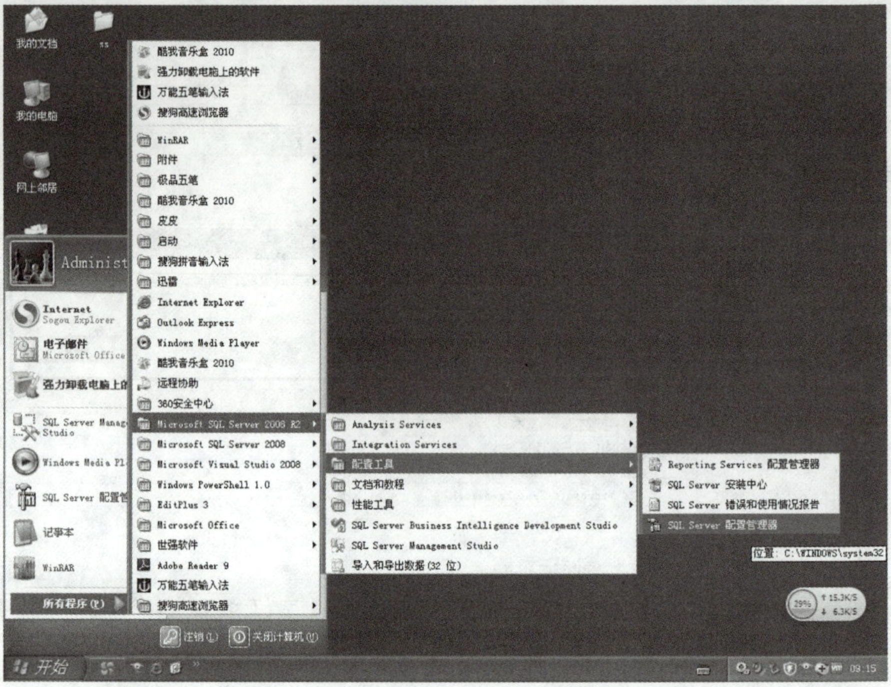

图1-35 选择“SQL Server配置管理器”

在“TCP/IP”上单击鼠标右键，选择“属性”，如图1-36所示，依次展开。

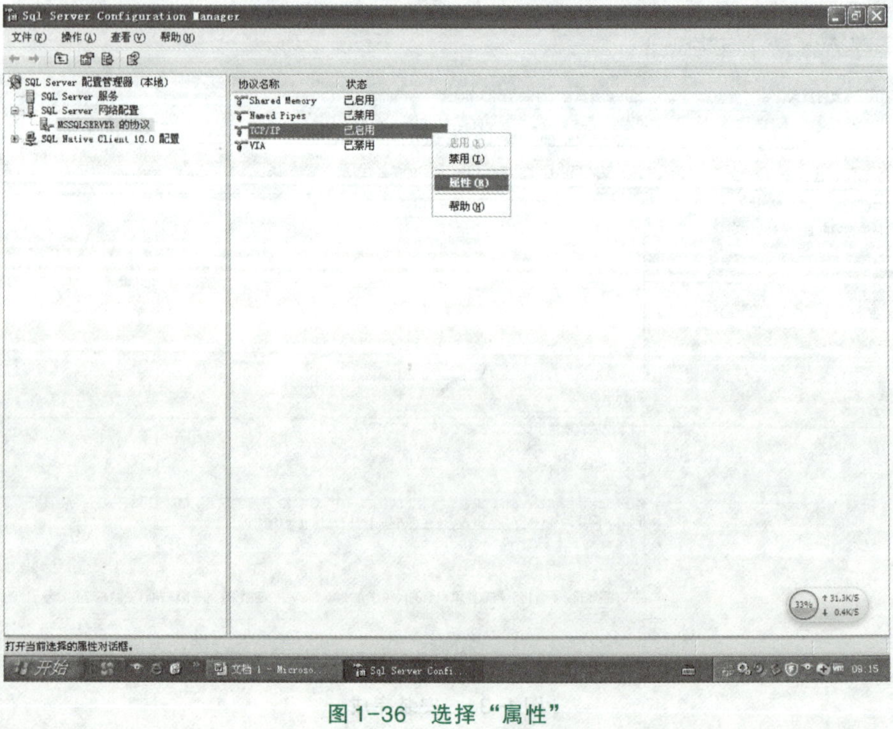

图1-36 选择“属性”

设置IP地址及端口，端口不要与原有SQL Server（如果已安装其他版本SQL Server）和其他应用程序的端口相同，以免发生冲突。如图1-37所示。

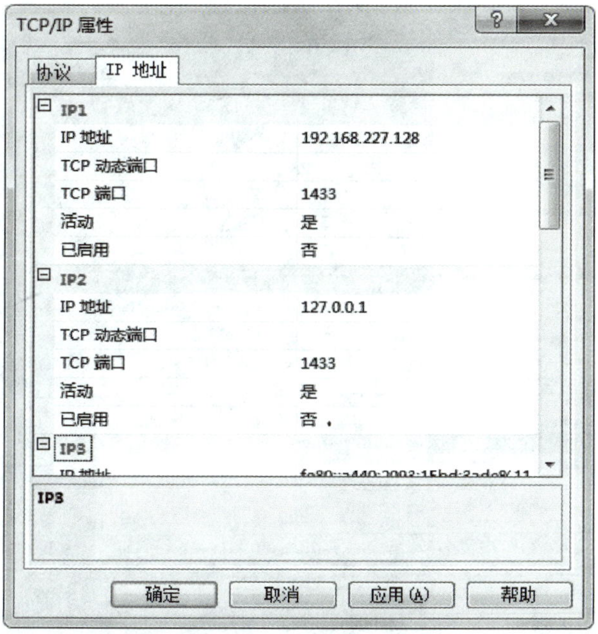

图1-37　设置IP地址及端口

重启电脑，SQL Server服务才生效。如图1-38所示。

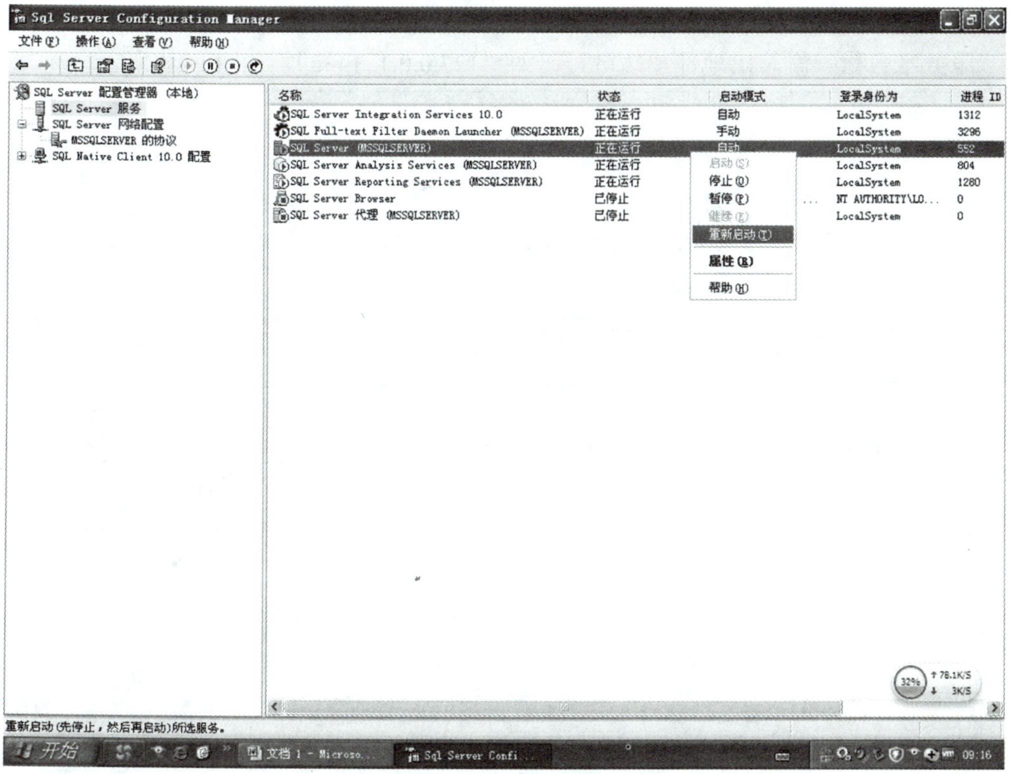

图1-38　重启SQL Server服务

2.连接SQL Server数据库服务器

单击“开始”菜单中的“SQL Server Management Studio”。如图1-39所示。

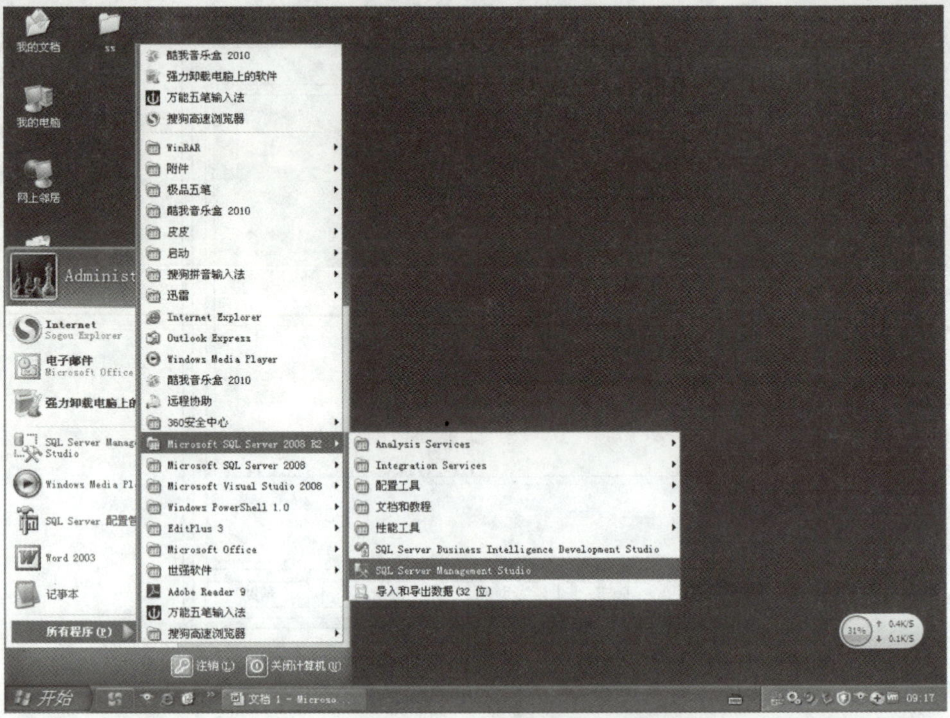

图1-39 选择SQL Server Management Studio

“服务器名称”输入IP地址加端口号，如“127.0.0.1,1433”。如图1-40所示。

图1-40 IP地址加端口号

可以正常连接到SQL Server 2008 R2，其他软件在连接到这个实例时，都要以IP地址加上端口号的方式连接（如果SQL Server的端口不是默认端口时）。如图1-41所示。

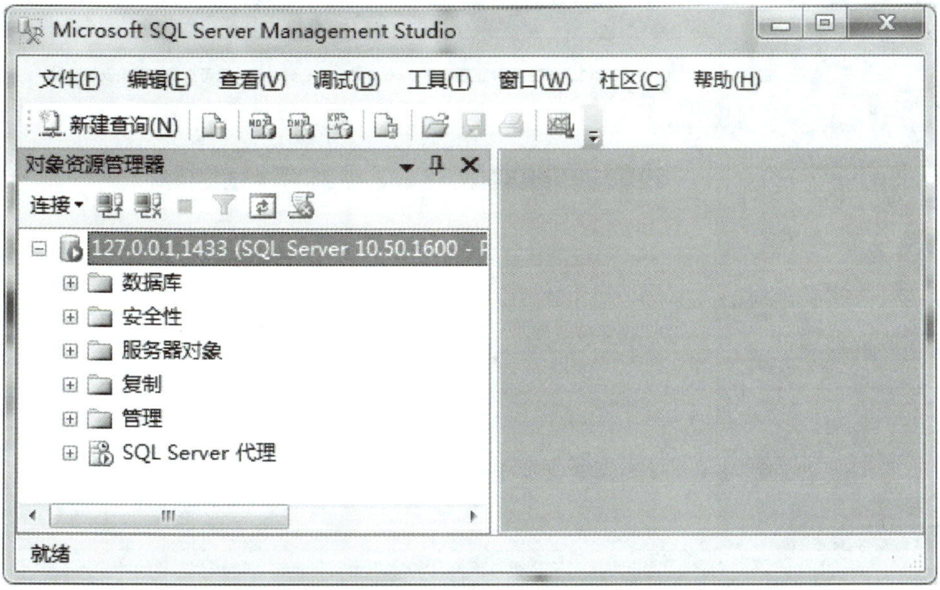

图1-41 连接到SQL Server2008 R2

任务三 用友ERP-U8 V10.1软件安装

【操作提示】

双击“光盘”|“用友ERP-U8 V10.1安装程序”|“SetupShell.exe文件”，运行安装程序，如图1-42所示。

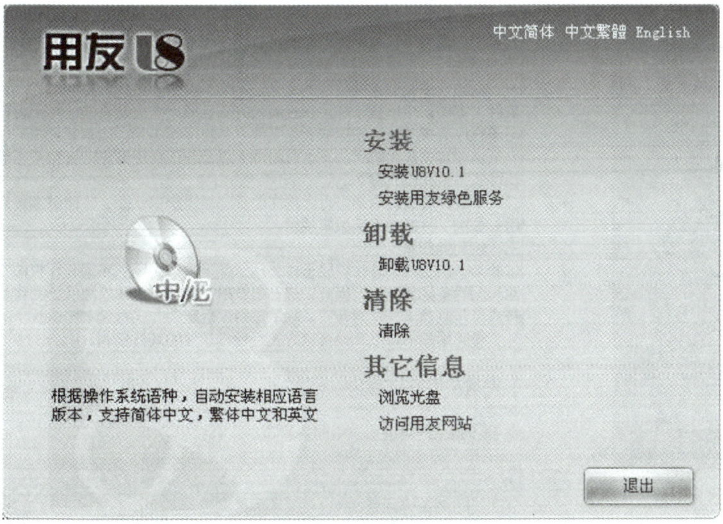

图1-42 运行安装程序

选择“安装U8 V10.1”，单击开始安装。如图1-43所示。

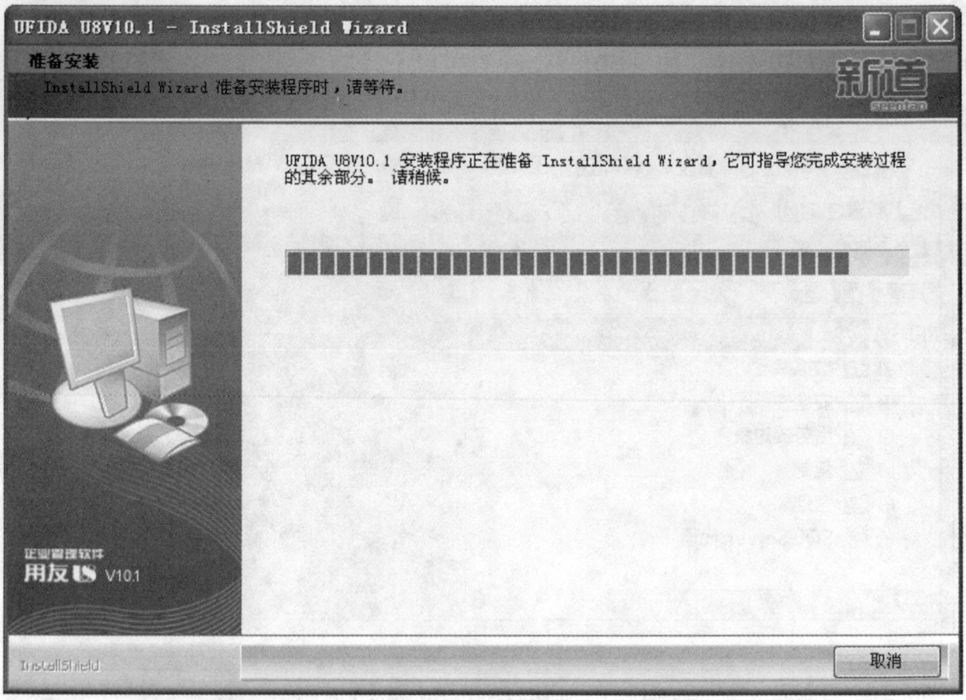

图1-43　开始安装

选中“我接受许可证协议中的条款”，如图1-44所示。单击“下一步”按钮。

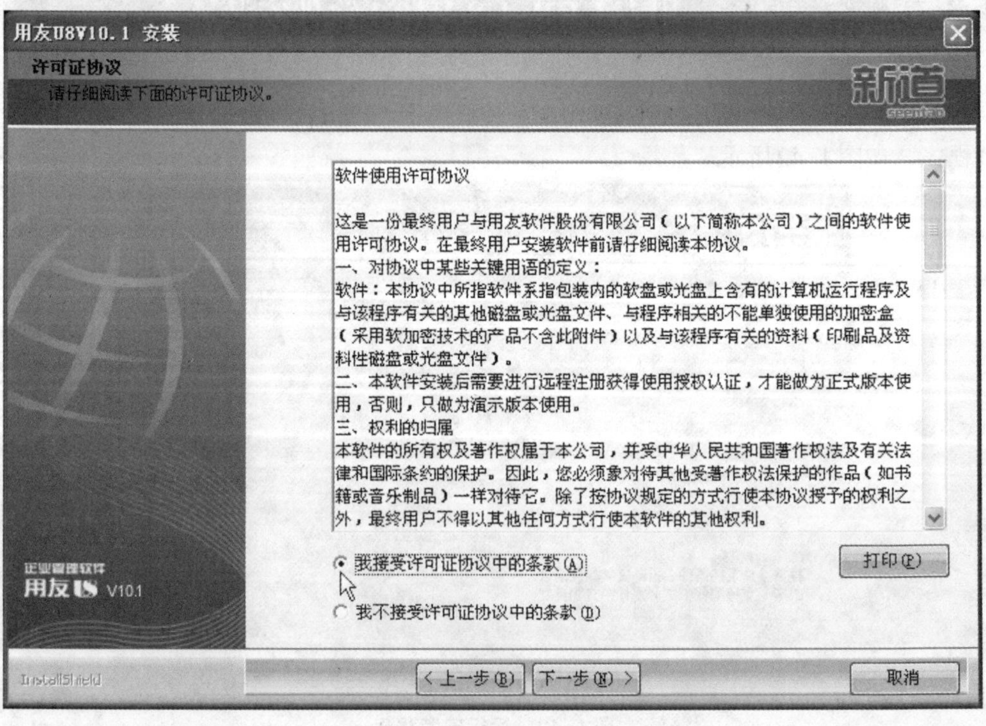

图1-44　“许可证协议”对话框

U8自动检测历史版本，有旧版本则需要清除，然后出现如图1-45所示的界面。

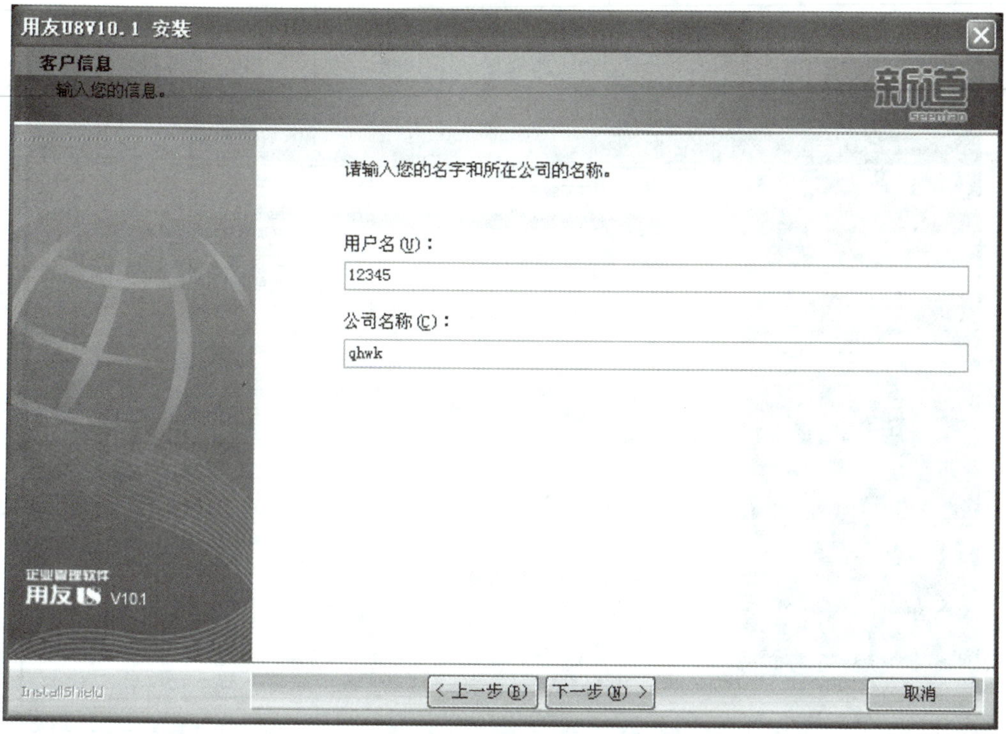

图1-45　“客户信息”对话框

输入相应信息（根据情况随意输入）后，单击“下一步”按钮，出现如图1-46所示的界面。

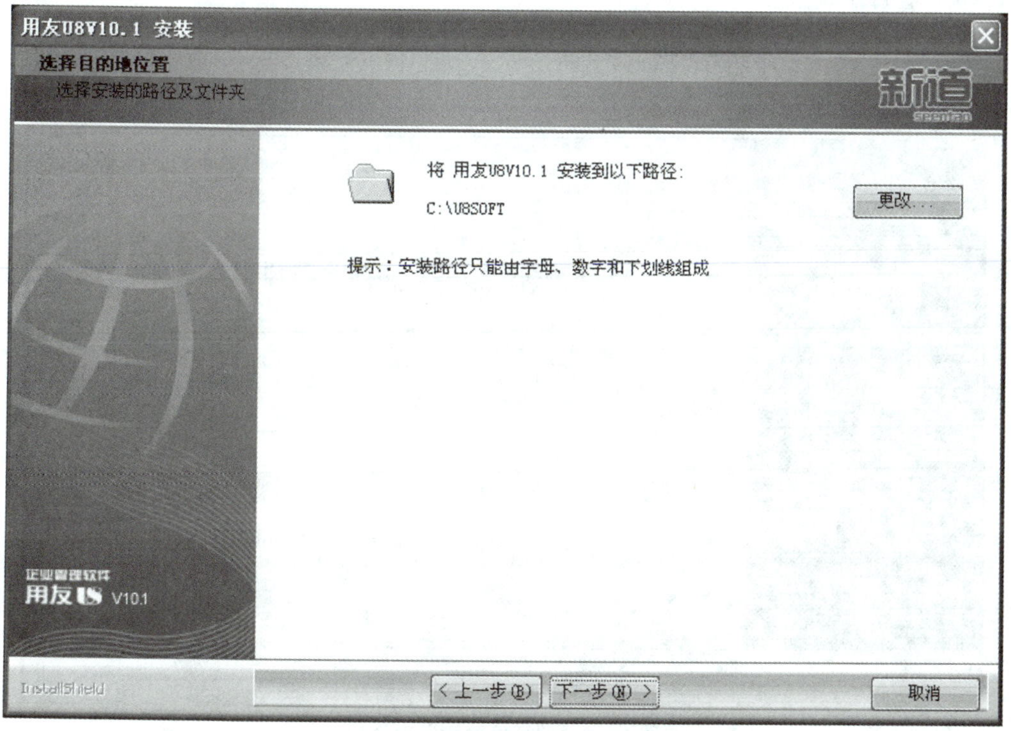

图1-46　“选择目的地位置”对话框

选择安装路径后，单击“下一步”，出现如图1-47所示的界面。

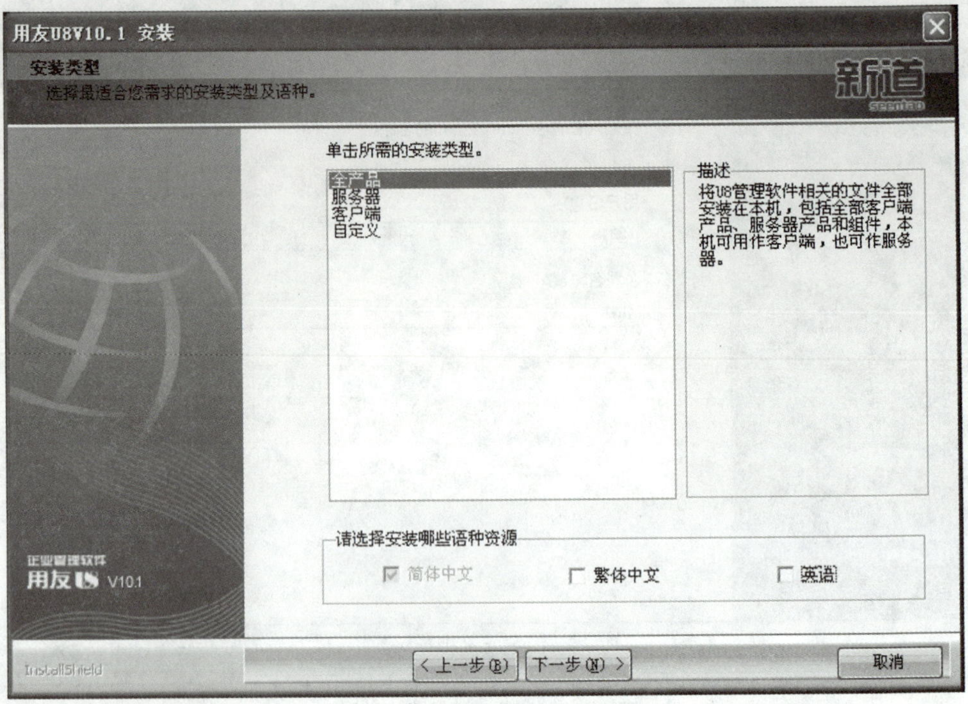

图1-47　“安装类型”对话框

此处安装类型选择“全产品”，语种选择“简体中文”。单击“下一步”，出现如图1-48所示的界面。

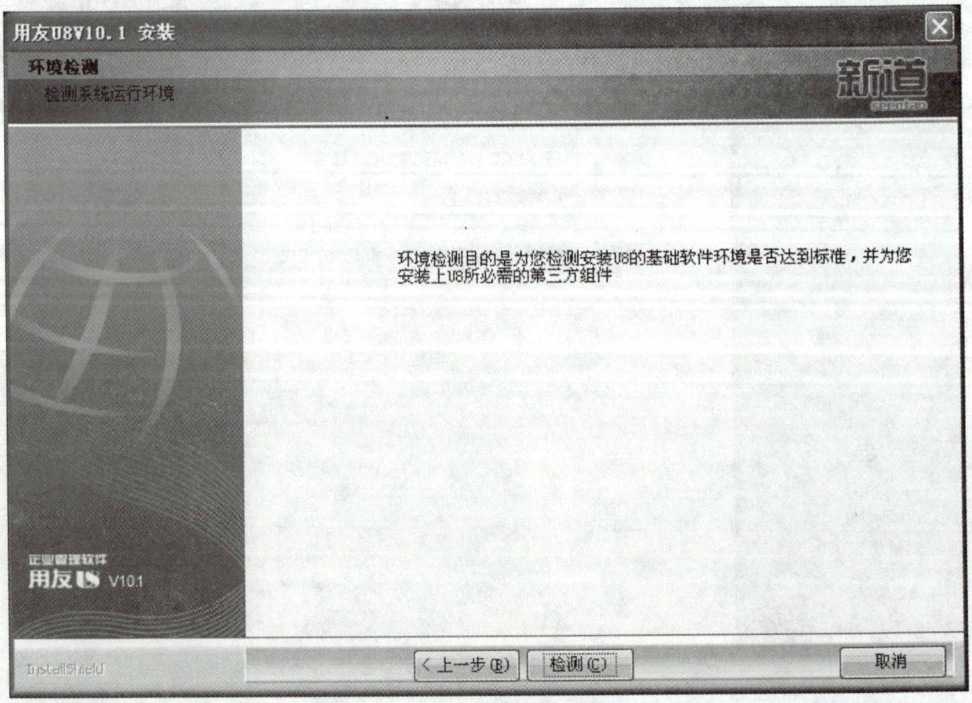

图1-48　“环境检测”对话框

此时单击“检测”按钮，可以进行对ERP-U8 V10.1安装环境的检查，如图1-49所示。

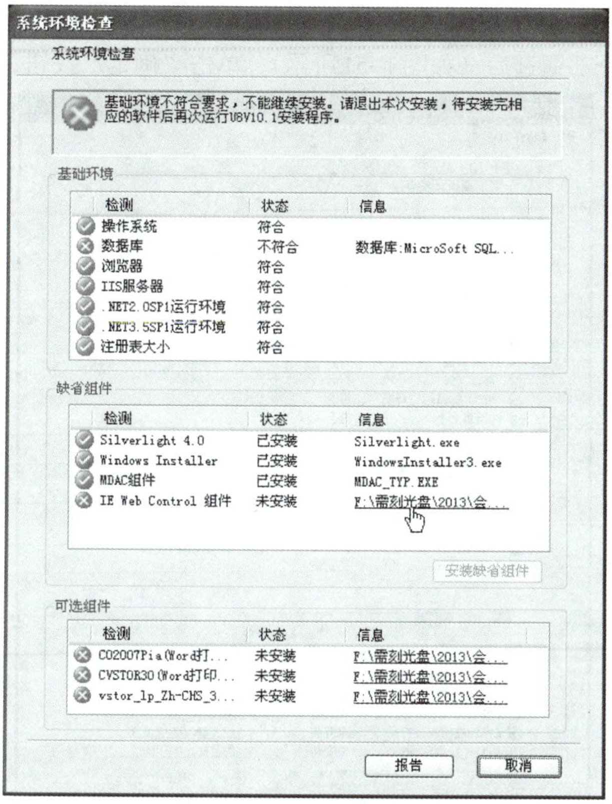

图1-49 “系统环境检查”对话框

未满足安装环境的条目，U8会自动提示，用户可逐个检查。未安装的缺省组件，也可通过单击该组件条目，U8会自动定位到该组件所在的安装位置。读者可通过双击该组件安装程序进行安装。如图1-50所示。

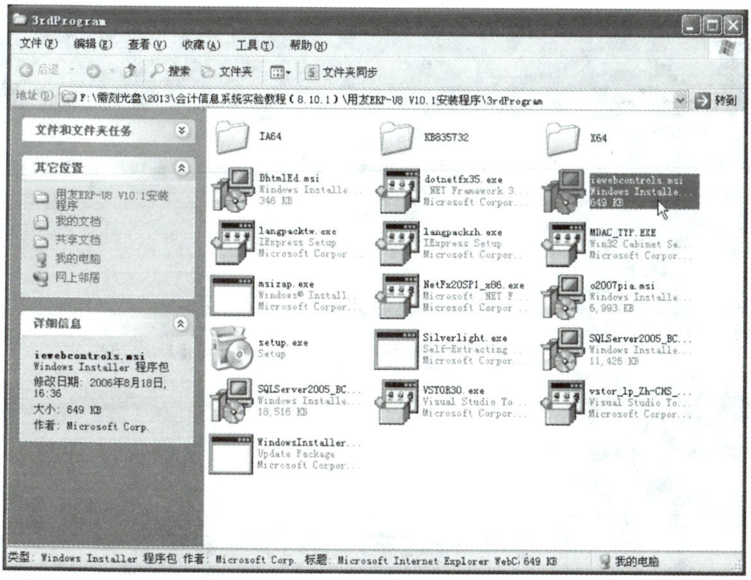

图1-50 检查安装组件

“基础环境”和“缺省组件”若有未满足的条件，则安装不能继续进行。“可选组件”可以不安装。

系统环境检查全部通过后（如图1-51所示），单击“确定”按钮，返回安装界面。

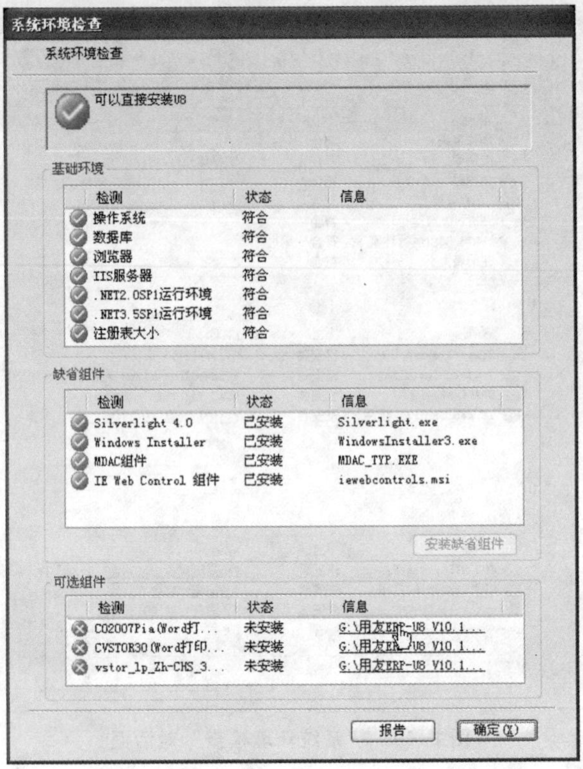

图1-51　通过环境检查

接下来单击“安装”按钮，即可进行安装了（此安装过程较长，请耐心等待）。如图1-52、图1-53所示。

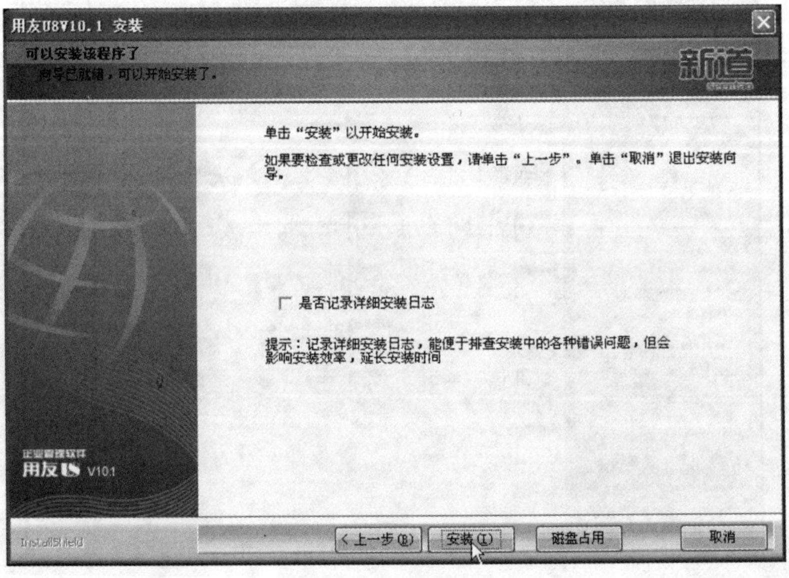

图1-52　安装程序

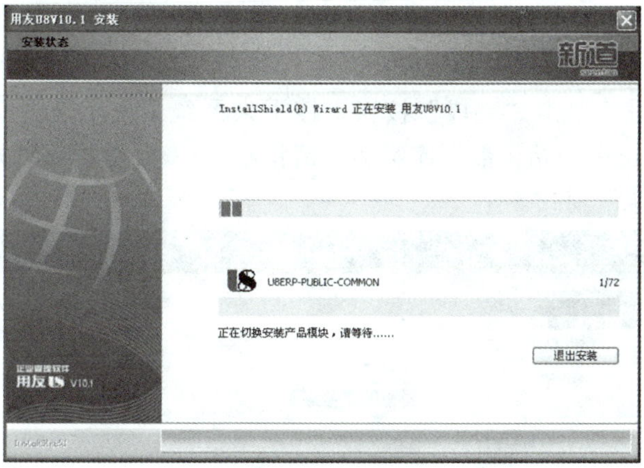

图1-53 安装状态

安装完成后，单击“完成”按钮，重新启动计算机，如图1-54所示。

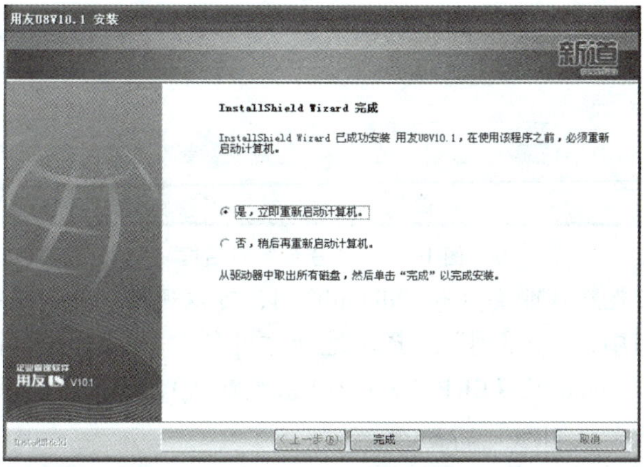

图1-54 程序安装完成

系统重启后，出现“正在完成最后的配置”提示信息，如图1-55所示。在其中输入数据库名称（即为本地计算机名称，可通过“我的电脑”“系统属性”中的计算机名查看），“SA口令”为安装SQL Server 2008 R2时“身份验证模式”设置的密码，单击“测试连接”按钮，测试数据库连接。若一切正常，则会出现连接成功的提示信息。

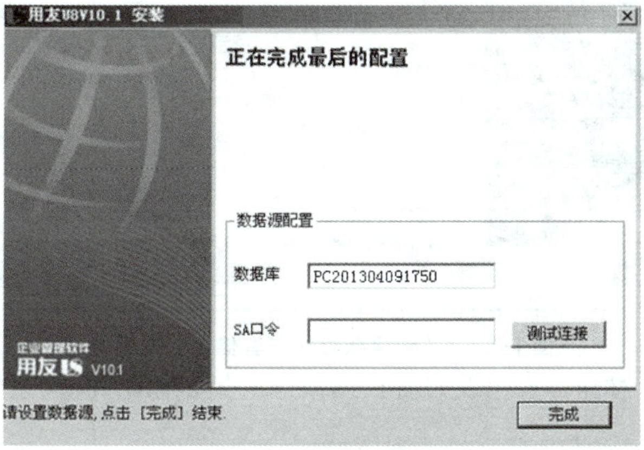

图1-55 数据源配置

若数据库连接测试不成功，可先忽略，然后待系统启动成功后再通过“应用服务器配置”进行测试。

连接测试成功后，单击“完成”按钮，接下来系统会提示是否初始化数据库，单击“是”按钮，提示“正在初始化数据库实例，请稍候……”。数据库初始化完成后，出现如图1-56所示的“登录”窗口。

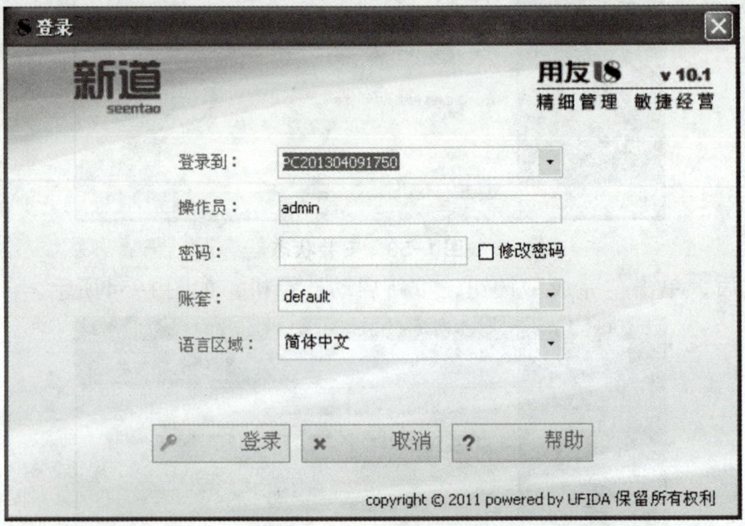

图1-56 “登录”对话框

注：这里若未出现默认账套（如“default”），可以通过“应用服务器配置”完成。

在“登录”窗口中，“登录到”选择本地计算机名称，“操作员”输入“admin”，密码为空，“账套”选择“default”（ERP-U8 V10.1系统默认），单击“登录”按钮。

系统提示创建账套，如图1-57所示。

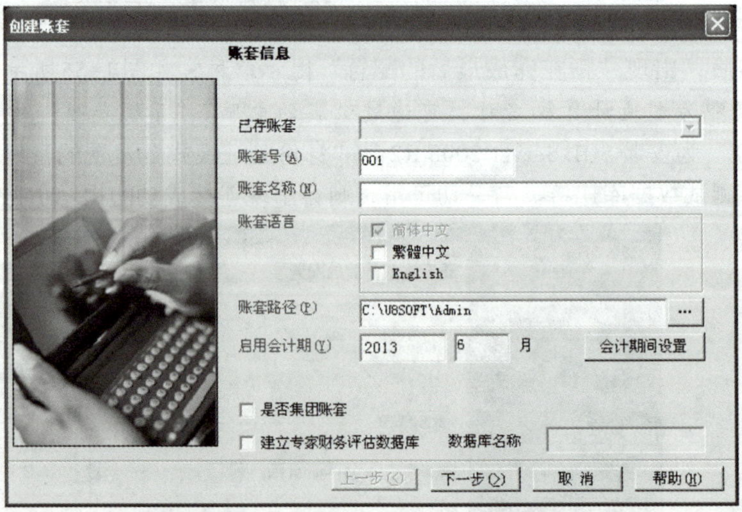

图1-57 “创建账套—账套信息”对话框

若单击“取消”按钮，会出现如图1-58所示的用友ERP-U8“系统管理”窗口，完成安装。

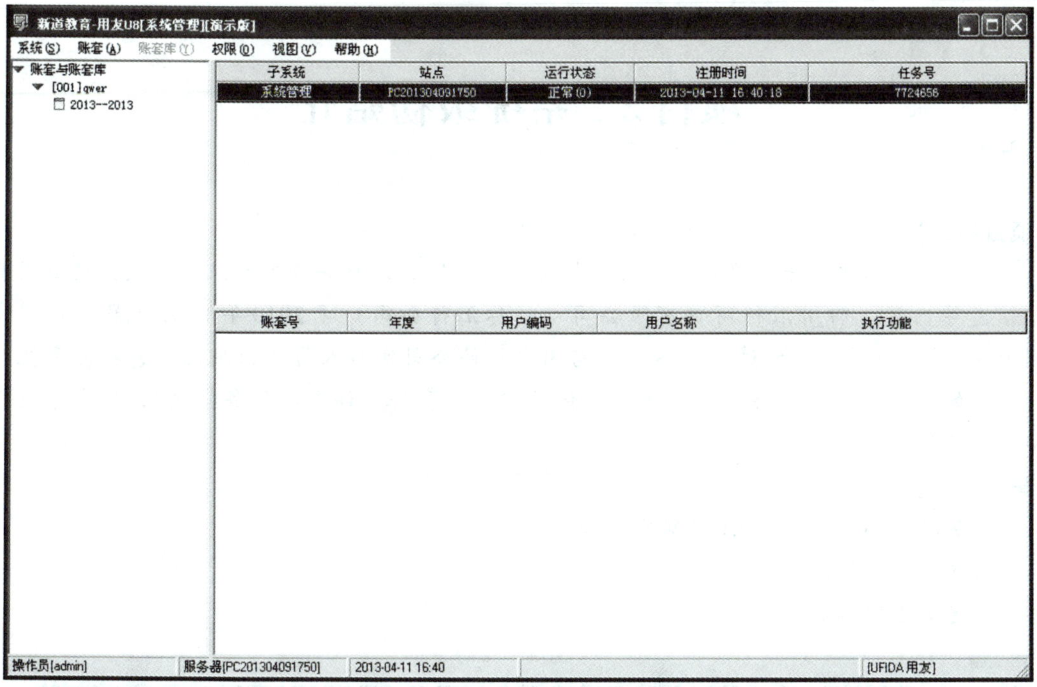
新道教育-用友U8[系统管理][演示版]
系统(S)　账套(A)　账套库(Y)　权限(O)　视图(V)　帮助(H)
账套与账套库
[001]qwer
2013--2013
子系统　站点　运行状态　注册时间　任务号
系统管理　PC201304091750　正常(0)　2013-04-11 16:40:18　7724656
账套号　年度　用户编码　用户名称　执行功能
操作员[admin]　服务器[PC201304091750]　2013-04-11 16:40　[UFIDA 用友]

图1-58　“系统管理”窗口

项目2　系统级初始化

【项目描述】

系统级初始化包括创建账套并设置相关信息、增加用户并设置权限、设置系统公用基础信息等内容。四川汇行商贸有限公司（简称汇行公司）于2019年12月开始使用用友ERP-U8 V10.1软件，经过公司各部门与用友软件公司实施人员的前期沟通，按照系统级初始化的要求梳理出了公司系统级初始化所需基本资料（详见各任务模块），完成系统级初始化工作。

【解决方案】

1.在用友ERP-U8 V10.1中创建账套；

2.设置用户和权限；

3.建立基础档案。

任务一　系统管理

系统管理的使用对象为企业的信息管理人员（即系统管理员admin）、安全管理人员（即安全管理员sadmin）、管理员用户或账套主管。

系统管理模块的主要功能包括：

（1）对账套的统一管理，包括建立、修改、引入（恢复）和输出（备份）。

（2）对用户及其功能权限实行统一管理，设立统一的安全机制，包括角色、用户和权限设置。

（3）允许设置自动备份计划，系统根据这些设置定期进行备份处理，实现账套的自动备份。

（4）对账套库的管理，包括建立、引入、输出账套库，账套库初始化，清空账套库数据等。

（5）对系统任务的管理，包括查看当前运行任务、清除指定任务、清退站点等。

一、账套的创建与管理

（一）建立账套

在使用系统之前，首先要新建本单位的账套。系统提供建立全新空白账套和参照已有账套建账两种方式，满足新用户全新使用和老用户扩展使用的要求。

【任务2-1-1】根据资料，以系统管理员admin的身份新建一个“汇行公司”核算账套。启用基本信息资料如下：

账 套 号：100

账套名称：四川汇行商贸有限公司

启用会计期：2019年12月

单位名称：四川汇行商贸有限公司
单位简称：汇行公司
单位地址：龙泉驿区北泉路4276号
法人代表：张洪刚
邮政编码：610147
联系电话：028-84645235
传　　真：028-84645235
电子邮箱：zhangganghong@126.com
税　　号：915101042515496872
本币代码：RMB
本币名称：人民币
企业类型：商业
行业性质：2007新会计科目制度
账套主管：demo
按行业性质预置科目：预置
基础信息：不进行存货分类，对客户和供应商分类，无外币核算业务

分类编码方案：会计科目编码级次：4222；部门编码级次：22；结算方式编码级次：11；收发类别编码级次：11；供应商分类编码级次：33；客户分类编码级次：33；其余系统默认

系统启用：启用总账、应收款管理、应付款管理、固定资产、薪资管理系统

【操作提示】

微课：建立账套

1. 系统管理员admin登录系统管理

（1）用户单击“开始”|“用友U8V10.1”|“系统服务”|“系统管理”，进入“系统管理”的登录界面，如图2-1所示。

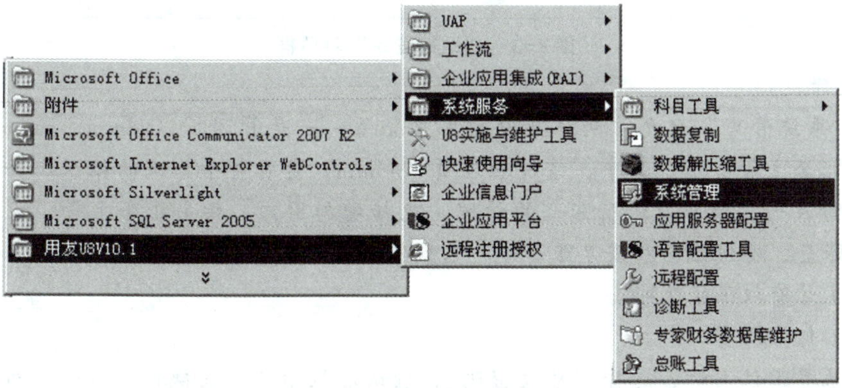

图2-1　进入系统管理

（2）进入“系统管理”界面。如图2-2所示。单击系统菜单下的“注册”，系统将弹出一个界面。在“操作员”处录入“admin”，密码为空，“账套”处单击出现“（default）”，单击“登录”即可以系统管理员的身份注册进入“系统管理”，如图2-3所示。注册成功后，就可以启用主菜单账套和权限。

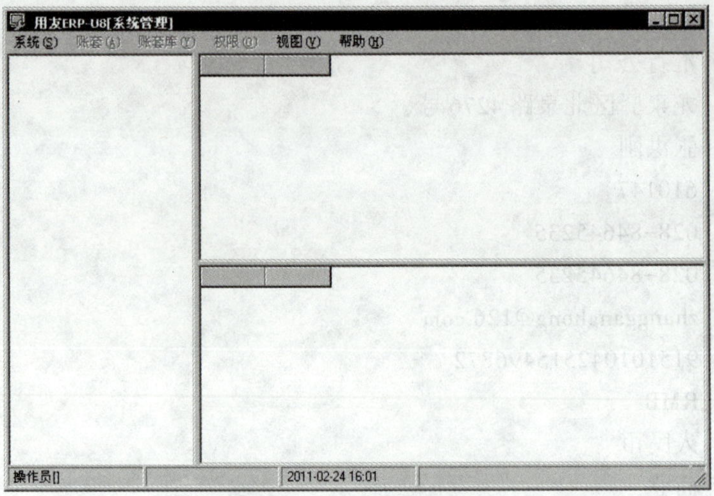

图2-2 “系统管理”界面

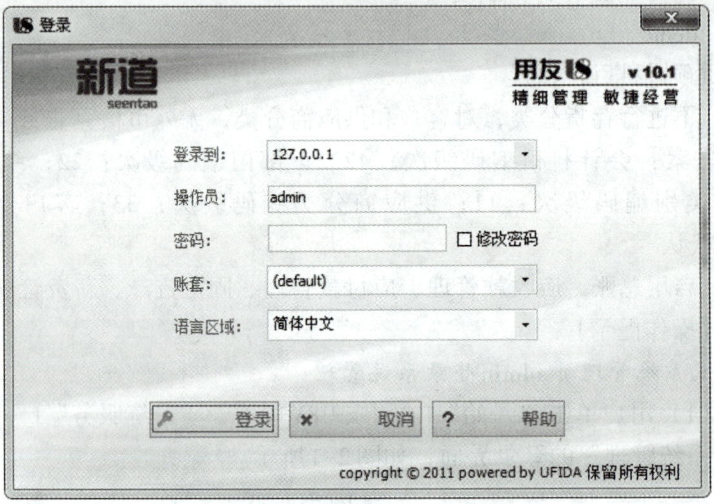

图2-3 “系统登录”对话框

【温馨提示】

(1)“系统管理”只允许两种身份的用户登录:一是管理员(admin、sadmin等)身份;二是账套主管身份。其中,系统管理员(admin)负责整个系统的维护工作。以系统管理员身份注册,便可以进行账套的管理,包括增加用户、指定账套主管、设置用户权限、建立账套、备份账套和恢复账套等一系列操作和设置。

账套主管有权限修改账套。

(2)如何修改密码?

在登录界面注册时,选择“修改密码”,确认后显示“设置操作员口令”对话框,录入并确认新的口令即可。

2.建立账套

(1)首先以系统管理员admin身份注册登录。在“系统管理”界面,执行“账套”|“建立”命令,打开“建账方式”对话框,选择“新建空白账套”,如图2-4所示,单击“下一步”按钮。

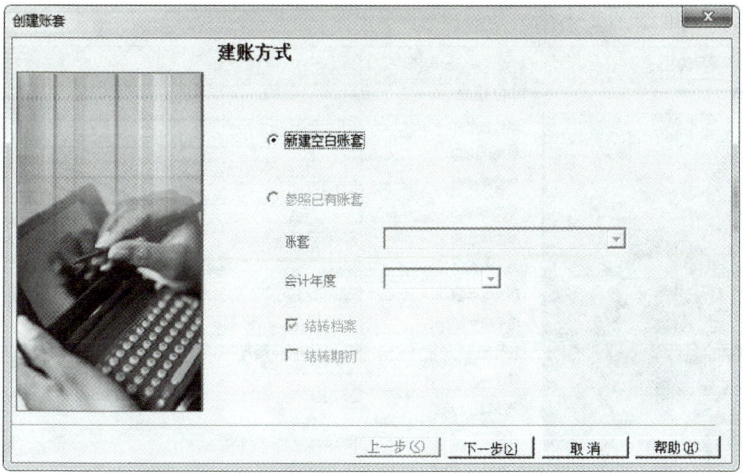

图2-4　“创建账套—建账方式”对话框

（2）录入新建账套信息，用于记录新建账套的基本信息，界面如图2-5所示。

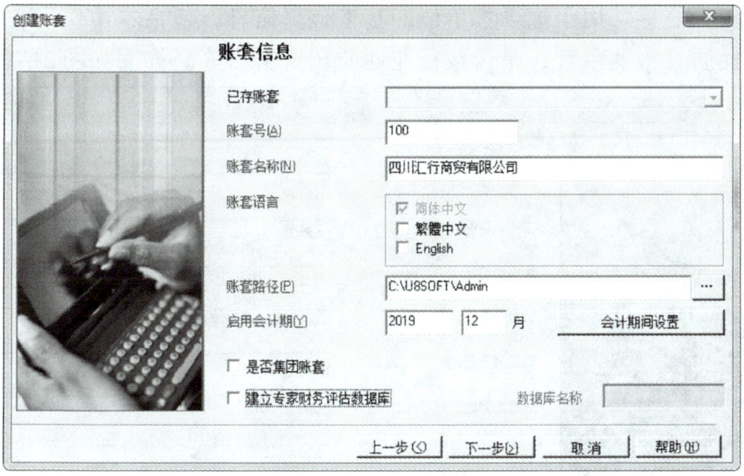

图2-5　“修改账套—账套信息”对话框

【温馨提示】

◆ 账套号：用来录入新建账套的编号，用户必须录入，可录入001-999之间的3个数字，而且不能是已存账套中的账套号。账套号设置后将不允许修改。

◆ 账套名称：用来录入新建账套的名称，作用是标识新账套的信息，用户必须录入。可以录入40个字符。账套名称可以自行设置，并可以由账套主管在“修改账套”功能中进行修改。

◆ 账套路径：用来录入新建账套所要被保存的路径，用户必须录入，可以参照录入，但不能是网络路径中的磁盘。单击参照图标“…”，弹出“账套存放路径”对话框，选择适宜的驱动器和目标文件夹，系统按选择的存放路径存放账套数据。

◆ 启用会计期：录入新建账套被启用的日期，用户必须录入。

◆ 会计期间设置：单击“会计期间设置”按钮，弹出“会计期间设置”界面。系统根据前面“启用会计期”的设置，自动将启用月份以前的日期标识为不可修改的部分；而将启用月份以后的日期标识为可以修改的部分。用户可以任意设置。

（3）录入单位信息。用于记录本单位的基本信息，其中，“单位名称”必输，其他信息可输可不输，界面如图2-6所示。

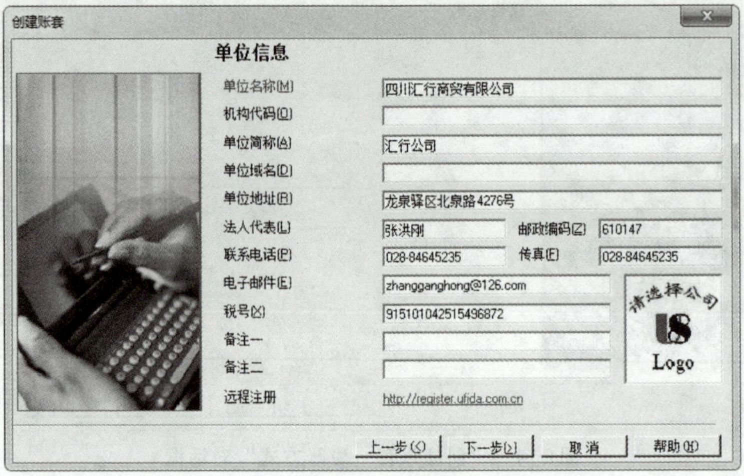

图2-6　“修改账套—单位信息”对话框

（4）录入核算信息。用于记录本单位的基本核算信息，包括本币代码、本币名称、企业类型、行业性质、账套主管、是否按行业性质预置科目等。界面如图2-7所示。

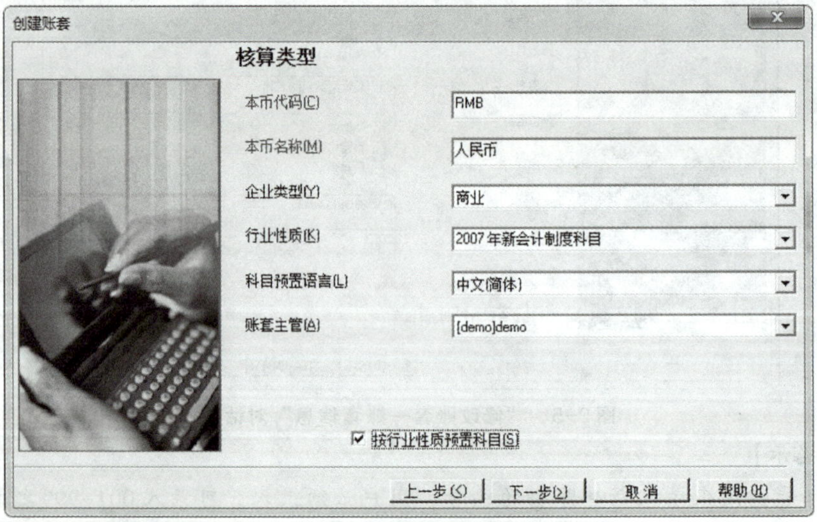

图2-7　“创建账套—核算类型”对话框

【温馨提示】

◆ 本币代码：用来录入新建账套所用的本位币代码，例如“人民币”的代码为“RMB”。

◆ 本币名称：用来录入新建账套所用的本位币名称，必须录入。

◆ 账套主管：用来确认新建账套的账套主管，用户只能从下拉框中选择录入。如果事先增加了用户，则可以在建账时选择某一用户为该账套的账套主管，如果之前未设置用户，建账时可以先选一个用户作为该账套的账套主管，待账套建立后再在“权限”功能中设置账套主管。

◆ 企业类型：用户必须从下拉框中选择录入与自己企业类型相同或最相近的类型。系统提供工业、商业、医药流通三种类型。对于其他行业，建议选用“工业”。

◆ 行业性质：用户必须从下拉框中选择录入本单位所处的行业性质，这为下一步

“按行业性质预置科目”确定行业范围，系统会根据选择预置一些行业特定的报表。

◆ 按行业性质预置科目：如果用户希望采用系统预置所属行业的标准一级科目，则在该选项前打勾，那么进入系统后，会计科目已经由系统自动设置；如果不选，则由用户自己设置会计科目。

（5）录入基础信息选项。界面如图2-8所示。

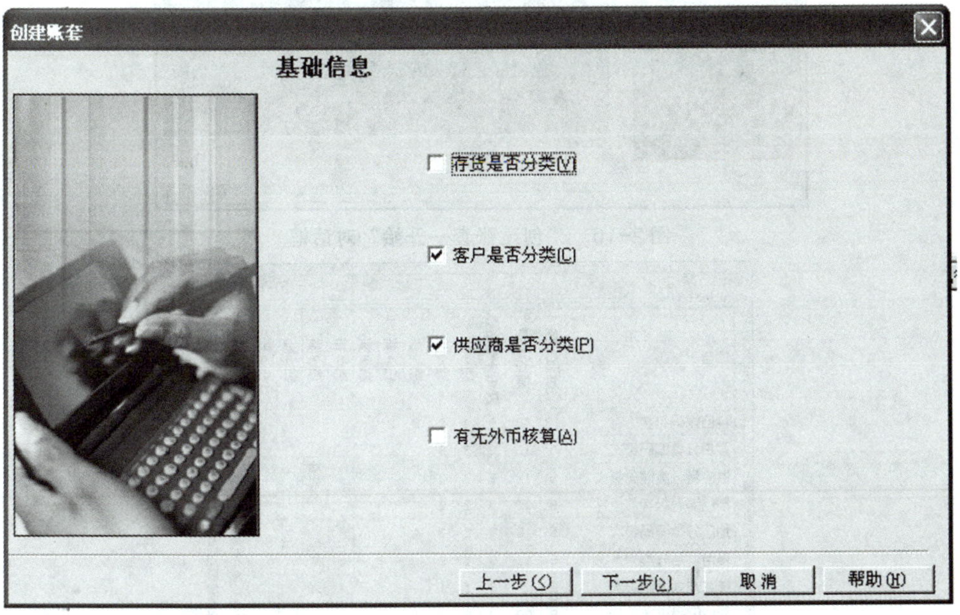

图2-8 “创建账套—基础信息”对话框

【温馨提示】

◆ 是否对存货、客户和供应商进行分类将会影响到其档案的设置。有无外币核算会影响到基础信息的设置及日常能否进行外币业务核算。

◆ 如果基础信息设置错误，可以由账套主管在修改账套功能中进行修改。

（6）建账完成后，可以进行相关设置，或根据系统提示现在启动产品或以后从企业应用平台中启动产品。如图2-9所示。

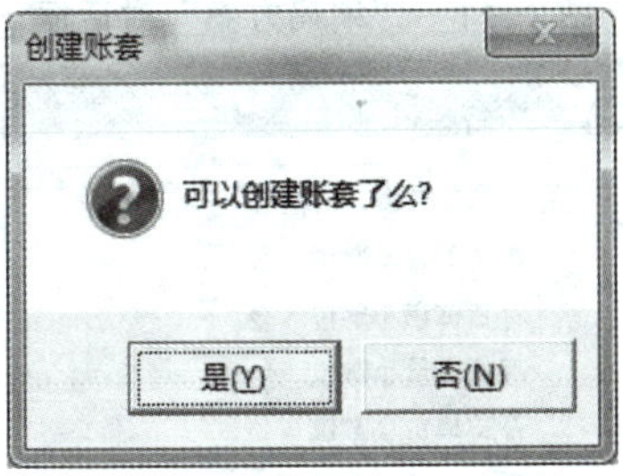

图2-9 “创建账套”提示框

（7）如果选择“是”，则创建账套，系统自动进行创建账套工作，如图2-10所示。建账需要一段时间，请耐心等待。建账完成后，系统自动打开“编码方案”对话框，进入“编码方案”设置，按账套资料修改分类编码方案，如图2-11所示。单击“确定”按钮，进入“数据精度”设置，如图2-12所示。

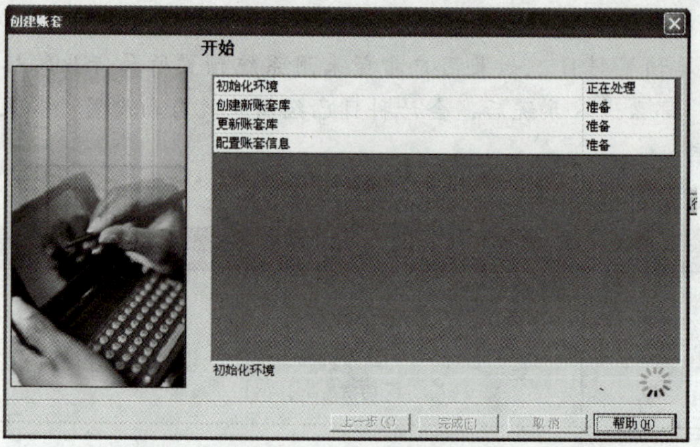

图 2-10 “创建账套—开始”对话框

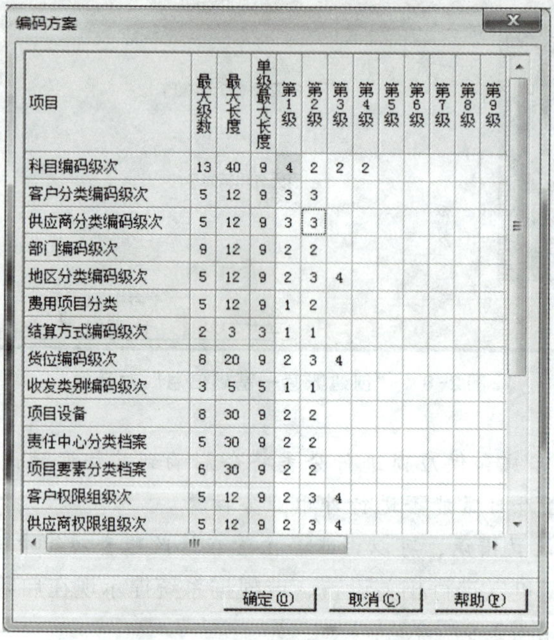

图 2-11 “编码方案”对话框

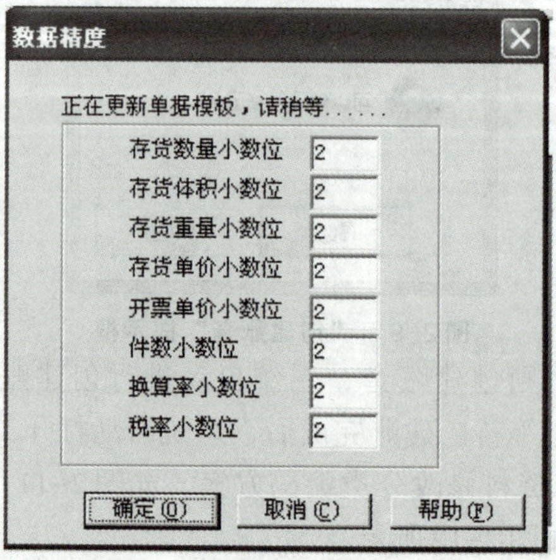

图 2-12 “数据精度”对话框

（8）默认系统预置的数据精度设置，单击“取消”按钮，系统提示“建账成功”和“现在进行系统启用的设置？”，如图2-13所示。选择“是”，进入“系统启用”设置界面（如果选择“否”，则将在以后进入“企业应用平台”时再进行设置）。

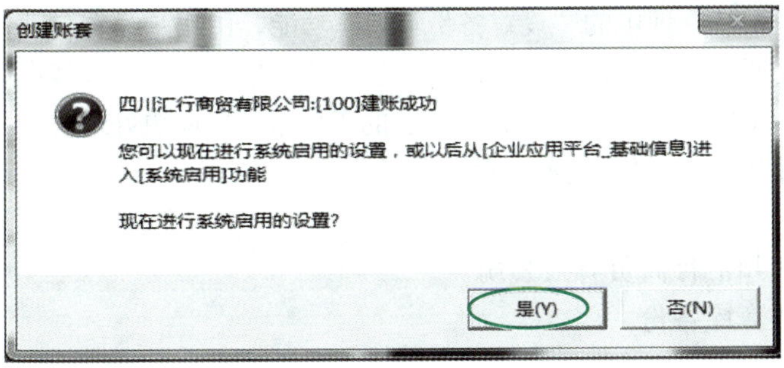

图2-13 “建账成功”提示框

（9）单击“是”按钮，打开“系统启用”对话框，依次启用总账、应收款管理、应付款管理、固定资产、薪资管理系统，启用日期为2019年12月1日，如图2-14、图2-15所示。

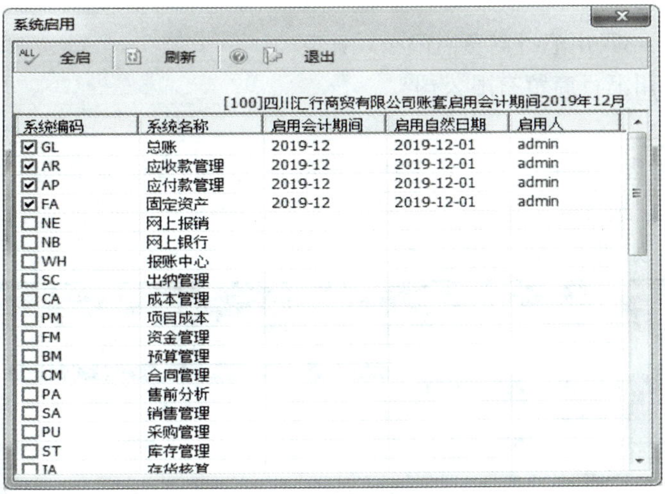

图2-14 “系统启用”对话框1

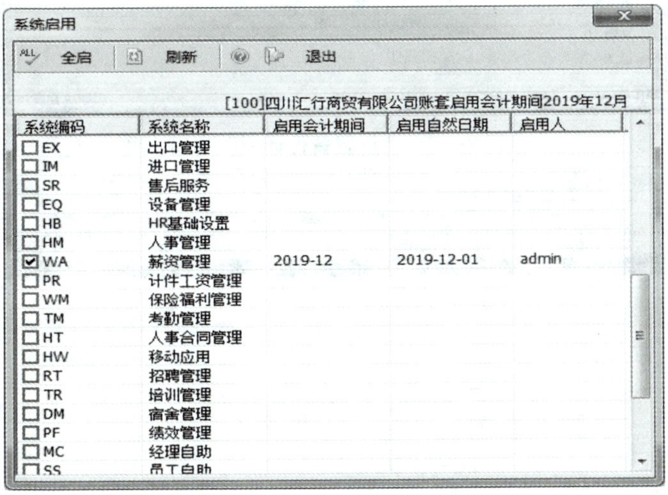

图2-15 “系统启用”对话框2

完成当前设置，则企业建账成功。对于其他相关参数，可以在“企业应用平台”中进行设置。

（二）设置自动备份计划

用户可以通过系统管理中的“设置备份计划”功能，由用户设置自动备份计划，系统管理根据这些设置定期进行自动备份处理，以增强系统数据的安全性。其作用是自动定时对设置的账套进行输出（备份），减轻了系统管理员的工作量，可以更好地对系统进行管理。

【任务2-1-2】按如下要求设置自动备份计划：

计划编号：2019-12

计划名称：四川汇行商贸有限公司

备份类型：账套库备份

发生频率：每月

发生天数：1

开始时间：02:00

保留天数：0

备份路径：D：\四川汇行商贸有限公司账套

账套：100四川汇行商贸有限公司

【操作提示】

（1）以系统管理员admin或账套主管身份或有权限的管理员用户身份注册进入“系统管理”，选择功能菜单“系统”下的“设置备份计划”，显示“备份计划设置”界面，如图2-16、图2-17所示。

微课：设置自动备份计划

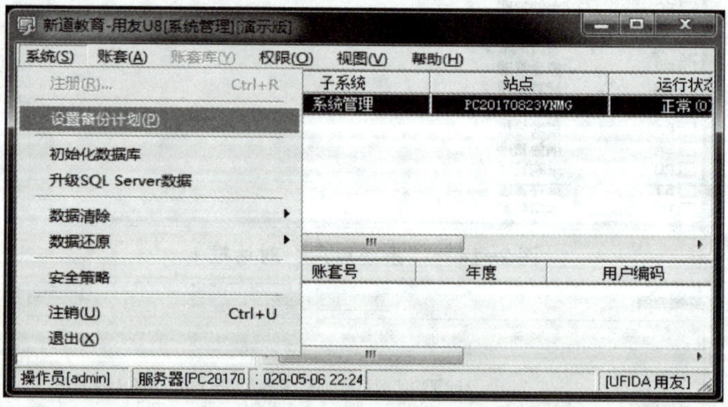

图2-16 “设置备份计划”窗口

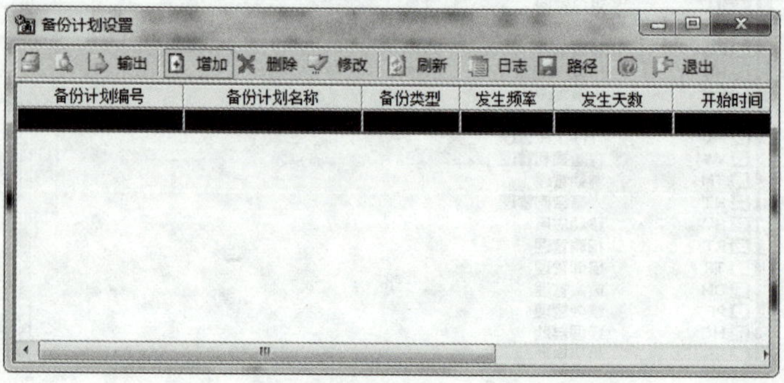

图2-17 “备份计划设置”窗口

（2）单击“增加”按钮，显示“备份计划详细情况”对话框。

（3）录入计划编号、计划名称，选择录入备份类型和发生频率，选择系统数据的备份路径和要备份的账套或账套库。单击“增加”按钮，保存设置，如图2-18、图2-19所示。

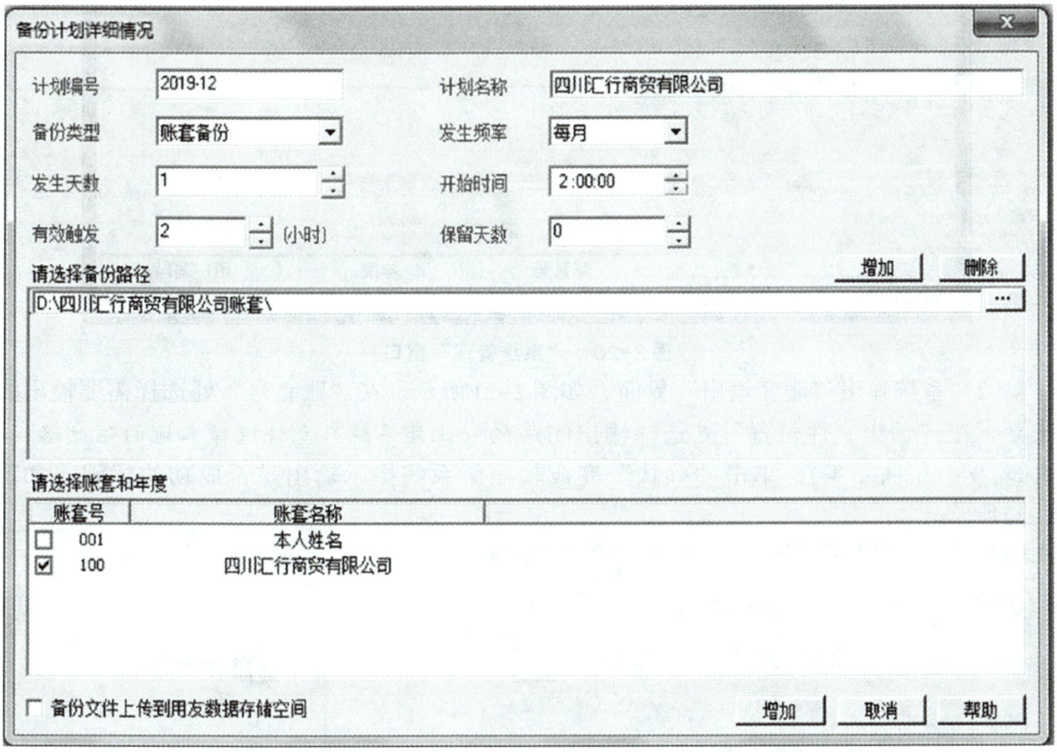

图2-18　“备份计划详细情况”对话框

图2-19　“备份计划设置”窗口

（三）账套备份与恢复

1.账套备份

账套备份有自动备份和手动备份两种。设置了自动备份计划，在系统未关闭的情况下，系统会自动按计划进行备份。手动备份是通过手动的方式输出账套到指定位置进行备份。

【任务2-1-3】请采用手动备份的方式将账套进行备份，备份路径：D：\四川汇行商贸有限公司账套。

【操作提示】

（1）以系统管理员admin身份注册登录，单击“账套”菜单下级的“输出”，如图2-20所示。

微课：账套备份及恢复

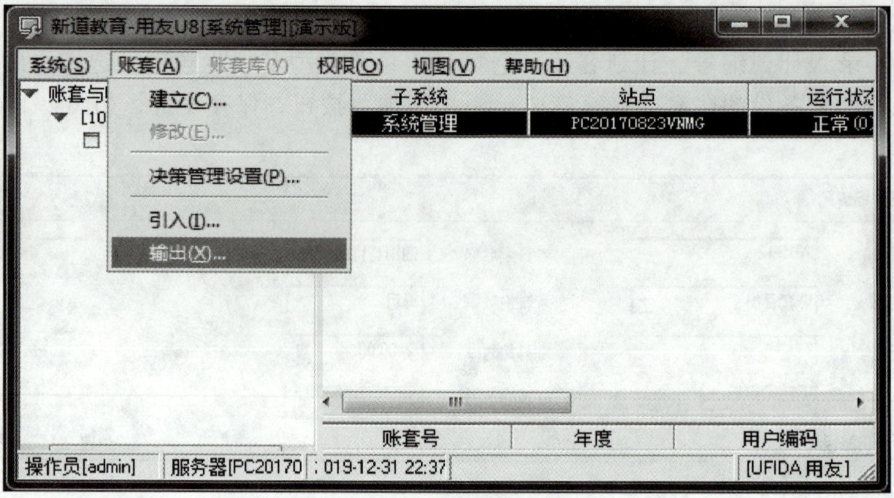

图 2-20 “系统管理”窗口

（2）系统弹出“账套输出”界面，如图 2-21 所示。在“账套号”处选择需要输出的账套，在“输出文件位置”处选择输出的路径（此处系统只允许选择本地的磁盘路径，例如，c：\backup 等）。单击“确认”完成输出。系统提示输出是否成功的标识，如图 2-22 所示。

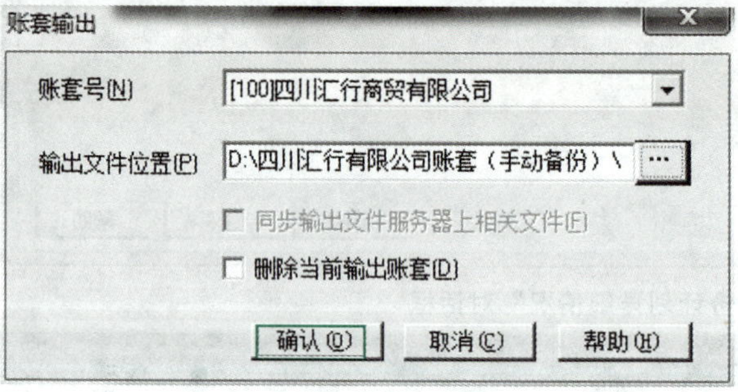

图 2-21 “账套输出”对话框

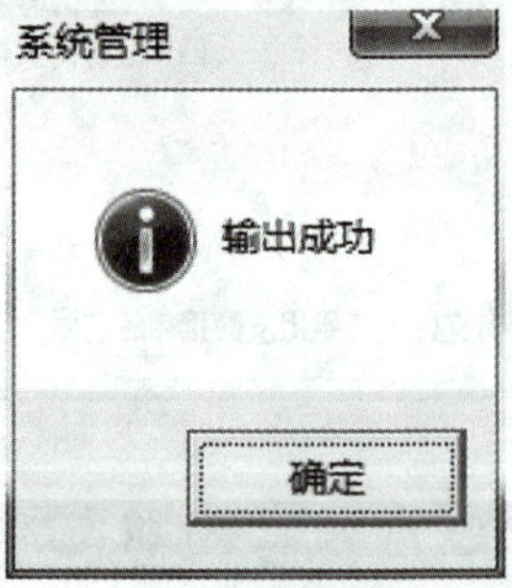

图 2-22 “输出成功”提示框

【温馨提示】

（1）只有系统管理员 admin 有权限进行账套输出。

（2）利用账套输出功能还可以进行“删除账套”的操作。即在“账套输出”对话框中选中“删除当前输出账套”复选框，单击“确认”，此时系统提示“真要删除该账套吗?”，确认后系统删除该输出账套，取消操作则不删除当前输出账套。

（3）正在使用的账套对于系统的“删除当前输出账套”是置灰不允许选中的。

2. 引入账套

引入账套功能是指将系统外来账套数据引入本系统中。当需要恢复账套时，可使用引入功能将备份的账套恢复到 U8 系统中。

【任务 2-1-4】请将备份路径为 E：\U8 的账套引入至默认目录。

【操作提示】

（1）以系统管理员身份注册登录，然后选择“账套”|“引入”，进入引入账套的界面。如图 2-23 所示。

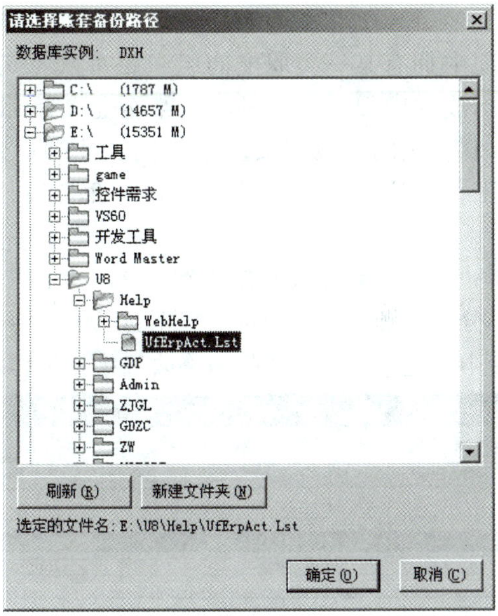

图2-23 “请选择账套备份文件”对话框

（2）系统管理员用户在界面上选择所要引入的账套数据备份文件，单击“确定”按钮表示确认，系统提示如图2-24所示，选择默认目录（也可修改数据库存放的路径和文件夹）。

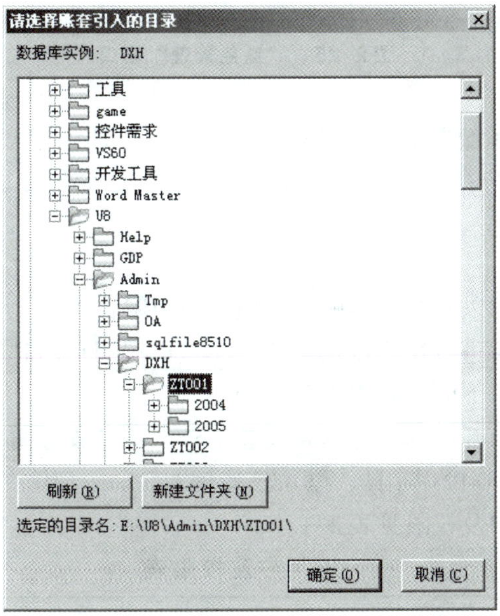

图2-24 “请选择账套引入的目录”对话框

二、管理用户及权限

为了保证权责清晰和企业经营数据的安全与保密，按照企业内部控制的要求，需要对系统中所有操作人员进行分工，设置各自的操作权限。在进行权限设置时要遵循权限和岗位职责对等的原则。各操作人员要对自己的用户设定密码，并定期修改，杜绝将密码告知他人的行为，以确保企业的数据安全有效地运行。

（一）角色

角色是指在企业管理中拥有某一类职能的组织，可以是实际的部门，也可以是由拥有同一类职能的人员构成的虚拟组织。例如，某企业仓储部有10名发货员，分别负责不同的仓库，这10名发货员的岗位职责基本相同，此时可以将其设定为一个角色，并对该角色进行授权分工，当这10名用户均归属这一角色后，就相应地拥有了该角色的权限。

角色的个数不受限制，一个角色可以拥有多个用户，一个用户也可以分属于不同的角色。用户和角色的设置不分先后顺序，用户可以根据自己的需要设置。

本功能可以进行账套中角色的增加、删除、修改等维护工作。如图2-25所示。

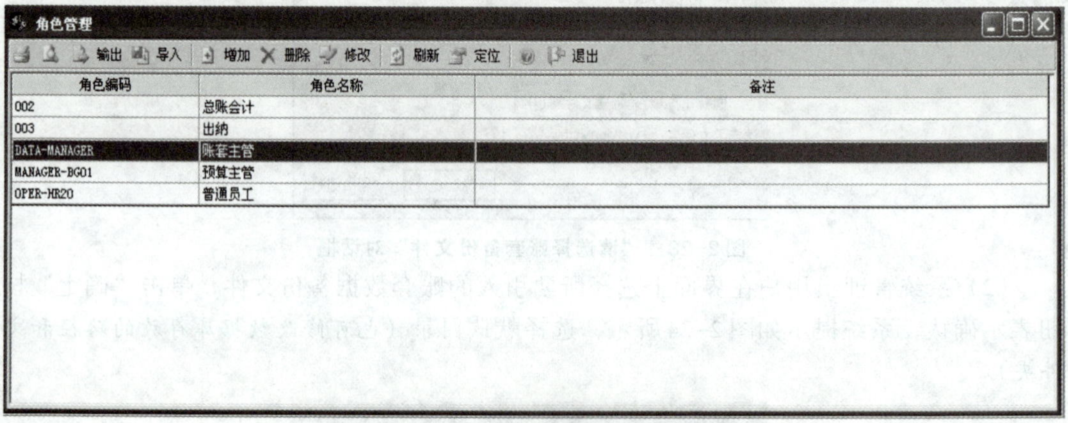

图2-25 “角色管理”窗口

（二）用户

用户是指有权登录系统并对系统进行操作的人员，即通常意义上的“操作员”。每次登录系统，都要进行用户身份的合法性检查。只有本账套的合法用户，才能进行相关的操作。

（三）权限

角色和用户的设置可以不分先后顺序，但对于权限设置来说，应该首先设定角色，然后对角色分配权限，最后进行用户设置。这样，在设置用户的时候，选择其归属哪一个角色，则其自动具有该角色下的所有权限。

如果企业软件操作人员较少，可不用设置角色，直接设置用户，分配权限即可。

【任务2-1-5】2019年12月1日，以系统管理员admin身份在系统管理中设置U8用户及给用户赋予权限。用户及权限见表2-1。

表2-1 U8用户及权限表

编号	用户	部门	岗位（角色）	所属权限
2001	徐红	财务部	账套主管	账套主管
2002	王强	财务部	总账会计	公共目录设置、固定资产、应收款管理、应付款管理、薪资管理、总账（除出纳签字、出纳外的所有权限）
2003	江红莉	财务部	出纳	总账系统中出纳以及出纳签字的权限

【操作提示】

1.增加用户

（1）在“系统管理”主界面，选择“权限”菜单中的“用户”，进入“用户管理”界面，如图2-26所示。

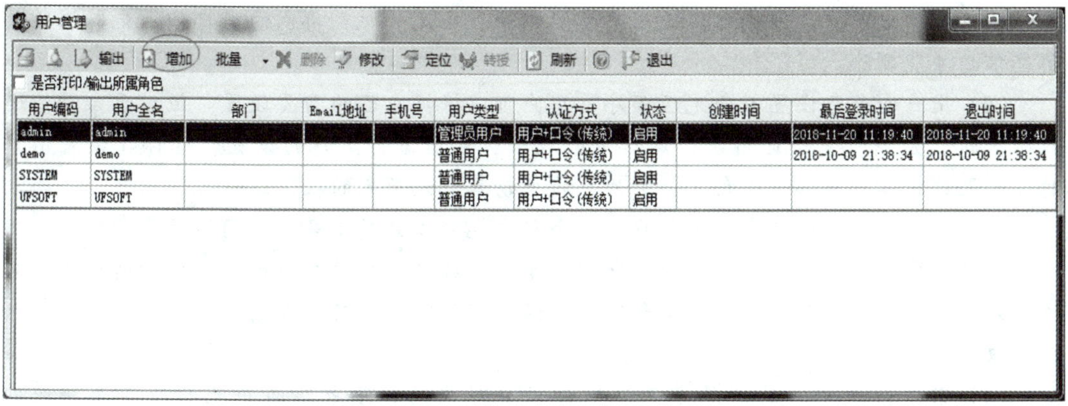

图2-26 “用户管理”窗口

（2）在“用户管理”界面，单击“增加”按钮，显示“操作员详细情况”对话框，如图2-27所示。录入用户编号、姓名、口令和所属部门、Email地址、手机号、默认语言等，并选择认证方式，新增用户所属的角色，单击“增加”按钮，保存新增用户信息。

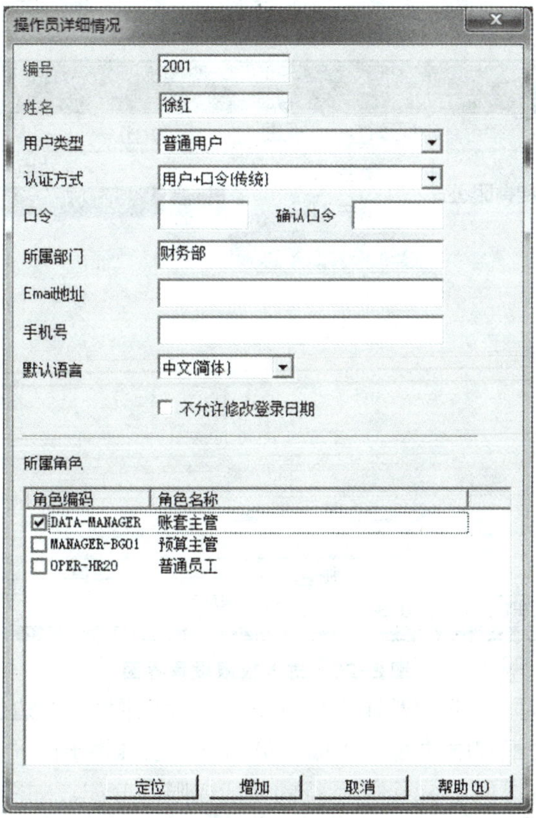

图2-27 “操作员详细情况”对话框

【温馨提示】

（1）在“用户管理”界面可以进行用户的修改和删除。选中要修改的用户信息，单击“修改”按钮，可进入修改状态，但已启用用户只能修改口令、所属部门、Email地址、手机号、认证方式和所属角色的信息。如果要删除用户，选中要删除的用户，单击“删除”按钮，可删除该用户。但已启用的用户不能删除，已定义所属角色的用户必须先取消所属角色信息才能删除。

（2）用户和角色设置不分先后顺序，用户可以根据自己的需要设置。但对于自动传递权限来说，应该首先设定角色，然后分配权限，最后进行用户的设置。这样在设置用户时，如果选择其归属哪一个角色，则用户将自动具有该角色的权限。

（3）一个角色可以拥有多个用户，一个用户也可以分属于多个不同的角色。

若角色已经设置过，系统则会将所有的角色名称自动显示在角色设置中的所属角色名称的列表中。用户自动拥有所属角色所拥有的所有权限，同时可以额外增加角色中没有包含的权限。

（4）若修改了用户的所属角色，则该用户对应的权限也跟着角色的改变而相应的改变。

（5）系统管理员或有权限的管理员用户可以进行本功能的设置。

微课：设置用户权限

2.权限设置

（1）以系统管理员身份注册进入“系统管理”，选择功能菜单“权限”下的“权限”，如图2-28所示，进入权限设置界面。

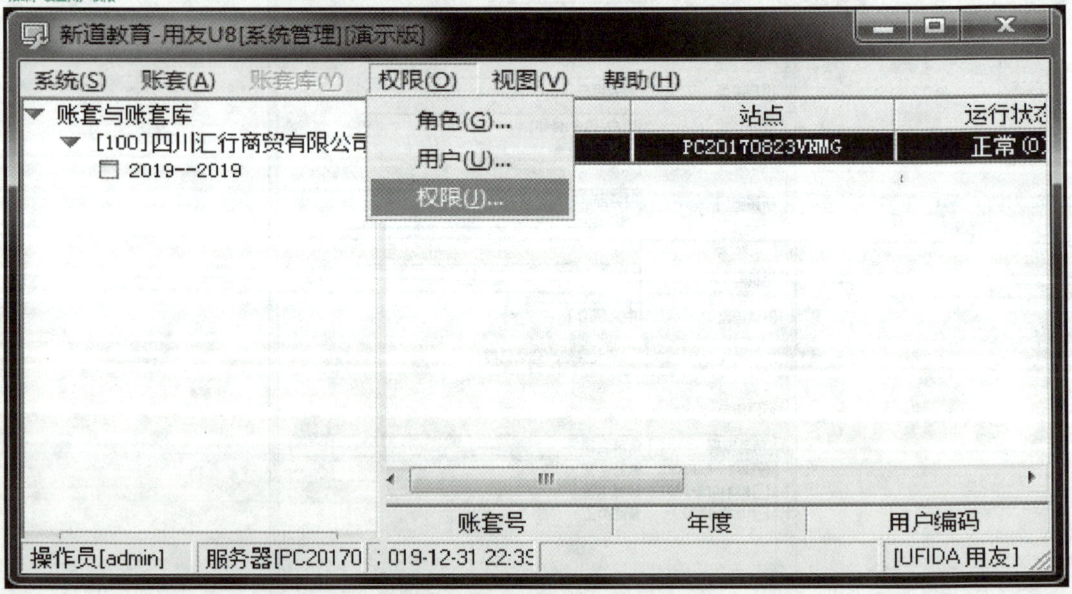

图2-28　进入权限设置界面

（2）选择要分配权限的账套及账套库（对应年度区间），左边显示本账套库内所有角色和用户名，选择要分配权限的角色或操作员，单击工具栏上的“修改”按钮，设置用户或者角色的权限，系统提供了52个子系统的功能权限的分配。如图2-29所示。

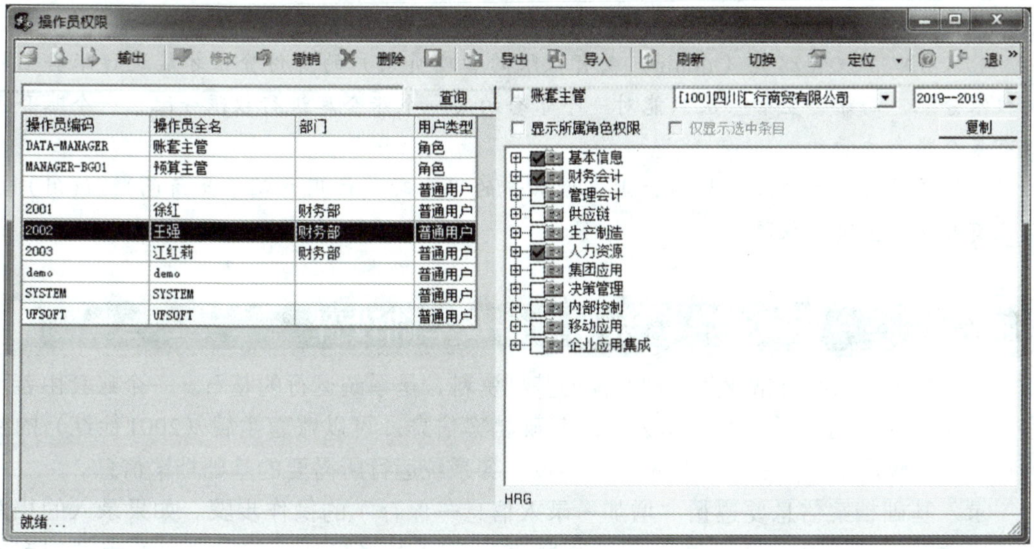

图2-29　操作员权限

（3）单击⊞展开功能目录树，单击“☑”表示选中某项详细功能。选中某权限后，权限树下面显示该权限名。单击“💾”（保存）按钮完成权限设置，如图2-30所示。

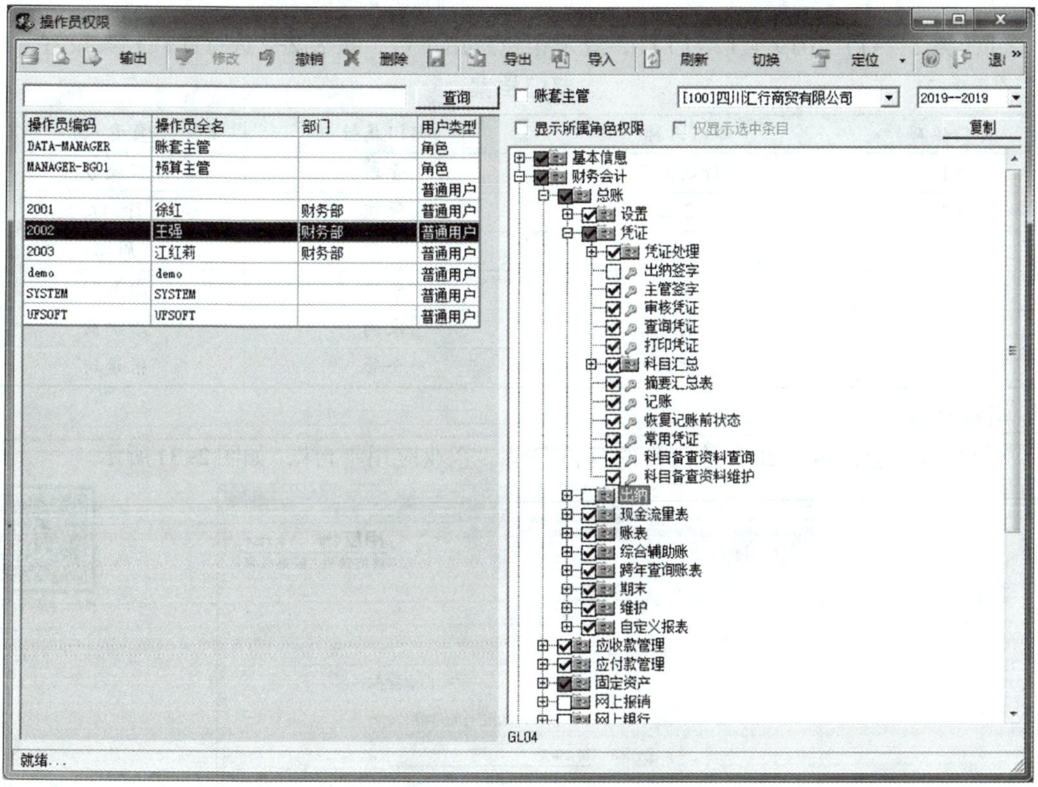

图2-30　2002用户权限

【温馨提示】

1. 如果设置为账套主管，则能行使全部操作权限。

2. “修改”功能是对操作员进行权限的分配，并且可以进行子功能的删除。

3.“删除”功能是将该操作员的所有权限删除。

4.只有以系统管理员（admin）或有权限的管理员用户的身份登录才能进行账套主管的权限分配。而账套主管一次只能对一个账套的某一个账套库进行权限分配，一个账套可以有多个账套主管。

5.如果对某角色分配了权限，则在增加新的用户时（该用户属于此角色），该用户自动拥有此角色具有的权限。

任务二 数据准备及基础设置

基础档案是系统日常业务处理必需的基础资料，是系统运行的基石。一个账套由若干个子系统构成，这些子系统共享公用的基础档案信息。可以账套主管（2001徐红）的身份在“企业应用平台”的“基础设置”中设置各系统运行所需要的基础档案信息。

录入基础档案信息要遵循“增加—录入信息—保存”的操作步骤。如果录入的档案定义了类别，则要先录入分类，再录入档案；在录入档案时，档案编码要遵循制定的“编码规则”。

一、机构人员档案设置

（一）部门档案设置

【任务2-2-1】2019年12月1日，登录企业应用平台，按表2-2进行部门档案设置。

表2-2 部门档案

部门编码	部门名称	部门属性	负责人
01	行政部	管理	程晓芳
02	财务部	管理	徐 红
03	信息部	管理	周翔
04	市场部	营销	向天宇
05	采购部	采购	唐晓丽
06	仓储部	仓管	张媛琦

【操作提示】

（1）以账套主管（2001徐红）的身份登录“企业应用平台”，如图2-31所示。

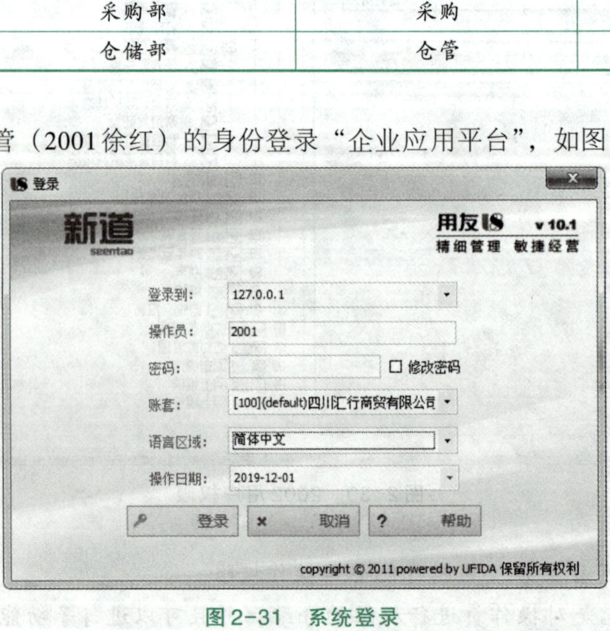

图2-31 系统登录

微课：设置部门档案

（2）进入“基础设置”|“基础档案”|“机构人员”|“部门档案”，单击“增加”按钮，如图2-32所示，在编辑区录入部门的编码、名称、负责人、属性等基础信息资料。

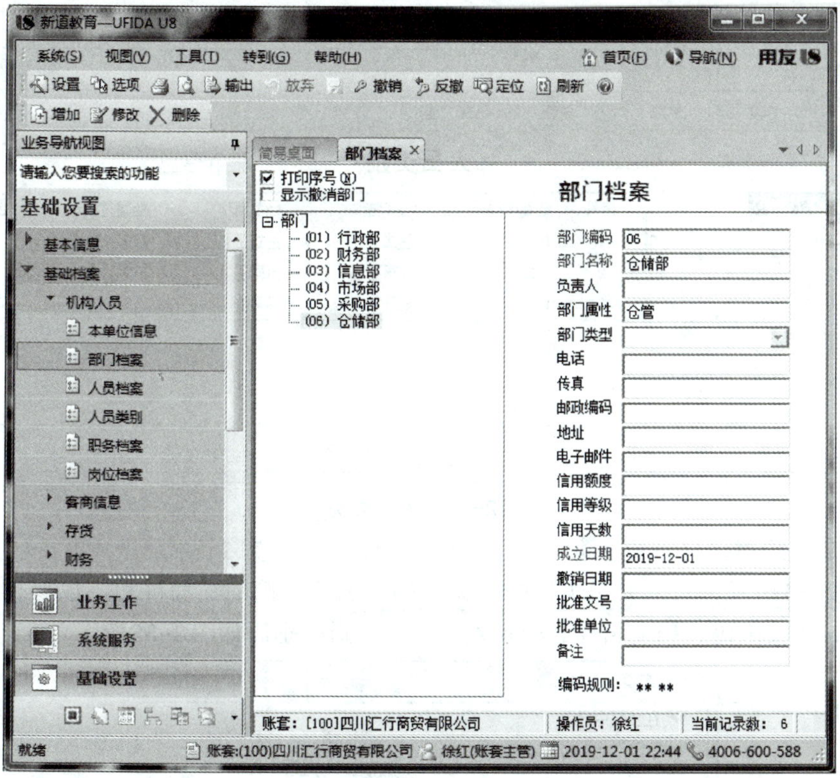

图2-32 部门档案

【温馨提示】

1.部门编码和部门名称必须录入。部门编码必须符合部门编码级次规则。部门名称可以重复。

2.如果要在“销售管理系统”的“信用控制”中选择“部门信用控制”，建议在这里录入部门信用状况。

（二）人员类别设置

【任务2-2-2】企业将“正式工”分为5类，在基础档案中按表2-3完成人员类别设置。

表2-3 人员类别

一级档案编码	二级档案编码	档案名称
101	1	经理人员
101	2	管理人员
101	3	营销人员
101	4	采购人员
101	5	临时人员

微课：设置人员类别

【操作提示】

（1）进入“企业应用平台”|“基础设置”|“基础档案”|“机构人员”|“人员类别”，如图2-33所示。

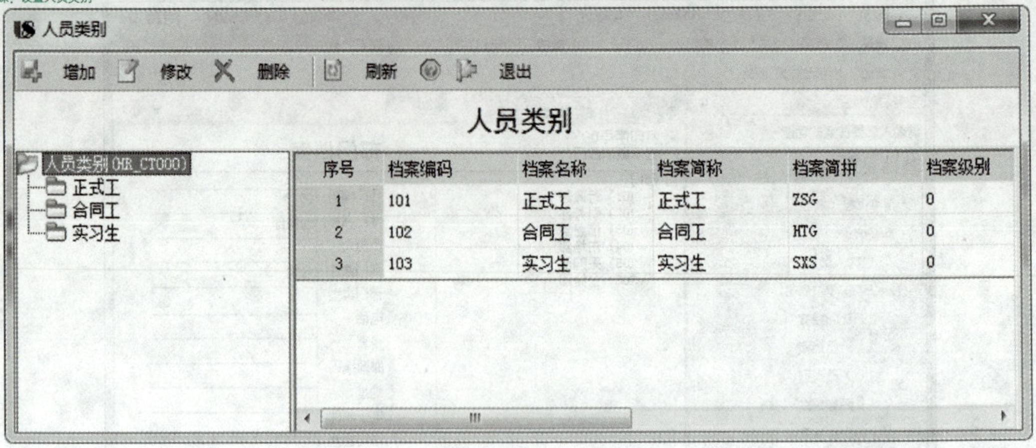

图2-33 人员类别

（2）在左边目录区选择要增加的人员类别的上级节点“正式工”，单击“增加”按钮，如图2-34所示，录入人员类别的档案编码、名称、简称、简拼和备注等相关信息资料，其中，档案编码、档案名称必须录入。增加人员类别后如图2-35所示。

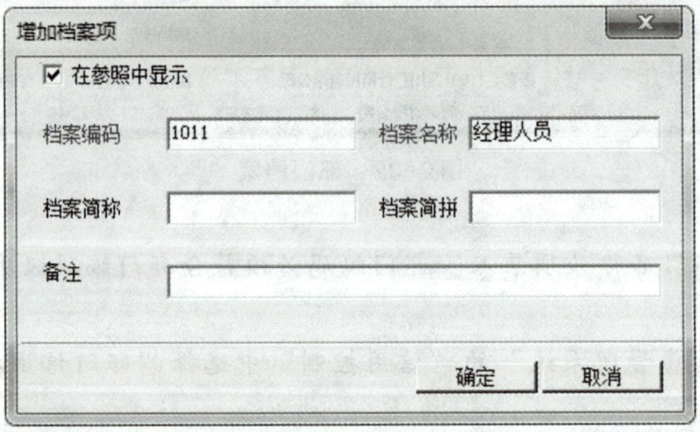

图2-34 增加档案项

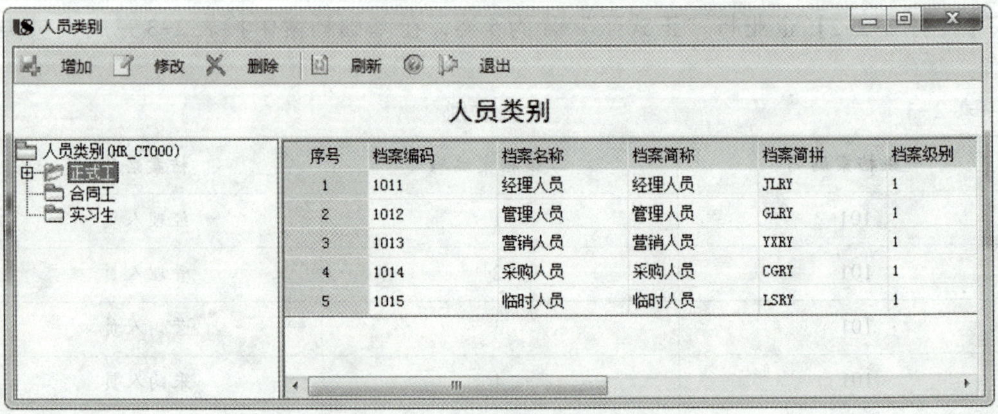

图2-35 正式工人员类别

(三)人员档案设置

【任务2-2-3】在基础档案中按表2-4完成人员档案设置。

表2-4 人员档案

编　码	职员姓名	所属部门	人员类别	雇佣状态	是否业务员
1001	程晓芳(男)	行政部	经理人员	在职	
1002	高红红(女)	行政部	管理人员	在职	
2001	徐　红(男)	财务部	经理人员	在职	
2002	王　强(男)	财务部	管理人员	在职	
2003	江红莉(女)	财务部	管理人员	在职	
2004	陈世平(男)	财务部	管理人员	在职	
3001	周　翔(男)	信息部	经理人员	在职	
3002	华锋刚(男)	信息部	管理人员	在职	
4001	向天宇(男)	市场部	经理人员	在职	是
4002	姚天全(男)	市场部	营销人员	在职	是
5001	唐晓丽(女)	采购部	经理人员	在职	是
5002	王　江(男)	采购部	采购人员	在职	是
6001	张媛琦(男)	仓储部	经理人员	在职	

【操作提示】

微课:设置人员档案

微课:设置部门负责人

(1)进入"企业应用平台"|"基础设置"|"基础档案"|"机构人员"|"人员档案",如图2-36、图2-37所示。

(2)在左边目录区选择要增加职员的部门,单击"增加"按钮,在图2-37所示的界面中录入人员的编码、姓名、所属行政部门、是否业务员、是否操作员等以及"其它"页签的相关信息资料。退出人员档案录入界面后,可看到企业人员档案的人员列表,如图2-38所示。

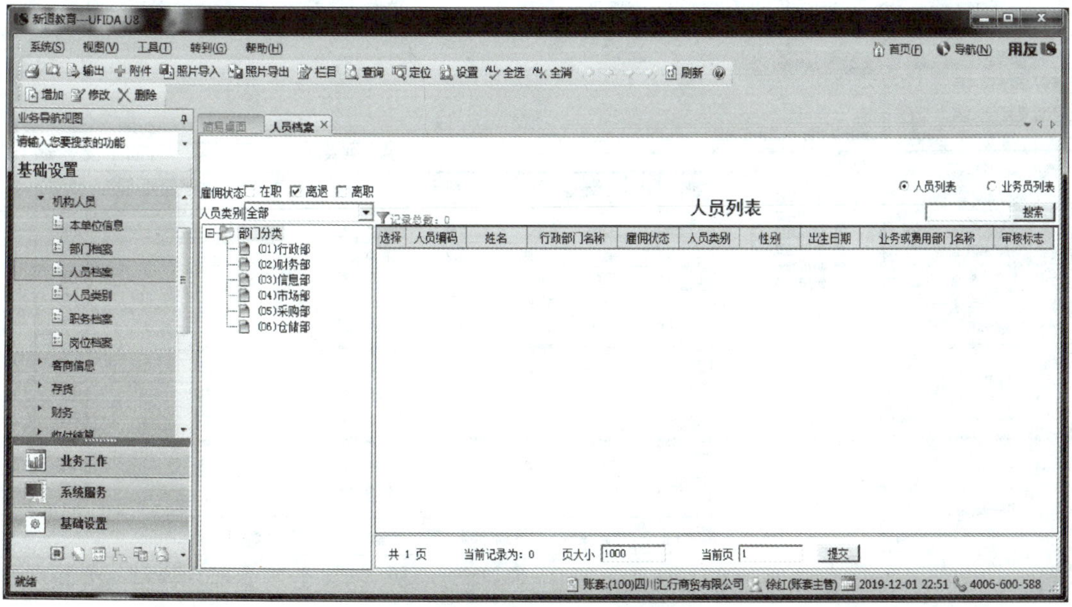

图2-36 人员列表

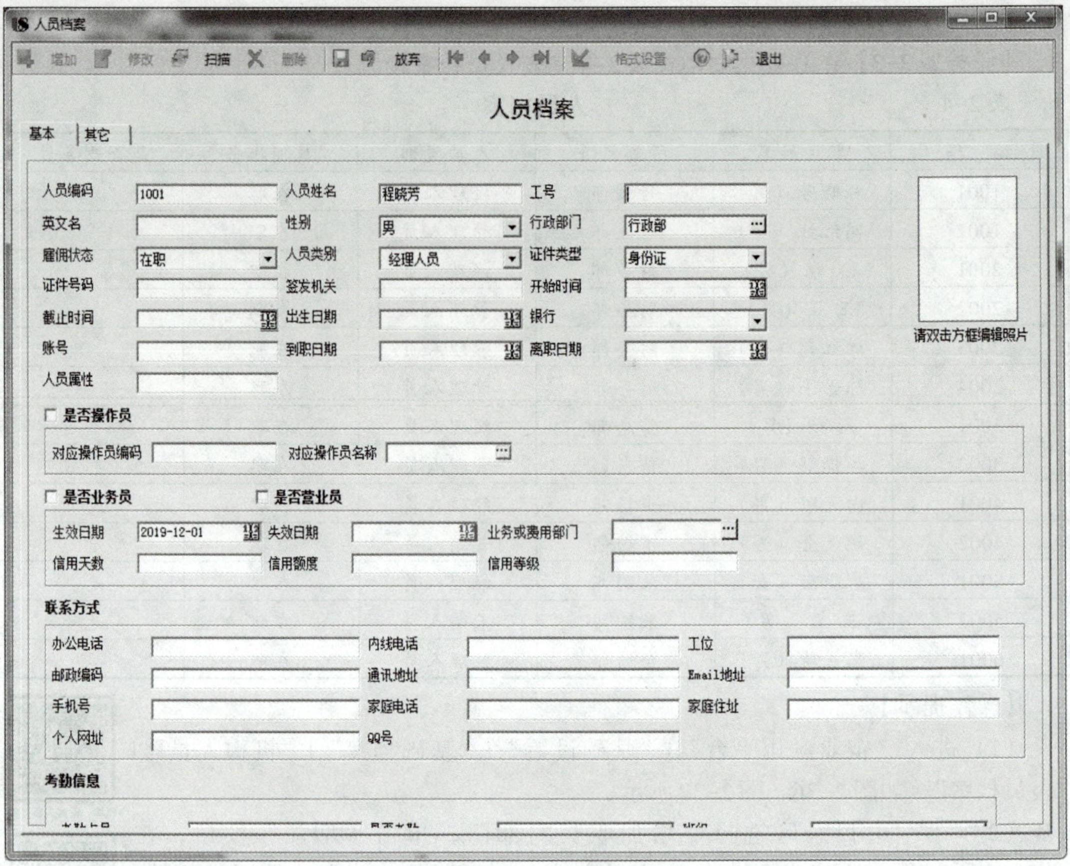

图 2-37 人员档案

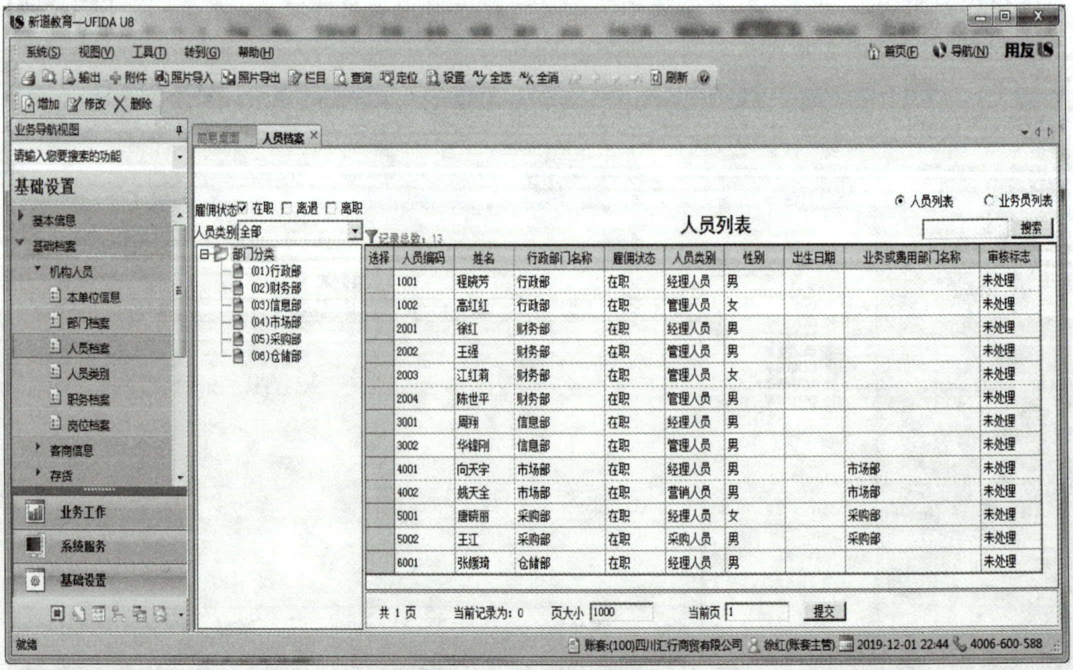

图 2-38 人员列表

二、客商信息设置

【任务2-2-4】在基础档案中按表2-5至表2-8分别完成供应商分类、供应商档案、客户分类、客户档案设置。

表2-5　　供应商分类

分类编码	分类名称
001	一般供应商
002	重要供应商

表2-6　　供应商档案

编　号	供应商名称	简　称	分类码
0001	福建金太阳贸易公司	福建金太阳	001
0002	广州永福贸易有限公司	广州永福	002
0003	广州兴泰商贸有限公司	广州兴泰	001
0004	福建通行贸易公司	福建通行	002

表2-7　　客户分类

类别编码	类别名称
001	一般客户
002	重要客户

表2-8　　客户档案

编号	客户名称	简称	分类码	纳税号	开户银行	银行账号	默认值
001	四川宏运公司	四川宏运	001	915162301274894556	工商银行四川支行	987654321	是
002	四川博运公司	四川博运	002	915192300208764029	建设银行四川支行	123456789	是
003	四川星通公司	四川星通	001	91510392983739278	工商银行四川支行	283628291	是
004	四川康博公司	四川康博	002	915177389938892332	工商银行四川支行	283262822	是

【操作提示】

1.增加供应商分类和供应商档案

（1）进入“企业应用平台”|“基础设置”|“基础档案”|“客商信息”|“供应商分类”。

微课：供应商分类及供应商档案

（2）单击“增加”按钮，在编辑区录入供应商分类编码、分类名称，单击“保存”按钮，保存此次增加的供应商分类；如果想继续增加，用鼠标单击“增加”按钮即可。完成供应商分类设置后，如图2-39所示，退出“供应商分类”窗口。

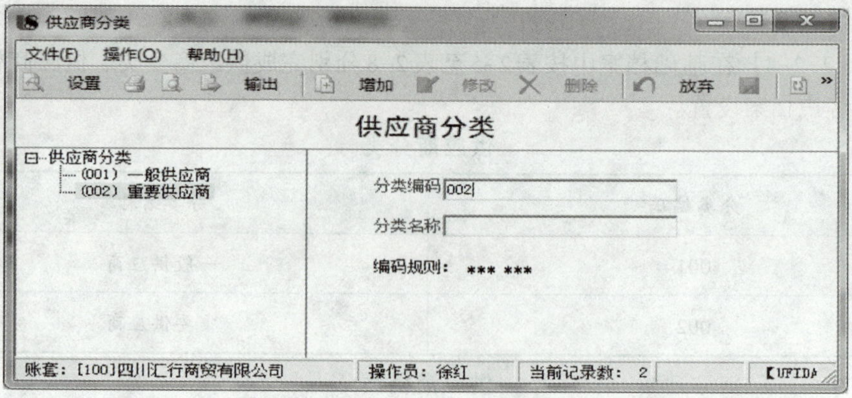

图 2-39　供应商分类

（3）增加供应商档案。进入“客商信息”|“供应商档案”，如图2-40所示。在屏幕左边的列表中选择一个末级的供应商分类，单击“增加”按钮，显示如图2-41所示的“增加供应商档案”界面，分别填写相关内容。

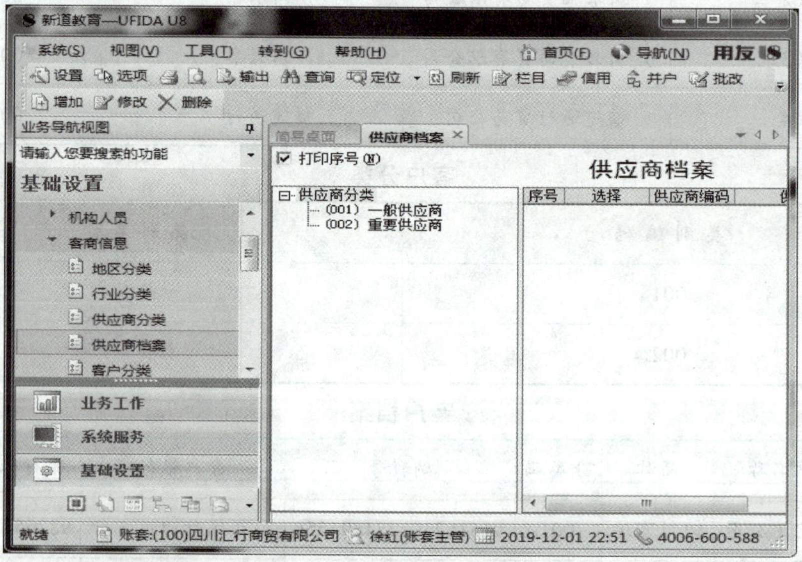

图 2-40　供应商档案

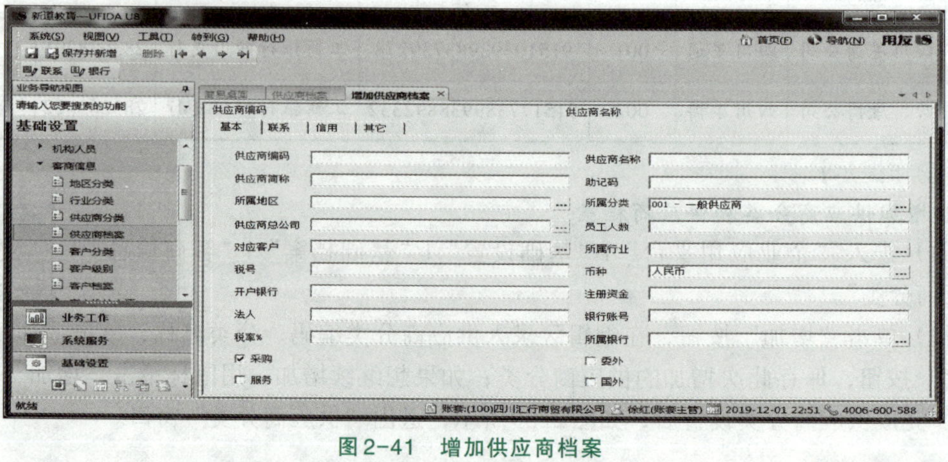

图 2-41　增加供应商档案

2.增加客户分类和客户档案

微课：客户分类及客户档案

（1）进入“企业应用平台”|“基础设置”|“基础档案”|“客商信息”|“客户分类”，单击“增加”按钮，在编辑区录入客户分类编码、名称，单击“保存”按钮；如果想继续增加，单击“增加”按钮。完成客户分类设置后，如图2-42所示，退出“客户分类”窗口。

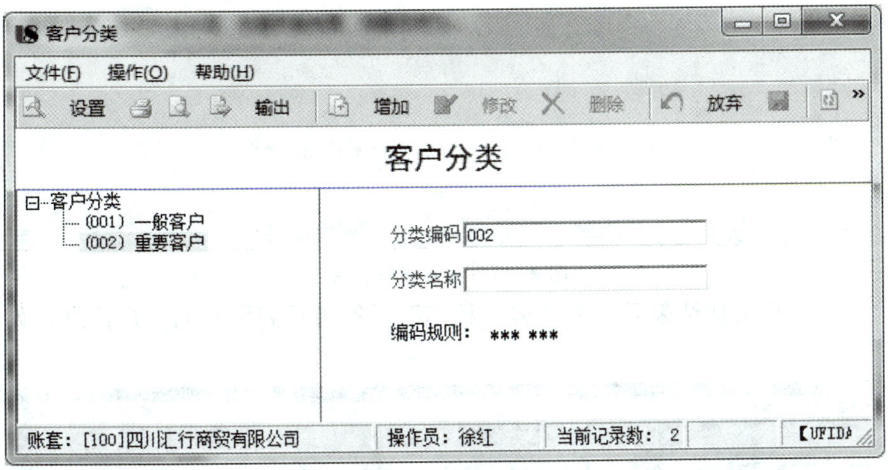

图2-42 客户分类

（2）增加客户档案。进入“客商信息”|“客户档案”，在屏幕左边的列表中选择一个末级的客户分类，单击“增加”按钮，显示如图2-43所示的“增加客户档案”界面，分别填写相关内容，增加客户信息。在录入客户信息时，如果要增加客户银行档案，进入“银行”|“银行客户档案”，单击“增加”按钮，录入银行相关信息，单击“保存”按钮，如图2-44所示。

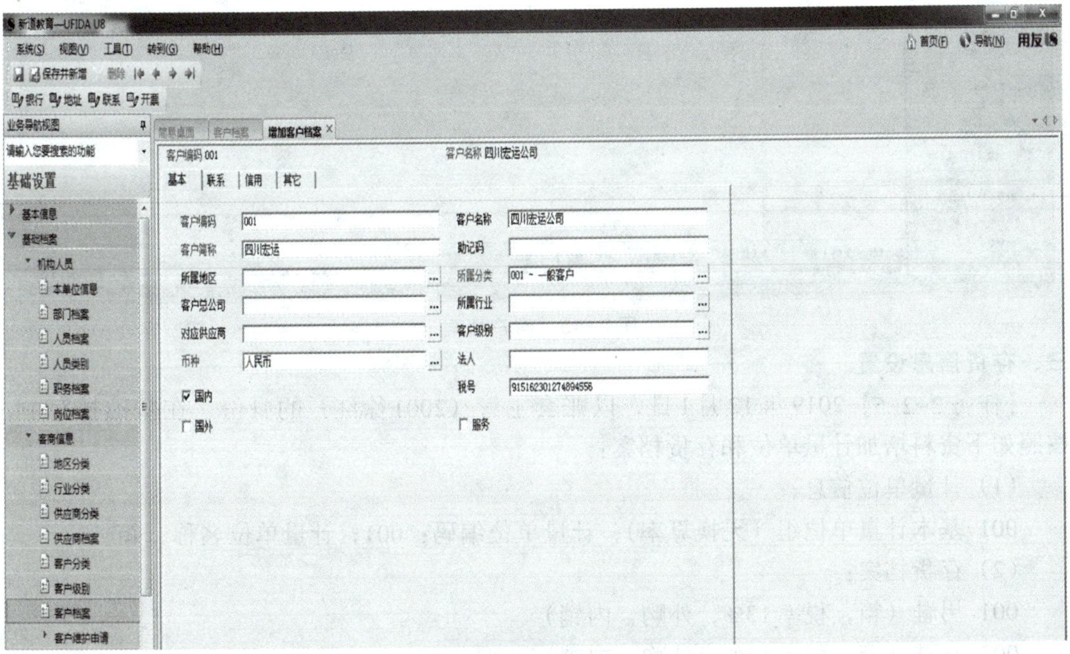

图2-43 增加客户档案

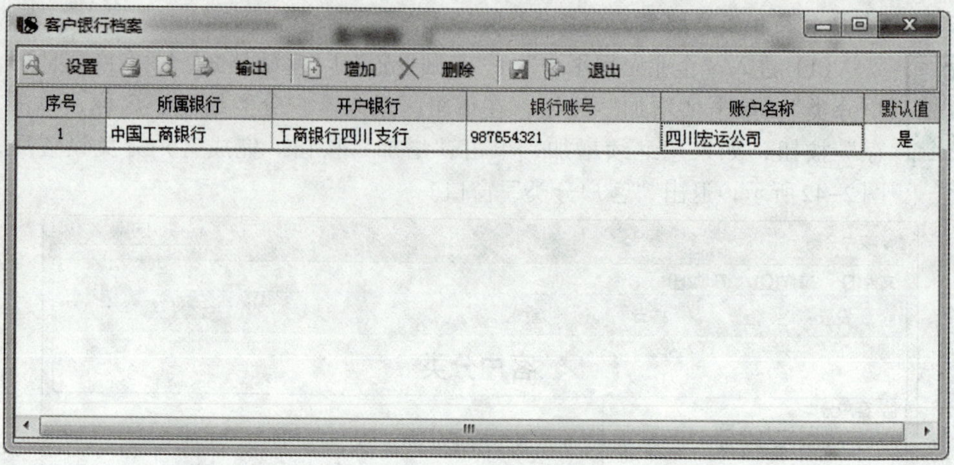

图 2-44　客户银行档案

（3）客户信息增加结束后，在“客户档案”页签可看到所有的客户信息，如图 2-45 所示。

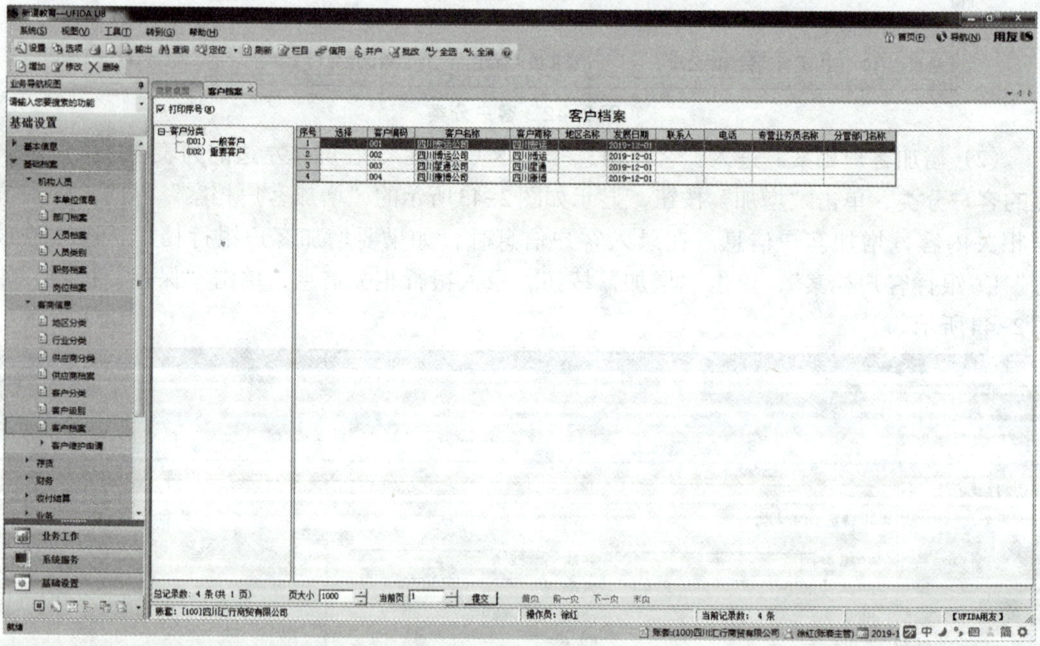

图 2-45　客户档案

三、存货信息设置

【任务 2-2-5】2019 年 12 月 1 日，以账套主管（2001 徐红）的身份，在基础档案中，按照如下资料增加计量单位和存货档案：

（1）计量单位信息：

001 基本计量单位组（无换算率）；计量单位编码：001；计量单位名称：箱

（2）存货档案：

001 男鞋（箱，税率 13%，外购，内销）

002 女鞋（箱，税率 13%，外购，内销）

【操作提示】

1.增加计量单位

微课：增加计量单位

（1）选择“企业应用平台”|“基础设置”|“基础档案”|“存货”|“计量单位”，进入“计量单位-计量单位组”窗口，如图2-46所示。

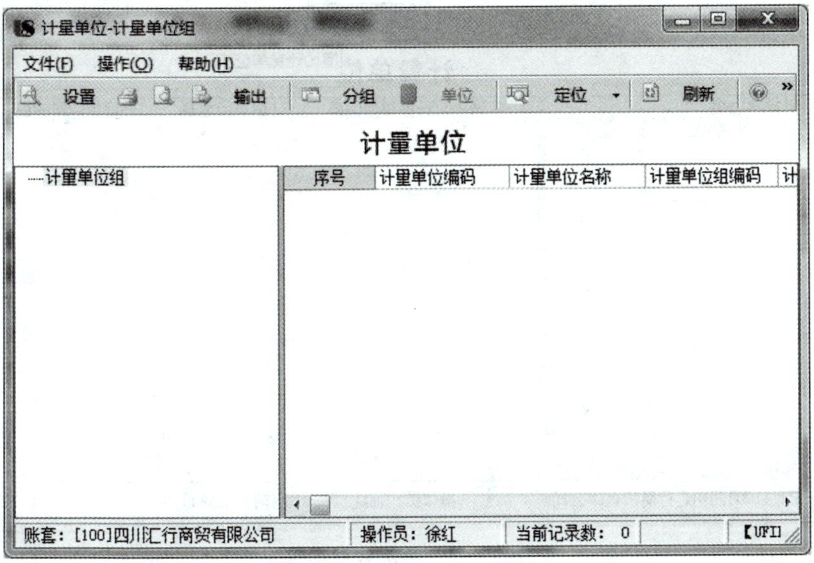

图2-46 计量单位-计量单位组

（2）设置计量单位组。在计量单位主界面上单击“分组”按钮，显示计量单位组新增界面，单击该界面上“增加”按钮，录入计量单位组编码“001”，在“计量单位组名称”项录入“基本计量单位组”，单击“计量单位组类别”栏的下三角按钮，选择“无换算率”，如图2-47所示，单击“保存”，单击“退出”。

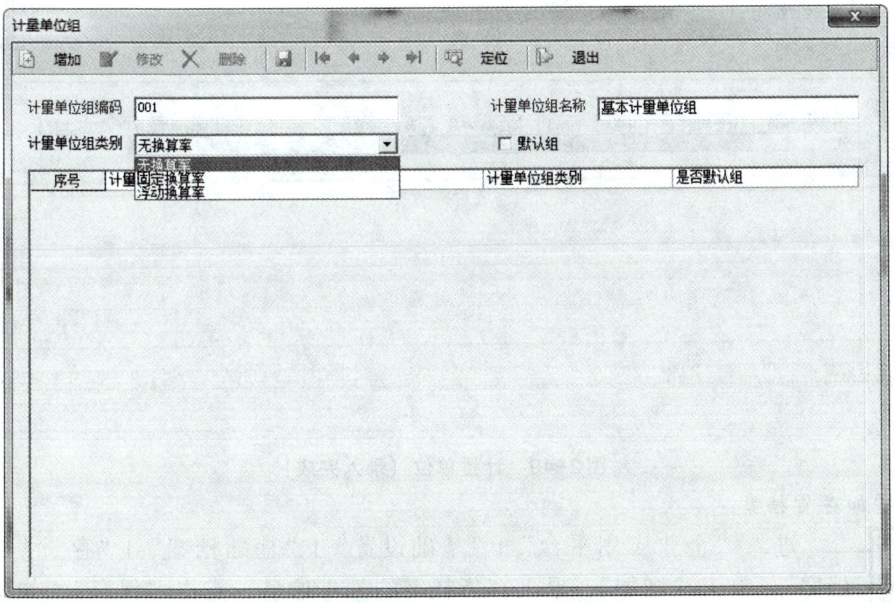

图2-47 计量单位组

（3）增加计量单位。在计量单位设置界面，选择要设置计量单位的单位组，单击“单位”按钮，如图2-48所示；单击“增加”，录入计量单位编码、计量单位名称，单击“保存”“退出”，可看到增加的计量单位，如图2-49所示。

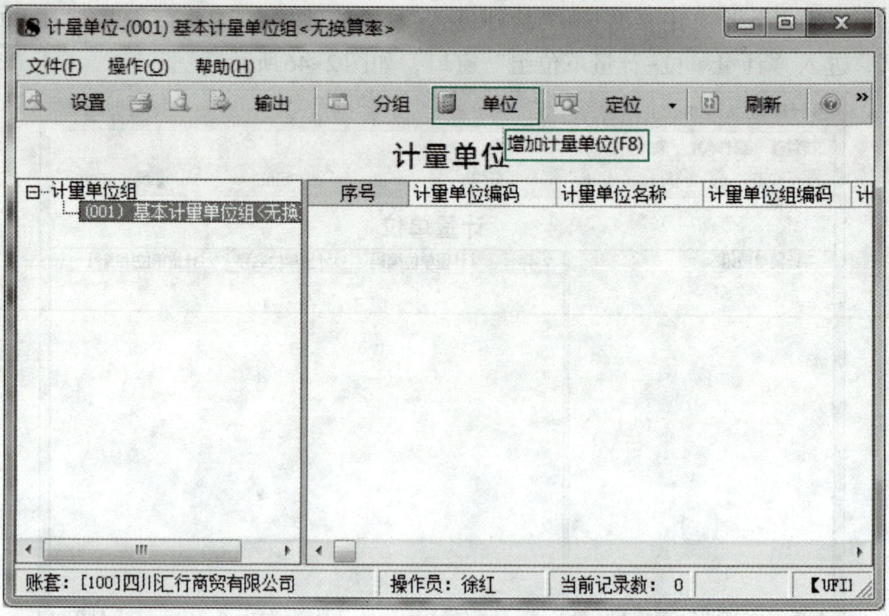

图2-48 增加计量单位

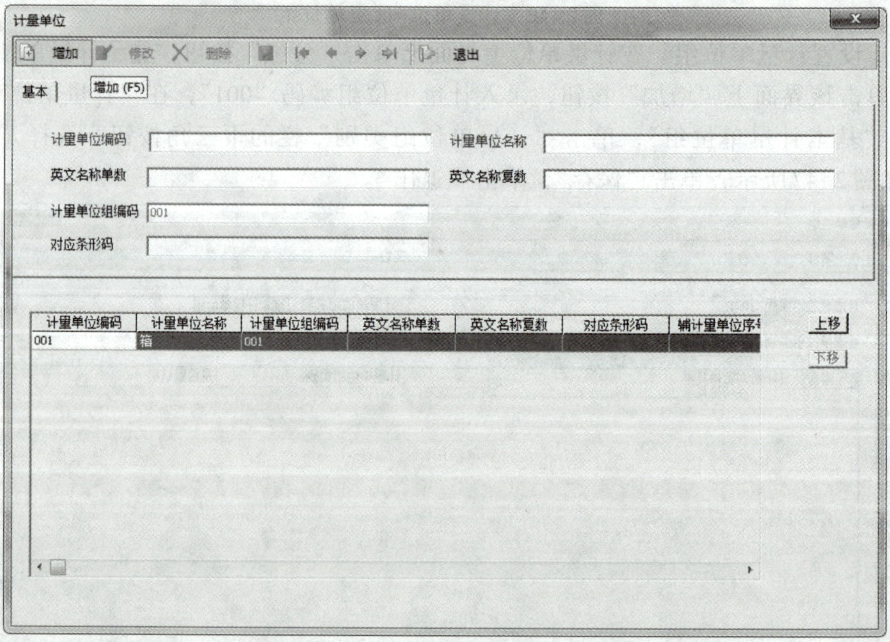

图2-49 计量单位（录入完成）

2.增加存货档案

微课：增加存货档案

进入“企业应用平台”|“基础设置”|“基础档案”|“存货”|“存货档案”，单击“增加”，录入存货档案的基本信息，点击“保存”，如图2-50、图2-51所示。

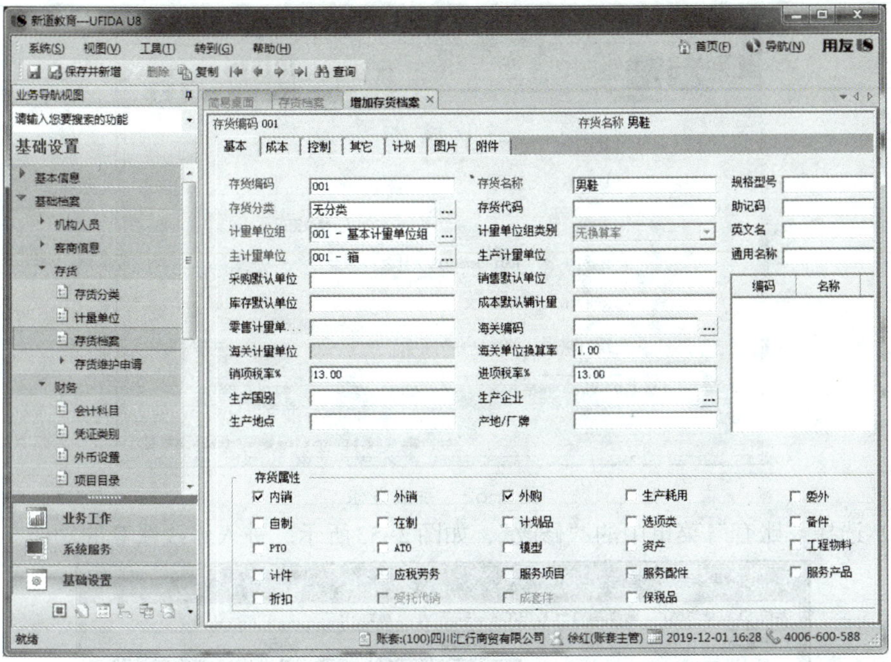

图2-50　增加存货档案

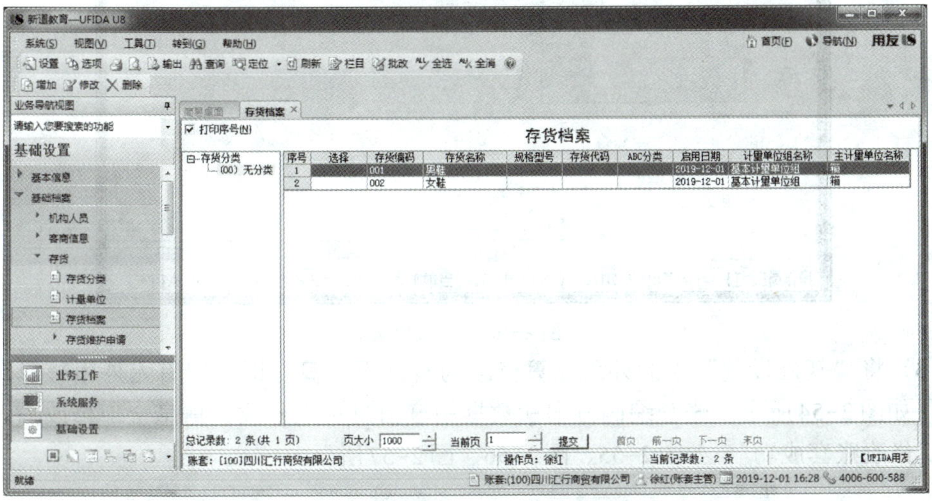

图2-51　存货档案（录入完成）

四、财务信息设置

（一）修改账套

当系统管理员建完账套和账套主管建完账套库后，在未使用相关信息的基础上，需要对某些信息进行调整，以便使信息更真实准确地反映企业的相关内容时，可以进行适当的调整。只有账套主管可以修改其具有权限的账套库中的信息，系统管理员无权修改。

【任务2-2-6】2019年12月1日，账套主管（2001徐红）将账套修改为有外币核算。

【操作提示】

（1）以账套主管（2001徐红）的身份注册登录，如图2-52所示，进入系统登录界面。

微课：修改账套

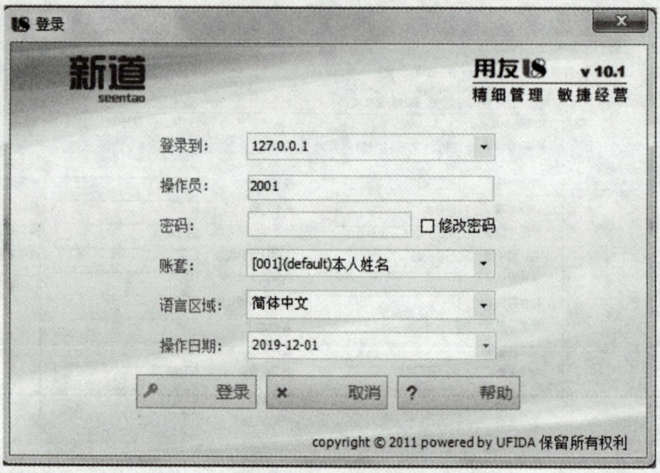

图 2-52 系统登录

(2) 选择“账套”菜单中的“修改”，如图2-53所示，进入修改账套的功能。

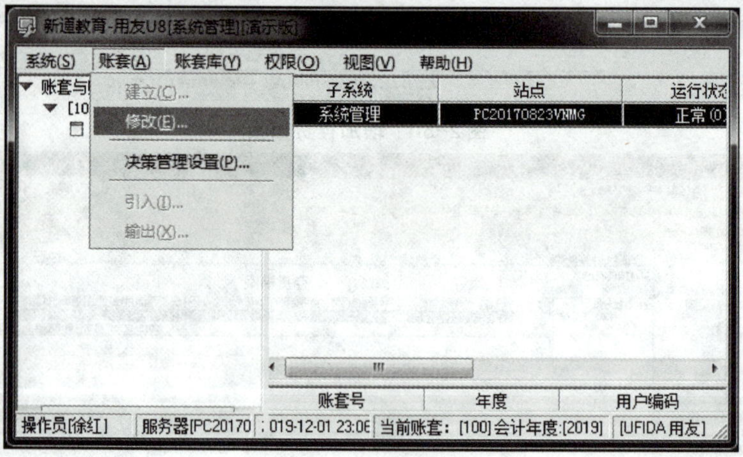

图 2-53 修改账套

(3) 将“基础设置”中的外币核算修改为有外币核算，即在“有无外币核算”前打“√”，如图2-54所示。账套编码方案和数据精度信息可以修改，信息全部修改后，系统提示“修改账套成功”，如图2-55、图2-56、图2-57所示。

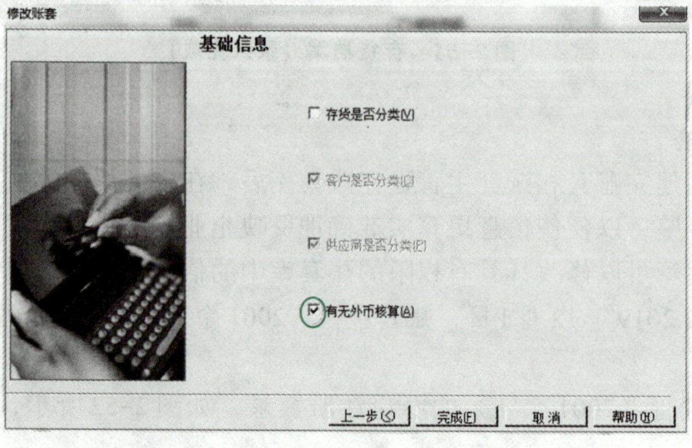

图 2-54 修改账套—基础信息

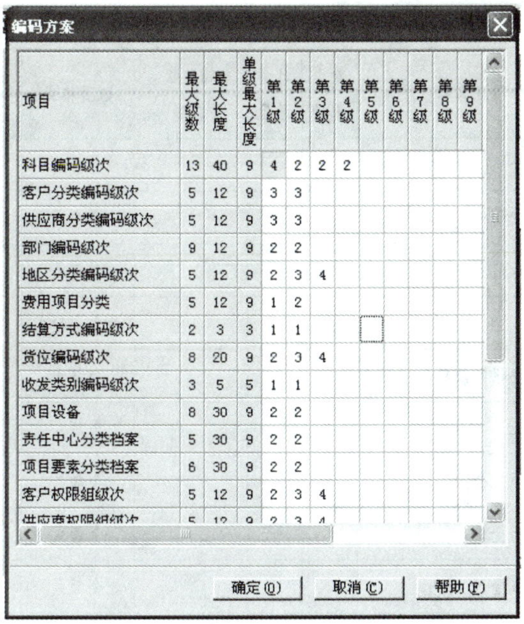

图2-55 编码方案

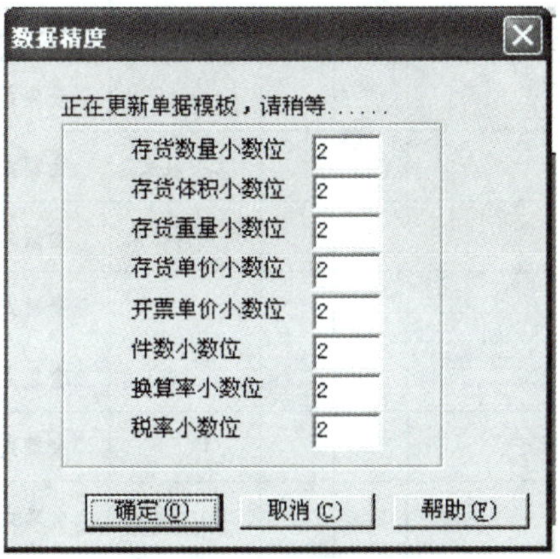

图2-56 数据精度

图2-57 修改账套成功

单击“确定”按钮，表示确认修改内容。

(二）设置会计科目

【任务2-2-7】2019年12月1日，以账套主管（2001徐红）的身份登录企业应用平台，根据表2-9设置会计科目及项目核算信息（应收、应付、预收、预付应为受控应收、应付系统）。

表 2-9 会计科目表

类型	级次	科目编码	科目名称	外币币种	计量单位	辅助账类型	账页格式	余额方向	受控系统	银行账	日记账
资产	1	1001	库存现金				金额式	借			Y
资产	1	1002	银行存款				金额式	借		Y	Y
资产	2	100201	人民币				金额式	借		Y	Y
资产	2	100202	美元	美元			外币金额式	借		Y	Y
资产	1	1003	存放中央银行款项				金额式	借			
资产	1	1011	存放同业				金额式	借			
资产	1	1012	其他货币资金				金额式	借			
资产	1	1021	结算备付金				金额式	借			
资产	1	1031	存出保证金				金额式	借			
资产	1	1101	交易性金融资产				金额式	借			
资产	1	1111	买入返售金融资产				金额式	借			
资产	1	1121	应收票据				金额式	借			
资产	1	1122	应收账款			客户往来	金额式	借	应收系统		
资产	1	1123	预付账款			供应商往来	金额式	借	应付系统		
资产	1	1131	应收股利				金额式	借			
资产	1	1132	应收利息				金额式	借			
资产	1	1201	应收代位追偿款				金额式	借			
资产	1	1211	应收分保账款				金额式	借			
资产	1	1212	应收分保合同准备金				金额式	借			
资产	1	1221	其他应收款			个人往来	金额式	借			
资产	1	1231	坏账准备				金额式	贷			
资产	1	1301	贴现资产				金额式	借			
资产	1	1302	拆出资金				金额式	借			
资产	1	1303	贷款				金额式	借			
资产	1	1304	贷款损失准备				金额式	贷			
资产	1	1311	代理兑付证券				金额式	借			
资产	1	1321	代理业务资产				金额式	借			
资产	1	1401	材料采购				金额式	借			

续表

类型	级次	科目编码	科目名称	外币币种	计量单位	辅助账类型	账页格式	余额方向	受控系统	银行账	日记账
资产	1	1402	在途物资				金额式	借			
资产	1	1403	原材料				金额式	借			
资产	1	1404	材料成本差异				金额式	借			
资产	1	1405	库存商品				金额式	借			
资产	2	140501	男鞋		箱		数量金额式	借			
资产	2	140502	女鞋		箱		数量金额式	借			
资产	1	1406	发出商品				金额式	借			
资产	1	1407	商品进销差价				金额式	贷			
资产	1	1408	委托加工物资				金额式	借			
资产	1	1411	周转材料				金额式	借			
资产	1	1421	消耗性生物资产				金额式	借			
资产	1	1431	贵金属				金额式	借			
资产	1	1441	抵债资产				金额式	借			
资产	1	1451	损余物资				金额式	借			
资产	1	1461	融资租赁资产				金额式	借			
资产	1	1471	存货跌价准备				金额式	贷			
资产	1	1501	持有至到期投资				金额式	借			
资产	1	1502	持有至到期投资减值准备				金额式	贷			
资产	1	1503	可供出售金融资产				金额式	借			
资产	1	1511	长期股权投资				金额式	借			
资产	1	1512	长期股权投资减值准备				金额式	贷			
资产	1	1521	投资性房地产				金额式	借			
资产	1	1531	长期应收款				金额式	借			
资产	1	1532	未实现融资收益				金额式	贷			
资产	1	1541	存出资本保证金				金额式	借			
资产	1	1601	固定资产				金额式	借			
资产	1	1602	累计折旧				金额式	贷			
资产	1	1603	固定资产减值准备				金额式	贷			

续表

类型	级次	科目编码	科目名称	外币币种	计量单位	辅助账类型	账页格式	余额方向	受控系统	银行账	日记账
资产	1	1604	在建工程				金额式	借			
资产	1	1605	工程物资				金额式	借			
资产	1	1606	固定资产清理				金额式	借			
资产	1	1611	未担保余值				金额式	借			
资产	1	1621	生产性生物资产				金额式	借			
资产	1	1622	生产性生物资产累计折旧				金额式	贷			
资产	1	1623	公益性生物资产				金额式	借			
资产	1	1631	油气资产				金额式	借			
资产	1	1632	累计折耗				金额式	贷			
资产	1	1701	无形资产				金额式	借			
资产	1	1702	累计摊销				金额式	贷			
资产	1	1703	无形资产减值准备				金额式	贷			
资产	1	1711	商誉				金额式	借			
资产	1	1801	长期待摊费用				金额式	借			
资产	1	1811	递延所得税资产				金额式	借			
资产	1	1821	独立账户资产				金额式	借			
资产	1	1901	待处理财产损溢				金额式	借			
资产	2	190101	待处理流动资产损溢				金额式	借			
资产	2	190102	待处理固定资产损溢				金额式	借			
负债	1	2001	短期借款			项目核算	金额式	贷			
负债	1	2002	存入保证金				金额式	贷			
负债	1	2003	拆入资金				金额式	贷			
负债	1	2004	向中央银行借款				金额式	贷			
负债	1	2011	吸收存款				金额式	贷			
负债	1	2012	同业存放				金额式	贷			
负债	1	2021	贴现负债				金额式	贷			
负债	1	2101	交易性金融负债				金额式	贷			
负债	1	2111	卖出回购金融资产款				金额式	借			

续表

类型	级次	科目编码	科目名称	外币币种	计量单位	辅助账类型	账页格式	余额方向	受控系统	银行账	日记账
负债	1	2201	应付票据				金额式	贷			
负债	1	2202	应付账款			供应商往来	金额式	贷	应付系统		
负债	1	2203	预收账款			客户往来	金额式	贷	应收系统		
负债	1	2211	应付职工薪酬				金额式	贷			
负债	2	221101	工资				金额式	贷			
负债	2	221102	职工福利				金额式	贷			
负债	2	221103	住房公积金				金额式	贷			
负债	1	2221	应交税费				金额式	贷			
负债	2	222101	应交增值税				金额式	贷			
负债	3	22210101	进项税额				金额式	借			
负债	3	22210102	已交税金				金额式	贷			
负债	3	22210103	销项税额				金额式	贷			
负债	3	22210104	进项税额转出				金额式	贷			
负债	3	22210105	转出多交增值税				金额式	贷			
负债	3	22210106	转出未交增值税				金额式	借			
负债	2	222102	应交消费税				金额式	贷			
负债	2	222103	应交资源税				金额式	贷			
负债	2	222104	应交所得税				金额式	贷			
负债	2	222105	应交个人所得税				金额式	贷			
负债	2	222106	未交增值税				金额式	贷			
负债	2	222107	应交城建税				金额式	贷			
负债	2	222108	应交教育费附加				金额式	贷			
负债	2	222109	应交地方教育费附加				金额式	贷			
负债	1	2231	应付利息				金额式	贷			
负债	1	2232	应付股利				金额式	贷			
负债	1	2241	其他应付款				金额式	贷			
负债	1	2251	应付保单红利				金额式	贷			
负债	1	2261	应付分保账款				金额式	贷			

续表

类型	级次	科目编码	科目名称	外币币种	计量单位	辅助账类型	账页格式	余额方向	受控系统	银行账	日记账
负债	1	2311	代理买卖证券款				金额式	贷			
负债	1	2312	代理承销证券款				金额式	贷			
负债	1	2313	代理兑付证券款				金额式	贷			
负债	1	2314	代理业务负债				金额式	贷			
负债	1	2401	递延收益				金额式	贷			
负债	1	2501	长期借款			项目核算	金额式	贷			
负债	1	2502	应付债券				金额式	贷			
负债	1	2601	未到期责任准备金				金额式	贷			
负债	1	2602	保险责任准备金				金额式	贷			
负债	1	2611	保户储金				金额式	贷			
负债	1	2621	独立账户负债				金额式	借			
负债	1	2701	长期应付款				金额式	贷			
负债	1	2702	未确认融资费用				金额式	借			
负债	1	2711	专项应付款				金额式	贷			
负债	1	2801	预计负债				金额式	贷			
负债	1	2901	递延所得税负债				金额式	贷			
共同	1	3001	清算资金往来				金额式	借			
共同	1	3002	货币兑换				金额式	借			
共同	1	3101	衍生工具				金额式	借			
共同	1	3201	套期工具				金额式	借			
共同	1	3202	被套期项目				金额式	借			
权益	1	4001	实收资本				金额式	贷			
权益	1	4002	资本公积				金额式	贷			
权益	1	4101	盈余公积				金额式	贷			
权益	2	410101	法定盈余公积				金额式	贷			
权益	2	410102	任意盈余公积				金额式	贷			
权益	1	4102	一般风险准备				金额式	贷			
权益	1	4103	本年利润				金额式	贷			

续表

类型	级次	科目编码	科目名称	外币币种	计量单位	辅助账类型	账页格式	余额方向	受控系统	银行账	日记账
权益	1	4104	利润分配				金额式	贷			
权益	2	410401	提取法定盈余公积				金额式	贷			
权益	2	410402	提取任意盈余公积				金额式	贷			
权益	2	410403	未分配利润				金额式	贷			
权益	2	410404	应付现金股利				金额式	贷			
权益	1	4201	库存股				金额式	借			
成本	1	5001	生产成本				金额式	借			
成本	1	5101	制造费用				金额式	借			
成本	1	5201	劳务成本				金额式	借			
成本	1	5301	研发支出				金额式	借			
成本	1	5401	工程施工				金额式	借			
成本	1	5402	工程结算				金额式	贷			
成本	1	5403	机械作业				金额式	借			
损益	1	6001	主营业务收入				金额式	贷			
损益	2	600101	男鞋		箱		数量金额式	贷			
损益	2	600102	女鞋		箱		数量金额式	贷			
损益	1	6011	利息收入				金额式	贷			
损益	1	6021	手续费及佣金收入				金额式	贷			
损益	1	6031	保费收入				金额式	贷			
损益	1	6041	租赁收入				金额式	贷			
损益	1	6051	其他业务收入				金额式	贷			
损益	1	6061	汇兑损益				金额式	贷			
损益	1	6101	公允价值变动损益				金额式	贷			
损益	1	6111	投资收益				金额式	贷			
损益	1	6201	摊回保险责任准备金				金额式	贷			
损益	1	6202	摊回赔付支出				金额式	贷			
损益	1	6203	摊回分保费用				金额式	贷			
损益	1	6301	营业外收入				金额式	贷			

续表

类型	级次	科目编码	科目名称	外币币种	计量单位	辅助账类型	账页格式	余额方向	受控系统	银行账	日记账
损益	1	6401	主营业务成本				金额式	借			
损益	2	640101	男鞋		箱		数量金额式	借			
损益	2	640102	女鞋		箱		数量金额式	借			
损益	1	6402	其他业务成本				金额式	借			
损益	1	6403	税金及附加				金额式	借			
损益	1	6411	利息支出				金额式	借			
损益	1	6421	手续费及佣金支出				金额式	借			
损益	1	6501	提取未到期责任准备金				金额式	借			
损益	1	6502	提取保险责任准备金				金额式	借			
损益	1	6521	保单红利支出				金额式	借			
损益	1	6531	退保金				金额式	借			
损益	1	6541	分出保费				金额式	借			
损益	1	6542	分保费用				金额式	借			
损益	1	6601	销售费用				金额式	借			
损益	2	660101	工资费用				金额式	借			
损益	2	660102	折旧费用				金额式	借			
损益	2	660103	其他费用				金额式	借			
损益	2	660104	办公费				金额式	借			
损益	2	660105	住房公积金				金额式	借			
损益	2	660106	差旅费				金额式	借			
损益	2	660107	业务招待费				金额式	借			
损益	1	6602	管理费用				金额式	借			
损益	2	660201	工资费用			部门核算	金额式	借			
损益	2	660202	折旧费用			部门核算	金额式	借			
损益	2	660203	其他费用			部门核算	金额式	借			
损益	2	660204	办公费			部门核算	金额式	借			
损益	2	660205	住房公积金			部门核算	金额式	借			

续表

类型	级次	科目编码	科目名称	外币币种	计量单位	辅助账类型	账页格式	余额方向	受控系统	银行账	日记账
损益	1	6603	财务费用				金额式	借			
损益	1	6604	勘探费用				金额式	借			
损益	1	6701	资产减值损失				金额式	借			
损益	1	6702	信用减值损失				金额式	借			
损益	1	6711	营业外支出				金额式	借			
损益	2	671101	捐赠支出				金额式	借			
损益	2	671102	处置固定资产净损失				金额式	借			
损益	1	6801	所得税费用				金额式	借			
损益	1	6901	以前年度损益调整				金额式	借			

【操作提示】

1.会计科目基础设置

（1）进入“企业应用平台”|“基础设置”|“基础档案”|“财务”|“会计科目”，如图2-58所示，单击“会计科目”，进入“会计科目”界面，如图2-59所示。

微课：会计科目基础设置

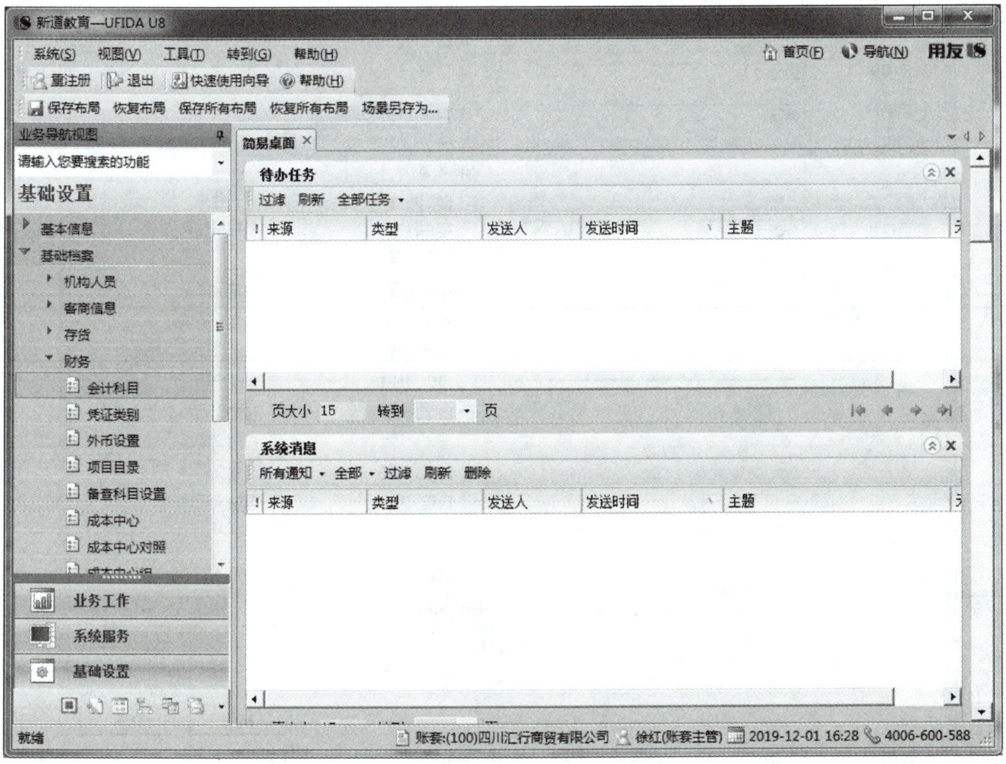

图2-58 选择“会计科目”功能

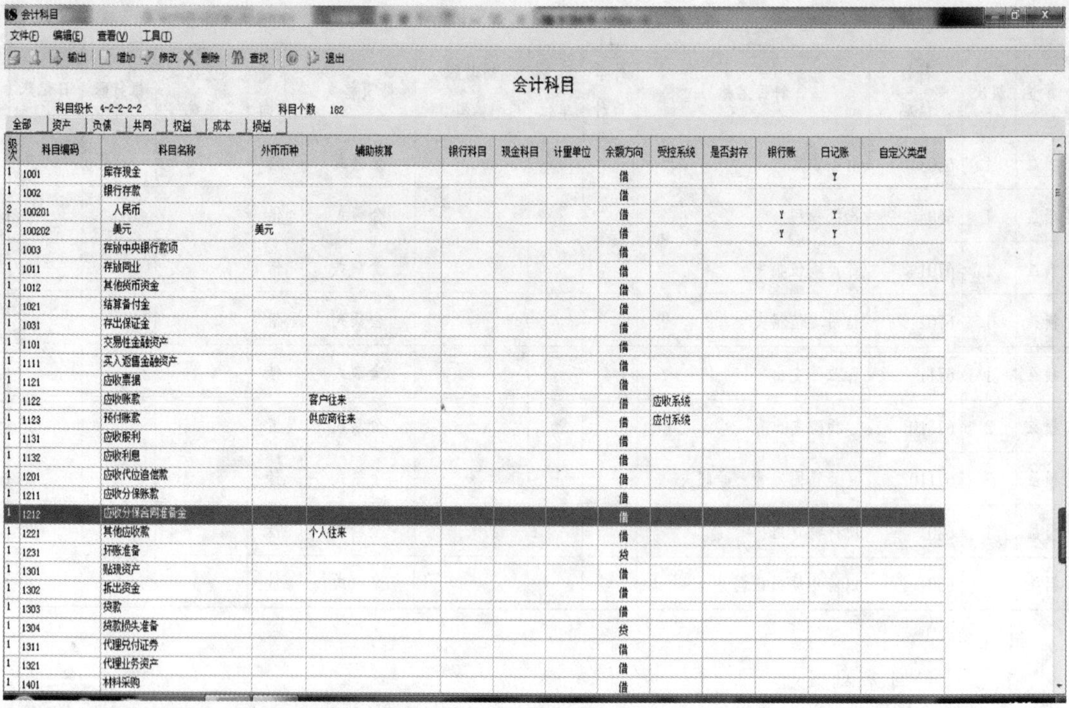

图2-59 会计科目

（2）用鼠标单击“增加”按钮，进入“新增会计科目”界面。按所给资料新增二级会计科目，设置日记账、银行账、外币核算辅助核算，如图2-60所示。

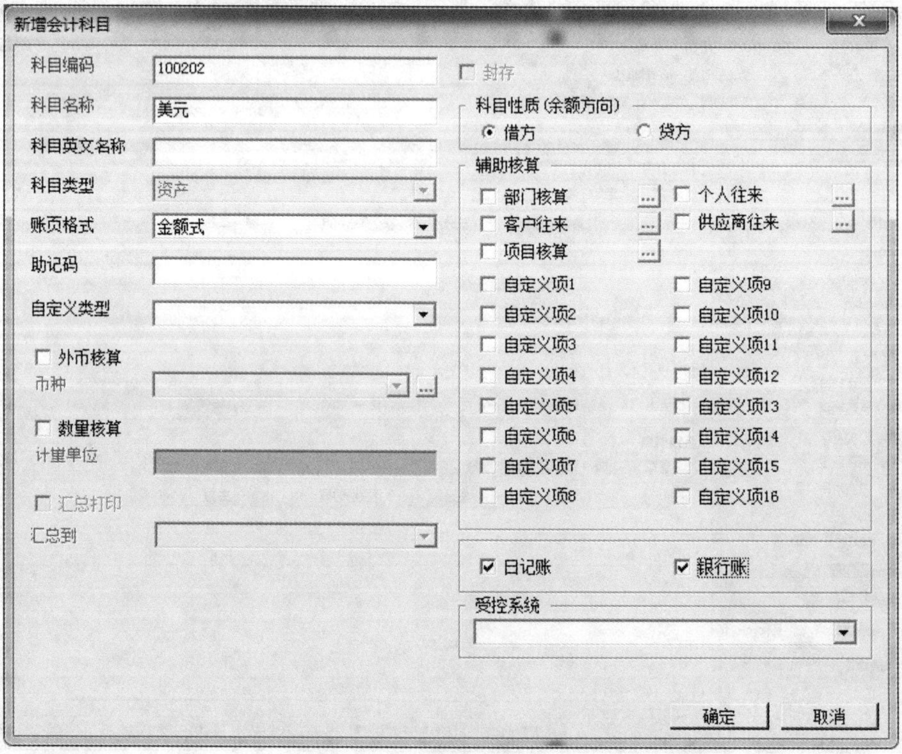

图2-60 新增会计科目

（3）设置客户往来辅助核算、受控系统，如图2-61所示。

微课：设置会计科目往来辅助核算及受控系统

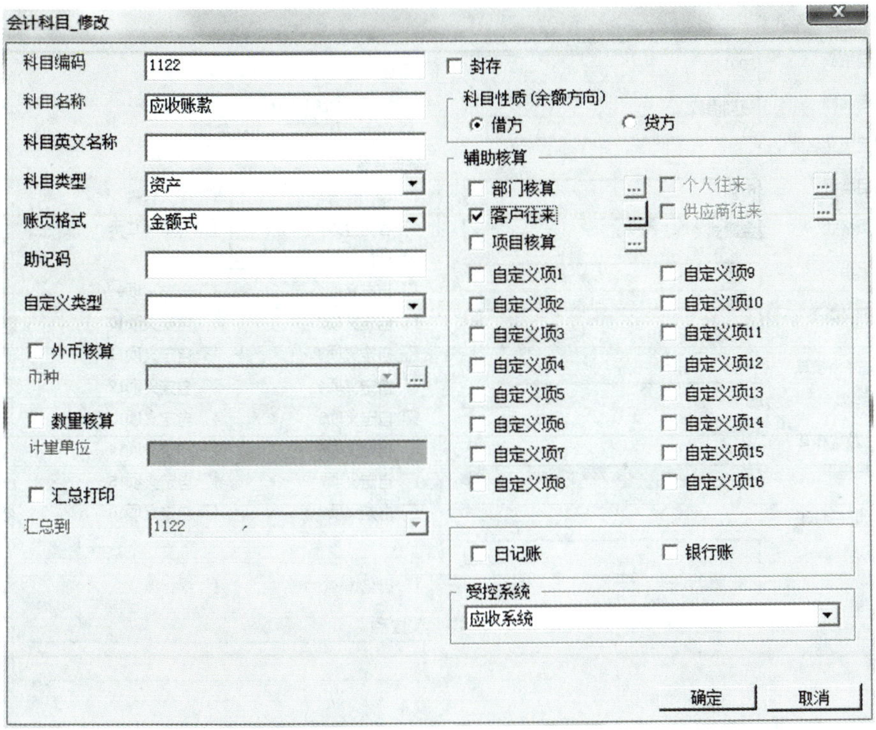

图2-61　会计科目—修改1

（4）设置数量金额式账页格式，如图2-62所示。

微课：设置会计科目数量金额式账页

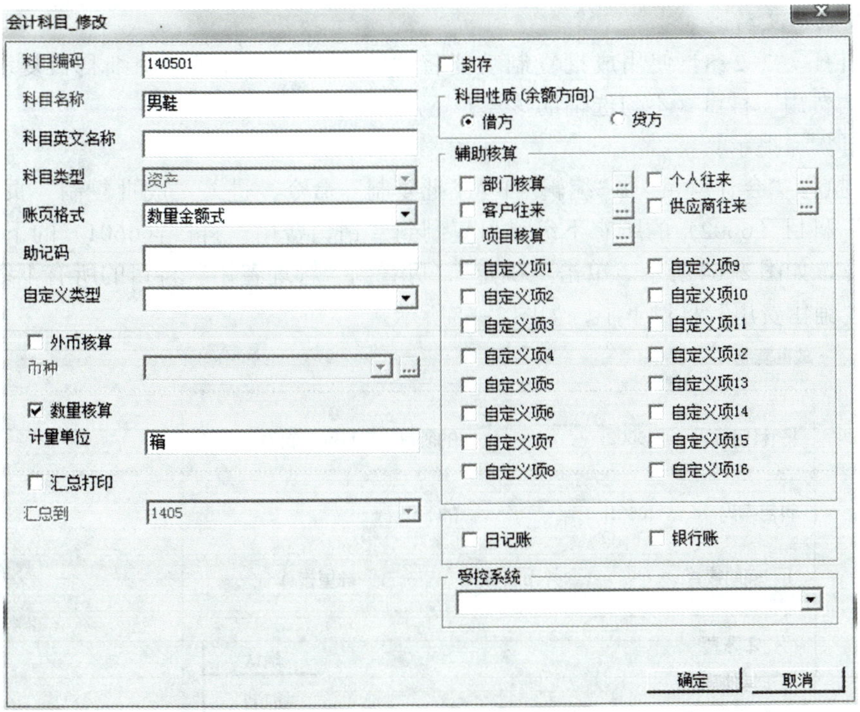

图2-62　会计科目—修改2

（5）设置项目核算辅助核算，如图2-63所示。

微课：设置会计科目部门辅助核算

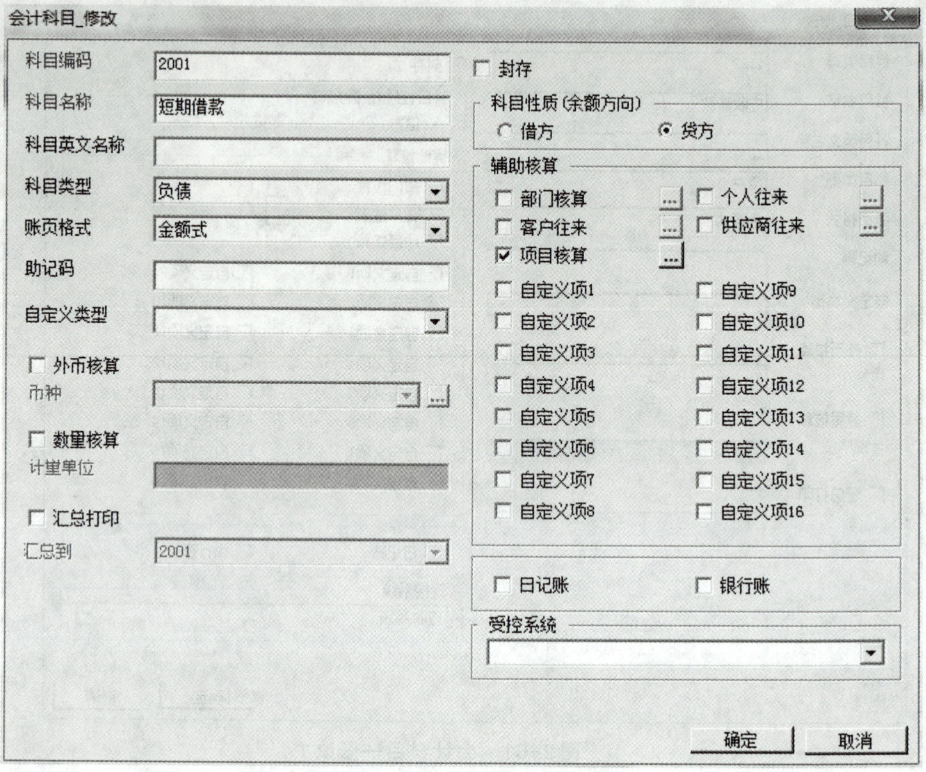

图2-63　会计科目—修改3

2.会计科目成批复制

微课：会计科目成批复制

【任务2-2-8】使用成批复制功能将“管理费用”科目的明细科目复制到“销售费用”科目（不勾选辅助核算）下。

【操作提示】

执行“会计科目”|“编辑”|“成批复制”命令，进入“成批复制”页签，将“管理费用”科目（6602）的所有下级科目复制到“销售费用”科目（6601）的下级，不勾选辅助核算，如图2-64所示。单击“确定”，可看到“管理费用”科目的所有下级科目已经复制到“销售费用”科目下了，如图2-65所示。

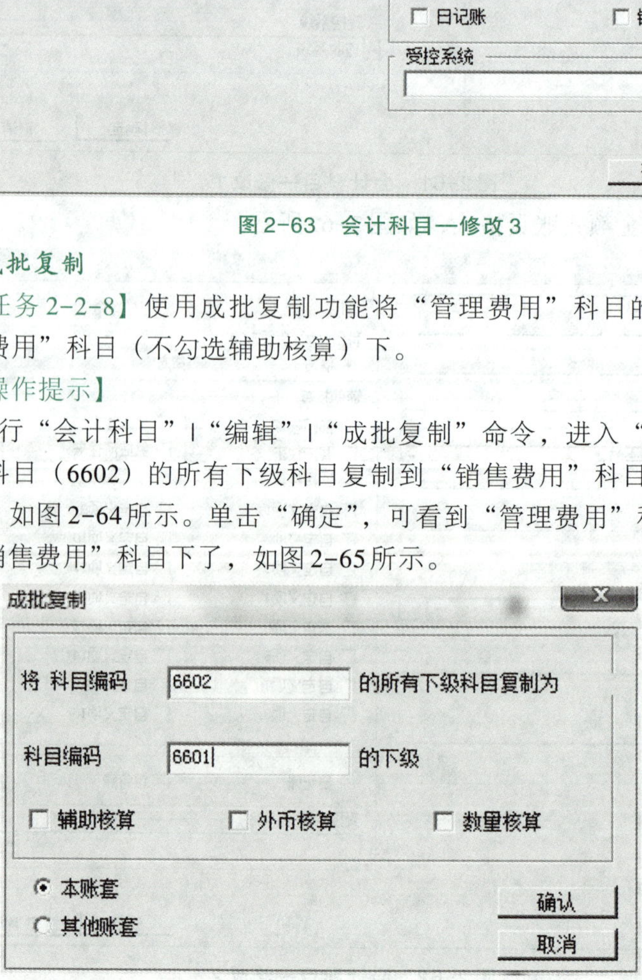

图2-64　会计科目成批复制

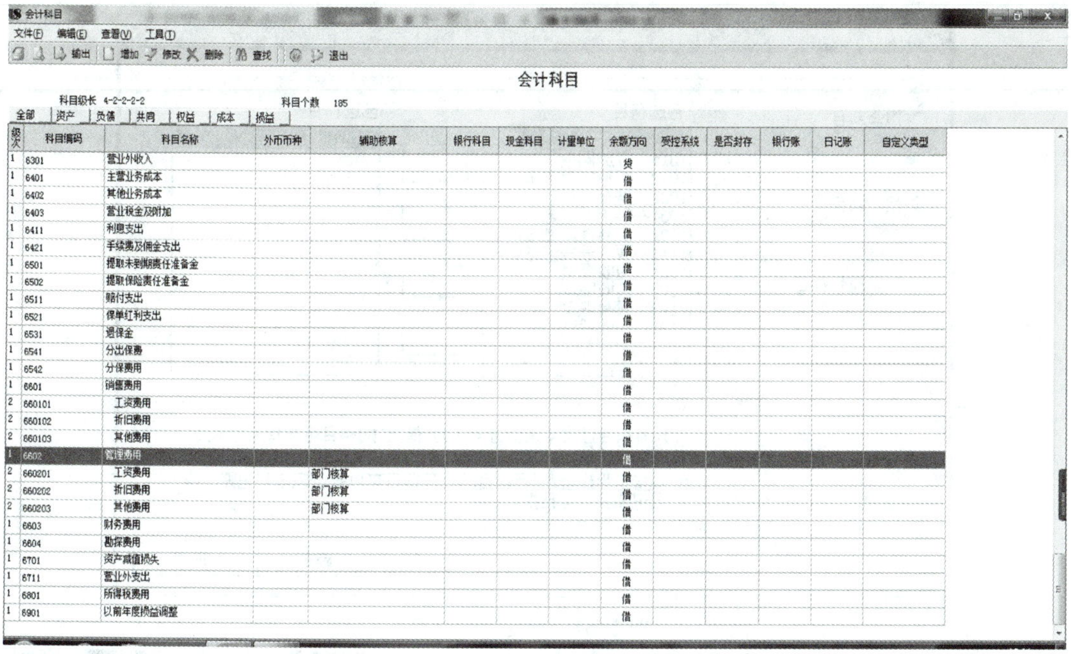

级次	科目编码	科目名称	外币币种	辅助核算	银行科目	现金科目	计量单位	余额方向	受控系统	是否封存	银行账	日记账	自定义类型
1	6301	营业外收入						贷					
1	6401	主营业务成本						借					
1	6402	其他业务成本						借					
1	6403	营业税金及附加						借					
1	6411	利息支出						借					
1	6421	手续费及佣金支出						借					
1	6501	提取未到期责任准备金						借					
1	6502	提取保险责任准备金						借					
1	6511	赔付支出						借					
1	6521	保单红利支出						借					
1	6531	退保金						借					
1	6541	分出保费						借					
1	6542	分保费用						借					
1	6601	销售费用						借					
2	660101	工资费用						借					
2	660102	折旧费用						借					
2	660103	其他费用						借					
1	6602	管理费用						借					
2	660201	工资费用		部门核算				借					
2	660202	折旧费用		部门核算				借					
2	660203	其他费用		部门核算				借					
1	6603	财务费用						借					
1	6604	勘探费用						借					
1	6701	资产减值损失						借					
1	6711	营业外支出						借					
1	6801	所得税费用						借					
1	6901	以前年度损益调整						借					

图2-65 会计科目

3. 指定科目

【任务2-2-9】分别将库存现金、银行存款指定为现金、银行科目。

【操作提示】

在“会计科目”窗口，单击“编辑”菜单下的“指定科目”，显示“指定科目”窗口，用户在此用 » （全选）、« （全删）、< （单删）、> （单选）按钮选择现金、银行存款的总账科目，选择完毕后，用鼠标单击“确定”按钮即可，如图2-66、图2-67、图2-68所示。

微课：指定现金、银行科目

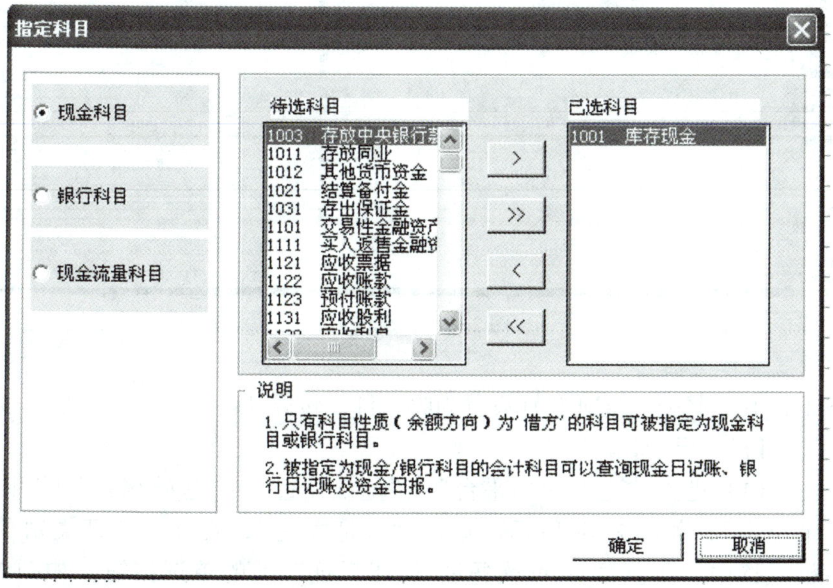

图2-66 指定现金科目

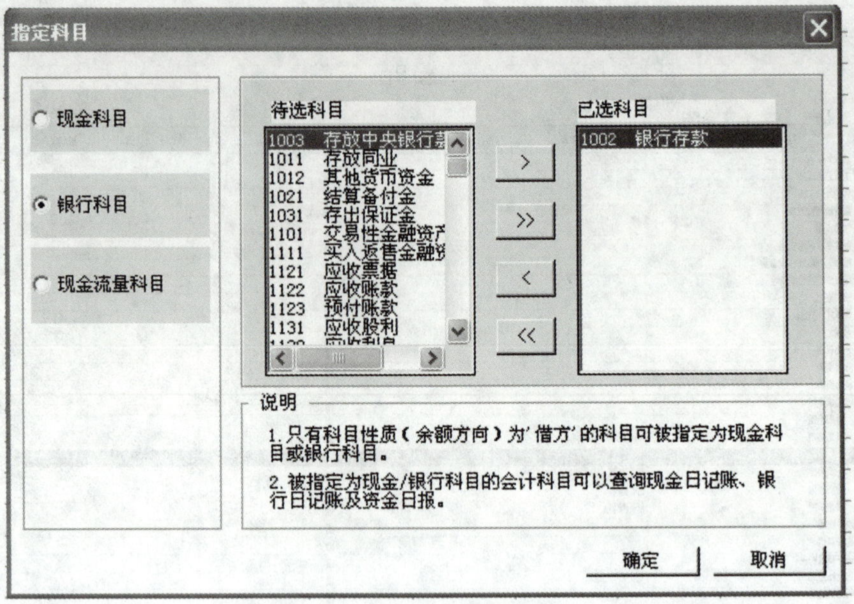

图 2-67 指定银行科目

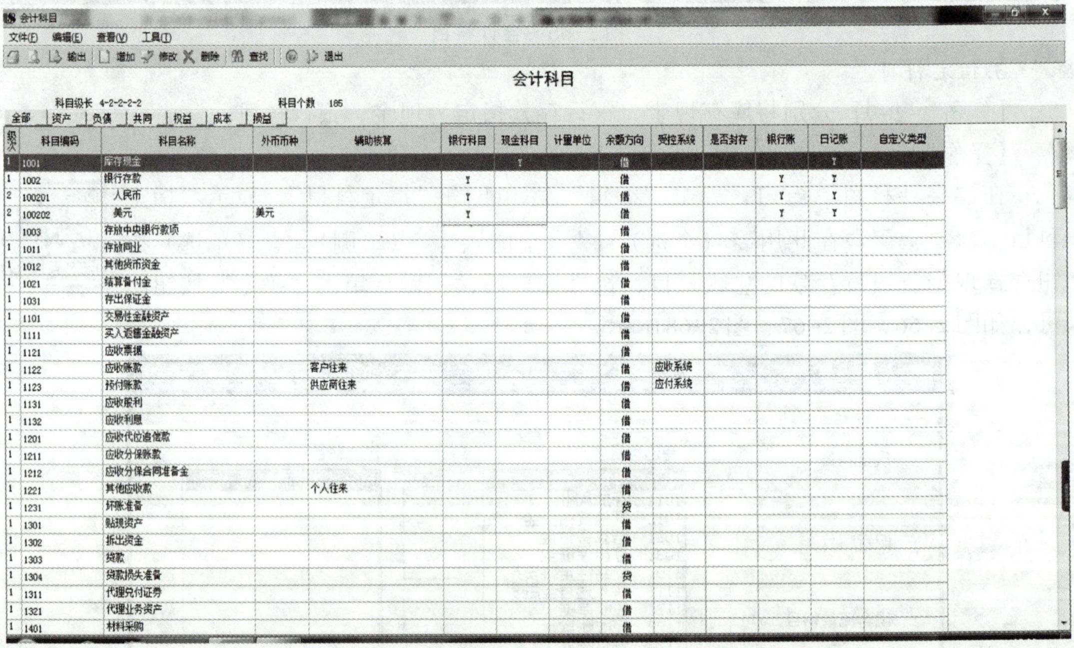

图 2-68 会计科目

（三）设置凭证类别

【任务 2-2-10】将公司凭证类别设置为收、付、转凭证。

微课：凭证类别设置

【操作提示】

（1）进入“企业应用平台”|“基础设置”|“基础档案”|“财务”|“凭证类别”，如图 2-69 所示。单击“凭证类别”，打开“凭证类别预置”对话框，选中“收款凭证 付款凭证 转账凭证”前的单选按钮，如图 2-70 所示，单击“确定”按钮。

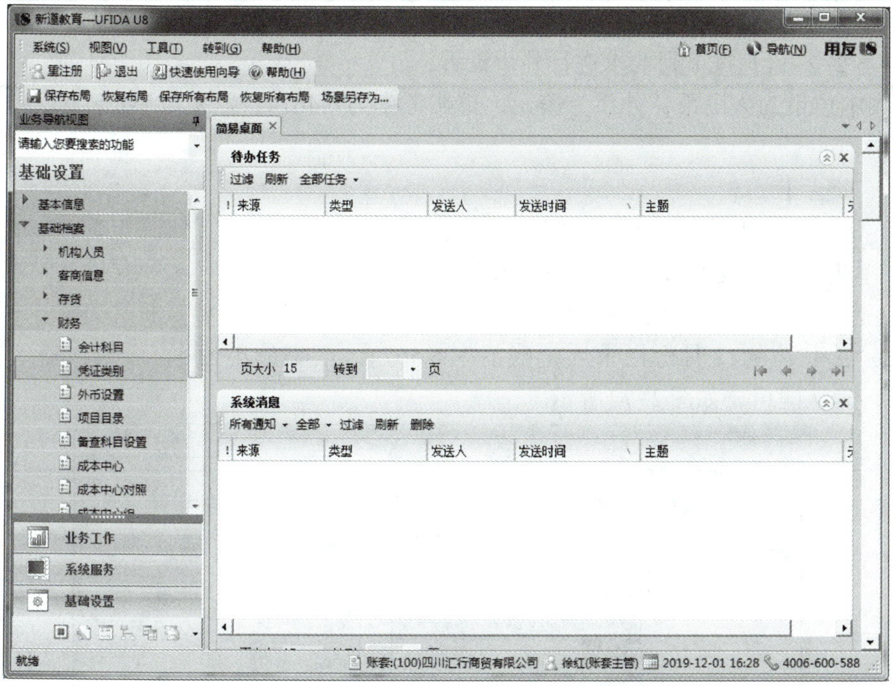

图2-69 选择凭证类别

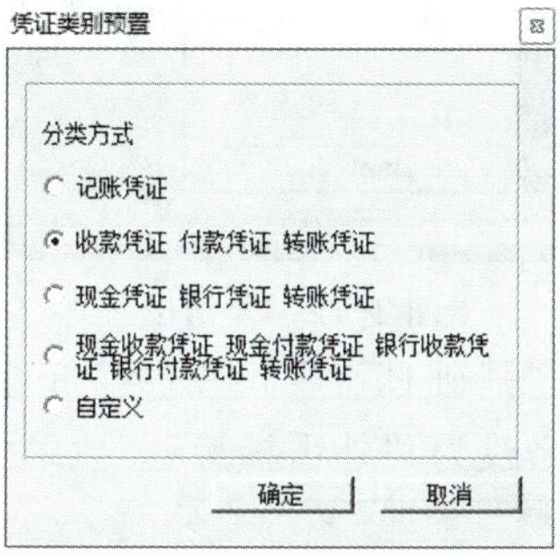

图2-70 凭证类别预置

（2）在“凭证类别”页面，单击“修改”按钮，在表格中修改“限制类型”和“限制科目”，如图2-71所示。修改完毕，退出。

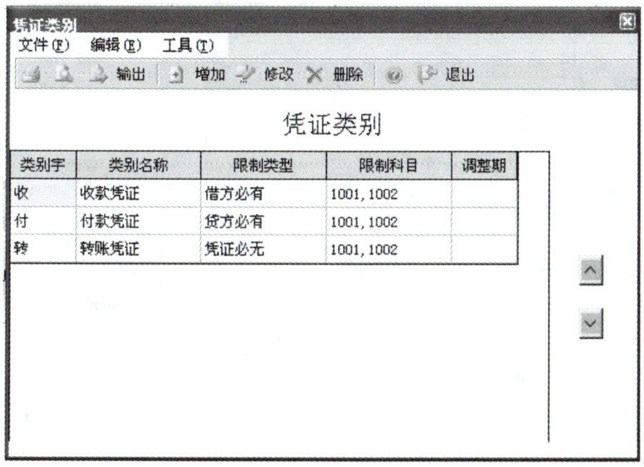

图2-71 凭证类别

（四）外币设置

【任务2-2-11】按下列要求进行外币设置：

公司本位币为人民币，外币为美元；记账汇率为6.4674；汇率最小位：5；最大误差：0.00001。

【操作提示】

（1）进入“企业应用平台”|“基础设置”|“基础档案”|“财务”|“外币设置”，单击“外币设置”，进入“外币设置”页面。

微课：外币设置

（2）单击“增加”按钮，录入币种和币名，录入汇率小数位及折算方式，选择固定汇率，在12月份栏录入记账汇率6.4674，汇率最小位5，最大误差0.00001，确认即可，如图2-72所示。

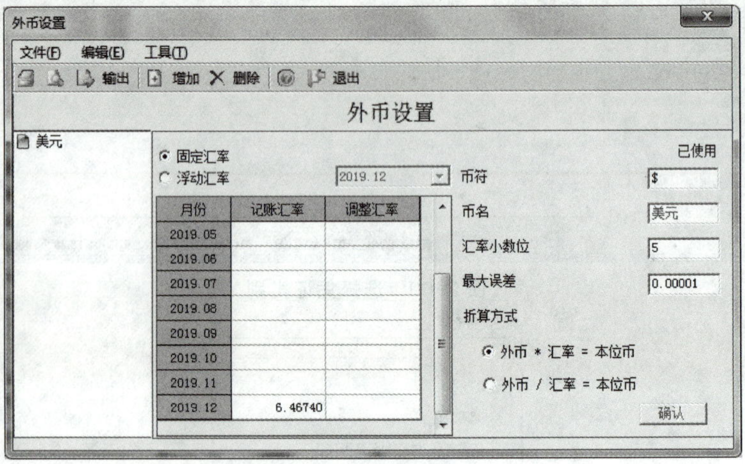

图2-72 外币设置

（3）修改会计科目。进入“基础档案”|“财务”|“会计科目”，将“会计科目”里的“银行存款/美元”明细科目修改为“外币核算”。如图2-73所示。

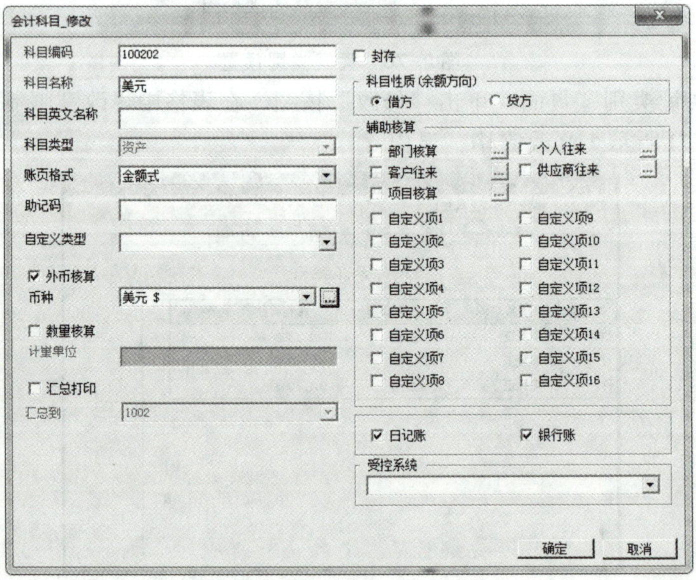

图2-73 修改会计科目

（五）项目目录设置

企业在实际业务处理中会对多种类型的项目进行核算和管理，如在建工程、对外投资、技术改造项目、项目成本管理、合同等。用友U8软件提供项目核算管理的功能。可以将具有相同特性的一类项目定义成一个项目大类。一个项目大类可以核算多个项目，为了便于管理，还可以对这些项目进行分类管理。可以将存货、成本对象、现金流量、项目成本等作为核算的项目分类。

使用项目核算与管理的首要步骤是设置项目档案。项目档案设置包括：增加或修改项目大类，定义项目核算科目、项目分类、项目结构，并进行项目目录的维护。

【任务2-2-12】以账套主管（2001徐红）的身份登录企业应用平台，根据以下资料设置项目目录：

（1）项目定义见表2-10。

表2-10 项目定义

项目大类	项目分类	指定科目
借款项目	1 短期借款项目	短期借款
	2 长期借款项目	长期借款

（2）借款项目的项目结构见表2-11。

表2-11 借款项目的项目结构

标 题	类 型	长 度
利率	实数	默认值
借款日期	日期	默认值
到期日期	日期	默认值
借款期限	文本	20
借款用途	文本	40

（3）借款项目见表2-12。

表2-12 借款项目

项目编号	项目名称	是否结算	所属分类	利率	借款日期	到期日期	借款期限	借款用途
01	中国银行借款	否	1	0.04	2019-10-01	2020-03-01	5个月	采购物资资金周转
02	工商银行借款	是	1	0.05	2019-07-01	2019-10-01	3个月	购买固定资产

【操作提示】

（1）进入"企业应用平台"|"基础设置"|"基础档案"|"财务"|"项目目录"，打开"项目档案"窗口，如图2-74所示。

（2）单击"增加"按钮，打开"项目大类定义_增加"对话框，如图2-75所示。

微课：项目目录设置

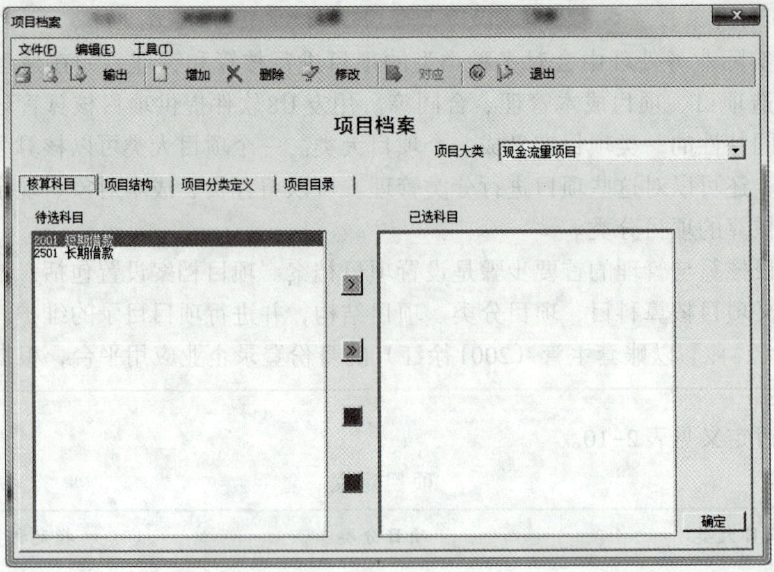

图 2-74 项目档案

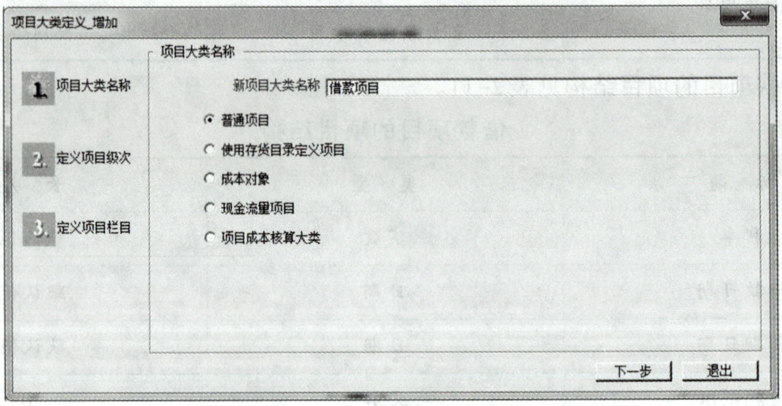

图 2-75 项目大类定义_增加

（3）录入项目大类名称“借款项目”，单击“下一步”，打开“定义项目级次”对话框，默认系统设置，再单击“下一步”，进入“定义项目栏目”对话框，默认系统设置，如图 2-76 所示，再单击“完成”，退出“项目大类定义_增加”对话框。

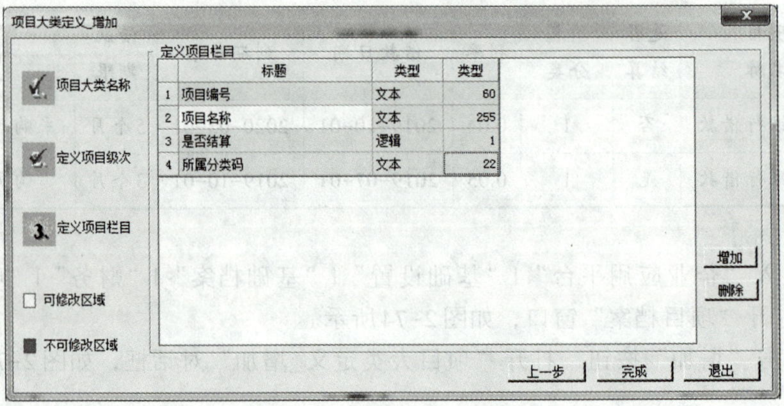

图 2-76 定义项目栏目

（4）定义核算科目。单击“项目大类”栏的下三角按钮，选择“借款项目”项目大类，在“项目档案”页签，单击“核算科目”选项卡，从“待选科目”中选择该项目需要的核算科目至“已选科目”，如图2-77所示，单击“确定”。

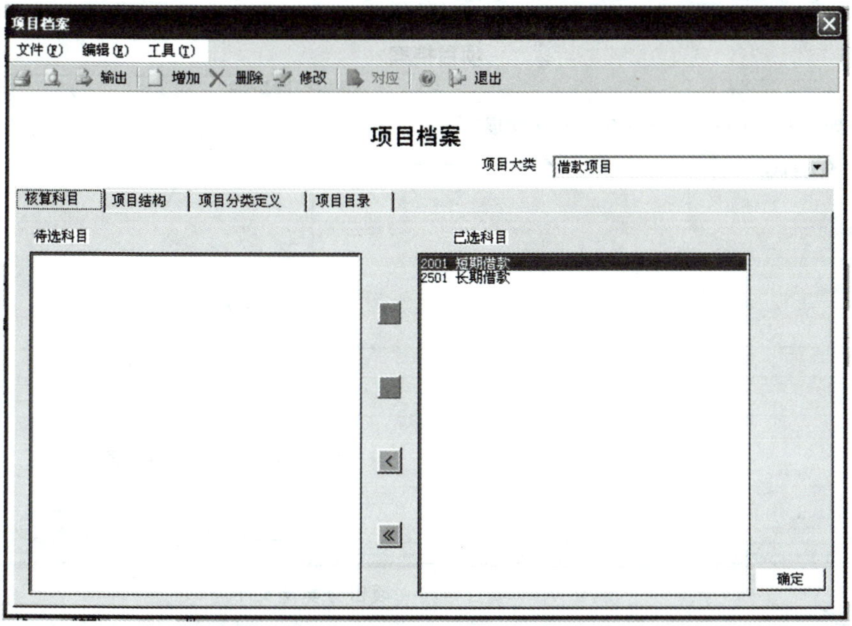

图2-77　项目档案—核算科目

（5）设置项目结构。单击“项目大类”栏的下三角按钮，选择“借款项目”项目大类，在“项目档案”页签，单击“项目结构”选项卡，单击“修改”，单击“增加”，分别增加“利率”、“借款日期”、“到期日期”、“借款期限”和“借款用途”，按要求设置栏目类型、长度，如图2-78所示。单击“完成”，退回到“项目档案”页签。

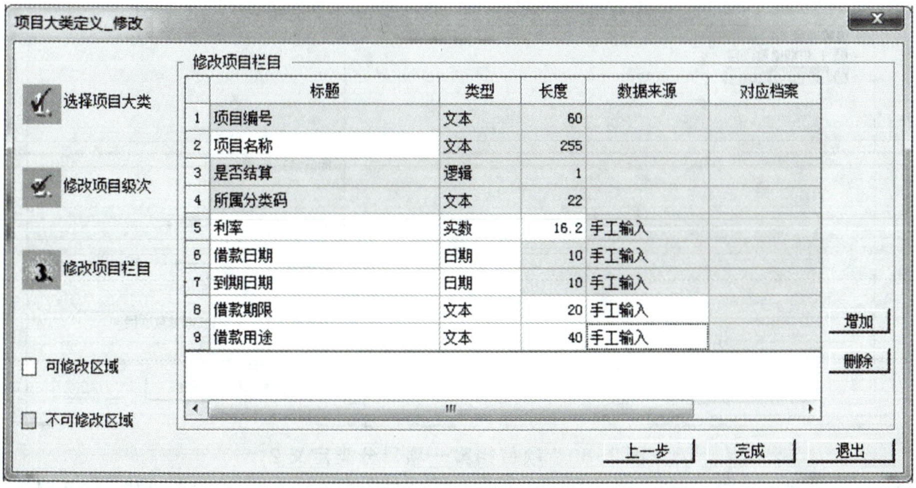

图2-78　项目大类定义_修改

（6）定义项目分类。单击“项目大类”栏的下三角按钮，选择“借款项目”项目大类，在“项目档案”页签，单击“项目分类定义”选项卡，录入分类编码“1”，分类名称“短期借款项目”，单击“确定”，如图2-79所示。同样操作，录入分类编码“2”，分类名称“长期借款项目”，单击“确定”，如图2-80所示。

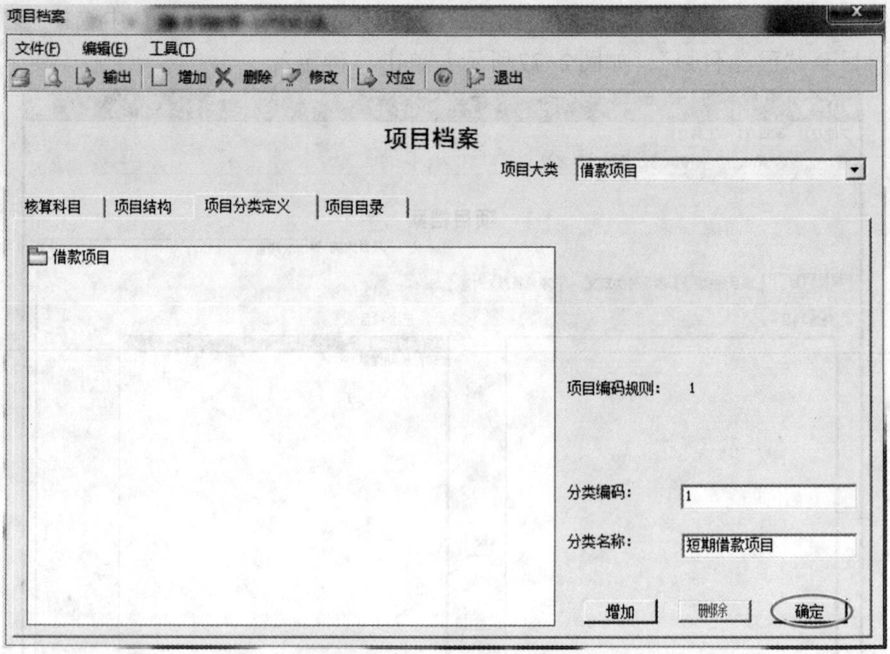

图2-79 项目档案—项目分类定义1

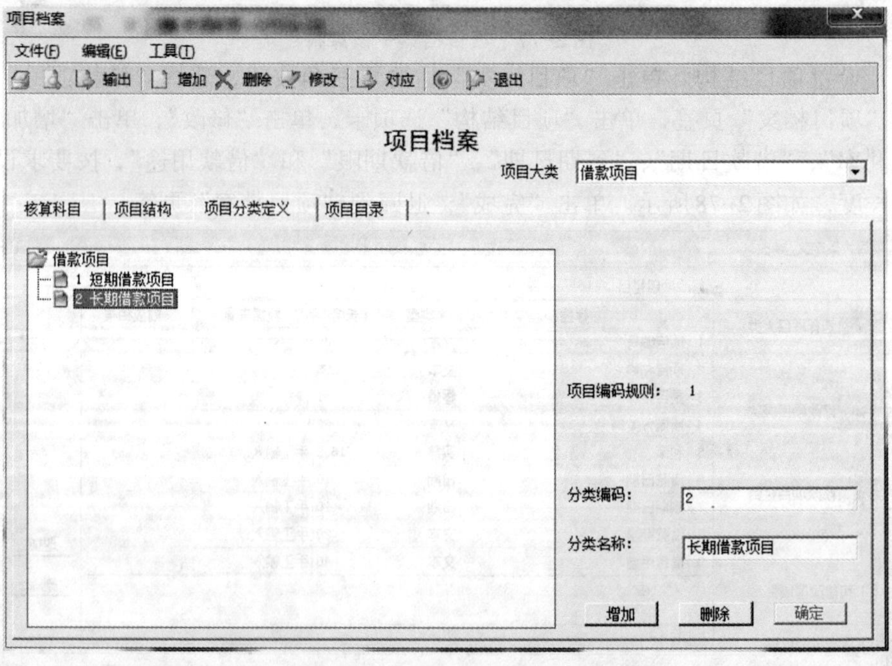

图2-80 项目档案—项目分类定义2

（7）录入借款项目。单击“项目大类”栏的下三角按钮，选择“借款项目”项目大类，在“项目档案”页签，单击“项目目录”选项卡，单击“维护”按钮，打开“项目目录维护”窗口，单击“增加”，分别按要求录入借款项目的相关信息，设置完成，单击“退出”，如图2-81所示。

图2-81 项目目录维护

（六）设置结算方式

【任务2-2-13】登录企业应用平台，按表2-13完成结算方式设置。

表2-13 结算方式

结算方式编码	结算方式名称	票据管理
1	现金	否
2	支票	否
21	现金支票	是
22	转账支票	是
3	汇兑	否
4	委托收款	否
5	托收承付	否
9	其他	否

【操作提示】

进入“企业应用平台”|“基础设置”|“基础档案”|“收付结算”|“结算方式”，如图2-82所示。打开“结算方式”对话框，单击“增加”按钮，录入结算方式编码、结算方式名称，选择是否票据管理，如图2-83所示，单击“保存”。

微课：设置结算方式

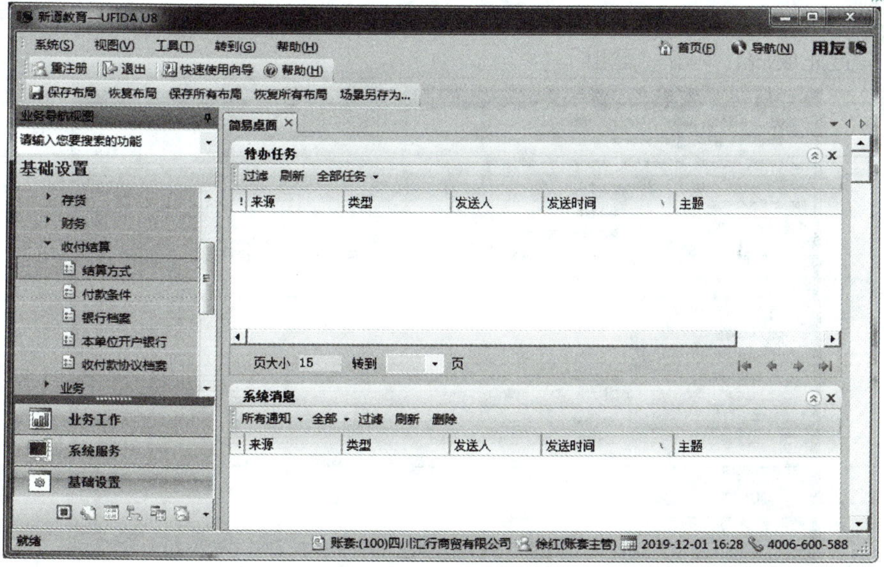

图2-82 选择结算方式

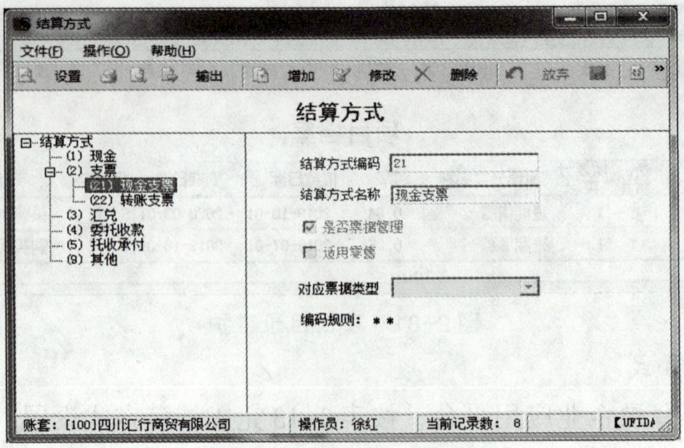

图2-83 结算方式

（七）设置常用摘要

【任务2-2-14】登录企业应用平台，按表2-14完成常用摘要设置。

表2-14 常用摘要

摘要编码	摘要内容
1	从银行提取现金
2	销售商品
3	费用报销
4	偿还借款
5	归还借款
6	购买商品
7	支付税金

【操作提示】

微课：设置常用摘要

进入“企业应用平台”|“基础设置”|“基础档案”|“财务”|“其它”|“常用摘要”，如图2-84所示。打开“常用摘要”对话框，单击“增加”按钮，新增一条常用摘要，录入摘要编码、摘要内容、相关科目，如图2-85所示，设置完成后，单击“退出”。

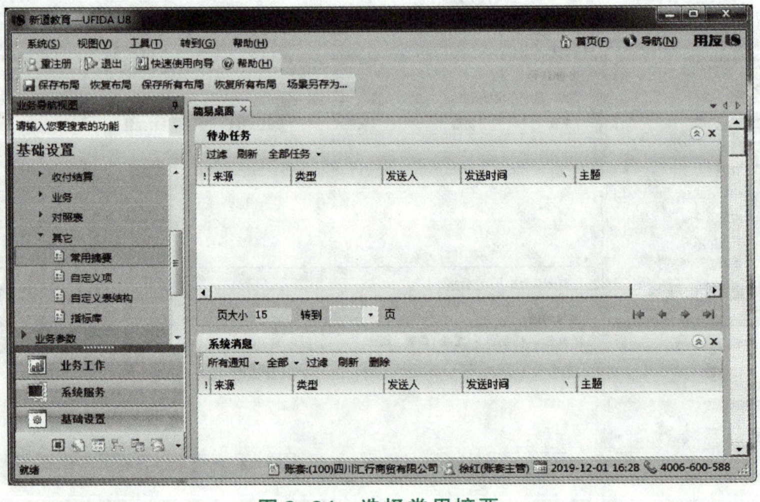

图2-84 选择常用摘要

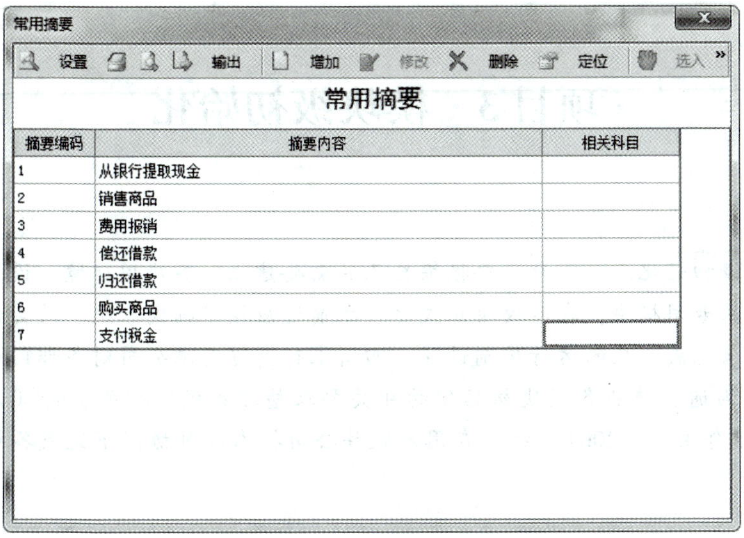
常用摘要
设置
输出
增加
修改
删除
定位
选入
常用摘要
摘要编码
摘要内容
相关科目
1
从银行提取现金
2
销售商品
3
费用报销
4
偿还借款
5
归还借款
6
购买商品
7
支付税金

图2-85 常用摘要

项目3　模块级初始化

【项目描述】

完成系统级初始化后，用户还要根据自己的需要建立财务应用环境，设置适合本单位实际核算需要的专用模块；在各模块正式运行之前还应该根据国家统一的会计准则制度和内部控制制度来完成相应的运行控制设置。四川汇行商贸有限公司财务部门通过与软件实施人员进一步沟通，遵照各模块初始化的相关要求整理完成了相关资料（详见各任务模块），具体由账套主管（2001徐红）在用友软件公司技术人员协同下完成各模块的初始化工作。

【解决方案】

1. 总账系统初始化；
2. 固定资产管理系统初始化；
3. 薪资管理系统初始化；
4. 应收款管理系统初始化；
5. 应付款管理系统初始化。

任务一　总账系统初始化

在开始使用总账系统前，应先进行总账系统初始设置，由用户通过初始设置，将总账系统变成适合本单位实际需要的专用系统。总账系统的初始设置，包括凭证、账簿、凭证打印、权限控制、会计日历、金额权限设置和分配、数据权限设置和分配、总账套打设置、账簿清理和期初余额录入等。

一、选项设置

在总账系统中，常见的参数设置包括：制单控制、凭证控制、权限控制等。如对于凭证控制，可以设置是否允许操作人员修改他人凭证、出纳凭证是否必须经过出纳签字、是否对资金及往来科目实行赤字提示、制单是否要序时控制等。

常用参数的含义如下：

（1）制单序时控制：选择此项制单时，凭证编号必须按日期顺序排列。

（2）可以使用应收/应付/存货受控科目：若科目为应收/应付/存货系统的受控科目，为了防止重复制单，只允许在应收、应付系统使用此科目制单，总账系统制单时不能使用。如果希望在总账系统也能使用这些科目填制凭证，则应当勾选此项。

（3）制单权限控制到科目/凭证类别：选择此项，在制单时只能使用具有相应制单权限的科目或凭证类别制单。

【任务3-1-1】2019年12月1日，公司总账系统参数如下，请以账套主管（2001徐红）的身份修改：

凭证：取消“制单序时控制”，勾选“支票控制”。

权限：勾选“出纳凭证必须经由出纳签字”“凭证必须经由主管会计签字”，取消“允许修改、作废他人填制的凭证”。

其他：部门、个人、项目排序方式均为“按编码排序”。

会计日历：数量小数位和单价小数位为“2”。

【操作提示】

微课：总账系统—选项设置

（1）修改“凭证”参数。进入“基础设置”|“业务参数”|“财务会计”|“总账”，单击“总账”，弹出“选项”页签，选择“凭证”选项卡，单击“编辑”，取消“制单序时控制”前的“√”，勾选“支票控制”，如图3-1所示。单击“确定”保存。

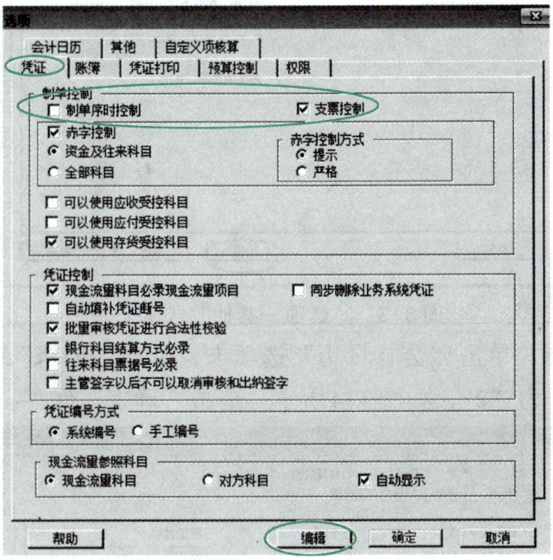

图3-1　选项—凭证

（2）修改权限。单击“选项”页签的“权限”选项卡，单击“编辑”，勾选“出纳凭证必须经由出纳签字”“凭证必须经由主管会计签字”，取消“允许修改、作废他人填制的凭证”前的“√”，如图3-2所示。单击“确定”保存。

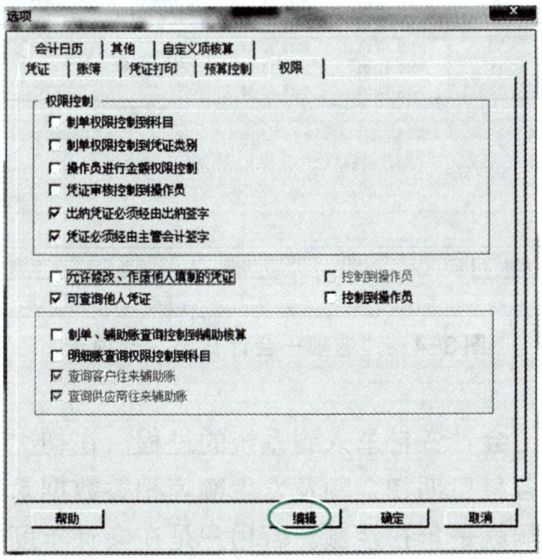

图3-2　选项—权限

（3）修改其他参数。在“选项”页签，单击“其他”选项卡，单击“编辑”，分别修改部门、个人、项目排序方式为“按编码排序”，如图3-3所示。单击“确定”保存。

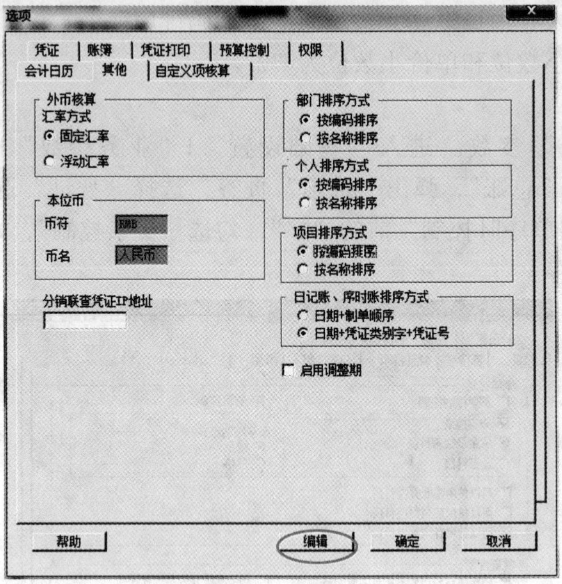

图3-3 “选项—其他”选项卡

（4）修改会计日历。单击“会计日历”选项卡，单击“编辑”，分别修改“数量小数位”和“单价小数位”为“2”，如图3-4所示。单击“确定”保存。

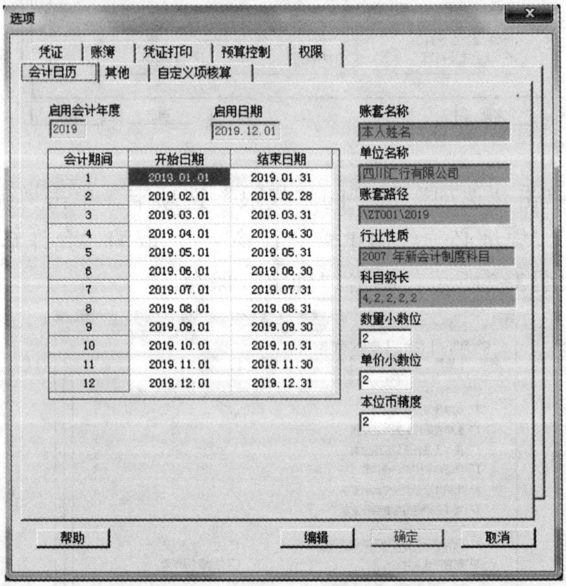

会计期间	开始日期	结束日期
1	2019.01.01	2019.01.31
2	2019.02.01	2019.02.28
3	2019.03.01	2019.03.31
4	2019.04.01	2019.04.30
5	2019.05.01	2019.05.31
6	2019.06.01	2019.06.30
7	2019.07.01	2019.07.31
8	2019.08.01	2019.08.31
9	2019.09.01	2019.09.30
10	2019.10.01	2019.10.31
11	2019.11.01	2019.11.30
12	2019.12.01	2019.12.31

图3-4 “选项—会计日历”选项卡

二、录入账户期初余额

期初余额录入是将手工会计资料录入到系统的过程。在初次使用总账系统时，用户应将经过整理的手工账目的各科目期初余额及发生额等相关数据录入系统中。若用户是在年初建账，则录入的期初余额就是年初余额。若用户是在会计年度中建账，则应录入建账月份的月初余额和年初到此时的各科目借方、贷方累计发生额，系统自动倒算出年初余额。

余额和累计发生额的录入要从最末级会计科目开始，上级科目的余额和累计发生数据由系统自动计算。红字余额应录入负号。一般情况下，系统中资产类科目的余额方向为借方，负债类及所有者权益类科目的余额方向为贷方，但是对于备抵类科目，如“坏账准备”“累计折旧”等的余额方向与同类账户余额方向相反。

如果会计科目设有辅助核算，还应录入各辅助账的期初余额。如果系统在启用总账系统时还启用了应收、应付款管理等系统时，可以在应收、应付款管理系统中录入各客户、供应商的明细期初余额，在总账模块，通过“引入”功能将应收、应付款管理系统的期初余额引入到总账期初余额中，以保持两者数据一致。

期初余额录入完毕后，用户应当进行试算平衡，以检查期初余额录入是否正确。如果试算报告提示有误，必须在更正错误后再进行后续工作。

【任务3-1-2】2019年12月1日，公司账户期初余额见表3-1、表3-2，以账套主管（2001徐红）的身份在系统中录入期初余额。

表3-1 公司2019年11月30日账户余额 单位：元

科目名称	方向	币别/计量	年初余额	累计借方	累计贷方	期初余额	备注
库存现金（1001）	借		2 300.00	30 000.00	27 000.00	5 300.00	
银行存款（1002）	借		931 191.00	200 000.00	810 844.00	320 347.00	
人民币（100201）	借		931 191.00	200 000.00	810 844.00	320 347.00	
应收账款（1122）	借		13 560.00	—	—	13 560.00	从应收款管理系统引入
坏账准备（1231）	贷		—	—	702.00	702.00	
库存商品（1405）	借		15 000.00	133 000.00	20 000.00	128 000.00	
男鞋（140501）	借		10 000.00	88 000.00	8 000.00	90 000.00	
	借	箱	15.00			15.00	
女鞋（140502）	借		5 000.00	45 000.00	12 000.00	38 000.00	
	借	箱	9.00	—	—	9.00	
固定资产（1601）	借		—	511 500.00	—	511 500.00	
累计折旧（1602）	贷		—	—	6 054.00	6 054.00	
在建工程（1604）	借		—	12 600.00	—	12 600.00	
无形资产	借		29 200.00			29 200.00	
短期借款（2001）	贷		—	—	20 000.00	20 000.00	中国银行借款：资料见后
应付账款（2202）	贷		67 800. 00	—	—	67 800. 00	从应付款管理系统引入
应付职工薪酬（2211）	贷		23 000.00	42 520.00	425 220.00	23 000.00	
工资（221101）	贷		23 000.00	253 000.00	253 000.00	23 000.00	

续表

科目名称	方向	币别/计量	年初余额	累计借方	累计贷方	期初余额	备　注
职工福利（221102）	贷		—	17 220.00	17 220.00	—	
应交税费（2221）	贷		29 200.00	25 600.00	28 100.00	31 700.00	
应交增值税（222101）	贷		29 200.00	14 600.00	14 600.00	29 200.00	
进项税额（22210101）	借		27 200.00	13 600.00	—	13 600.00	
销项税额（22210103）	贷		—	—	14 600.00	14 600.00	
转出未交增值税（22210106）	借		2 000.00	1 000.00		1 000.00	
应交个人所得税（222105）	贷		—	11 000.00	13 500.00	2 500.00	
实收资本（4001）	贷		461 920.00	—	—	461 920.00	
盈余公积（4101）	贷		72 000.00			72 000.00	
法定盈余公积（410101）	贷		36 000.00	—	—	36 000.00	
任意盈余公积（410102）	贷		36 000.00			36 000.00	
本年利润（4103）	贷			348 500.00	348 500.00	—	
利润分配（4104）	贷		337 331.00	—	—	337 331.00	
未分配利润（410403）	贷		337 331.00	—	—	337 331.00	
主营业务收入（6001）	贷		—	345 500.00	345 500.00	—	
男鞋（600101）				345 500.00	345 500.00		
营业外收入（6301）	贷		—	3 000.00	3 000.00	—	
主营业务成本（6401）	借		—	189 000.00	189 000.00	—	
男鞋（640101）				189 000.00	189 000.00		
税金及附加（6403）	借		—	12 000.00	12 000.00	—	
销售费用（6601）	借		—	86 494.00	86 494.00	—	
工资费用（660101）	借		—	86 000.00	86 000.00	—	
折旧费用（660102）	借		—	494.00	494.00	—	
管理费用（6602）	借		—	56 753.00	56 753.00	—	
工资费用（660201）	借		—	54 220.00	54 220.00	—	行政部 24 445.00 财务部 1 929.00 信息部 13 079.00 采购部 14 767.00
折旧费用（660202）	借		—	2 533.00	2 533.00	—	行政部 1 142.00 财务部 90.00 信息部 611.00 采购部 690.00
财务费用（6603）	借			4 253.00	4 253.00	—	
所得税费用（6801）	借					—	

表3-2 公司2019年11月30日短期借款余额

项目编号	项目名称	累计借方	累计贷方（元）	期初余额（元）
01	中国银行借款		20 000	20 000

【操作提示】

（1）直接录入期初余额。在总账系统中，进入“设置”|“期初余额”，打开“期初余额”窗口，白色的单元格为末级科目，可以直接录入期初余额。如库存现金5 300.00，银行存款/人民币320 347.00。

微课：总账系统—期初余额直接录入

（2）辅助核算期初余额的录入。黄色的单元格表示此科目设置了辅助核算，不允许直接录入余额。辅助核算科目必须按辅助项录入期初余额，用鼠标双击辅助核算科目的期初余额（年中启用）或年初余额（年初启用），屏幕显示辅助核算科目期初余额录入窗口。

微课：总账系统—期初余额的间接录入

在辅助账中录入期初数据，录入完成后自动返回到总账期初余额表中，如双击“应收账款”所在的“期初余额”栏，进入“辅助期初余额”窗口，单击“往来明细”按钮，如图3-5所示。进入“期初往来明细”窗口，单击“增行”按钮，分别在日期、客户、业务员、摘要、方向、金额、票号等录入信息，录入后单击“汇总”，如图3-6所示。系统弹出“完成了往来明细到辅助期初表的汇总”提示框，单击“确定”，在“辅助期初余额”窗口显示汇总结果，如图3-7所示，再单击“退出”返回“期初余额”窗口。

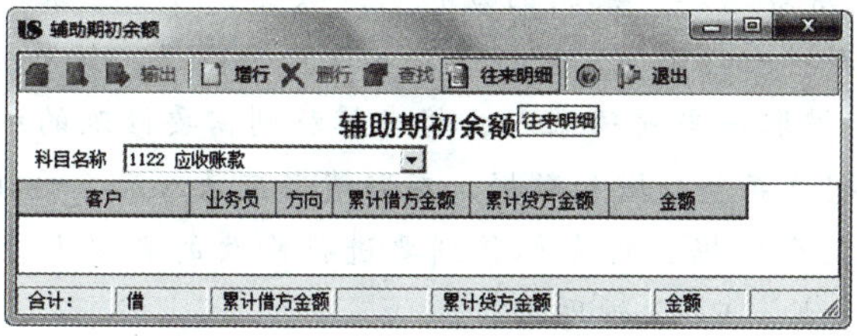

图3-5 应收账款“辅助期初余额”窗口

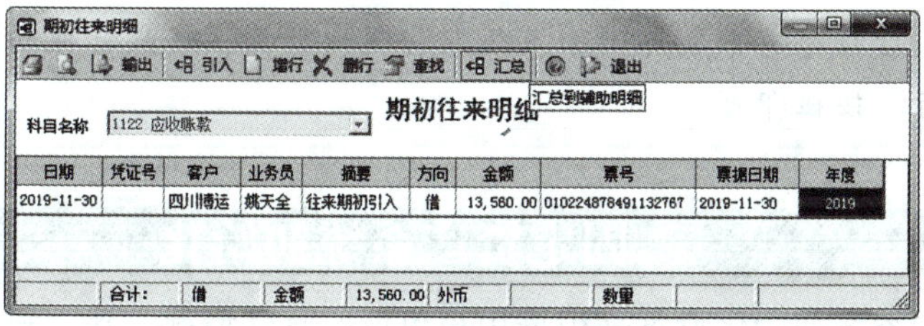

图3-6 应收账款“期初往来明细”窗口

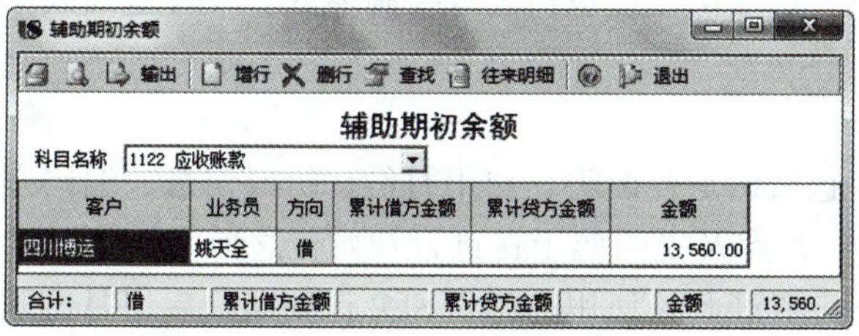

图3-7 应收账款“辅助期初余额”窗口

（3）同理，按此方法录入短期借款、应付账款、管理费用/工资费用、管理费用/折旧费用等的期初余额，如图3-8、图3-9所示。

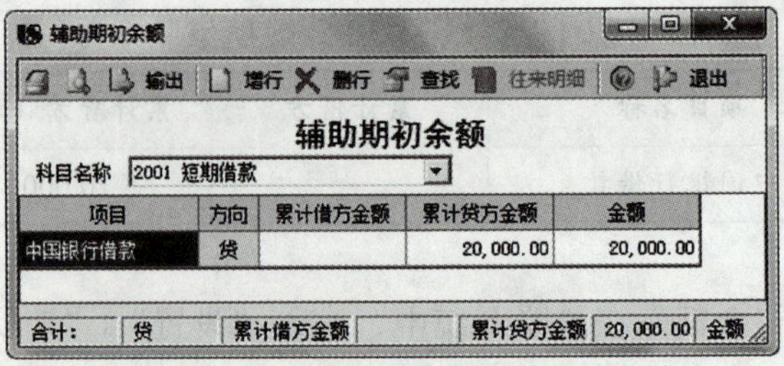

图 3-8 短期借款“辅助期初余额”窗口

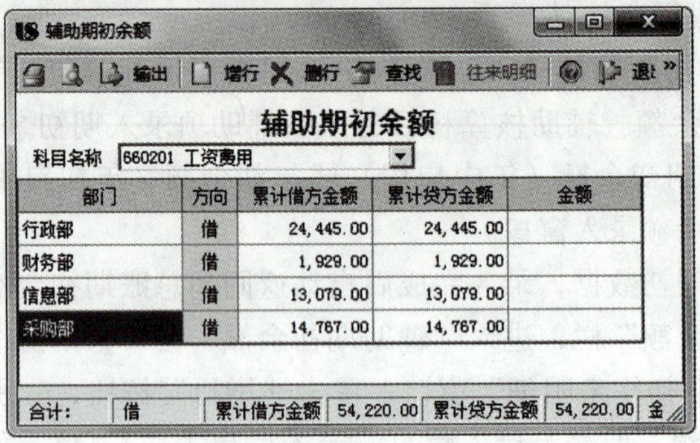

图 3-9 管理费用/工资费用“辅助期初余额”窗口

【温馨提示】

1.通过“增行”，屏幕增加一条新的期初明细数据，可顺序录入各项内容，在最后一栏回车后系统将自动新增一行记录，可继续录入下一条数据。如果录入过程中发现某项录入错误，可按“Esc”键取消当前项录入，将光标移到需要修改的编辑项上，直接录入正确的数据即可。如果想放弃整行增加数据，在取消当前录入后，再按“Esc”键即可。

2.如果需要修改某个数据，将光标移到要进行修改的数据上，直接录入正确数据即可，如果想放弃修改，按“Esc”键即可。

3.要删除期初明细数据时，将光标移到要删除的期初明细数据上，用鼠标单击“删行”按钮，经确认后即可。如果要删除多条期初明细数据，将鼠标拖动选中多条期初明细数据，单击“删行”按钮即可。

任务二 固定资产系统初始化

固定资产管理系统初始化设置是根据用户单位的具体情况，建立一个适合本单位固定资产管理系统的过程。初始化设置包括设置控制参数、设置基础数据、录入原始卡片。

一、初始化设置

（一）参数设置

初始化设置主要包括约定及说明、启用月份、折旧信息、编码方式、账务接口和完成设置6个步骤。其中，约定及说明属于在进行初始化之前需认真阅读的条款内容；启用月份需要查看本账套固定资产开始使用的年份和会计期间，启用月份只能查看不可修改，固定资产的开始使用期间不得大于系统管理中建立该账套的期间。

【任务3-2-1】以账套主管（2001徐红）的身份登录企业应用平台，设置固定资产管理系统的相关参数，见表3-3。

表3-3 固定资产管理系统参数

控制参数	参数说明
启用月份	2019年12月
折旧信息	本账套计提折旧 折旧方法：平均年限法（一） 按月计提折旧 当（月初已计提月份=可使用月份-1）时，要求将剩余折旧全部提足
编码方式	资产类别编码方式：2-1-1-2 固定资产编码方式：按“类别编号+序号”自动编码；卡片序号长度为5
账务接口	固定资产对账科目：“1601固定资产” 累计折旧对账科目：“1602累计折旧” 对账不平衡的情况下不允许固定资产月末结账
与账务系统接口	固定资产缺省入账科目：1601固定资产 累计折旧缺省入账科目：1602累计折旧 减值准备缺省入账科目：1603固定资产减值准备 增值税进项税额缺省入账科目：22210101进项税额 固定资产清理缺省入账科目：1606固定资产清理

【操作提示】

（1）在企业应用平台中，进入“业务工作”|“财务会计”|“固定资产”，系统提示“这是第一次打开此账套，还未进行过初始化，是否进行初始化?”，如图3-10所示。单击“是”，进入“初始化账套向导—约定及说明”页签。

微课：固定资产管理—初始设置

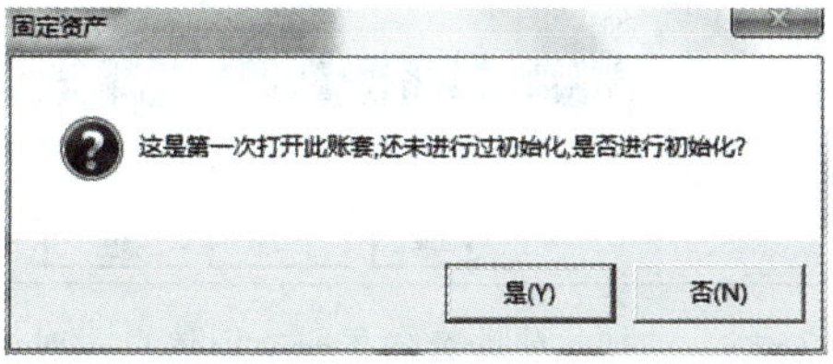

图3-10 “固定资产初始化”提示框

（2）选中“我同意”，单击“下一步”，打开“初始化账套向导—启用月份”对话框，系统默认是2019年12月，如图3-11、图3-12所示。

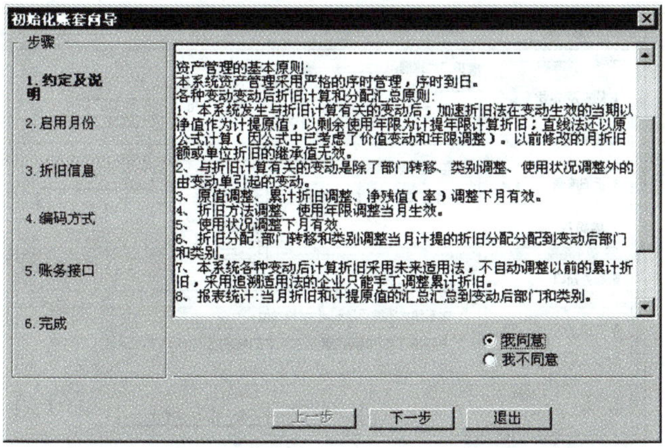

图3-11 “初始化账套向导—约定及说明”对话框

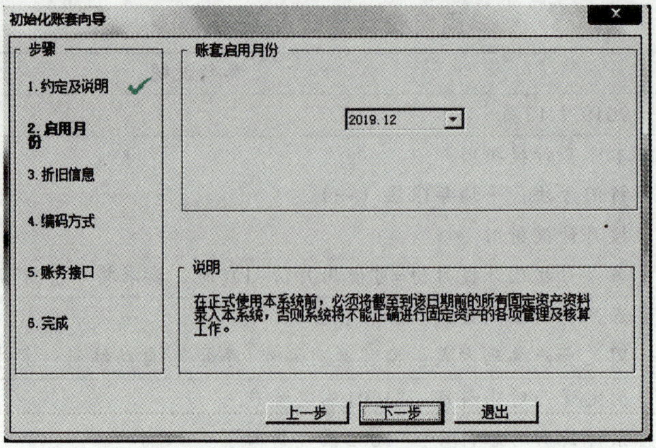

图3-12 "初始化账套向导—启用月份"对话框

（3）单击"下一步"，打开"初始化账套向导—折旧信息"对话框，选中"本账套计提折旧"，选择主要折旧方法为"平均年限法（一）"，选择"当（月初已计提月份=可使用月份-1）时将剩余折旧全部提足（工作量法除外）"，如图3-13所示。

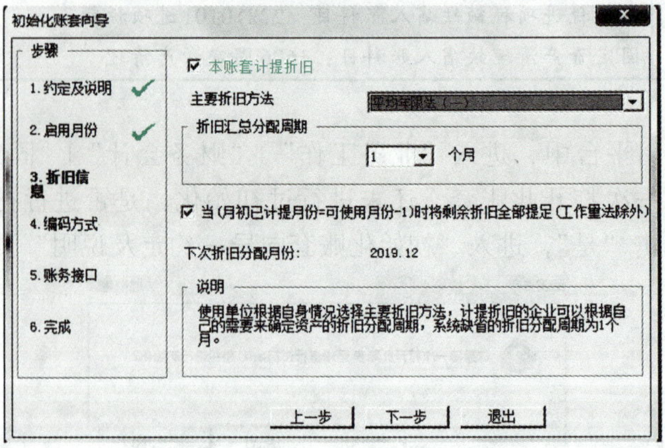

图3-13 "初始化账套向导—折旧信息"对话框

（4）单击"下一步"，打开"初始化账套向导—编码方式"对话框。编码方式长度默认，选择固定资产编码方式为"自动编码"及"类别编码+序号"，序号长度为"5"，如图3-14所示。

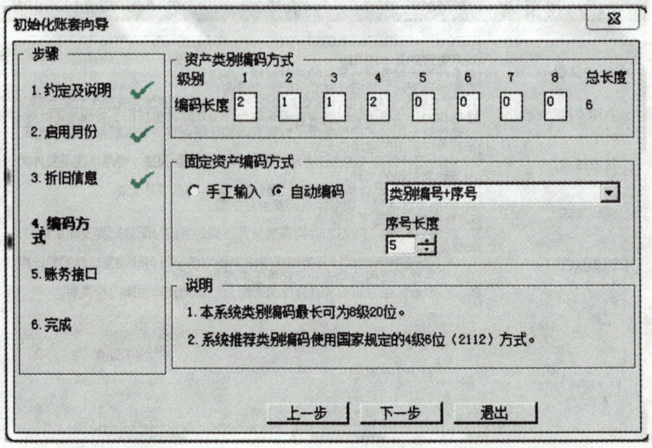

图3-14 "初始化账套向导—编码方式"对话框

（5）单击“下一步”，打开“初始化账套向导—账务接口”对话框。选中“与账务系统进行对账”，在“固定资产对账科目”栏选择“1601，固定资产”，在“累计折旧对账科目”栏选择或录入“1602，累计折旧”，取消勾选“在对账不平情况下允许固定资产月末结账”选项前的“√”，如图3-15所示。

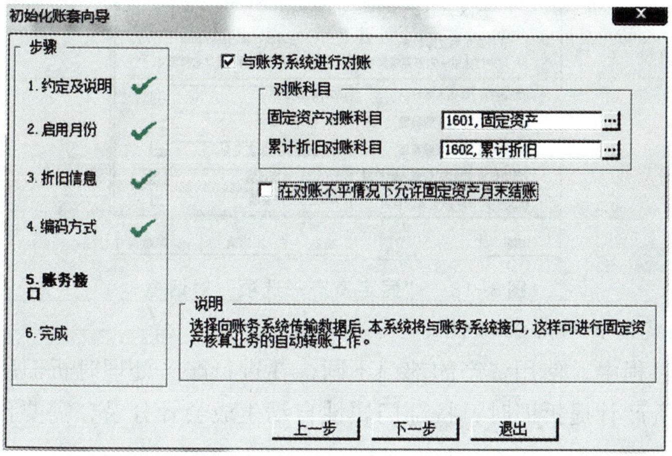

图3-15 “初始化账套向导—账务接口”对话框

（6）单击“下一步”，打开“初始化账套向导—完成”对话框，单击“完成”，系统弹出“已经完成了新账套的所有设置工作，是否确定所设置的信息完全正确并保存对新账套的所有设置?”信息提示框，如图3-16所示。

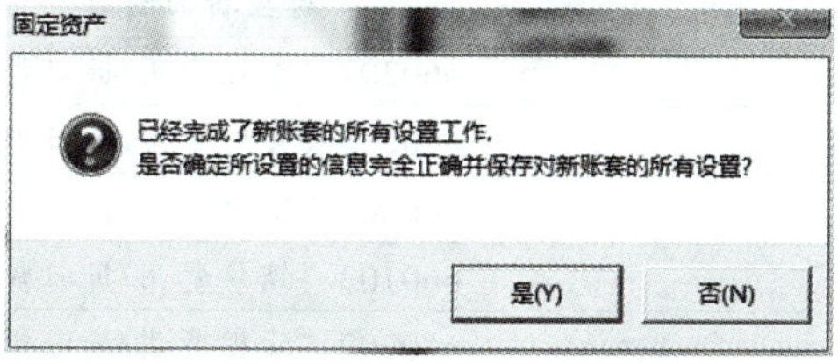

图3-16 “初始化账套向导—完成”对话框

（7）单击“是”，系统提示“已成功初始化本固定资产账套!”，如图3-17所示，单击“确定”，固定资产建账完成。

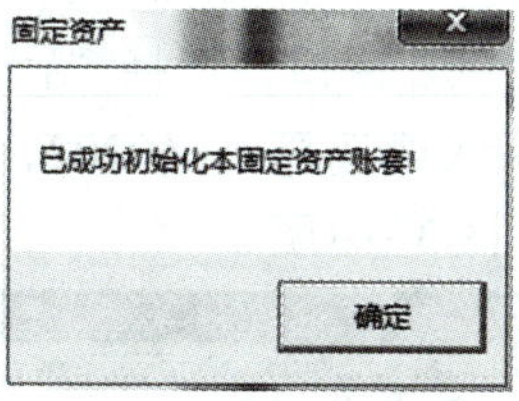

图3-17 “固定资产初始化完成”提示框

（8）进入“固定资产”|“设置”|“选项”，选择“与账务系统接口”选项卡，单击“编辑”，激活“选项”对话框，在“［固定资产］缺省入账科目”栏选择或录入“1601，固定资产”，在“［累计折旧］缺省入账科目”栏选择或录入“1602，累计折旧”，在“［减值准备］缺省入账科目”栏选择或录入“1603，固定资产减值准备”，在“［增值税进项税额］缺省入账科目”栏选择或录入“22210101，进项税额”，在“［固定资产清理］缺省入账科目”栏选择或录入“1606，固定资产清理”，如图3-18所示。单击“确定”。

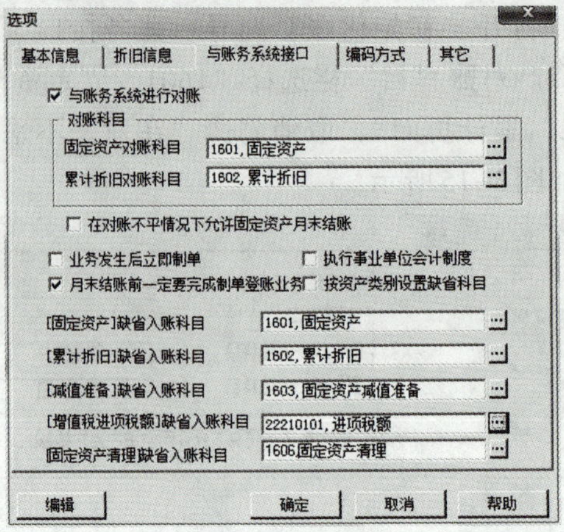

图3-18 “固定资产—选项”对话框

（二）设置固定资产对应折旧科目

在企业经营过程中，使用资产的部门不同，在进行账务处理时折旧所归集的费用类型也不同，为使各资产计提折旧时，按部门属性自动生成会计分录，需要预先设置各部门对应的折旧科目。

【任务3-2-2】以2002王强的身份登录企业应用平台，设置固定资产部门对应折旧科目，见表3-4。

表3-4 固定资产部门对应折旧科目

部　门	对应折旧科目
行政部	660202“管理费用/折旧费用”
财务部	660202“管理费用/折旧费用”
信息部	660202“管理费用/折旧费用”
市场部	660102“销售费用/折旧费用”
采购部	660202“管理费用/折旧费用”
仓储部	660202“管理费用/折旧费用”

【操作提示】

在固定资产系统中，进入“设置”|“部门对应折旧科目”，单击“部门对应折旧科目”页签，进入“部门对应折旧科目”窗口，选择“行政部”，单击“修改”，打开“单张视图”窗口，在“折旧科目”栏录入或选择“660202，折旧费用”，保存。按此方法录入其他部门对应的折旧科目，结果如图3-19所示。

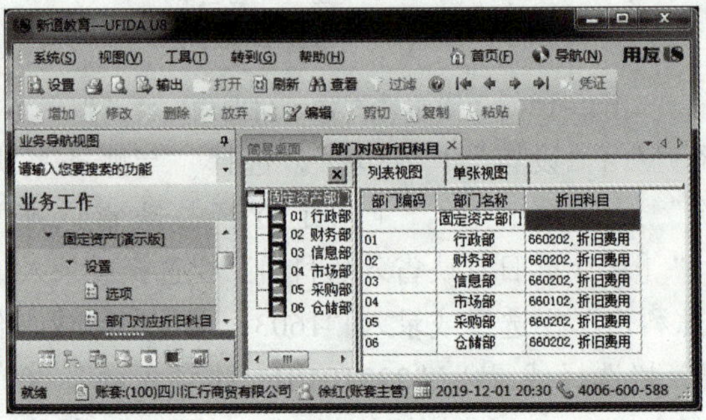

图3-19 “部门对应折旧科目”窗口

（三）设置资产类别

企业可以按照固定资产的性质、功能等对固定资产进行分类，便于加强对固定资产的核算和管理。

【任务3-2-3】以2002王强的身份登录企业应用平台，根据表3-5设置固定资产类别。

表3-5 固定资产类别

编码	类别名称	单位	计提属性	净残值率	折旧方法	卡片式样
01	经营用		正常计提	4%	平均年限法（一）	含税卡片样式
011	交通运输设备		正常计提	4%	平均年限法（一）	含税卡片样式
012	电子设备及其他通信设备		正常计提	4%	平均年限法（一）	含税卡片样式
013	房屋及建筑		总计提折旧	4%	平均年限法（一）	含税卡片样式
02	非经营用		正常计提	4%	平均年限法（一）	含税卡片样式
03	不需用		正常计提	4%	平均年限法（一）	含税卡片样式
04	未使用		正常计提	4%	平均年限法（一）	含税卡片样式
05	土地		总不提折旧		不提折旧	含税卡片样式
06	融资租赁		正常计提	4%	平均年限法（一）	含税卡片样式

【操作提示】

在固定资产系统中，进入“设置”|“资产类别”，打开“资产类别—列表视图”窗口，单击“编辑”，选择“增加”，打开“资产类别—单张视图”窗口，在“类别编码”为“01”行的“类别名称”栏录入“经营用”，在“净残值率（%）”栏录入4，将“卡片样式”默认的“通用样式二”删除，然后双击选择“含税卡片样式”，保存。按此方法分别录入其他固定资产类别。录入结果如图3-20所示。

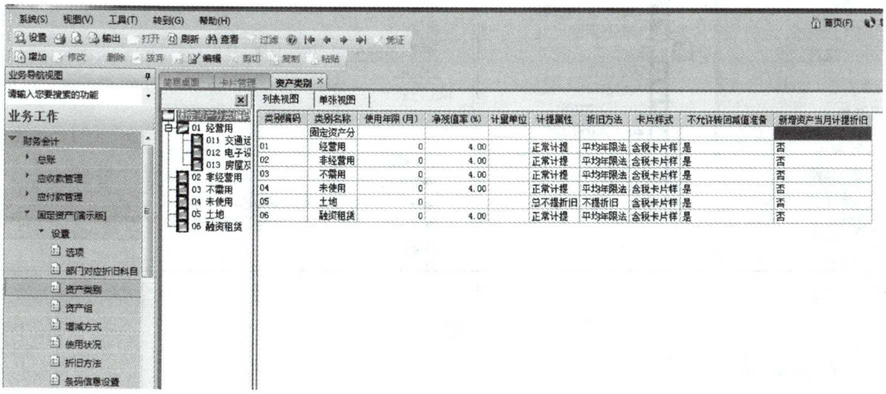

图3-20 “资产类别”窗口

（四）设置固定资产增减方式

企业固定资产增加、减少的方式有很多种。最常见的资产增加方式是直接购买和在建工程转入两种。常见的资产减少方式有出售、报废和毁损等。U8系统设置了常用的增减方式，企业可以根据实际情况进行增加、修改和删除。

设置增减方式对应的入账科目，目的是系统可以根据增减方式自动生成相应的会计分录。

【任务3-2-4】以2002王强的身份登录企业应用平台，根据表3-6设置固定资产增减方式。

表 3-6　**固定资产增减方式**

增减方式目录		对应入账科目
增加方式	直接购入	100201，银行存款/人民币
	投资者投入	4001，实收资本
	在建工程转入	1604，在建工程
减少方式	报废	1606，固定资产清理
	毁损	1606，固定资产清理

【操作提示】

在固定资产系统中，进入“设置”|“增减方式”，打开“增减方式”窗口，选中“直接购入”所在行，单击“修改”，在“对应入账科目”栏录入或选择“100201”（银行存款/人民币），保存。按此方法继续录入其他增减方式对应的入账科目，录入结果如图 3-21 所示。

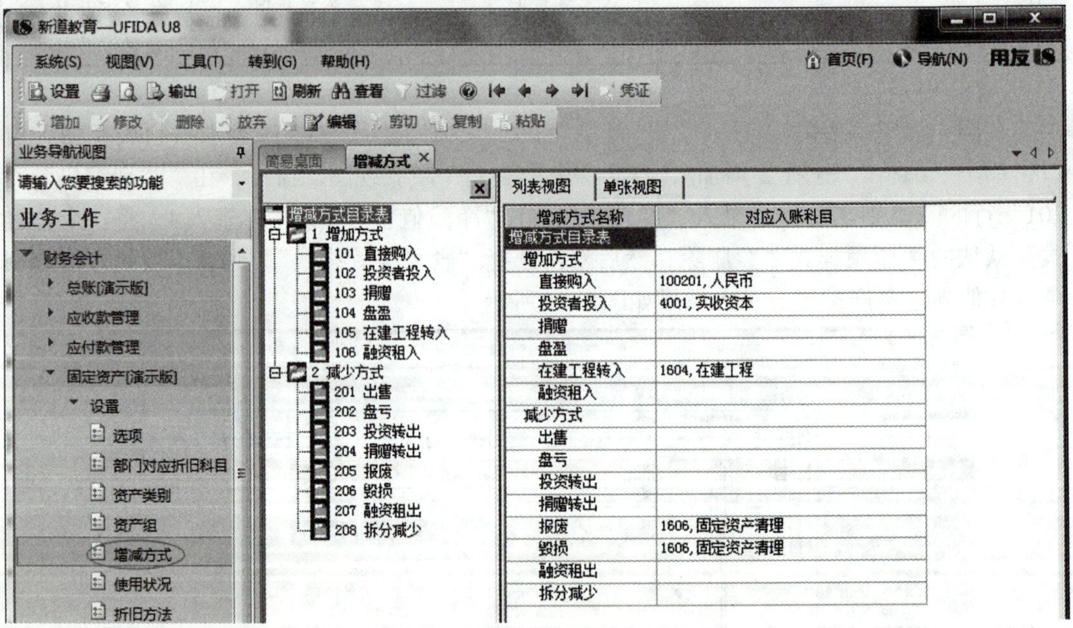

图 3-21　“增减方式”窗口

二、固定资产原始卡片录入

固定资产原始卡片录入是指在系统启用前，将原有的固定资产信息逐条录入到系统之中。比如 2019 年 12 月份启用固定资产，则把 2019 年 11 月 30 日之前的所有在账的固定资产全部录入到系统之中，包括固定资产的原值、累计折旧、使用年限、已计提折旧年限、预计净残值等内容。

固定资产系统原始卡片录入完毕后，所有资产的原值、累计折旧金额要与启用当月的总账管理模块“固定资产”“累计折旧”科目的金额保持一致。

【任务 3-2-5】以 2002 王强的身份登录企业应用平台，录入固定资产原始卡片，具体资料见表 3-7。

表3-7 **2019年11月末原始卡片资料** 金额单位：元

固定资产编号	固定资产名称	规格型号	类别编号	所在部门	增加方式	可使用年限	开始使用日期	原值	至12月份止累计折旧	对应折旧科目名称	使用状况	增值税
01100001	小客车	江淮	011	市场部	直接购入	10年	2019-10-01	50 500	808	销售费用（660102）	在用	6 565
01200001	传真机	理光	012	行政部	直接购入	4年	2019-10-01	2 600	104	管理费用（660202）	在用	338
01200002	打印机	惠普	012	行政部	直接购入	5年	2019-10-01	2 500	80	管理费用（660202）	在用	325
01200003	计算机01	联想	012	行政部	直接购入	4年	2019-10-01	4 500	180	管理费用（660202）	在用	585
01200004	计算机02	联想	012	市场部	直接购入	4年	2019-10-01	4 500	180	销售费用（660102）	在用	585
01200005	计算机03	联想	012	采购部	直接购入	4年	2019-10-01	4 500	180	管理费用（660202）	在用	585
01200006	计算机04	联想	012	财务部	直接购入	4年	2019-10-01	4 500	180	管理费用（660202）	在用	585
01200007	投影仪	柯达	012	信息部	直接购入	5年	2019-10-01	14 500	464	管理费用（660202）	在用	1 885
01200008	服务器	惠普	012	信息部	直接购入	8年	2019-10-01	28 900	578	管理费用（660202）	在用	3 757
01200009	计算机05	联想	012	信息部	直接购入	4年	2019-10-01	4 500	180	管理费用（660202）	在用	585
01300001	办公楼		013	行政部	自营建造	20年	2019-10-01	240 000	1 920	管理费用（660202）	在用	31 200
01300002	仓库		013	仓储部	自营建造	20年	2019-10-01	150 000	1 200	管理费用（660202）	在用	19 500

【操作提示】

在固定资产系统中，进入“固定资产”|“卡片”|“录入原始卡片”，打开“固定资产类别档案”窗口，选择“交通运输设备”，单击“确定”，进入“固定资产卡片”窗口，如图3-22所示，按资料内容分别录入卡片项目内容，保存。所有卡片录入完成退出后，在“卡片管理”中，单击“刷新”，即可看到所有在役固定资产信息，如图3-23所示。

微课：固定资产管理—原始卡片录入

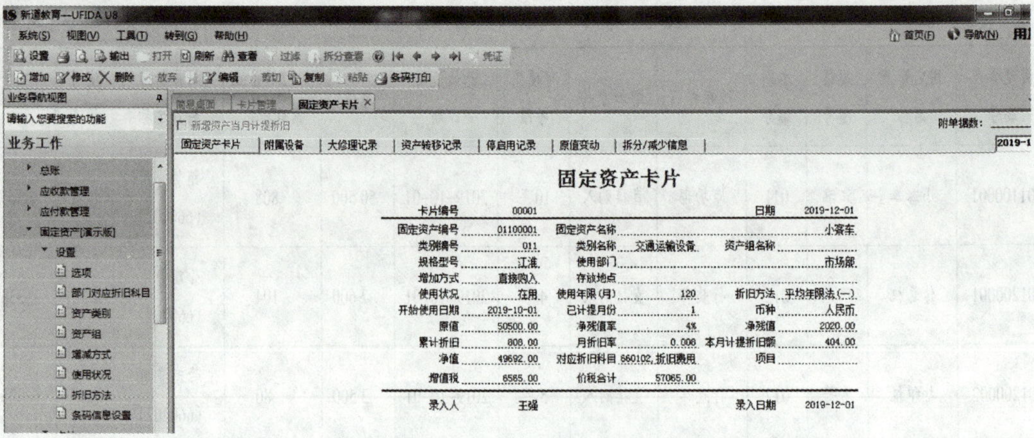

图3-22 “固定资产卡片”窗口

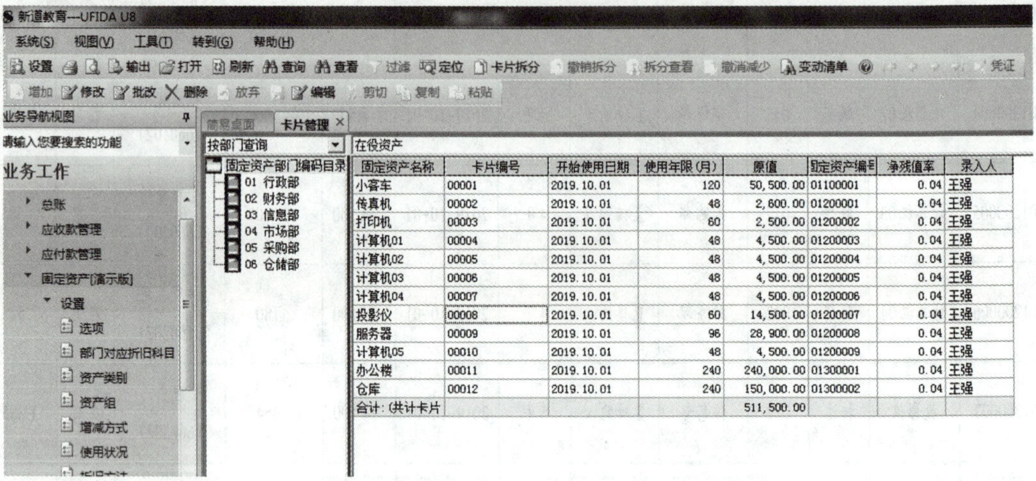

图3-23 “固定资产—卡片管理”窗口

【温馨提示】

固定资产多部门使用及分摊的处理方法：

1.在“卡片”菜单下，选择“录入原始卡片”或“资产增加”功能菜单。

2.显示输出固定资产卡片，用鼠标单击“部门名称”按钮，显示“本资产部门使用方式”选择界面（如图3-24所示），选择“单部门使用”或“多部门使用”。

3.选择“多部门使用”时，显示使用部门设置界面如图3-25所示，使用部门最多可以有99个。

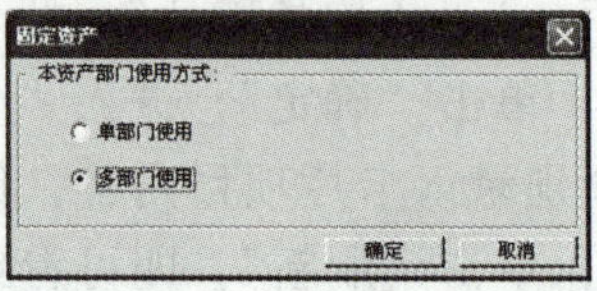

图3-24 “固定资产—多部门使用”窗口

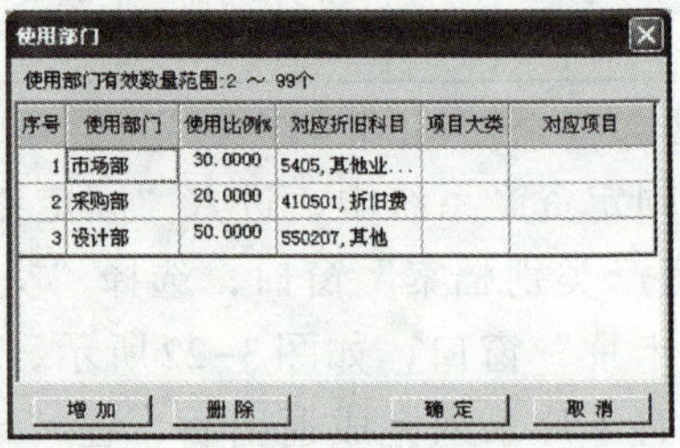

图3-25 “使用部门”窗口

4.单击参照图标，选择使用部门和对应折旧科目，并手工录入使用比例。

5.设置对应项目：单击参照图标，选择固定资产所属项目。首先单击左边的菜单选择项目大类，然后在右边的列表中选择项目。

6.单击“增加”按钮继续增加使用部门。

7.单击要修改的当前记录进行修改，单击“删除”按钮删除光标所在行记录。

三、固定资产期初对账

固定资产原始卡片录入后，需要将固定资产系统的原值、累计折旧与总账系统记录的固定资产原值、累计折旧金额保持一致，为此，需要对固定资产系统进行期初对账。

【任务3-2-6】以2002王强的身份登录企业应用平台，进行固定资产期初对账。

【操作提示】

在固定资产系统中，进入“固定资产”|“处理”|“对账”，打开“与账务对账结果”对话框，提示“结果：平衡”，如图3-26所示，单击“确定”。

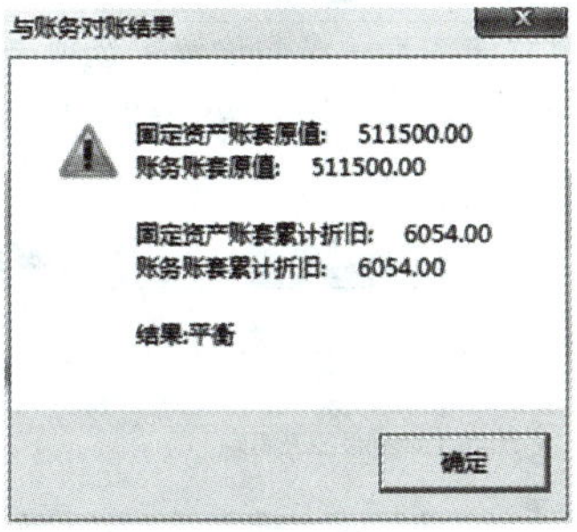

微课：固定资产管理—总账对账

图3-26　“与账务对账结果”提示框

任务三　薪资管理系统初始化

薪资管理系统初始化设置主要包括建立工资账套和基础信息设置两部分。建立工资账套包括：参数设置、扣税设置、扣零设置和人员编码；基础信息设置包括：部门设置、人员档案设置、工资项目设置、人员附加信息设置、银行名称设置、人员类别设置等。

薪资管理系统可以处理单个工资类别，也可以处理多个工资类别。多个工资类别的初始设置又分为整体初始化和具体初始化。整体初始化是关于所有工资类别的初始设置，需要在关闭所有工资类别的状态下操作。整体初始化包括：部门设置、人员附加信息设置、人员类别设置、工资项目设置、银行名称设置。具体初始化是针对具体的工资类别的初始设置，需要在打开工资类别的状态下操作。具体初始化包括：人员档案设置、工资项目设置、公式设置。

一、参数设置

【任务3-3-1】以账套主管（2001徐红）的身份登录企业应用平台，根据表3-8设置薪资管理系统相关参数。

表3-8　　薪资管理系统相关参数

控制参数	参数设置
参数设置	单个工资类别；核算币种：人民币；不核算计件工资
扣税设置	从工资中扣除个人所得税
扣零设置	不扣零
人员编码	与公共平台的人员编码一致

【操作提示】

（1）在企业应用平台，进入“业务工作”|“人力资源”|“薪资管理”，打开“建立工资套—参数设置”选项卡，选择本账套所需处理的工资类别个数为“单个”，“币别”默认为“人民币 RMB”，如图 3-27 所示。

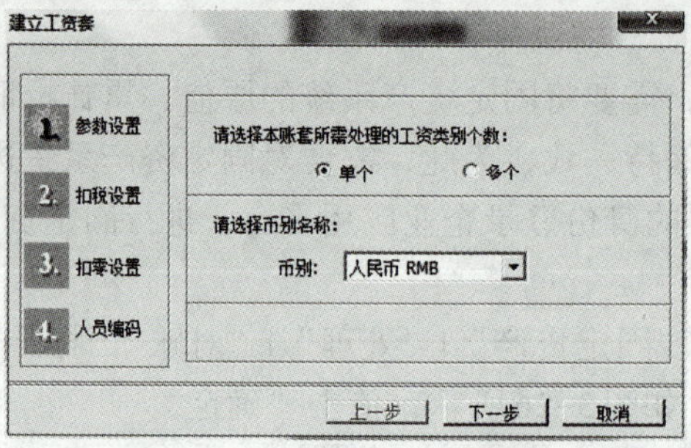

图 3-27 “建立工资套—参数设置”选项卡

（2）单击“下一步”，打开“建立工资套—扣税设置”选项卡，选中“是否从工资中代扣个人所得税”复选框，如图 3-28 所示。

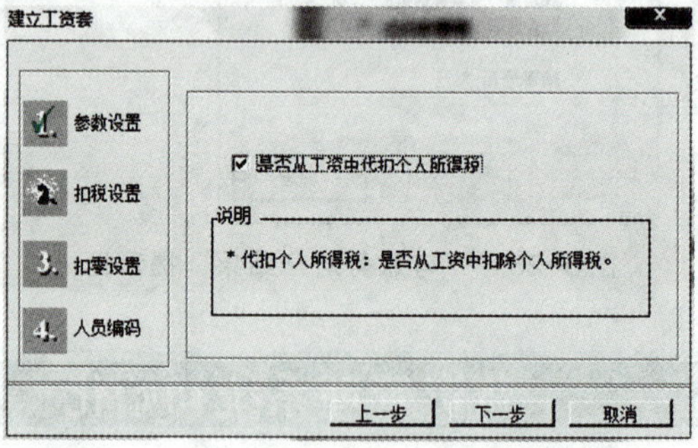

图 3-28 “建立工资套—扣税设置”选项卡

（3）单击“下一步”，打开“建立工资套—扣零设置”选项卡，取消“扣零”复选框，如图 3-29 所示。单击“下一步”，打开“建立工资套—人员编码”，系统默认“本系统要求您对员工进行统一编号，人员编号同公共平台的人员编号保持一致”，单击“完成”，完成建立工资套的过程。

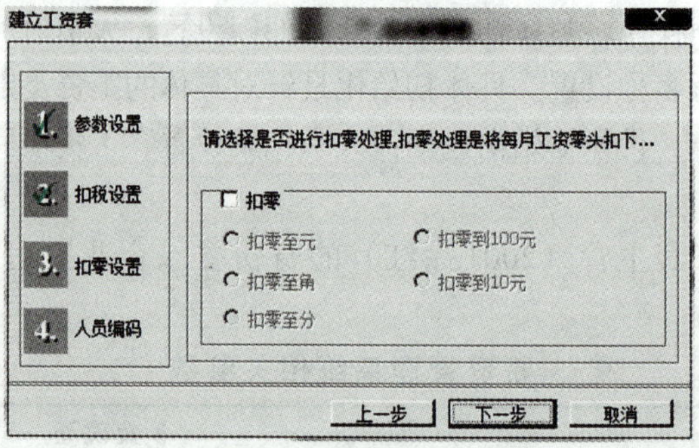

图 3-29 “建立工资套—扣零设置”选项卡

二、银行档案设置

系统预置了 17 个银行名称，如果未能满足实际需要，可在此基础上增加或删除银行名称。

【任务 3-3-2】以 2002 王强的身份登录企业应用平台，按如下要求设置薪资管理系统的银行档案：

①银行名称：中国工商银行。

②企业账号定长：12。

③个人账户定长：12。

【操作提示】

在企业应用平台，进入“基础设置”|“基础档案”|“收付结算”|“银行档案”，选择“中国工商银行”，选择“修改”（或双击“修改银行档案”对话框），在“个人账户规则”处选择“定长”，“账号长度”修改为“12”；在“企业账户规则”处选择“定长”，“账号长度”修改为“12”，单击“保存”，如图3-30所示。

微课：薪资管理—银行名称设置

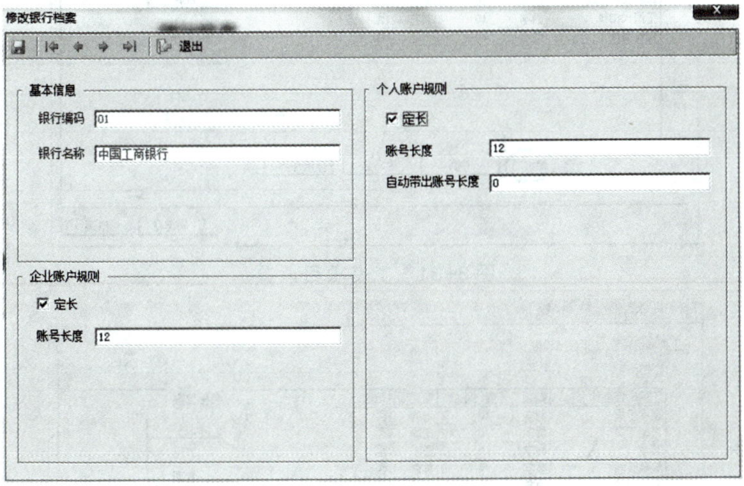

图3-30 修改银行档案

三、工资项目设置

工资项目是计算工资的载体，包括项目名称、类型、长度、小数位数、增减项，系统提供了一些固定的工资项目，包括“应发合计”“实发合计”“扣款合计”等。

【任务3-3-3】以2002王强的身份登录企业应用平台，按表3-9的要求进行工资项目设置。

表3-9 工资项目一览表

项目名称	类型	长度	小数位数	增减项
基本工资	数字	10	2	增项
岗位工资	数字	10	2	增项
奖金	数字	10	2	增项
缺勤天数	数字	4	0	其它
缺勤扣款	数字	8	2	减项
应发合计	数字	10	2	增项
代扣税	数字	10	2	减项
社会保险费	数字	8	2	减项
扣款合计	数字	10	2	减项
实发合计	数字	10	2	增项

【操作提示】

在企业应用平台，进入“薪资管理”|“设置”|“工资项目设置”，打开“工资项目设置”对话框，单击“增加”按钮，从“名称参照”下拉表中选择“基本工资”，默认类型为“数字”，增减项为“增项”，如图3-31所示。依此方法继续增加其他工资项目，如图3-32所示。单击“确定”退出。

微课：薪资管理一工资项目设置

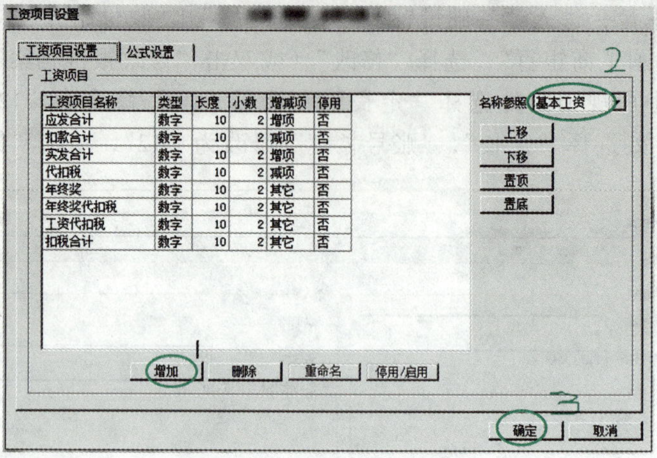

图3-31 工资项目设置

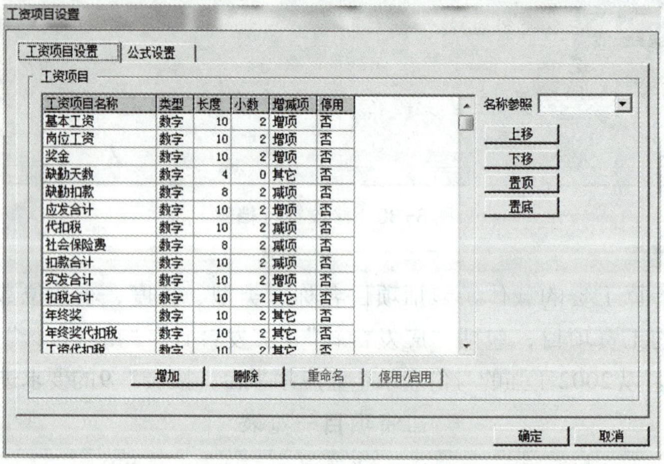

图3-32 工资项目设置结果

四、人员档案设置

人员档案设置用于登记工资发放人员的姓名、职工编号、所在部门、人员类别等信息，员工的增减变化设置必须在本功能中处理。

【任务3-3-4】以2002王强的身份登录企业应用平台，将“基础档案”中的人员档案导入到“薪资管理”中的人员档案中。

【操作提示】

需先以账套主管2001徐红的身份登录，在“系统服务”|“权限”|“数据权限”控制中取消所有“√”。

(1) 在企业应用平台，以2002王强的身份进入“人力资源”|“薪资管理”|“人员档案”，单击“批增”，如图3-33所示。

微课：薪资管理一人员档案设置

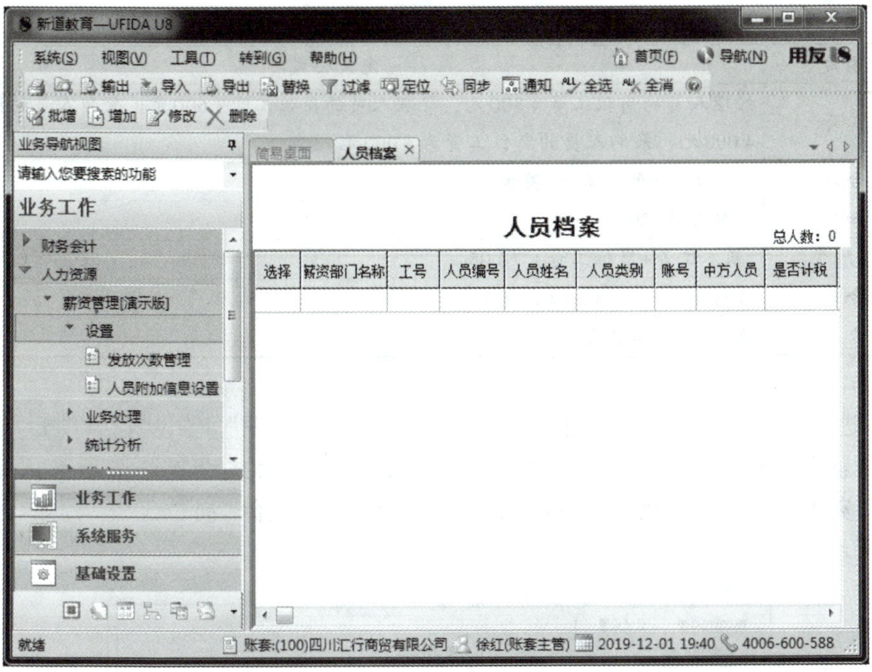

图3-33　批增人员档案

（2）进入“人员批量增加”页签，选择左侧所有的部门，单击“查询”，查出所有部门人员信息，单击“确定”，将“基础档案”中的人员档案全部导入到“薪资管理”的人员档案中，如图3-34所示。

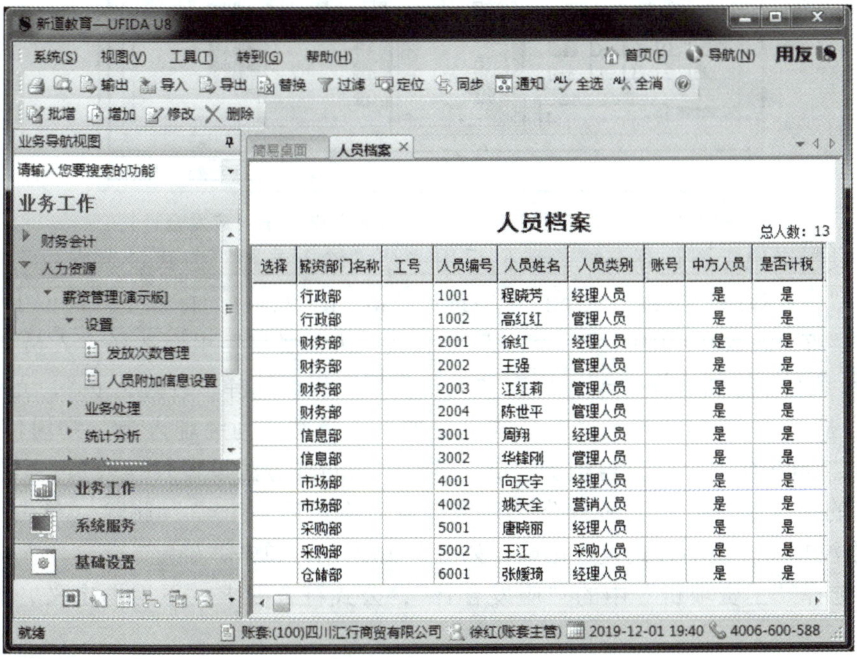

图3-34　人员档案

五、公式设置

【任务3-3-5】以2002王强的身份登录企业应用平台，按表3-10设置工资计算公式。

表3-10　　工资计算公式表

工资项目	定义公式
岗位工资	经理人员的岗位工资4 800元，管理人员的岗位工资3 600元，营销人员的岗位工资4 000元，采购人员的岗位工资为3 000元
应发合计	基本工资+岗位工资+奖金
缺勤扣款	缺勤天数*20
社会保险费	（基本工资+岗位工资）*0.05
扣款合计	缺勤扣款+代扣税+社会保险费
实发合计	应发合计-扣款合计

【操作提示】

（1）进入企业应用平台，选择“人力资源”|“薪资管理”|“设置”|“工资项目设置”，打开“工资项目设置”对话框，选择“公式设置”选项卡，单击“工资项目”中的“增加”按钮，从下拉列表中选择“岗位工资”，如图3-35所示。

微课：薪资管理—工资计算公式设置

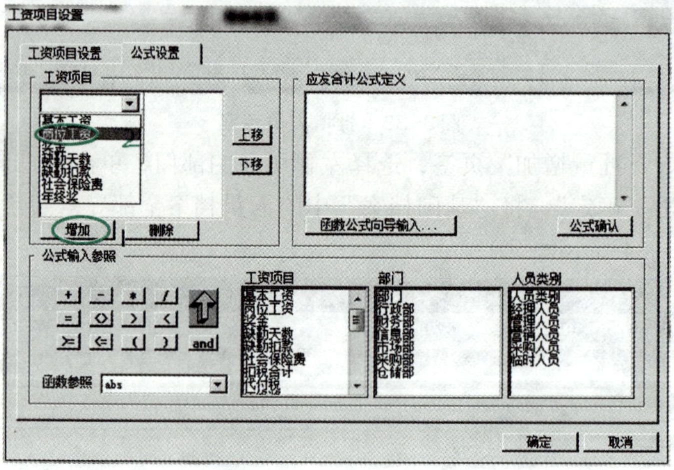

图3-35　“工资项目设置—公式设置”选项卡（应发合计）

（2）设置岗位工资计算公式。我们采用“公式输入参照”方式设置岗位工资计算公式。单击“函数参照”按钮，从下拉框中选择“iff”函数，将光标移至“岗位工资公式定义”框内“iff”函数（）中的第一个“,”前，在“人员类别”里面选择“人员类别”，在“公式输入参照”里面选择“=”，再在“人员类别”里面选择“经理人员”，光标移至第一个“,”后，录入“4800”，这个公式是说如果人员类别为经理人员，则岗位工资是4 800元。在4 800的“,”后，再增加“iff”函数，按同样方法设置管理人员、营销人员和采购人员的岗位工资公式。所有公式设置完成后将最后一个“,”删除，单击“公式确认”。如果没报错，说明公式设置正确，如图3-36所示。单击“确定”。

（3）选择“工资项目”中的“应发合计”，公式符合要求，不用再定义，如图3-37所示。

（4）设置“缺勤扣款”公式。选择“工资项目”中的“缺勤扣款”，光标在右侧的公式定义区，单击“工资项目”中的“缺勤天数”，单击“公式输入参照”中的“*”，再录入“20”，单击“公式确认”。如果没报错，说明公式设置正确，如图3-38所示。

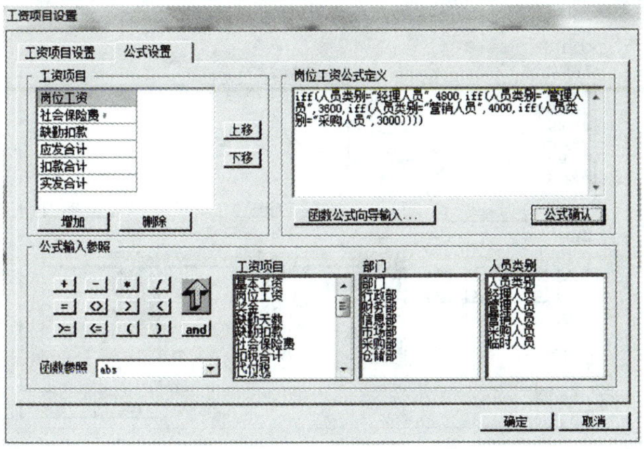

图3-36 “工资项目设置—公式设置”选项卡（岗位工资）

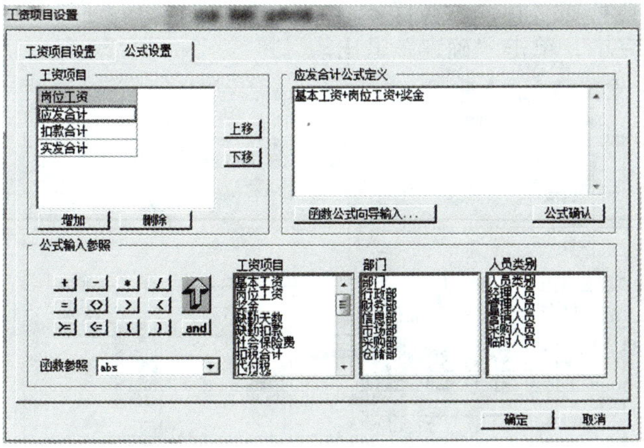

图3-37 “工资项目设置—公式设置”选项卡（应发合计）

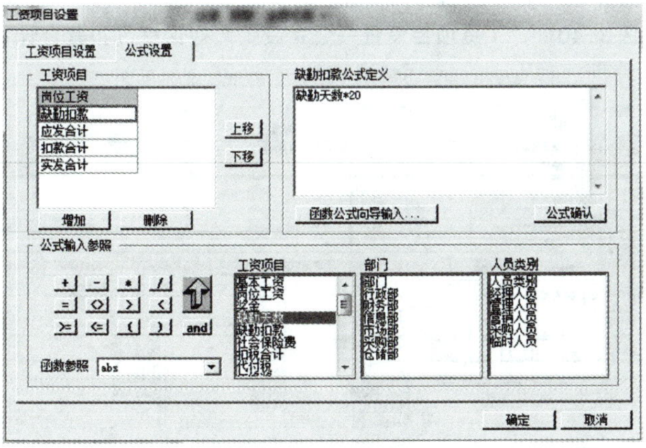

图3-38 “工资项目设置—公式设置”选项卡（缺勤扣款）

（5）设置“社会保险费“公式。单击“工资项目”中的“增加”按钮，从下拉列表中选择“社会保险费”，在“公式输入参照”中选择“（”，选择“工资项目”中的“基本工资”，在“公式输入参照”中选择“+”，选择“工资项目”中的“岗位工资”，再在“公式输入参照”中选择“）”和“*”，录入“0.05”。单击“公式确认”，如果没报错，说明公式设置正确，如图3-39所示。

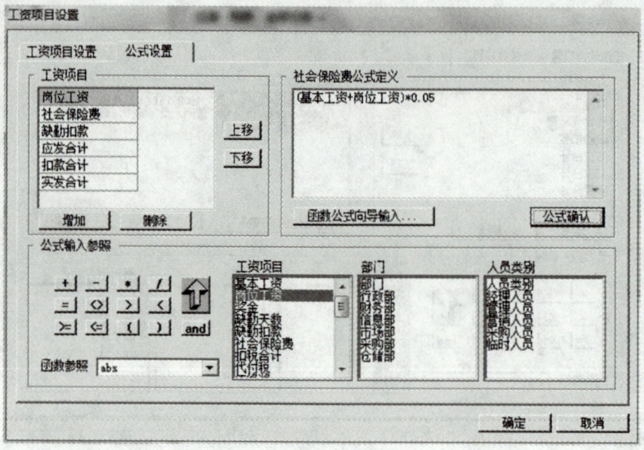

图3-39　“工资项目设置—公式设置”对话框（社会保险费）

（6）检查“扣款合计”和“实发合计”，与资料中的公式一致，如图3-40、图3-41所示。所有公式设置完毕，单击“确定”退出。

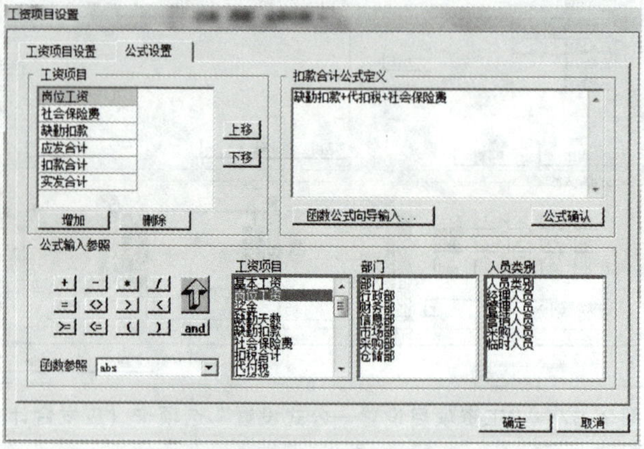

图3-40　“工资项目设置—公式设置”对话框（扣款合计）

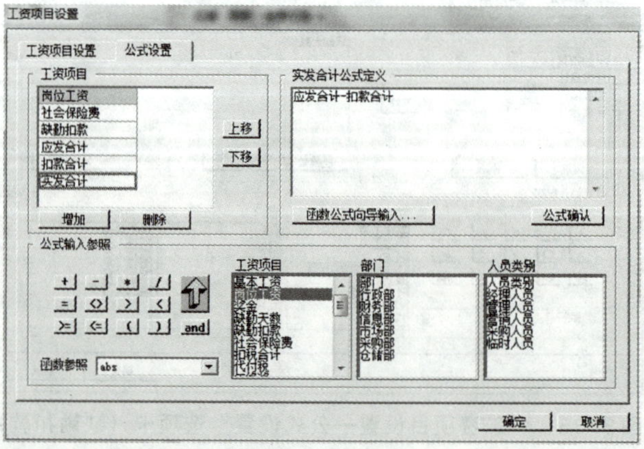

图3-41　“工资项目设置—公式设置”对话框（实发合计）

任务四　应收款管理系统初始化

应收款管理系统在启用之初，要先进行账套控制参数设置和期初数据录入，然后才能进行日常业务的处理。

一、初始设置

初始设置是将手工核算的相关内容和规则录入应收款管理系统，以便于在系统中按照企业需要进行应收款业务的处理，保持电算化核算与手工核算的一致性。应收款管理系统的初始设置包括科目设置、坏账准备设置、账龄区间设置、报警级别设置和单据类型设置。

科目设置是将核算应收款项经常用到的会计科目预先设置好，便于在生成凭证时将业务对应的会计科目自动带出，以简化凭证生成的操作。

坏账准备设置是用户先设置好坏账准备的提取比率、核算科目，录入坏账准备期初余额，便于系统根据设置在会计期末自动计提坏账准备。第一次使用系统，坏账准备期初余额直接录入，以后各期则由系统自动生成，并且不能修改。

账龄区间设置是用户将企业尚未收回的应收账款按欠款时间长短划分区间，便于进行应收款项的账龄分析，以更科学地管理应收款项。

报警级别设置是把客户欠款情况按照客户欠款余额及其信用额度分类分级，便于掌握各个客户的信用情况，为企业调整与客户的往来业务政策提供依据。

单据类型中可选择发票和应收单两大类型，如果应收款管理系统与销售管理系统结合使用，单据类型还包括销售调拨单和销售日报。

【任务3-4-1】以账套主管（2001徐红）的身份登录企业应用平台，设置应收款管理系统的以下参数：

（1）基本科目设置：应收科目为1122，预收科目为2203，税金科目为22210103。

（2）结算方式科目设置：现金结算对应1001，支票结算对应100201，汇兑结算对应100201。

（3）调整应收系统的选项：将坏账处理方式设置为“应收余额百分比法”。

（4）坏账准备设置：提取比率为0.2%，坏账准备期初余额为0，坏账准备科目为“1231”（坏账准备），坏账准备对方科目为“6702”（信用减值损失）。

【操作提示】

（1）基本科目设置。在应收款管理系统，进入“设置”|“初始设置”，打开“初始设置”窗口，选择“设置科目”|“基本科目设置”，单击“增加”按钮，从“基础科目种类”列表中选择“应收科目”，“科目”选择“1122”。同理，增加其他基本科目，如图3-42所示。

微课：应收款管理—初始设置

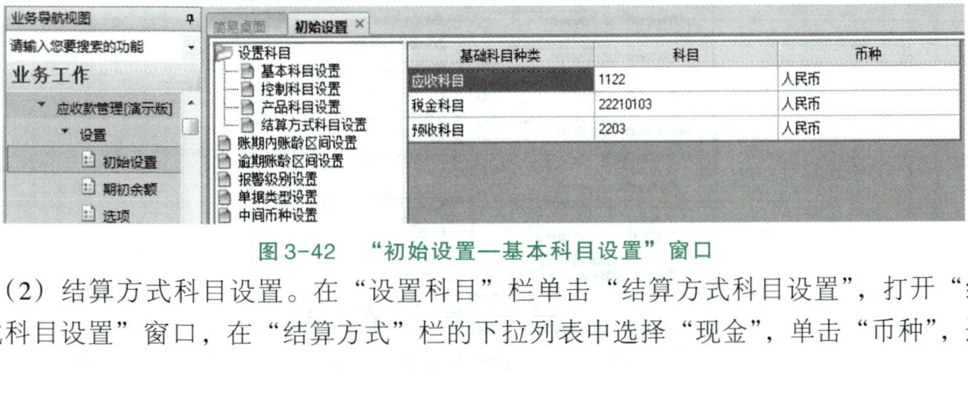

图3-42 “初始设置—基本科目设置”窗口

（2）结算方式科目设置。在“设置科目”栏单击“结算方式科目设置”，打开“结算方式科目设置”窗口，在“结算方式”栏的下拉列表中选择“现金”，单击“币种”，选择

“人民币”，在“科目”栏录入或选择“1001”。按此方法继续录入其他结算方式科目，如图3-43所示。

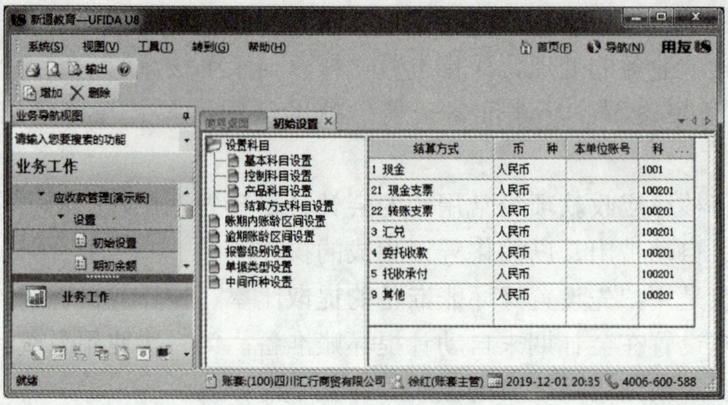

图3-43 “初始设置—结算方式科目设置”窗口

（3）调整应收系统的选项。选择“应收款系统”|“设置”|“选项”，打开“账套参数设置”对话框，单击“编辑”，系统弹出“选项修改需要重新登录才能生效”提示信息，单击“确定”，返回“账套参数设置”对话框。打开“常规”选项卡，单击“坏账处理方式”栏的下三角按钮，选择“应收余额百分比法”；打开“凭证”选项卡，取消“核销生成凭证”复选框中的“√”。如图3-44、图3-45所示，单击“确定”退出。

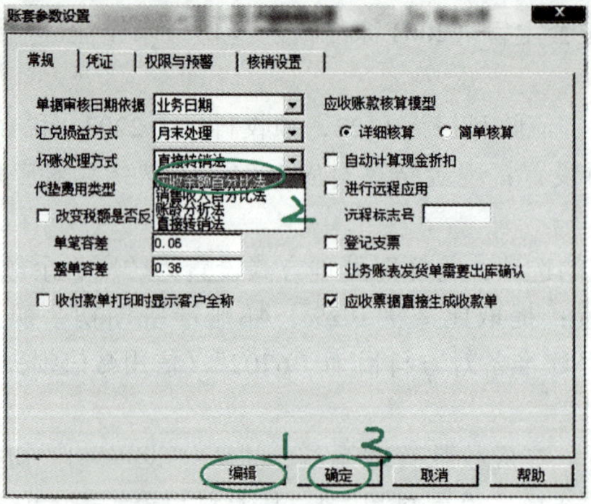

图3-44 账套参数设置—常规

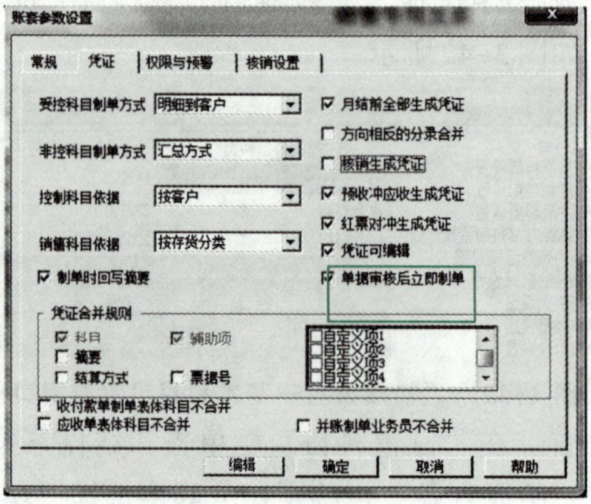

图3-45 账套参数设置—凭证

（4）坏账准备设置。退出系统重新进入“财务会计”|“应收款管理”|“设置”|“初始设置”，在“初始设置”窗口选择“坏账准备设置”，打开“坏账准备设置”窗口，录入提取比率为0.2%，坏账准备期初余额为0，坏账准备科目为“1231”（坏账准备），坏账准备对方科目为“6702”（信用减值损失），如图3-46所示。单击“确定”。

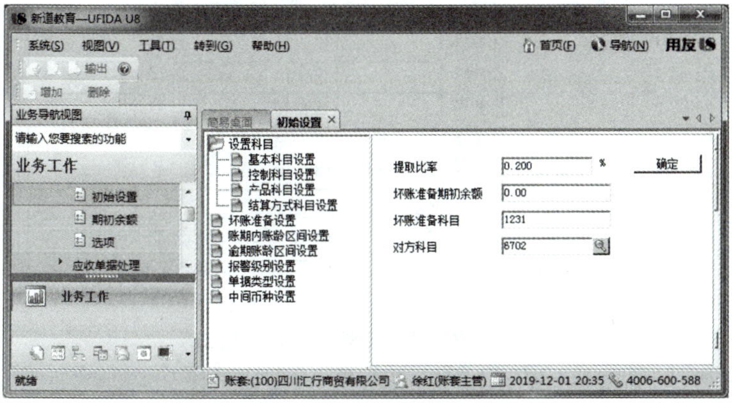

图3-46 “坏账准备设置”窗口

二、期初余额的录入

启用应收款管理系统时，要将启用前各客户的欠款情况录入到本系统中，作为本系统的期初余额。录入完成后，应进行期初对账工作，查看应收款管理系统与总账管理系统的期初余额是否平衡。如果不平衡，需再检查是否录入有误，修改错误后，达到平衡方可。

【任务3-4-2】以2002王强的身份登录企业应用平台，完成以下任务：

（1）在“基础设置”中将应收款管理、应付款管理、销售管理、采购管理中的单据改为“手工改动，重号时自动重取”。

（2）根据表3-11录入应收账款期初余额。

表3-11 应收账款期初余额 金额单位：元

日 期	客户名称	备 注	方向	业务员	发票号	数量	无税单价
2019-11-30	四川博运	销售男鞋	借	姚天全	010224878491132767	2箱	6 000

【操作提示】

（1）进入“基础设置”|“单据设置”|“单据编号设置”，在“单据编号设置”窗口，选择“应收款管理”/“其他应收单”，单击“ ”，选择“手工改动，重号时自动重取”，单击“保存”。如图3-47所示。

微课：应收款管理—期初余额录入

（2）录入期初余额。在应收款管理系统，进入“设置”|“期初余额”，打开“期初余额—查询”对话框，单击“确定”，打开“期初余额明细表”窗口，单击“增加”，打开“单据类别”对话框，选择单据名称为“销售发票”，单据类型为“销售专用发票”，如图3-48所示，然后单击“确定”，打开“销售专用发票”窗口。

（3）在“销售专用发票”窗口，单击“增加”，修改开票日期为“2019-11-30”、录入发票号“010224878491132767”，单击“客户名称”栏的参照按钮，选择“四川博运”，系统自动带出客户相关信息，选择销售部门为“市场部”，业务员为“姚天全”。在“货物编号”栏选择“001”，在“数量”栏录入“2”，在“无税单价”栏录入“6000”，如图3-49所示。

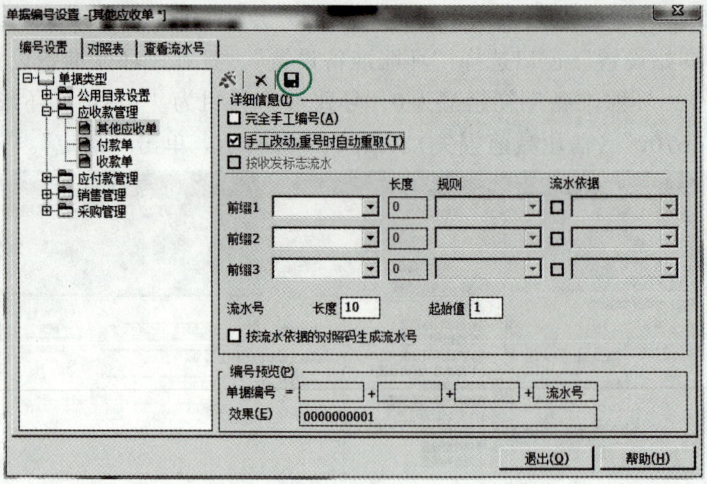

图3-47 “单据编号设置”窗口

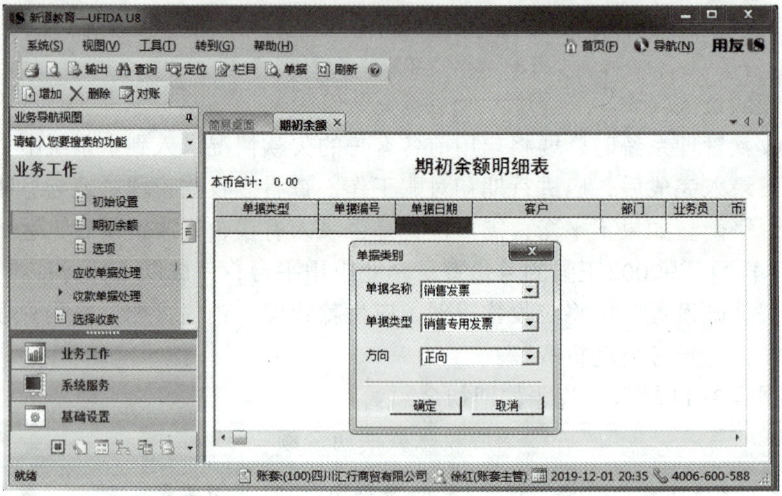

图3-48 “单据类别”对话框

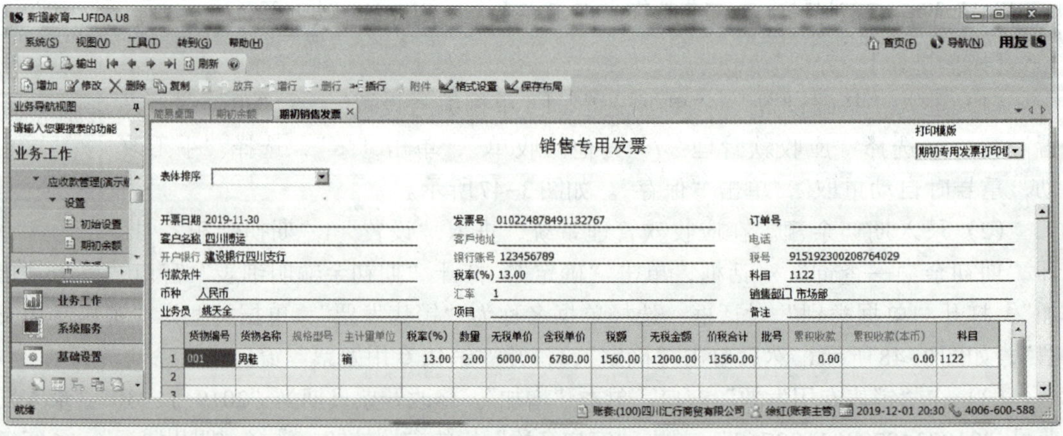

图3-49 “期初销售发票”窗口

（4）单击“保存”按钮，退出“销售专用发票”窗口，单击“刷新”，在“期初余额明细表”中即可看到录入的信息，如图3-50所示。

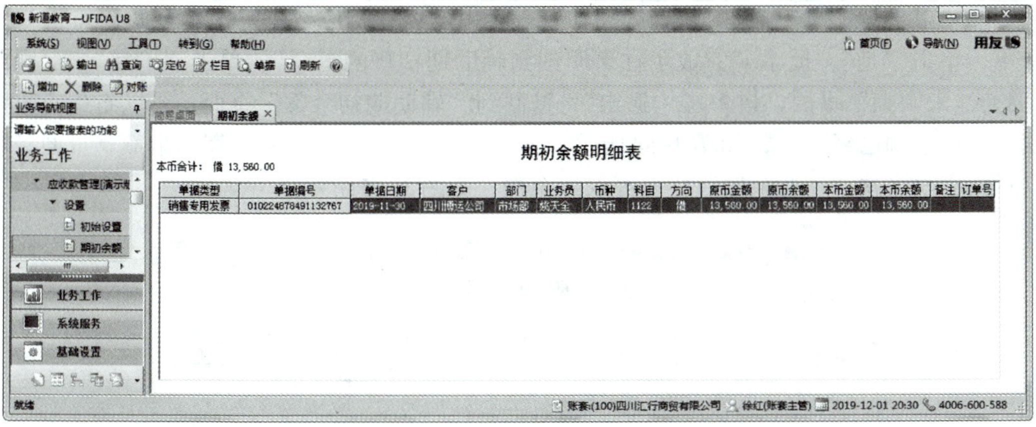

图3-50　“期初余额明细表”窗口

三、总账引入应收账款期初余额并对账

【任务3-4-3】以账套主管（2001徐红）的身份登录总账系统，在总账期初余额中通过“引入”方式，引入应收账款期初余额并对账。

【操作提示】

（1）进入“总账”|“设置”|“期初余额”，在“期初余额”界面，双击“应收账款”的“期初余额”栏，双击，进入“辅助期初余额”界面，单击“往来明细”按钮，进入“期初往来明细”界面，如图3-51所示。

微课：应收款管理—期初余额引入总账并对账

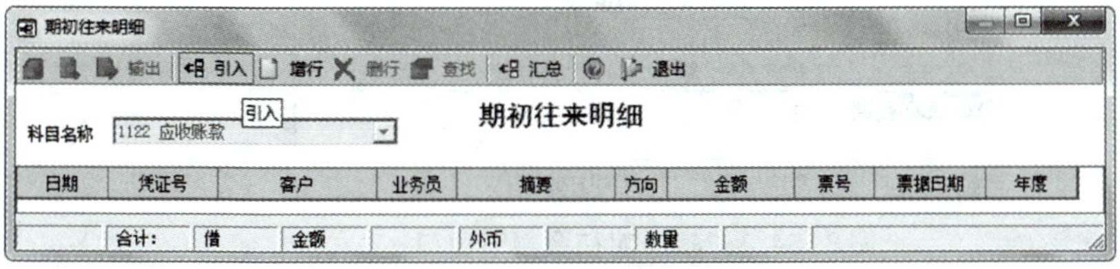

图3-51　期初往来明细

【温馨提示】

如果之前“应收账款”的期初余额已经录入，则应先将录入的期初余额删除。

（2）在“期初往来明细”界面，从“科目名称”的下拉框中选择要引入的末级科目名称，单击“引入”按钮，弹出“确定要引入期初吗？”提示框，如图3-52所示，单击“是”。退回到“期初往来明细”页面，可以看到应收款管理系统中的期初余额已经引入到总账应收账款的期初余额中了。

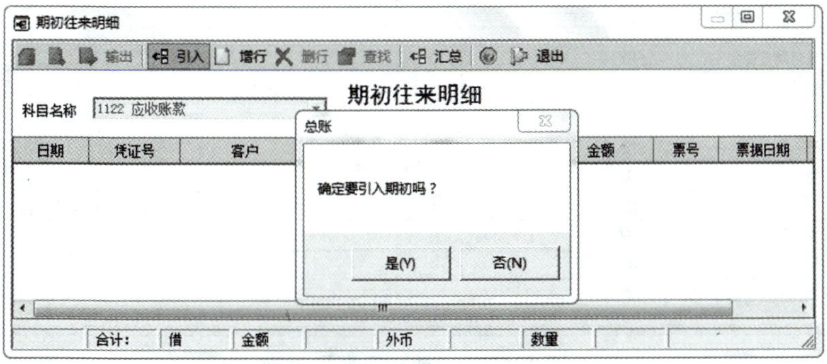

图3-52　“确定是否引入期初”提示框

（3）单击“汇总”，弹出“辅助期初录入表中已存在相应数据”提示页面，如图3-53所示，单击“是”，提示“完成了往来明细到辅助期初账的汇总”，单击“确定”，退回到“期初往来明细”页面，再单击“退出”，退回到“辅助期初余额”页面，可以看到应收账款的期初余额已经录入，如图3-54所示。再单击“退出”，退回到“期初余额”页面，可以看到应收账款“期初余额”栏已经录入余额，如图3-55所示。

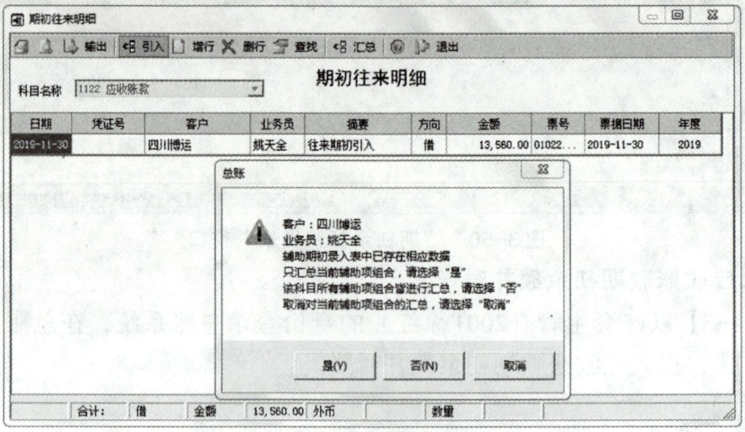

图3-53 “期初往来明细”窗口

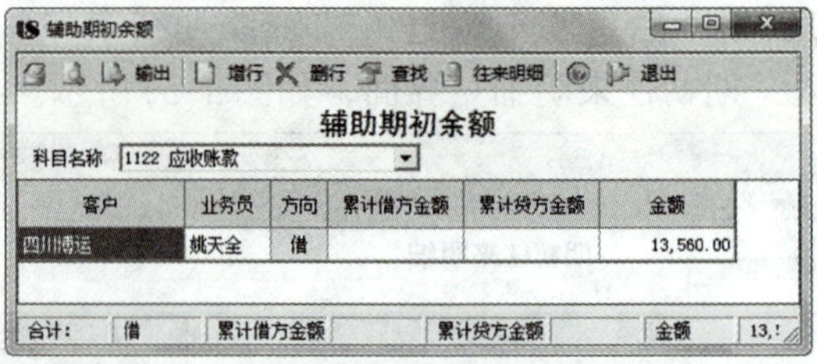

图3-54 “辅助期初余额”窗口

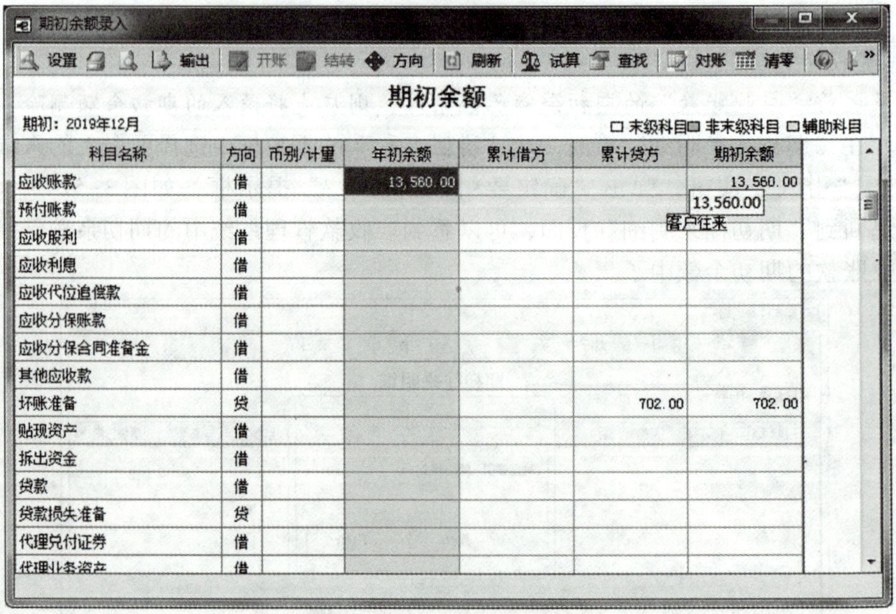

图3-55 “期初余额”页面

（4）应收款管理系统与总账对账。在“期初余额明细表”中，单击“对账”按钮，如图3-56所示，打开“期初对账”窗口，可以看到“应收期初”和“总账期初”数据一致，差额为0，说明对账成功，如图3-57所示。单击“退出”按钮。

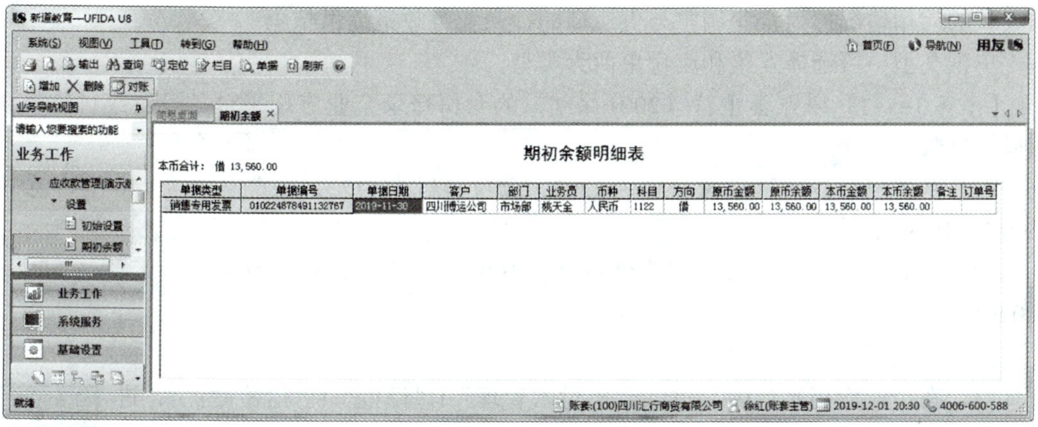

图3-56　“期初余额明细表”窗口

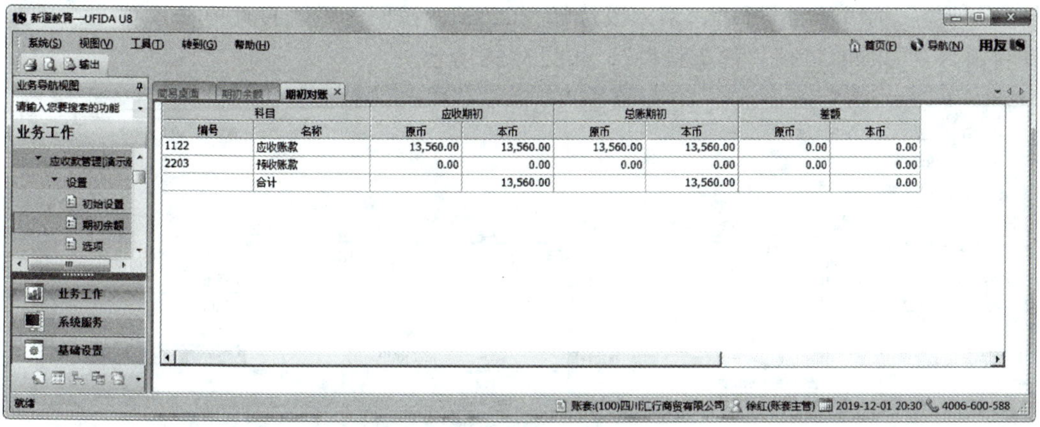

图3-57　“与总账对账结果”窗口

任务五　应付款管理系统初始化

应付款管理系统的操作从初始设置开始。系统启用之初，要先进行账套控制参数设置和初始数据录入，然后才能进行日常业务的处理，会计期末还应进行月末结账处理，以便开始下一个会计期间的日常工作。

应付款管理的初始设置为各种应付款业务的日常处理及统计分析提供前提和参照；录入应付款期初余额，以保证账面数据的完整性与连续性。

一、初始设置

初始设置是将手工核算的相关内容和规则录入应付款管理系统，以便于在系统中按照企业需要进行应付款业务的处理，保持电算化核算与手工核算的一致性。应付款管理的初始设置包括科目设置、账龄区间设置、报警级别设置和单据类型设置。

科目设置是将核算应付款项经常用到的会计科目预先设置好，便于在生成凭证时将业务对应的会计科目自动带出，以简化凭证生成的操作。

账龄区间设置是用户将企业尚未偿付的应付账款按欠款时间长短划分区间，便于进行应付款项的账龄分析，更科学地管理应付款项。

报警级别设置是把应付款情况按照欠款余额比例及其信用额度分类分级，便于掌握各项欠款的信用情况，为企业调整与供应商的往来业务政策提供依据。

单据类型中可选择发票和应付单两大类型。

【任务3-5-1】以账套主管（2001徐红）的身份登录企业应用平台，设置应付款系统的以下参数：

（1）基本科目设置：应付科目为2202，预付科目为1123，采购科目为1402，税金科目为22210101。

（2）结算方式科目设置：现金结算对应1001，支票结算对应100201，汇兑结算对应100201。

【操作提示】

（1）在企业应用平台中，进入“应付款管理”|“设置”|“初始设置”，进入“初始设置”窗口，选择“基本科目设置”，单击“增加”按钮，选择“基础科目种类”为“应付科目”，录入或选择“2202”，按回车键。按此方法设置“预付科目”“采购科目”“税金科目”，如图3-58所示。

微课：应付款管理—初始设置

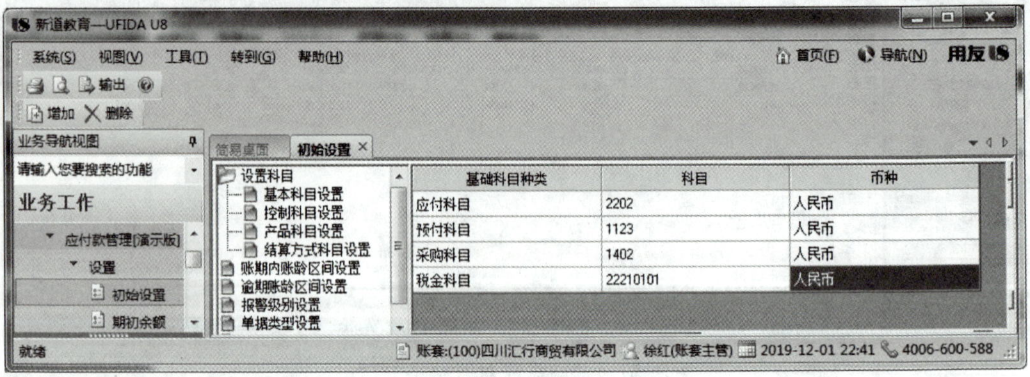

图3-58 “初始设置—基本科目设置”窗口

（2）选择“结算方式科目设置”，单击“结算方式”栏的下三角按钮，选择“现金”；单击“币种”，选择“人民币”，在“科目”栏录入或选择“1001”，按回车键。按此方法录入其他结算方式。如图3-59所示。

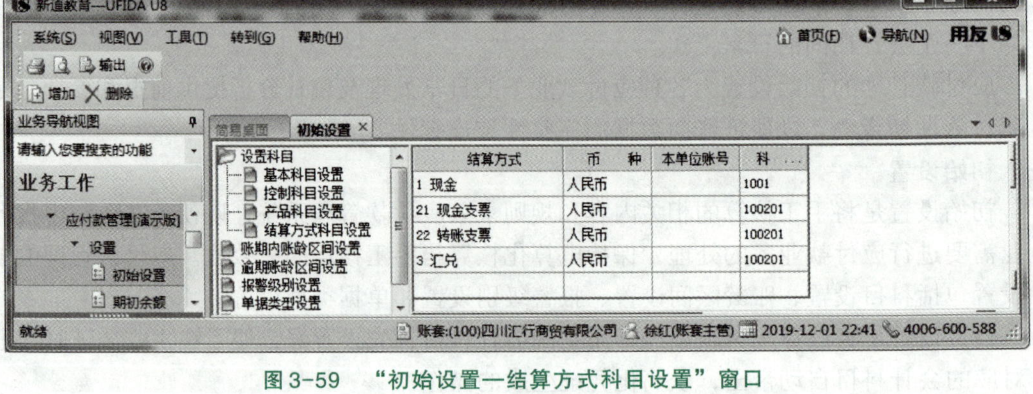

图3-59 “初始设置—结算方式科目设置”窗口

二、期初余额录入

在启用应付款管理系统初期，要将启用前公司所欠的各供应商的货款余额录入到本系统中，作为应付款管理系统的期初余额。录入完成后，应进行期初对账工作，查看应付款管理系统与总账管理系统的期初余额是否平衡。如果不平衡，需再检查录入是否有误，修改错误后，达到平衡方可。

【任务3-5-2】以账套主管（2001徐红）的身份登录企业应用平台，根据表3-12所给的资料录入应付账款账户期初余额。

表3-12 应付账款账户期初余额 金额单位：元

日 期	供应商名称	备 注	方向	业务员	票 号	数量	原币单价
2019-11-30	广州永福	采购女鞋	贷	王江	360468794258369123	12箱	5 000

【操作提示】

（1）在应付款管理系统中，进入“设置”|“期初余额”，打开“期初余额”对话框，单击“确定”按钮，打开“期初余额明细表”窗口，单击“增加”按钮，打开“单据类别”对话框，选择“单据名称”为“采购发票”，“采购类型”为“采购专用发票”，“方向”为“正向”，单击“确定”，如图3-60所示。

微课：应付款管理—期初余额录入

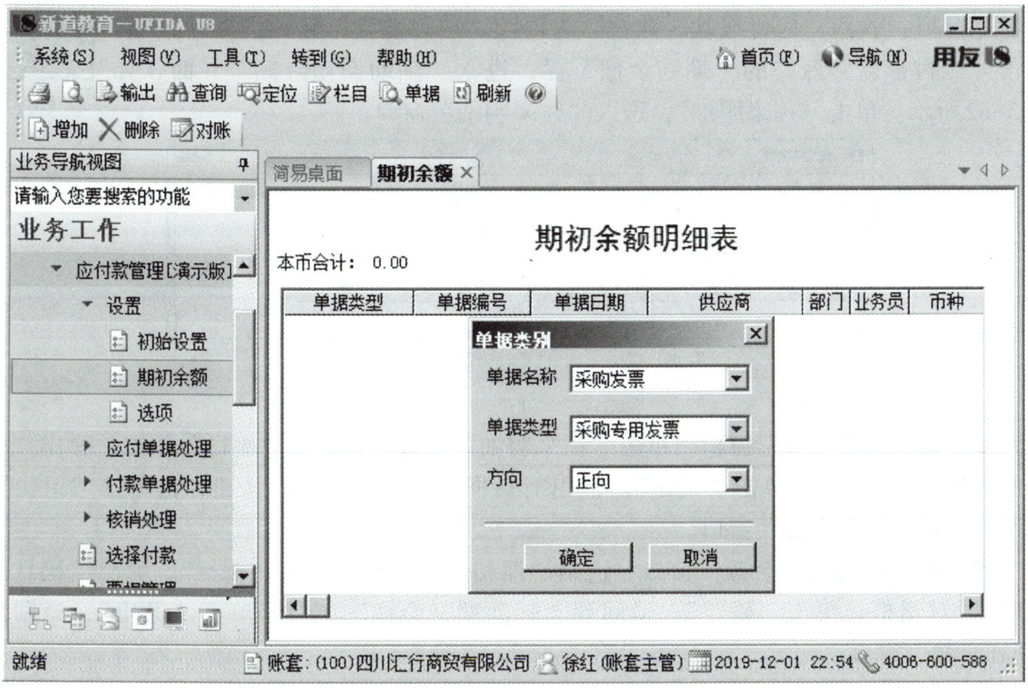

图3-60 “单据类别”对话框

（2）进入“采购专用发票”窗口，单击“增加”，开票日期默认为“2019-11-30”，修改“发票号”为“360468794258369123”，选择“供应商”为“广州永福”，“备注”为“采购女鞋”，“业务员”选择采购部的“王江”，在“存货编码”栏选择或录入“002”，“数量”栏录入“12”，在“原币单价”栏录入“5000”，如图3-61所示。检查无误后单击“保存”。

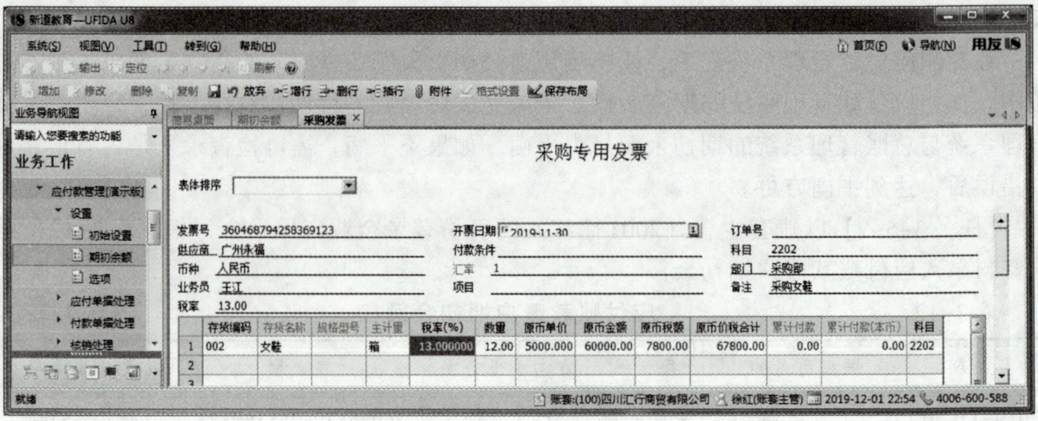

图 3-61 “采购专用发票”窗口

三、总账引入应付账款期初余额并对账

【任务 3-5-3】以账套主管（2001徐红）的身份登录企业应用平台，在总账系统中引入应付账款期初余额并对账。

【操作提示】

（1）在企业应用平台中，进入“总账”|“设置”|“期初余额”，在“期初余额”窗口，找到“应付账款”账户，先清除“应付账款”账户的期初余额。双击“应付账款”账户的“期初余额”栏，进入“辅助期初余额”界面，如图3-62所示。单击“往来明细”，进入“往来明细”窗口。

微课：应付款管理—期初余额引入总账并对账

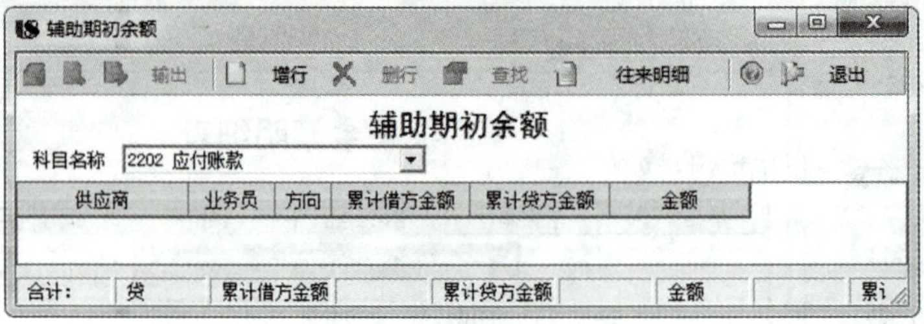

图 3-62 辅助期初余额

（2）在“往来明细”窗口，单击“往来明细”余额栏，单击“删行”按钮，弹出“确认删除吗？”对话框，单击“确定”。退出对话框，单击“汇总”按钮，再单击“退出”，退回到“辅助期初余额”窗口。

（3）在“辅助期初余额”窗口，选中“期初余额”栏，单击“删行”，弹出“确认删除吗？”对话框，单击“确定”。退回到“辅助期初余额”窗口，单击“退出”，退回到“期初余额”窗口。

（4）在“期初余额”窗口，可以看到应付账款的期初余额已经被删除了。双击应付账款“期初余额”栏，进入“期初往来明细”界面，单击“往来明细”，进入到“期初往来明细”窗口，单击“引入”，弹出“确定要引入期初吗？”对话框，如图3-63所示，单击“确定”。

（5）在“期初往来明细”窗口，可以看到期初已经被引入，如图3-64所示。单击“汇总”，弹出如图3-65所示的对话框，选择“否”，弹出“完成了往来明细到辅助期初表的汇总！”对话框，如图3-66所示。

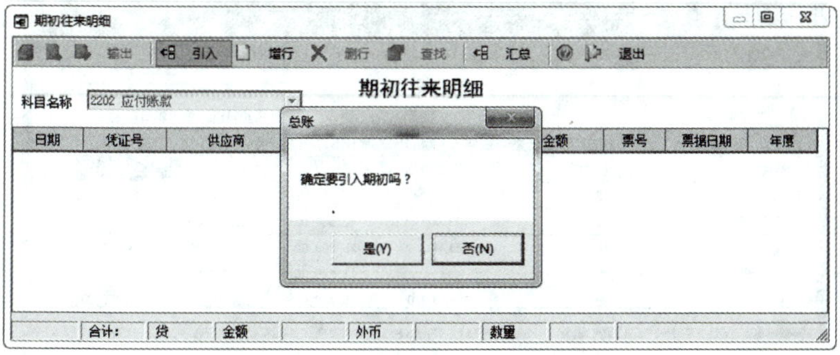

图3-63 “确定要引入期初吗”提示框

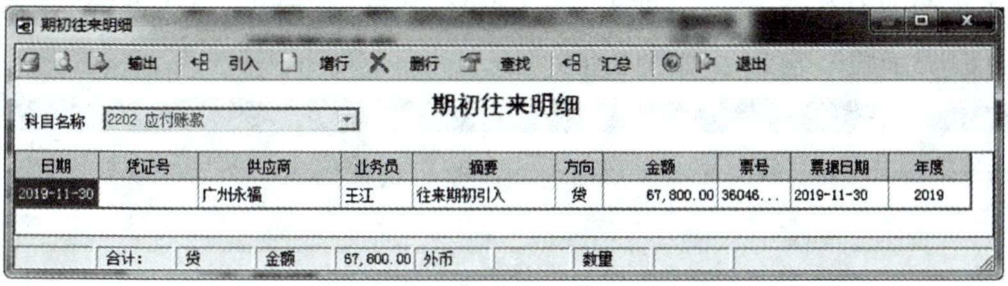

图3-64 “期初往来明细”窗口

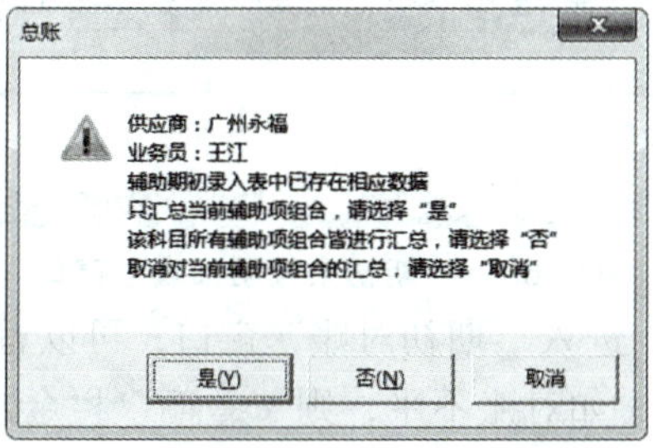

图3-65 “总账汇总结果”窗口

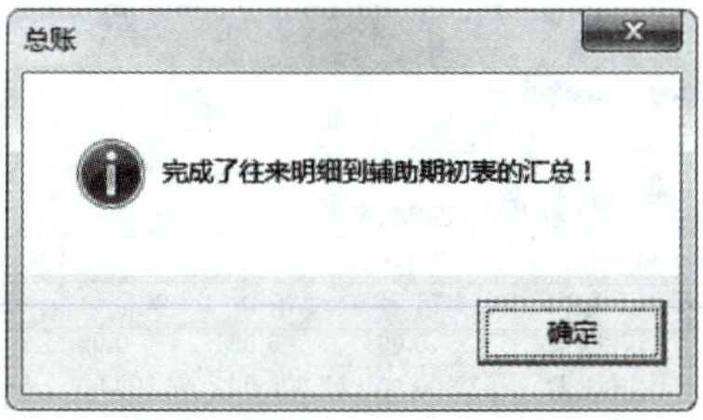

图3-66 “完成了往来明细到辅助期初表的汇总！”提示框

（6）单击“确定”，退回到“期初往来明细”窗口，单击“退出”，退回到“辅助期初余额”窗口，如图3-67所示。再单击“退出”，退回到“期初余额”窗口，如图3-68所示，可以看到应付账款“期初余额”栏已经有金额了。

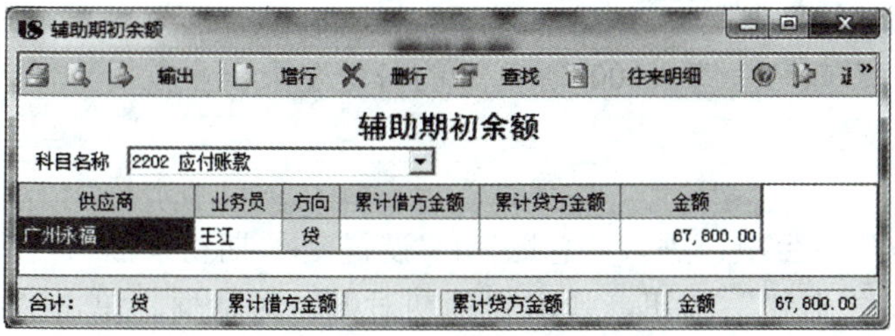

图3-67 “辅助期初余额”窗口

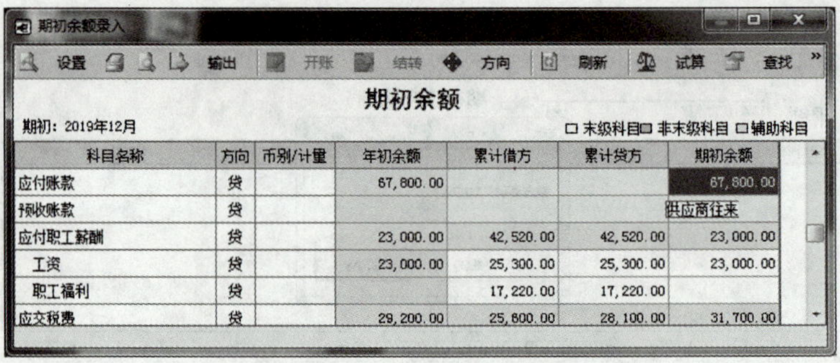

图3-68 “期初余额”窗口

（7）应付款管理系统完成与总账对账。进入“应付款管理”|“设置”|“期初余额”，进入“期初余额明细账”窗口，如图3-69所示。

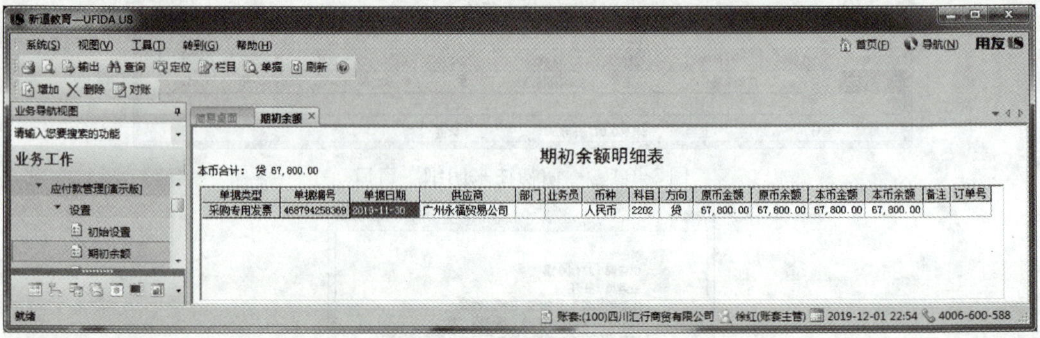

图3-69 “期初余额明细表”窗口

（8）单击“对账”按钮，进入“期初对账”窗口，可以看到“应付期初”和“总账期初”的金额，如图3-70所示。如对账不平，则“差额”栏金额不为0，需要检查对账不平的原因。

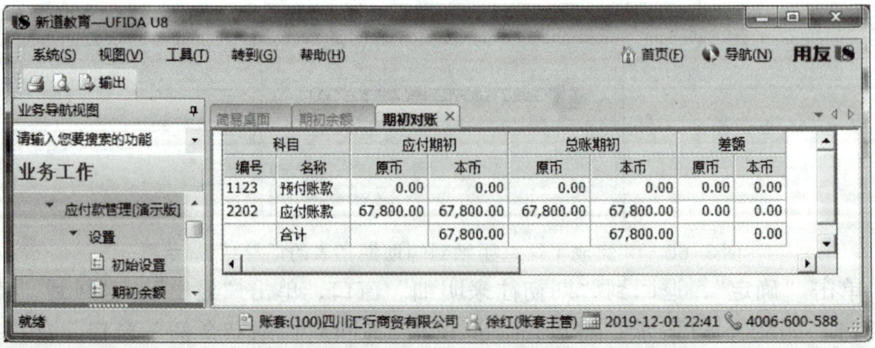

图3-70 “期初对账”窗口

四、总账期初余额试算平衡

【任务3-5-4】以账套主管（2001徐红）的身份登录企业应用平台，进行总账期初余额对账和试算平衡。

【操作提示】

（1）在企业应用平台中，进入“总账”|“设置”|“期初余额”，在“期初余额”窗口，单击“对账”按钮，弹出“期初对账”对话框，单击“开始”，系统自动进行对账，对账结束，对话框提示“期初对账完毕!”，如图3-71所

微课：期初余额试算平衡

示，每一项前出现红色“Y”，表示对账成功，单击“取消”，退回到“期初余额”窗口。

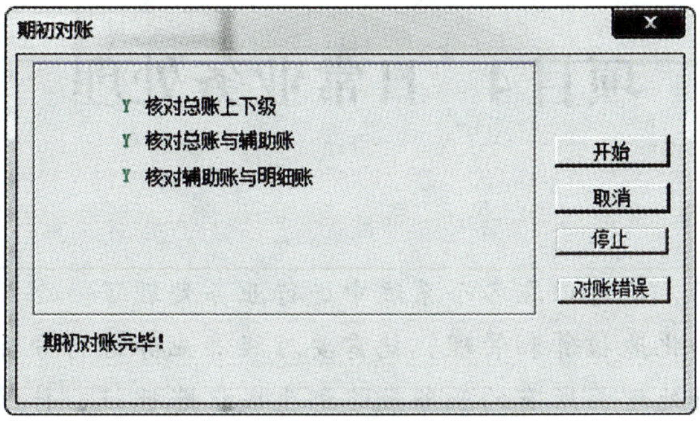

图3-71　“期初对账”对话框

（2）在“期初余额”窗口，单击“试算”，弹出“期初试算平衡表”对话框。如果试算平衡，则在对话框提示“试算结果平衡”，如图3-72所示，单击“确定”退出。

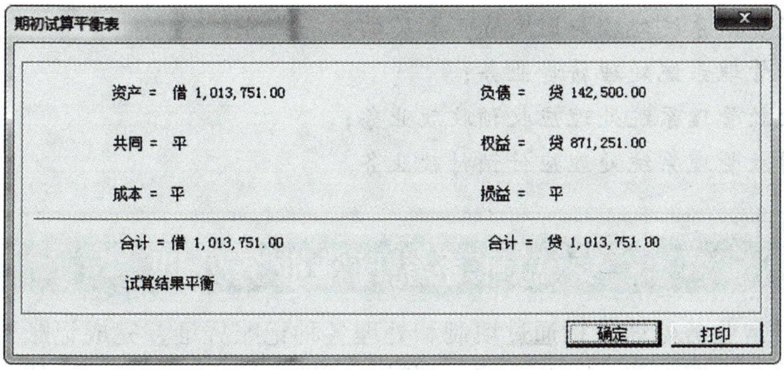

图3-72　“期初试算平衡表”对话框

项目4　日常业务处理

【项目描述】

模块初始化完成后，就可以在各个系统中进行业务处理了。企业发生的经济业务类型不同，为便于更加精细化地核算和管理，就需要对经济业务进行分类，不同类别的经济业务在不同的系统中进行处理，所有的业务最终都生成记账凭证，传递到总账系统中，在总账系统中可查看到所有完整的信息。

【解决方案】

1.利用总账系统处理日常经济业务；

2.利用固定资产系统处理与固定资产相关的经济业务；

3.利用薪资管理系统处理薪资业务；

4.利用应收款管理系统处理应收预收款业务；

5.利用应付款管理系统处理应付预付款业务。

任务一　总账系统日常业务处理

总账系统日常业务处理是指通过填制和处理各种记账凭证，完成记账工作，查询和打印输出各种日记账、明细账和总分类账，同时对辅助核算进行管理。具体包括：常用摘要和常用凭证的设置；凭证的填制、修改、删除；出纳签字和会计凭证的审核、主管签字、记账；凭证和账簿的查询等。

一、填制凭证

记账凭证是登记账簿的依据，是总账系统的唯一数据源，填制凭证也是最基础和频繁的工作。记账凭证的内容一般包括两部分：一是凭证抬头部分，包括凭证类别、凭证编号、凭证日期和附件张数等；二是凭证正文部分，包括摘要、会计分录和金额等。如果输入的会计科目设有辅助核算，则应输入辅助核算内容；如果一个科目同时兼有多种辅助核算，则同时要求输入各种辅助核算的有关内容。

微课：总账系统日常业务处理概述

填制凭证时，可以利用“常用凭证”提高输入速度。比如，企业可以将每个月都会发生的业务的凭证设为常用凭证，以后再处理该类业务时，可以直接调用原保存的常用凭证，以加快凭证的录入速度。

【任务4-1-1】2019年12月，企业发生以下经济业务，请以2002王强的身份登录总账系统，填制记账凭证：

（1）12月5日，从银行提取现金63 000元备发工资，开出现金支票，票号为19810681，原始凭证见凭证1。（附件1张。结算方式：现金支票）

（2）12月7日，市场部姚天全因出差借款4 000元，填制借款单（见凭证2），以现金支付。

（3）12月11日，市场部姚天全差旅费报销4 230元。原始凭证见凭证3至凭证6。

凭证1

中国工商银行
现金支票存根
10205110
19810681

××印务有限公司·××年印制

附加信息

出票日期 2019 年 12 月 05 日

收款人：	四川汇行商贸有限公司
金　额：	¥63 000.00
用　途：	备发工资

单位主管 徐红　　会计 王强

微课：备发工资

凭证2

教学专用

借　款　单

资金性质 差旅费　　　　2019 年 12 月 07 日

借款单位	市场部		
借款理由	差旅费		
借款数额	人民币（大写）肆仟元整　现金付讫		¥ 4,000.00
本单位负责人意见	同意。向天宇	借款人（签章）	姚天全
领导指示：同意。　程晓芳	会计主管人员核批：同意。　徐红	付款记录：2019 年 12 月 07 日 以第　号 支票或现金支出凭单付给	

微课：预借差旅费

凭证3

教学专用

差 旅 费 报 销 单

部门 市场部　　　　2019 年 12 月 11 日

出差人	姚天全										出差事由		会议		
出发				到达				交通工具	交通费		出差补贴		其他费用		
月	日	时	地点	月	日	时	地点		单据张数	金额	天数	金额	项目	单据张数	金额
12	08		成都	12	08		北京	飞机	1	1,640.00	2	500.00	住宿费	1	450.00
12	09		北京	12	09		成都	飞机	1	1,640.00			市内车费		
													邮电费		
										现金付讫			办公用品费		
													不买卧铺补贴		
													其他		
合计									2	¥3,280.00		¥500.00		1	¥450.00
报销总额	人民币（大写）肆仟贰佰叁拾元整								预借金额	¥4,000.00			补领金额	¥230.00	
													退还金额		

附件 3 张

主管 程晓芳　　审核 徐红　　出纳 江红莉　　领款人 姚天全

微课：报销差旅费

凭证4

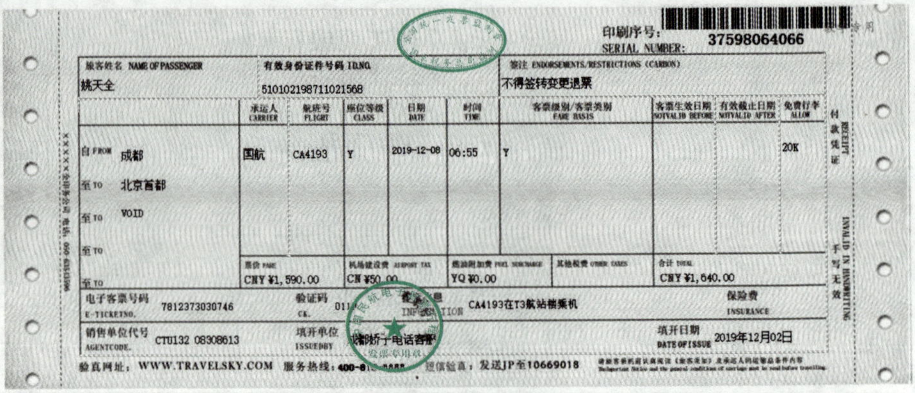

印刷序号：SERIAL NUMBER: 37598064066

旅客姓名 NAME OF PASSENGER	有效身份证件号码 ID.NO.	签注 ENDORSEMENTS/RESTRICTIONS (CARBON)
姚天全	510102198711021568	不得签转变更退票

	承运人 CARRIER	航班号 FLIGHT	座位等级 CLASS	日期 DATE	时间 TIME	客票级别/客票类别 FARE BASIS	客票生效日期 NOT VALID BEFORE	有效截止日期 NOT VALID AFTER	免费行李 ALLOW
自 FROM 成都									
至 TO 北京首都	国航	CA4193	Y	2019-12-08	06:55	Y			20K
至 TO VOID									
至 TO									
至 TO									

票价 FARE CNY ¥1,590.00；机场建设费 AIRPORT TAX CN ¥50.00；燃油附加费 FUEL SURCHARGE YQ ¥0.00；其他税费 OTHER TAXES；合计 TOTAL CNY ¥1,640.00

电子客票号码 E-TICKET NO. 7812373030746；验证码 CK. 011；提示信息 INFORMATION CA4193在T3航站楼乘机；保险费 INSURANCE

销售单位代号 AGENT CODE. CTU132 08308613；填开单位 ISSUED BY 成都娇子电话客服；填开日期 DATE OF ISSUE 2019年12月02日

验真网址：WWW.TRAVELSKY.COM 服务热线：400-8…… 短信验真：发送JP至10669018

凭证5

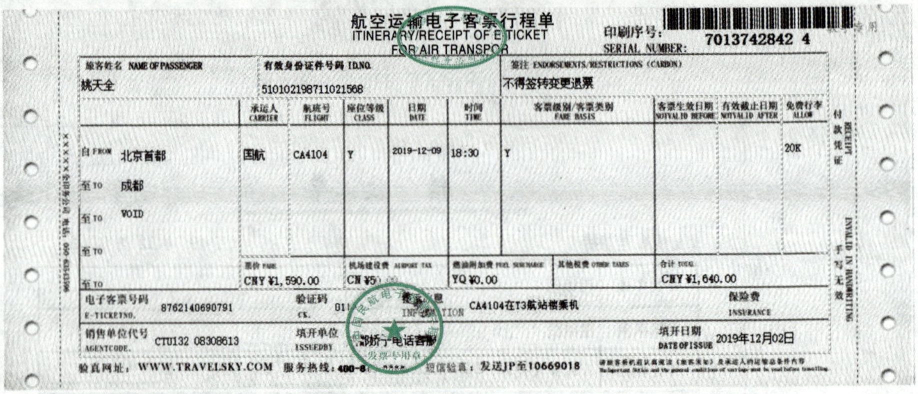

航空运输电子客票行程单 ITINERARY/RECEIPT OF E-TICKET FOR AIR TRANSPORT

印刷序号：SERIAL NUMBER: 7013742842 4

旅客姓名 NAME OF PASSENGER	有效身份证件号码 ID.NO.	签注 ENDORSEMENTS/RESTRICTIONS (CARBON)
姚天全	510102198711021568	不得签转变更退票

	承运人 CARRIER	航班号 FLIGHT	座位等级 CLASS	日期 DATE	时间 TIME	客票级别/客票类别 FARE BASIS	客票生效日期 NOT VALID BEFORE	有效截止日期 NOT VALID AFTER	免费行李 ALLOW
自 FROM 北京首都									
至 TO 成都	国航	CA4104	Y	2019-12-09	18:30	Y			20K
至 TO VOID									
至 TO									
至 TO									

票价 FARE CNY ¥1,590.00；机场建设费 AIRPORT TAX CN ¥50.00；燃油附加费 FUEL SURCHARGE YQ ¥0.00；其他税费 OTHER TAXES；合计 TOTAL CNY ¥1,640.00

电子客票号码 E-TICKET NO. 8762140690791；验证码 CK. 011；提示信息 INFORMATION CA4104在T3航站楼乘机；保险费 INSURANCE

销售单位代号 AGENT CODE. CTU132 08308613；填开单位 ISSUED BY 成都娇子电话客服；填开日期 DATE OF ISSUE 2019年12月02日

验真网址：WWW.TRAVELSKY.COM 服务热线：400-8…… 短信验真：发送JP至10669018

凭证6

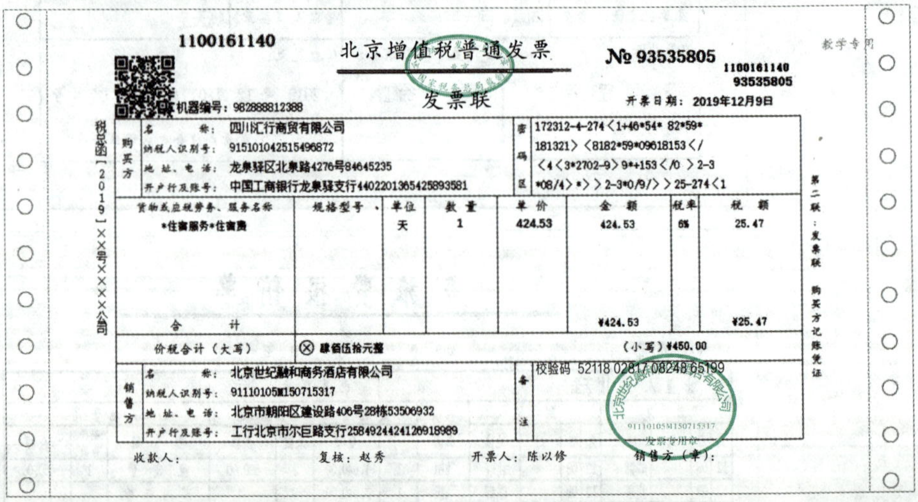

1100161140 北京增值税普通发票 № 93535805

1100161140 93535805

发票联

机器编号：982888812388 开票日期：2019年12月9日

购买方	
名称	四川汇行商贸有限公司
纳税人识别号	915101042515496872
地址、电话	龙泉驿区北泉路4276号84645235
开户行及账号	中国工商银行龙泉驿支行4402201365425893581

密码区：172312-4-274<1+46*54* 82*59* 181321><8182*59*09618153</ <4<3*2702-9>9*+153</0>2-3 *08/4>*>>2-3*0/9/>>25-274<1

货物或应税劳务、服务名称	规格型号	单位	数量	单价	金额	税率	税额
*住宿服务*住宿费		天	1	424.53	424.53	6%	25.47
合计					¥424.53		¥25.47
价税合计（大写）	⊗肆佰伍拾元整				（小写）¥450.00		

销售方	
名称	北京世纪融和商务酒店有限公司
纳税人识别号	91110105M150715317
地址、电话	北京市朝阳区建设路406号28栋53506932
开户行及账号	工行北京市尔巨路支行2584924424126918989

备注：校验码 52118 02817 08248 65199

收款人： 复核：赵秀 开票人：陈以修 销售方（章）：

第二联：发票联 购买方记账凭证

（4）12月16日，收到外商投资资金100 000美元，款项已存入银行。附件：1张，原始凭证见凭证7；结算方式：其他（涉及外币核算的凭证）。

微课：收到投资款

（5）12月20日，市场部向天宇报销业务招待费4 880元。原始凭证见凭证8、凭证9。

（6）12月26日，从银行提取现金4 000元备用（现金支票票号为19810682）。附件1张，原始凭证见凭证10；结算方式：现金支票（可将“提现”设为常用凭证）。

（7）12月28日，将现金56 000送存银行。附件1张，见凭证11。结算方式：其他。

凭证7

ICBC 中国工商银行　进账单（收账通知）31

2019年 12 月 16 日　№

出票人	全　称	美国爱丽丝投资有限公司	收款人	全　称	四川汇行商贸有限公司
	账　号	440325416324719		账　号	4402201365425893581
	开户银行	中国工商银行科研路支行		开户银行	中国工商银行龙泉驿支行
金额	美元（大写）	壹拾万元整		亿千百十万千百十元角分	$10000000
票据种类	转账支票	票据张数	1		
票据号码	46167432				
复核　记账				收款人开户银行签章	中国工商银行龙泉驿支行 2019年12月16日 转讫

此联是收款人开户银行交给收款人的收账通知

凭证8

费用报销单

部门：市场部　　2019 年　12 月　20　日　　附件 1 张

费用项目	类别	金额	负责人	苏曼
业务招待费		4 880.00		
			部门负责人	邓博金
			报销人	向天宇
报销金额（大写）	⊗零万 肆 仟 捌 佰 捌 拾 零 元 零 角 零 分			

财务主管：徐红　　出纳：江红莉　　经办人：向天宇

微课：报销业务招待费

凭证9

5100161140　　四川增值税普通发票　　№ 59820585　5100161140　59820585

发票联

机器编号：582800012326　　开票日期：2019年12月20日

税总函〔2019〕××号××××公司

购买方	名　　称：四川汇行商贸有限公司 纳税人识别号：915101042515496872 地 址、电 话：龙泉驿区北泉路4276号84645235 开户行及账号：中国工商银行龙泉驿支行4402201365425893581				密码区	172312-4-275 <1+46*54* 82*59* 181321> <8182*59*09618153 </ <4 <3*2702-9> 9*+153 </0 >2-3 *08/4> *> >2-3*0/9/> >25-275 <1	
货物或应税劳务、服务名称	规格型号	单位	数量	单价	金额	税率	税额
*生活服务*餐饮费					4 603.77	6%	276.23
合　计					¥4 603.77		¥276.23
价税合计（大写）	⊗肆仟捌佰捌拾元整				（小写）¥4 880.00		
销售方	名　　称：成都喜来登餐饮有限公司 纳税人识别号：91510104M685402878 地 址、电 话：成都锦江区豪丰路644号38993893 开户行及账号：工行成都锦江区华波路支行3218507042868355841				备注	校验码 52118 02817 08248 65199	

收款人：　　复核：杨玉　　开票人：赵武　　销售方（章）：成都喜来登餐饮有限公司 91510104M685402878

第二联：发票联　购买方记账凭证

（8）12月30日，以库存现金支付财务部办公费660元。原始凭证见凭证12、凭证13。

（9）12月30日，向希望工程捐款10 000元。原始凭证见凭证14、凭证15。结算方式：转账支票；票号：19810683。

凭证10

中国工商银行
现金支票存根
10205110
19810682

××印务有限公司·××年印制

附加信息

出票日期 2019 年 12 月 26 日

收款人:	四川汇行商贸有限公司
金　额:	¥4 000.00
用　途:	周转金

单位主管 徐红　　会计 王强

微课：取现及设置、调用常用凭证

凭证11

ICBC 中国工商银行　　　　现金存款凭条

日期:　2019 年　12 月　28 日

存款人	全称	四川汇行商贸有限公司		
	账号	4402201365425893581	款项来源	
	开户行	中国工商银行龙泉驿支行	交 款 人	江红莉

金额（大写）	金额（小写）	亿	千	百	十	万	千	百	十	元	角	分
伍万陆仟元整					¥	5	6	0	0	0	0	0

票面	张数	十万	万	千	百	十	元	票面	张数	千	百	十	元	角	分	备注
壹佰元	500		5	0	0	0	0	伍角								
伍拾元	60			3	0	0	0	贰角								
贰拾元	80			1	6	0	0	壹角								
拾元	140			1	4	0	0	伍分								
伍元								贰分								
贰元								壹分								
壹元								其他								

第一联 银行核对联

微课：存现

凭证12

费用报销单

部门：财务部　　2019 年　12 月　30 日　　附件 1 张

费用项目	类别	金额		
办公费		660.00	负责人	苏曼
			部门负责人	徐红
			报销人	王强
报销金额（大写）	⊗零万 零 仟 陆 佰 陆 拾 零 元 零 角 零分			

财务主管：徐红　　出纳：　江红莉　　经办人：　王强

微课：报销办公费

凭证13

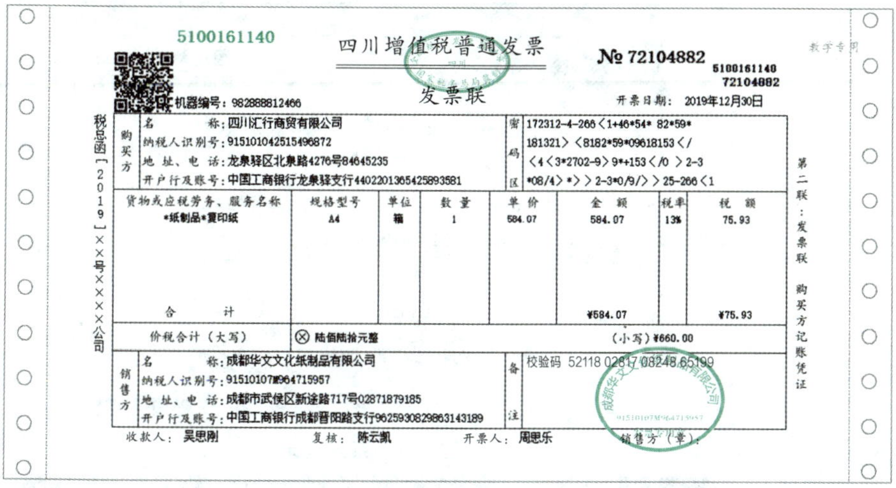

5100161140

四川增值税普通发票

发票联

№ 72104882

5100161140
72104882

机器编号：982888812466

开票日期：2019年12月30日

税总函〔2019〕××号××××公司

购买方	名称：四川汇行商贸有限公司 纳税人识别号：915101042515496872 地址、电话：龙泉驿区北泉路4276号84645235 开户行及账号：中国工商银行龙泉驿支行4402201365425893581			密码区	172312-4-266<1+46*54* 82*59* 181321><8182*59*09618153</ <4<3*2702-9>9*+153</0 >2-3 *08/4>*>>2-3*0/9/>>25-266<1		
货物或应税劳务、服务名称	规格型号	单位	数量	单价	金额	税率	税额
*纸制品*复印纸	A4	箱	1	584.07	584.07	13%	75.93
合计					¥584.07		¥75.93
价税合计（大写）	⊗陆佰陆拾元整				（小写）¥660.00		
销售方	名称：成都华文文化纸制品有限公司 纳税人识别号：91510107M964715957 地址、电话：成都市武侯区新途路717号02871879185 开户行及账号：中国工商银行成都晋阳路支行9625930829863143189			备注	校验码 52118 02817 08248 65199		

收款人：吴思刚 复核：陈云凯 开票人：周思乐 销售方（章）：

第二联：发票联 购买方记账凭证

凭证14

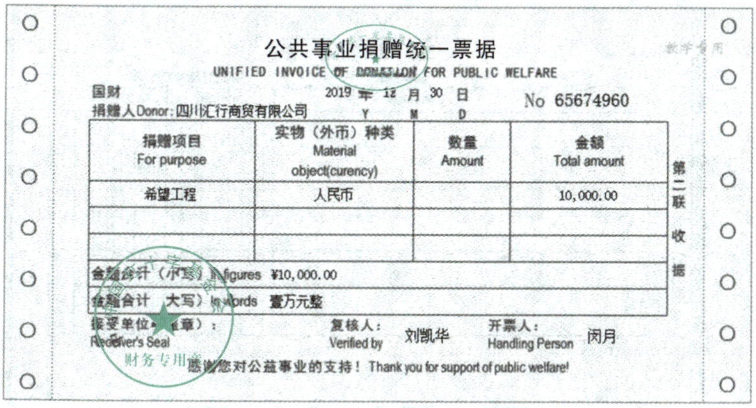

公共事业捐赠统一票据

UNIFIED INVOICE OF DONATION FOR PUBLIC WELFARE

国财

2019 年 12 月 30 日
Y M D

No 65674960

捐赠人Donor：四川汇行商贸有限公司

捐赠项目 For purpose	实物（外币）种类 Material object(curency)	数量 Amount	金额 Total amount
希望工程	人民币		10,000.00

金额合计（小写）in figures ¥10,000.00

金额合计（大写）in words 壹万元整

接受单位（盖章）：Receiver's Seal 复核人：Verified by 刘凯华 开票人：Handling Person 闵月

感谢您对公益事业的支持！Thank you for support of public welfare!

第二联 收据

微课：捐赠业务

凭证15

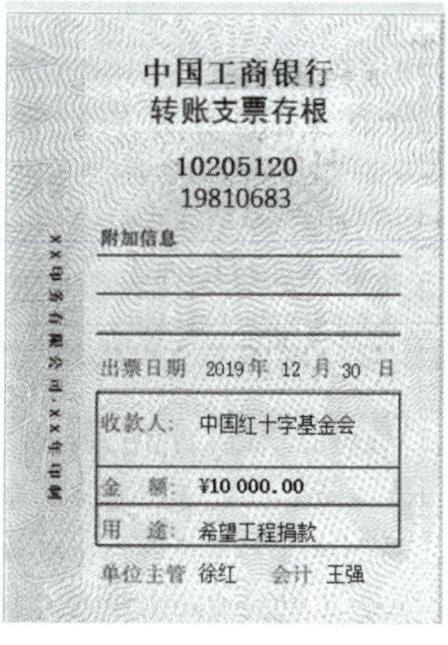

中国工商银行
转账支票存根

10205120
19810683

附加信息

出票日期 2019年 12 月 30 日

收款人：中国红十字基金会

金 额：¥10 000.00

用 途：希望工程捐款

单位主管 徐红 会计 王强

【操作提示】

（1）登录企业应用平台，操作员以2002王强的身份登录，如图4-1所示。

（2）进入“业务工作”|“财务会计”|“总账”|“凭证”|“填制凭证”，在“填制凭证”窗口单击工具栏上的“新增”按钮，弹出凭证录入窗口，如图4-2所示。

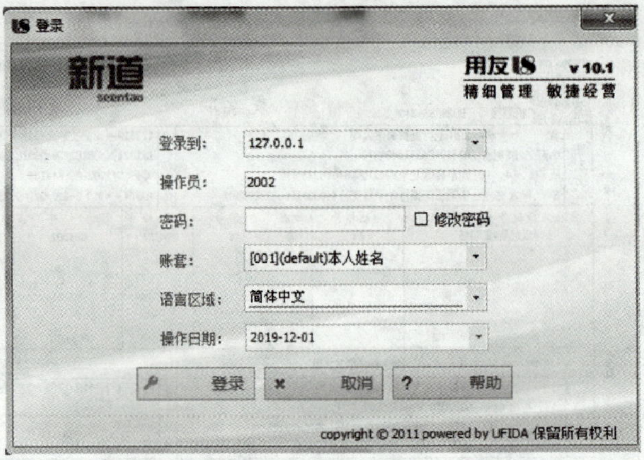

图 4-1 系统登录

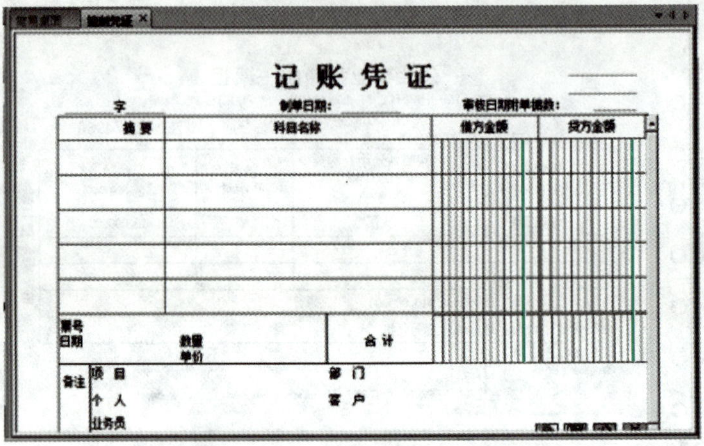

图 4-2 “记账凭证”页面

（3）点击录入内容位置，按照企业经济业务事项指定凭证的类别，填入制单日期、附件张数（或附单据数）、摘要、科目名称、金额等信息后，点击“保存”，凭证即填制完成。

【温馨提示】

（1）填制凭证时，凭证号自动生成；“科目名称”栏可使用参照按钮，也可以录入科目名称或科目编码；最后一个金额可使用“=”号自动生成；如果凭证金额录错了方向，可以直接按空格键改变金额方向。

（2）若借、贷方科目为需填列辅助项目的科目，则需录入相应的辅助项目内容。录入后，通过点击对应的分录行可以在下方备注处看到对应的辅助信息。

（3）如果要录入红字金额，将光标位置直接移到金额栏，点击键盘上的“-”即可。

（4）在凭证下方的“备注”栏，可以查看辅助项内容，双击“备注”栏的辅助项，可以直接进行修改。

（5）如果需要将当前凭证保存为“常用凭证”，直接单击“常用凭证”菜单下的“生成常用凭证”，录入代号、说明，点击“确定”即可；在调用该凭证时，单击“常用凭证”菜单下的“调用常用凭证”或者直接按F4键，选择需要调用的凭证，生成凭证后，修改保存。

（6）软件支持在填制凭证界面直接查询某科目余额、明细账功能，选中相应会计科目，点击菜单栏的“余额”和“查询辅助明细”，即可查询。

二、凭证未审核前的修改

【任务4-1-2】2019年12月20日，王强本人检查发现，第（5）笔经济业务（报销业务招待费），销售费用应计金额为4 580元，不是4 880元。请按规定予以修改。

【操作提示】

登录企业应用平台，进入“业务工作”|“财务会计”|“总账”|“凭证”|“填制凭证”，在填制凭证窗口，通过点击“首页”“上页”“下页”“末页”按钮翻页查找或按“查询”按钮，输入查询条件，找到要修改的凭证，将光标移到需修改的地方，将金额“4880”修改为“4580”，点击“保存”即可。

微课：记账凭证未审核前的修改

【温馨提示】

凭证可修改的内容包括摘要、科目名称、辅助项、金额及方向、增删分录等。有些项目的修改受到“账簿选项”中设置的限制。若某笔涉及银行科目的分录已录入支票信息，并对该支票做过报销处理，修改该分录则不影响“支票登记簿”中的内容。

三、凭证未审核前的删除

【任务4-1-3】删除经济业务（6）所编制的凭证。

【提示】

标记作废，并整理断号。

【操作提示】

（1）登录企业应用平台，进入“业务工作”|“财务会计”|“总账”|“凭证”|“填制凭证”，在填制凭证窗口，通过点击“首页”“上页”“下页”“末页”按钮翻页查找或按“查询”按钮，输入查询条件，找到要删除的凭证，点击“作废/删除”按钮，凭证上显示“作废”标记，如图4-3所示。

微课：凭证未审核前的删除

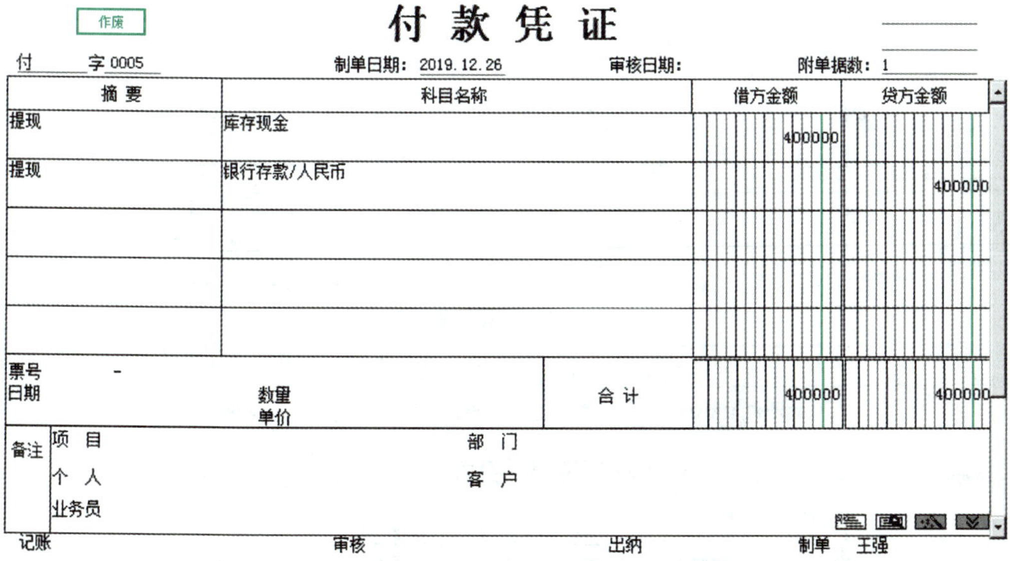
作废

付款凭证

付　字 0005　　制单日期：2019.12.26　　审核日期：　　附单据数：1

摘要	科目名称	借方金额	贷方金额
提现	库存现金	400000	
提现	银行存款/人民币		400000
票号 - 日期	数量 单价　　合计	400000	400000

备注　项目　　部门
　　　个人　　客户
　　　业务员

记账　　审核　　出纳　　制单　王强

图4-3　“记账凭证”页面

（2）点击“整理凭证”，弹出“凭证期间选择”对话框，默认为12月，如图4-4所示，点击“确定”按钮。弹出“作废凭证表”窗口。

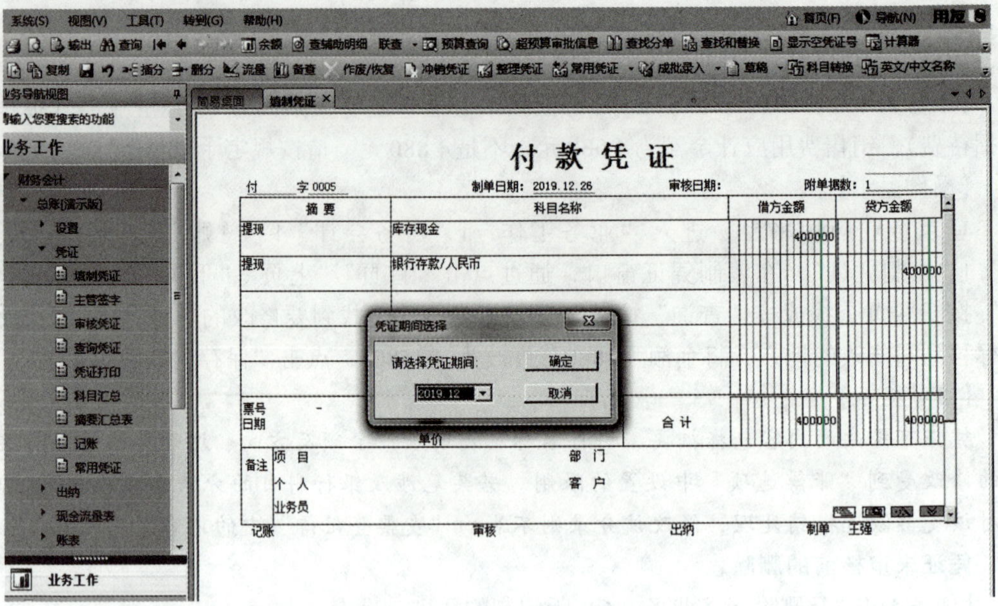

图4-4　“凭证期间选择”对话框

（3）在“作废凭证表”窗口，显示要删除的凭证，在“删除”栏双击，显示“Y”，表示要删除。点击“确定”，如图4-5所示。弹出“是否还需整理凭证断号”对话框，如图4-6所示，点击“是”。退出后可看到该凭证已经被删除。

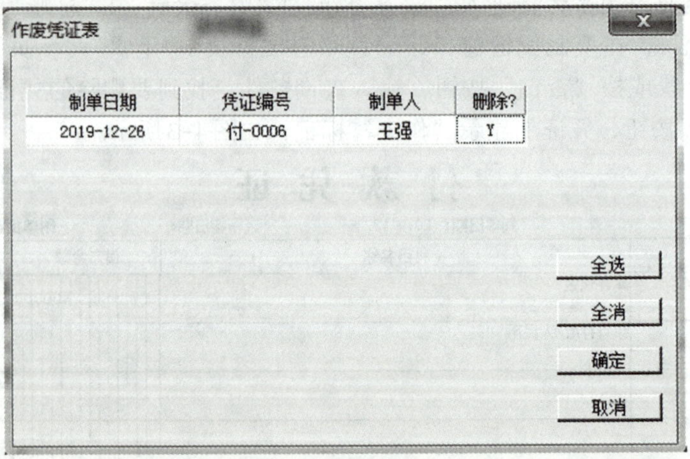

图4-5　“作废凭证表”窗口

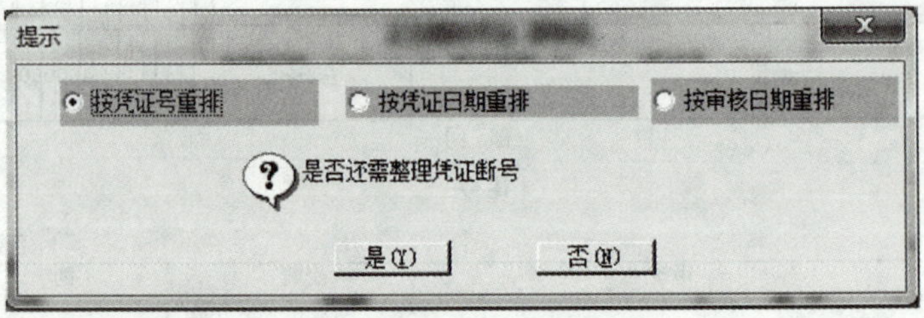

图4-6　“是否还需整理凭证断号”对话框

四、将凭证进行出纳签字、审核签字、主管签字

记账凭证的准确性是正确进行核算的基础，无论是机制凭证还是手工填制的凭证，都

需要经过他人的审核后，才能作为正式凭证进行记账处理。审核凭证主要包括出纳签字、审核签字、主管签字等方面的工作，根据会计制度规定，审核人与制单人不能为同一人。

（一）出纳签字

出纳凭证主要是指与现金、银行存款科目有关的会计凭证，由于涉及企业现金的收入、支出，应加强对出纳凭证的审核与管理。出纳人员可通过出纳签字功能对制单人员填制的带有现金、银行存款科目的凭证进行检查核对，主要核对记账凭证的科目和金额是否正确。如果总账系统的控制参数中设置了出纳凭证必须经出纳签字，则必须执行此操作；如果控制参数中没有设置此项，则凭证可不用经出纳签字。

（二）审核签字

审核凭证是审核人员按照财会制度，对制单员填制的记账凭证进行检查核对，主要审核记账凭证是否与原始凭证相符，会计分录、金额是否正确等内容。凭证一经审核，就不能修改、删除，除非先取消审核签字。所有凭证都必须经过审核后才能记账。

（三）主管签字

一般来说，凭证填制后，经审核和出纳签字后就可以记账了，不需要设置主管签字。但是，许多企业为加强对会计人员制单的管理，规定经主管会计签字后的凭证才有效，即会计人员制作的凭证必须经主管签字后才能记账。主管签字的使用前提是：在总账参数设置中选择了“凭证必须经主管签字”选项。

【任务4-1-4】将凭证进行出纳签字、审核签字、主管签字。

【操作提示】

（1）以出纳（2003江红莉）的身份登录进行“出纳签字”。

❶出纳登录企业应用平台，进入“业务工作”|“财务会计”|“总账”|“凭证”|“出纳签字”，弹出出纳签字过滤界面，选择查询条件，如图4-7所示，过滤出需要签字的凭证，显示出纳签字列表，如图4-8所示。

微课：出纳签字、审核签字、主管签字

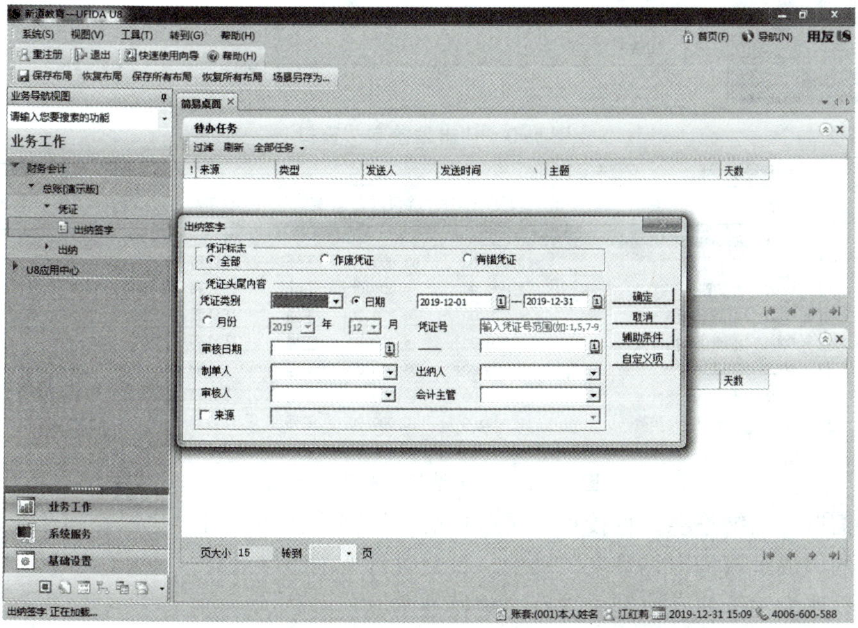

图4-7　“出纳签字”对话框

凭证共 8张　已签字 0张　未签字 8张　◉ 凭证号排序　○ 制单日期排序

制单日期	凭证编号	摘要	借方金额合计	贷方金额合计	制单人	签字人	系统名	备注	审核日期	年度
2019-12-16	收 - 0001	收到外商投资	646,740.00	646,740.00	王强					2019
2019-12-05	付 - 0001	备发工资	63,000.00	63,000.00	王强					2019
2019-12-07	付 - 0002	差旅费	4,000.00	4,000.00	王强					2019
2019-12-11	付 - 0003	报销差旅费	4,230.00	4,230.00	王强					2019
2019-12-20	付 - 0004	报销业务招待费	4,580.00	4,580.00	王强					2019
2019-12-28	付 - 0005	存现	56,000.00	56,000.00	王强					2019
2019-12-30	付 - 0006	支付办公费	660.00	660.00	王强					2019
2019-12-30	付 - 0007	向希望工程捐款	10,000.00	10,000.00	王强					2019

图 4-8　“出纳签字列表”窗口

❷在出纳签字列表，双击需要签字的凭证，打开凭证界面，单击菜单栏上的“签字”按钮，如图4-9所示，完成出纳签字。也可以点击菜单栏的“批处理”下的“成批出纳签字”功能，批量进行签字处理。签字完成后，在“出纳签字列表”中，我们可以看到所有凭证的“签字人”栏已经有签字人的名字（江红莉）了，如图4-10所示。

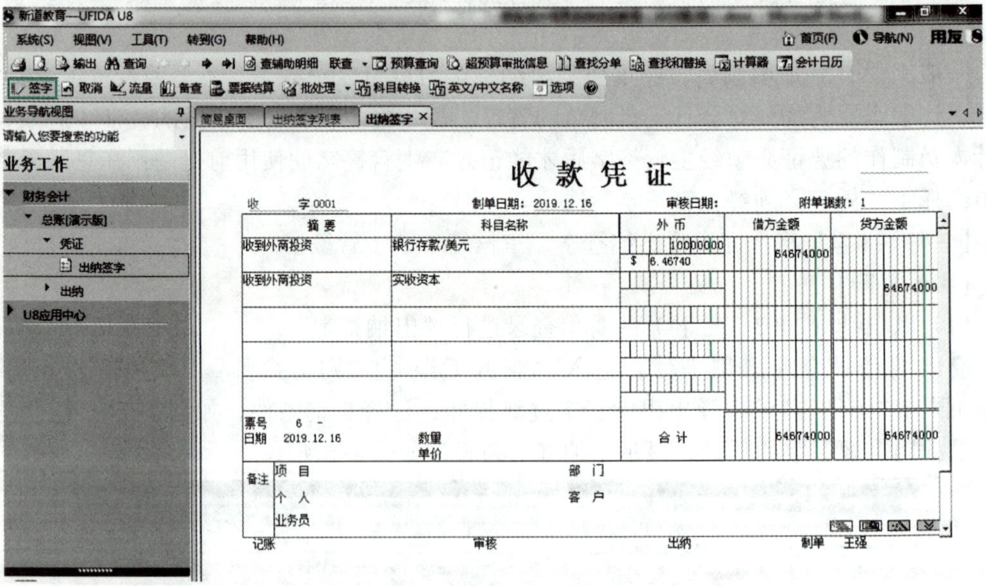

图 4-9　“出纳签字“窗口

凭证共 8张　已签字 8张　未签字 0张　◉ 凭证号排序　○ 制单日期排序

制单日期	凭证编号	摘要	借方金额合计	贷方金额合计	制单人	签字人	系统名	备注	审核
2019-12-16	收 - 0001	收到外商投资	646,740.00	646,740.00	王强	江红莉			
2019-12-05	付 - 0001	备发工资	63,000.00	63,000.00	王强	江红莉			
2019-12-07	付 - 0002	差旅费	4,000.00	4,000.00	王强	江红莉			
2019-12-11	付 - 0003	报销差旅费	4,230.00	4,230.00	王强	江红莉			
2019-12-20	付 - 0004	报销业务招待费	4,580.00	4,580.00	王强	江红莉			
2019-12-28	付 - 0005	存现	56,000.00	56,000.00	王强	江红莉			
2019-12-30	付 - 0006	支付办公费	660.00	660.00	王强	江红莉			
2019-12-30	付 - 0007	向希望工程捐款	10,000.00	10,000.00	王强	江红莉			

图 4-10　“出纳签字列表“窗口

如果需取消出纳签字，直接点击菜单栏的“取消”按钮即可，也可点击菜单栏的“批处理”下的“成批取消出纳签字”功能，批量进行取消签字处理。

（2）以账套主管的身份登录进行“审核签字”。

❶以账套主管（2001徐红）的身份登录企业应用平台，进入“业务工作”|“财务会

计”|“总账”|“凭证”|“审核凭证”，弹出凭证审核过滤界面，如图4-11所示，过滤出需要审核的会计凭证。

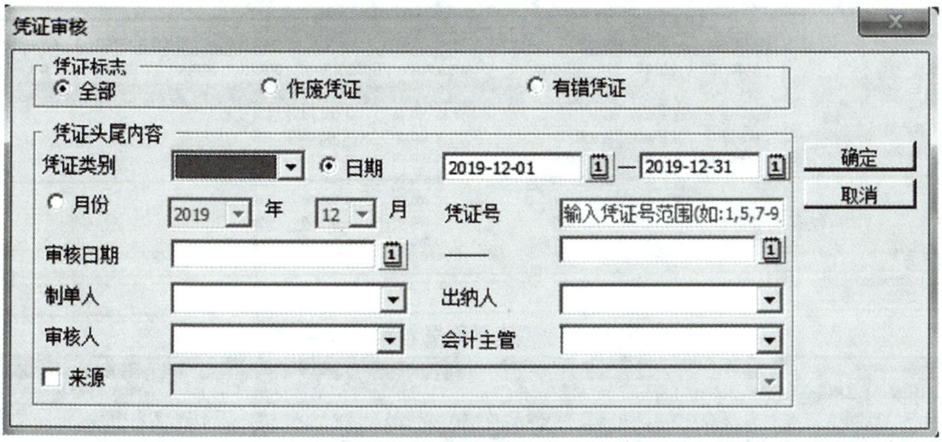

图4-11　“凭证审核”对话框

❷双击需要审核的凭证行，打开凭证界面，单击菜单栏上的“审核”按钮，完成审核签字。也可以点击菜单栏的“批处理”下的“成批审核凭证”功能，批量进行审核处理。如图4-12所示。

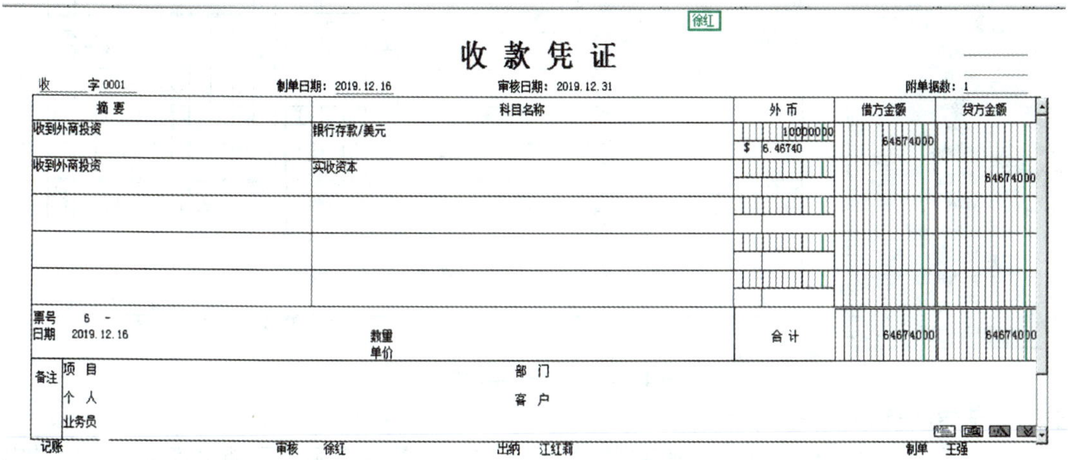

图4-12　“审核签字”窗口

如果需要取消审核，则直接单击菜单栏的“取消”按钮，也可点击菜单栏的“批处理”下的“成批取消审核”功能，批量进行取消处理。如果审核时，发现凭证有误，可以点击菜单栏的“标错”按钮，同时填写凭证错误的原因，对该凭证打上错误标识。

（3）以账套主管的身份登录进行“主管签字”。

❶以账套主管（2001徐红）的身份登录企业应用平台，进入“业务工作”|“财务会计”|“总账”|“凭证”|“主管签字”，进入“主管签字列表”窗口，如图4-13所示。

❷双击需要签字的凭证行，打开凭证界面，单击菜单栏上的“签字”按钮，完成主管签字，如图4-14所示。也可以点击菜单栏的“批处理”下的“成批主管签字”功能，批量进行主管签字。如果需要取消主管签字，也可点击菜单栏的“批处理”下的“成批取消签字”功能，批量进行取消处理。

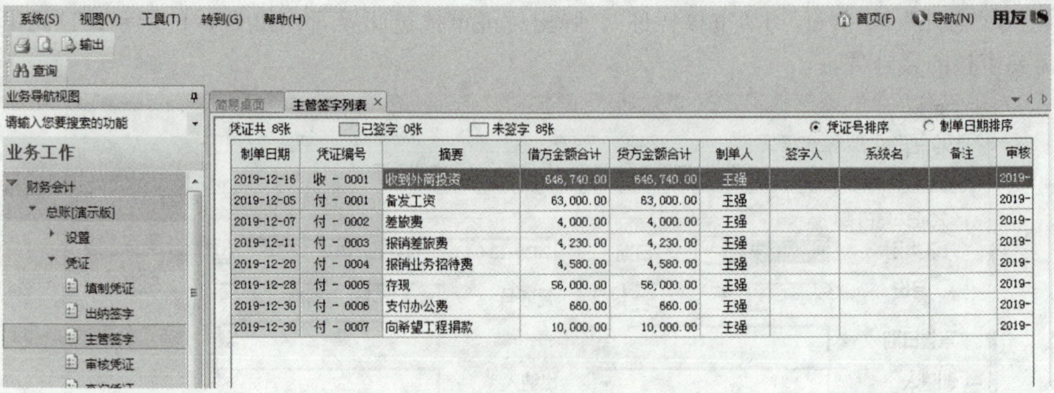

图4-13 “主管签字列表”窗口

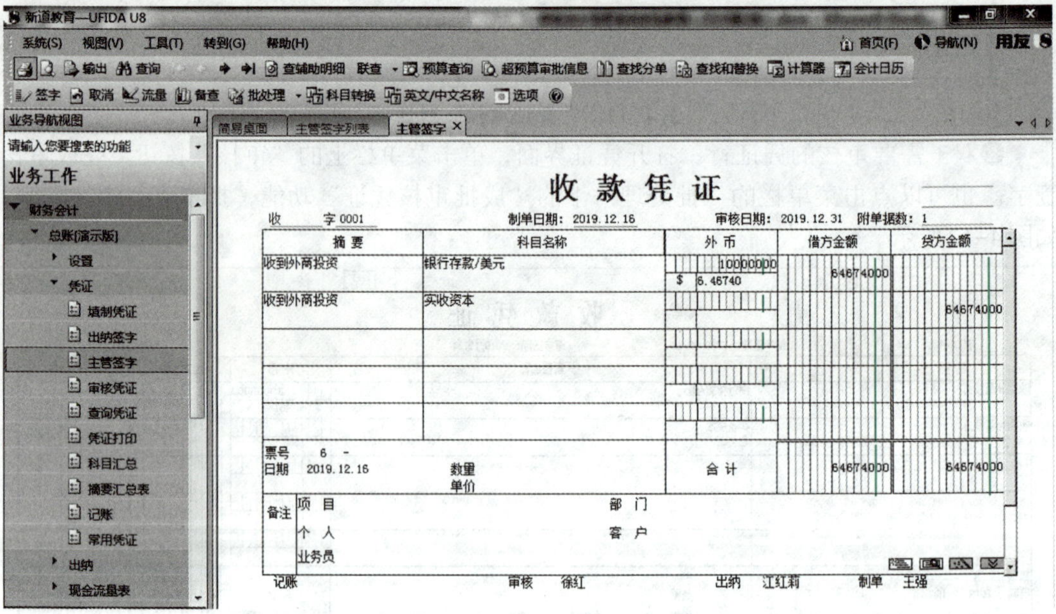

图4-14 “主管签字”窗口

五、凭证审核后未记账的修改

如果凭证已经审核，则要取消审核；如果主管已经签字，则要取消主管签字；如果出纳已经签字，则要取消出纳签字。然后在填制凭证窗口进行修改。

取消签字时，需要签字人进入签字界面执行。

【任务4-1-5】凭证审核后，发现业务（1）（提现）现金支票1202号登记错误，应为19810681号。按规定予以修改。

【提示】

取消主管签字及主管审核后，取消出纳签字，由填制人进行修改，然后再审核。

【操作提示】

（1）以账套主管身份登录企业应用平台，进入“业务工作”|“财务会计”|“总账”|“凭证”|“主管签字”，双击打开指定的凭证，如图4-15所示，单击“取消”按钮，取消主管签字。

微课：审核后的修改

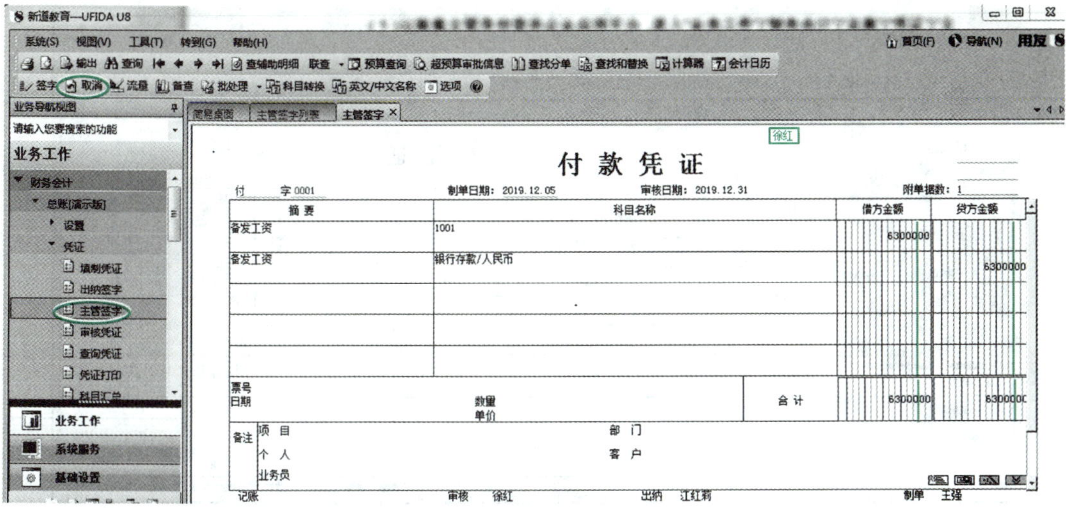

图4-15　“已主管签字”页面

（2）以账套主管身份登录企业应用平台，进入“业务工作”|“财务会计”|“总账”|“凭证”|“审核凭证”，双击打开指定的凭证，如图4-16所示，单击“取消”按钮，取消审核。

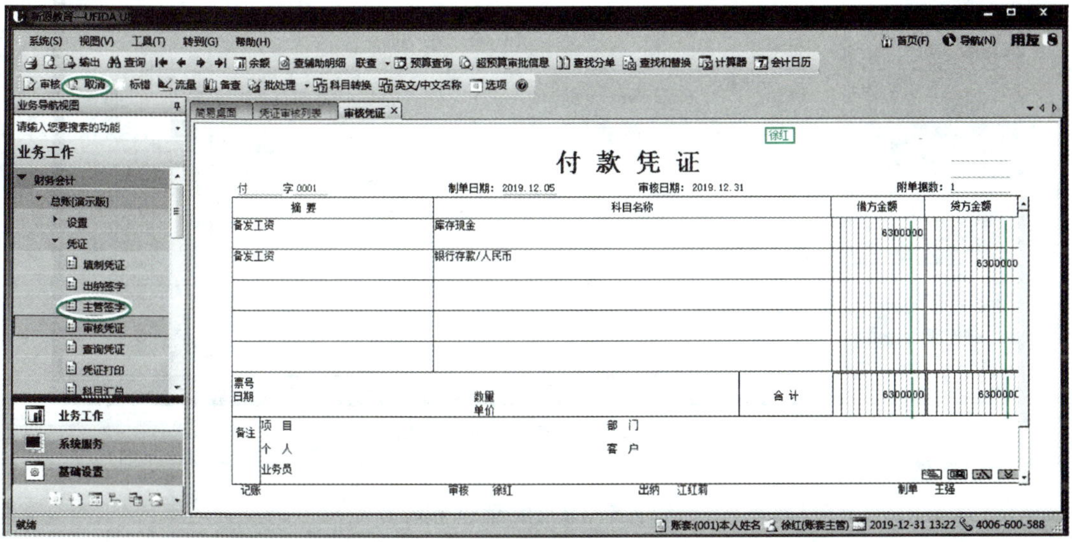

图4-16　“已审核凭证”页面

（3）以出纳身份登录企业应用平台，进入“业务工作”|“财务会计”|“总账”|“凭证”|“出纳签字”，双击打开需要修改的凭证，单击“取消”按钮，取消出纳签字。如图4-17所示。

（4）以总账会计的身份登录企业应用平台，进入“业务工作”|“财务会计”|“总账”|“凭证”|“填制凭证”，找到需要修改的凭证，如图4-18所示。进行相应操作，修改完毕单击“保存”按钮。

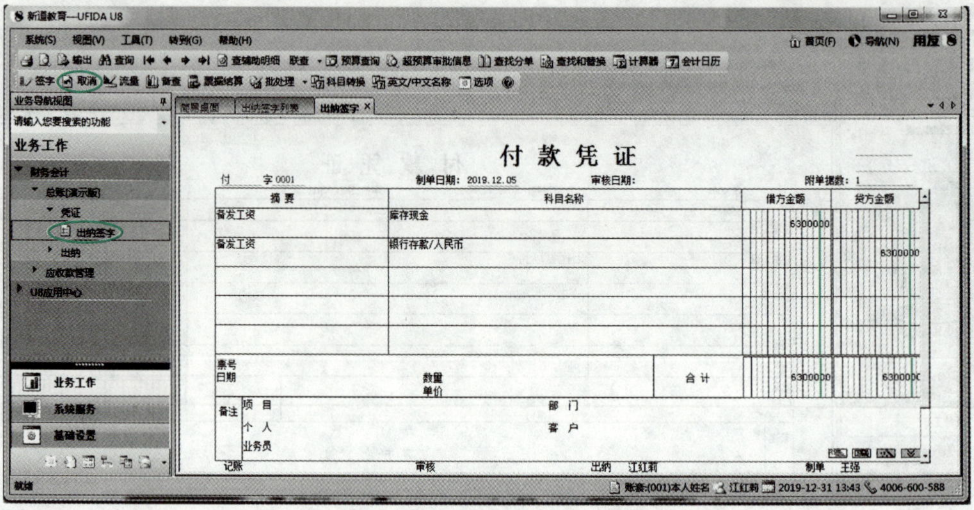

图 4-17 “已出纳签字”页面

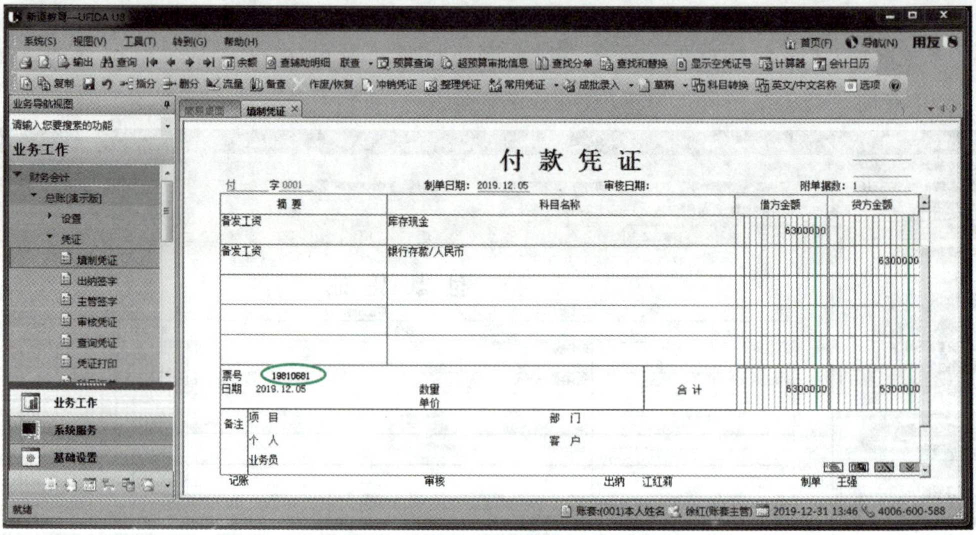

图 4-18 “填制凭证”窗口

六、凭证审核后的删除

【任务4-1-6】将已审核的经济业务（7）的凭证删除。

【提示】

取消审核后标记作废，并整理断号。

【操作提示】

（1）以账套主管的身份取消凭证审核，以总账会计的身份登录企业应用平台，进入“凭证”|“查询凭证”，找到需要删除的凭证，执行“作废/恢复”命令，将该凭证打上作废的标志。如图4-19所示。

微课：审核后的删除

（2）在已作废的凭证界面，点击工具栏“整理凭证”按钮，选择删除凭证所在期间。如图4-20、图4-21所示。

（3）在“作废凭证表”窗口，选择需要删除的凭证后，单击“确定”，便将凭证从数据库中删除，并对剩下的凭证重新排号，如图4-22、图4-23所示。

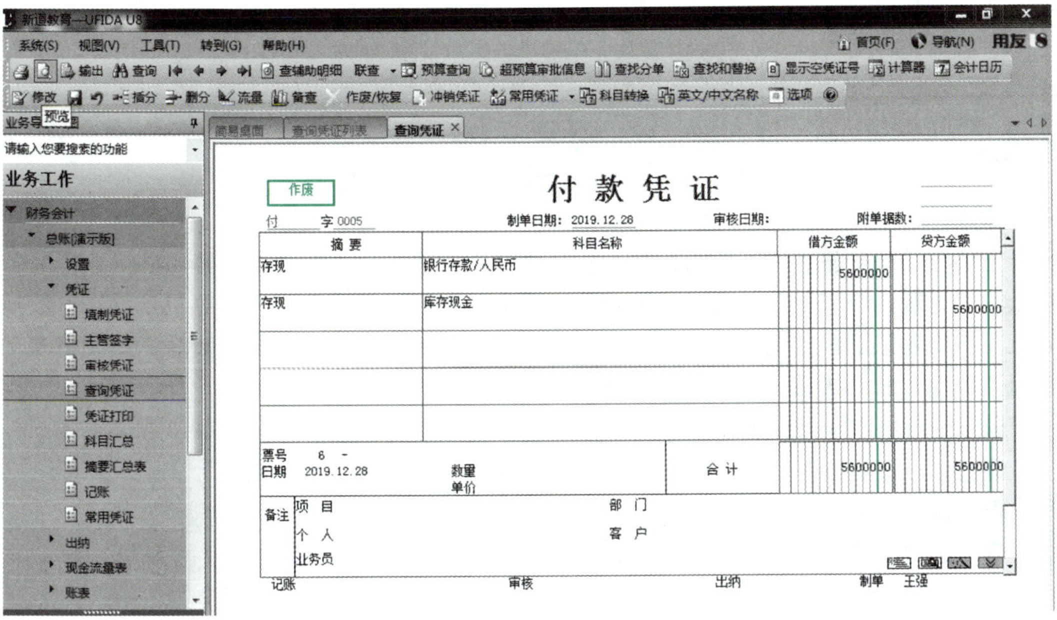

图4-19　“作废凭证”页面

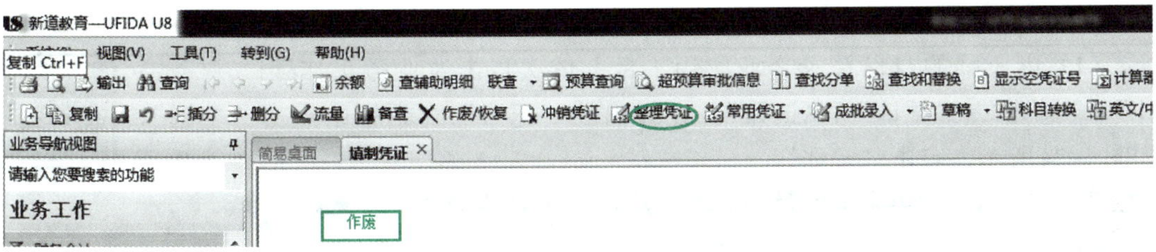

图4-20　“整理凭证”对话框

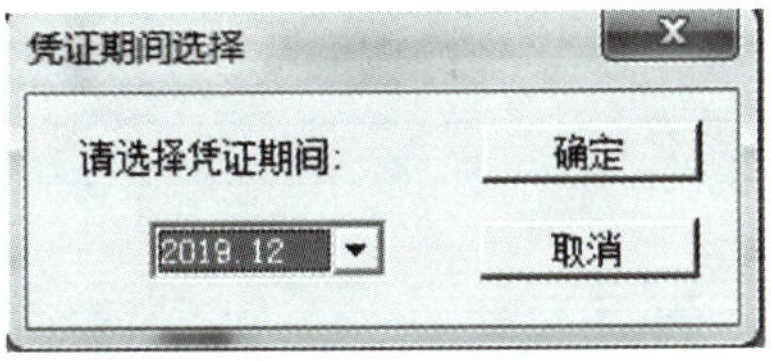

图4-21　“凭证期间选择”对话框

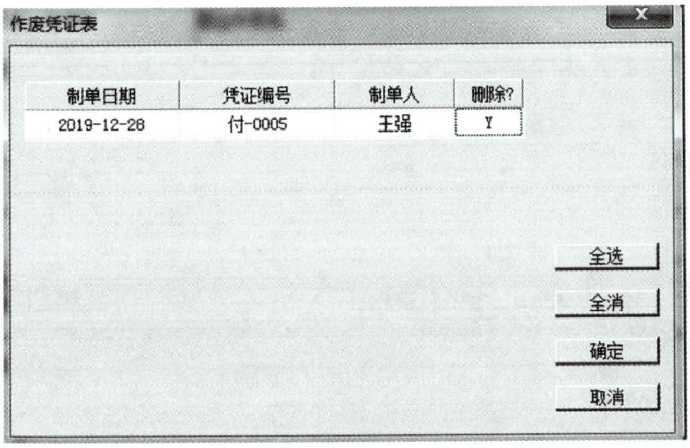

图4-22　“作废凭证表”窗口

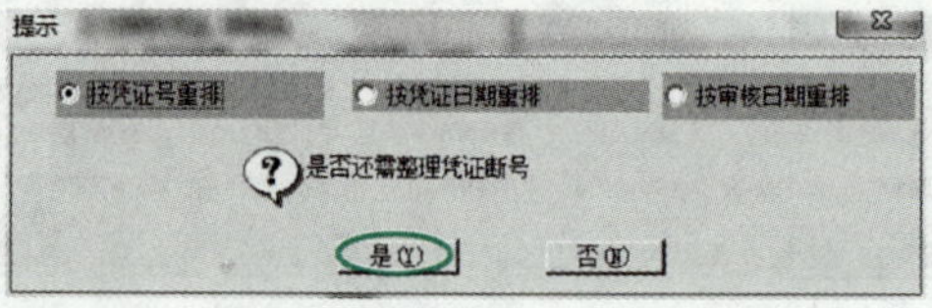

图 4-23 “是否还需整理凭证断号”提示框

七、记账

凭证经过审核签字后，即可用来登记总账和明细账、日记账、部门账、往来账以及备查账等。记账一般采用向导方式，使记账过程更加明确。记账工作由计算机自动进行数据处理，不用人工干预。记账过程不得中断，一旦断电或其他原因造成中断后，系统将自动调用“恢复记账前状态”恢复数据，然后再重新记账。

以下情况将不允许记账：

❶在第一次记账时，若期初余额试算不平衡，系统将不允许记账。

❷所选记账范围内不平衡的凭证，不允许记账。

❸所选记账范围内未审核的凭证，不允许记账。

❹上月未结账，本月不允许记账。

【任务 4-1-7】请进行记账。

【操作提示】

(1) 以王强的身份登录企业应用平台，依次点击“业务工作”|“财务会计”|“总账”|“凭证”|“记账”。在弹出的“记账”对话框中点击“全选”，如图 4-24 所示，点击“记账”。

记账

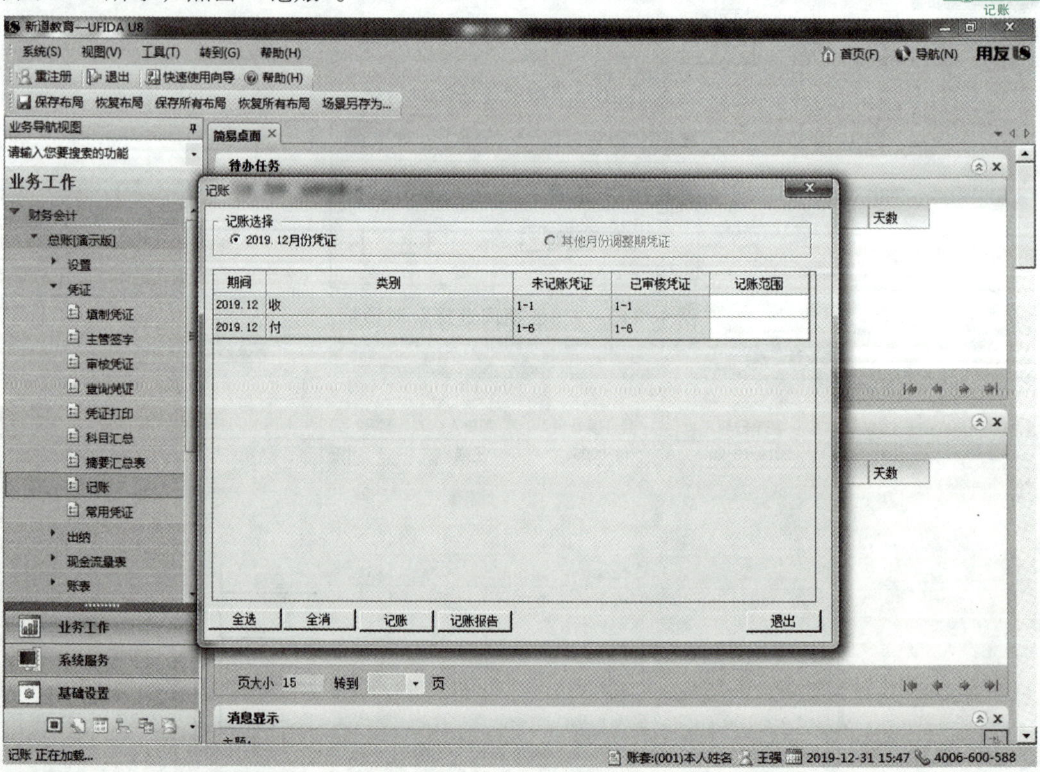

图 4-24 “记账”窗口

（2）在弹出的“期初试算平衡表”窗口中点击“确定”，如图4-25所示。

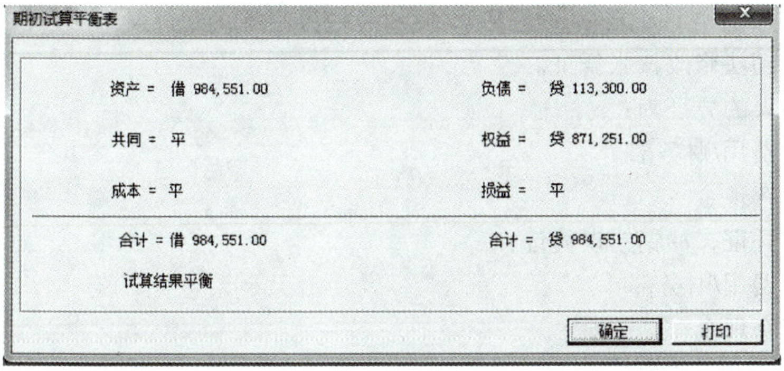

图4-25　“期初试算平衡表”窗口

（3）记账完成后，系统提示“记账完毕!”，如图4-26所示。点击“确定”。

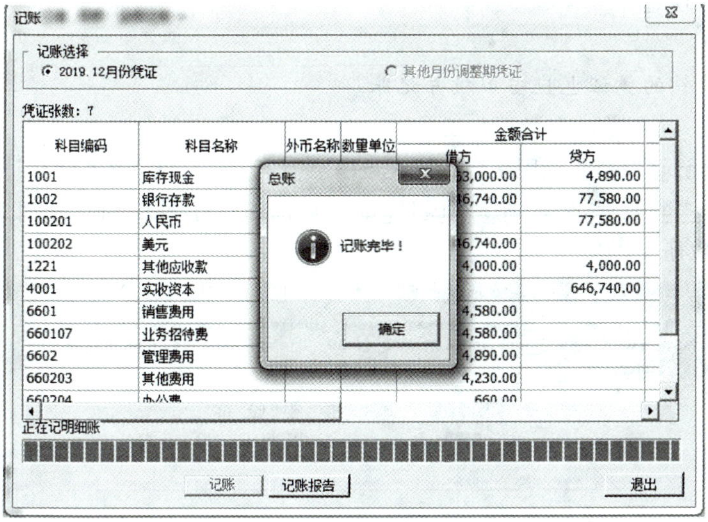

图4-26　“记账完毕!”提示框

八、已经记账以后凭证的修改

已经记账以后的凭证修改有以下两种方式：

（一）通过填写冲销凭证，保留修改痕迹

制单人登录企业应用平台，进入“业务工作”|“财务会计”|“总账”|“凭证”|“填制凭证”，执行“制单”菜单下的“冲销凭证”命令，输入要冲销的凭证编号，系统即生成一张红字凭证。

然后再填制一张正确凭证即可。

（二）无痕迹的修改，分三个步骤

（1）由账套主管登录企业应用平台，进入“业务工作”|“财务会计”|“总账”|“期末”|“对账”，在弹出的“对账”窗口内，按“CTRL+H ”组合键，系统会提示“恢复记账前状态功能已被激活”。

（2）由账套主管执行“总账”|“凭证”|“恢复记账前状态”，可恢复到最近一次记账前状态，也可恢复到期初记账状态。

（3）由签字人取消审核签字、出纳签字，再由制单人注册进入“凭证填制”窗口，完成凭证的修改。

【任务4-1-8】凭证记账后，发现第（8）笔经济业务，支付财务部办公费应为600元。请采用红字冲销法修改该张凭证。

此时，错误的凭证为：

借：管理费用/财务部 660

　贷：库存现金 660

编制红字凭证，冲销错误凭证：

借：管理费用/财务部 -660

　贷：库存现金 -660

填制正确凭证应该为：

借：管理费用/财务部 600

　贷：库存现金 600

【提示】

对于红字冲销的凭证也应当审核并记账。

【操作提示】

（1）总账会计登录企业应用平台，依次点击“业务工作”|“财务会计”|“总账”|“凭证”|“填制凭证”，在“填制凭证”界面点击工具栏的“冲销凭证”按钮，如图4-27所示。

微课：记账后的修改

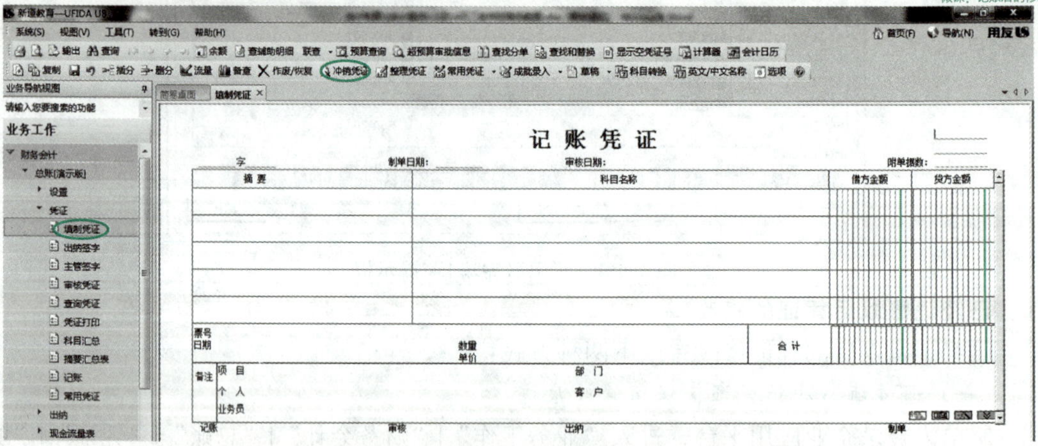

图4-27　“冲销记账凭证”页面

（2）在“冲销凭证”对话框中选择要冲销的凭证，点击“确定”。如图4-28所示。

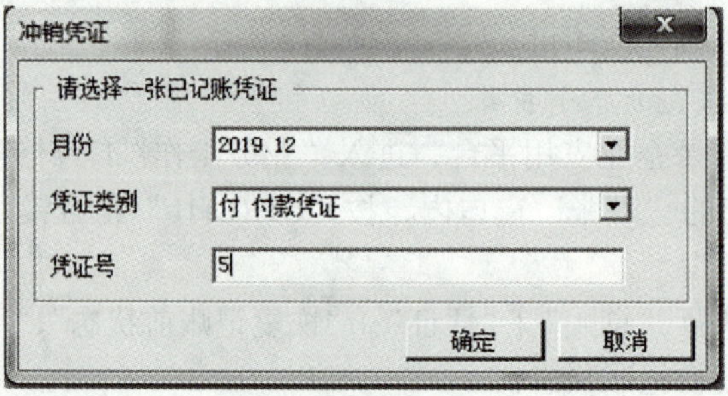

图4-28　“冲销凭证”对话框

（3）系统自动生成一张红字凭证，如图4-29所示。

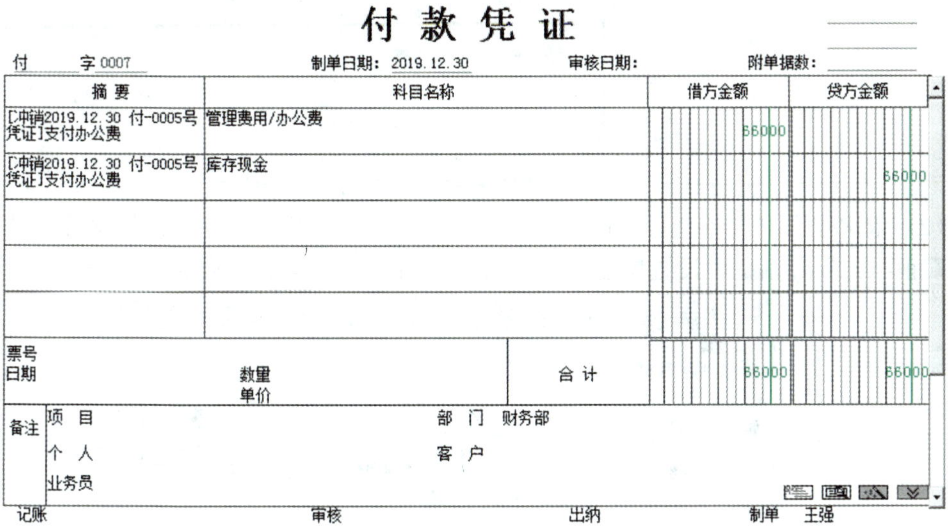
付款凭证

付　字 0007　　制单日期：2019.12.30　　审核日期：　　附单据数：

摘要	科目名称	借方金额	贷方金额
[冲销2019.12.30 付-0005号凭证]支付办公费	管理费用/办公费	66000	
[冲销2019.12.30 付-0005号凭证]支付办公费	库存现金		66000
票号 日期　数量 单价	合计	66000	66000

备注　项目　　部门　财务部
个人　　客户
业务员

记账　　审核　　出纳　　制单　王强

图4-29　“红字付款凭证”页面

【温馨提示】

已冲销凭证仍需审核后才能记账。

（4）最后填制一张正确凭证即可，如图4-30所示。

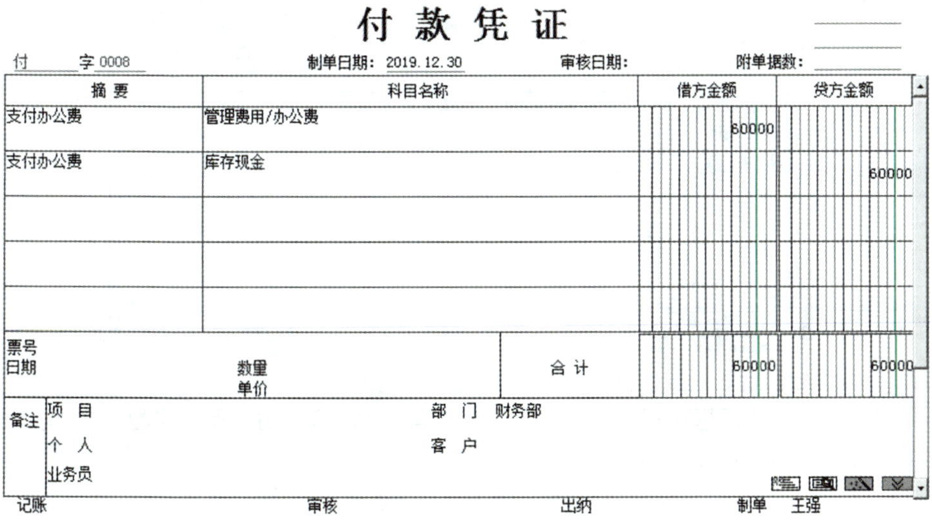
付款凭证

付　字 0008　　制单日期：2019.12.30　　审核日期：　　附单据数：

摘要	科目名称	借方金额	贷方金额
支付办公费	管理费用/办公费	60000	
支付办公费	库存现金		60000
票号 日期　数量 单价	合计	60000	60000

备注　项目　　部门　财务部
个人　　客户
业务员

记账　　审核　　出纳　　制单　王强

图4-30　“填制新付款凭证”页面

九、记账以后凭证的删除

【任务4-1-9】删除经济业务（9）（向希望工程捐款10 000元）。

【操作提示】

（1）以账套主管的身份登录企业应用平台，点击“业务工作”|“财务会计”|“总账”|“期末”|“对账”。在弹出的“对账”窗口内，按“Ctrl+H”键。系统会提示“恢复记账前状态功能已被激活”，如图4-31所示。点击“确

微课：记账后的删除

定”，关闭“对账”窗口。

图4-31 “恢复记账前状态功能已被激活”提示框

（2）依次点击“财务会计”|“总账”|“凭证”|“恢复记账前状态”。在弹出的“恢复记账前状态”对话框中设置恢复方式，如图4-32所示，点击“确定”。

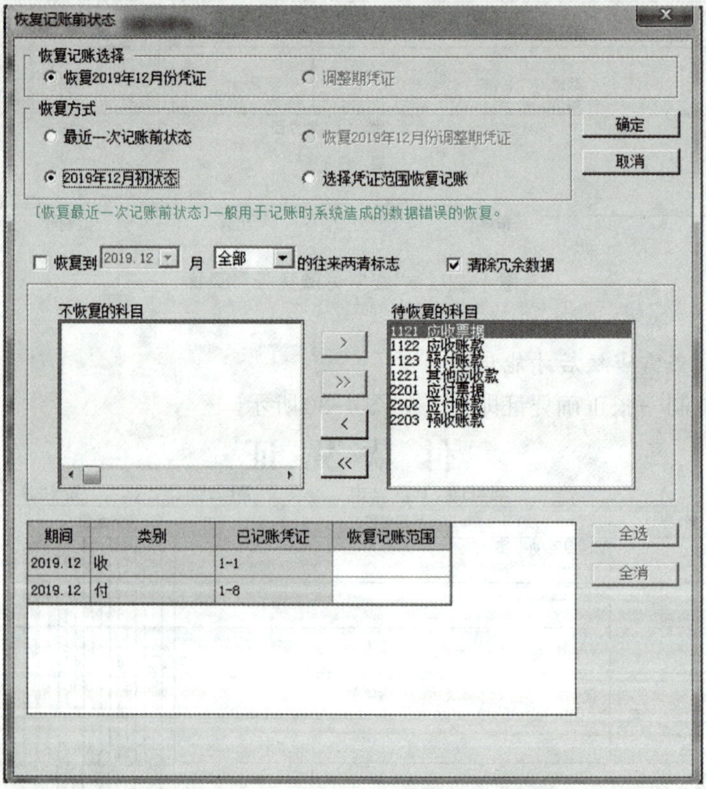

图4-32 “恢复记账前状态”对话框

（3）在弹出的对话框中输入账套主管的密码，系统弹出提示“恢复记账完毕!”，如图4-33所示，点击“确定”即可。

图4-33 “恢复记账完毕!”提示框

（4）取消审核，取消出纳签字后，进入“凭证”|“填制凭证”，找到需要删除的凭证，执行“作废/恢复”命令，将该凭证打上作废的标志。如图4-34所示。

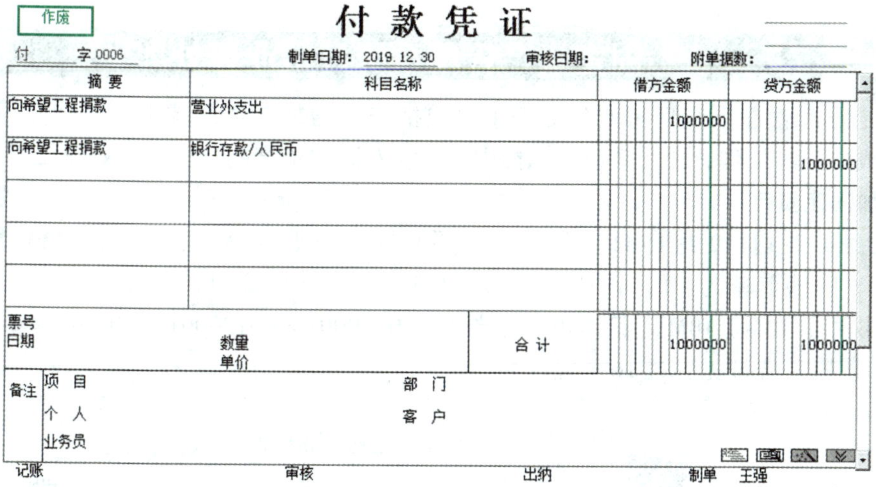

图4-34 “作废凭证”页面

（5）在已作废的凭证界面，点击工具栏“整理凭证”按钮，选择删除凭证所在期间。在“作废凭证表”窗口，选择需要删除的凭证后，单击“确定”，便将凭证从数据库中删除。如图4-35所示。

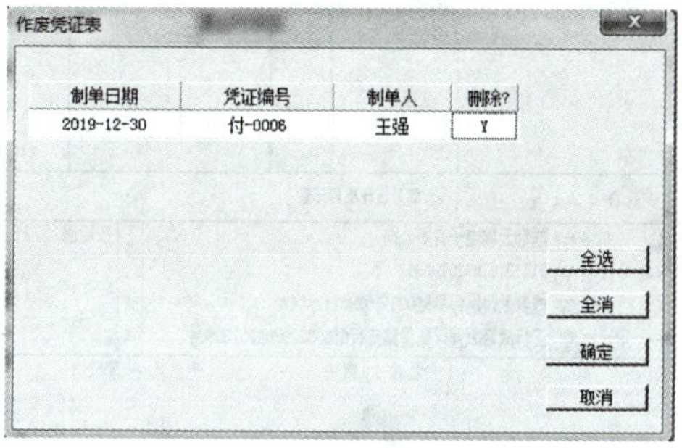

图4-35 “作废凭证表”窗口

（6）最后对剩下的凭证重新排号，如图4-36所示。

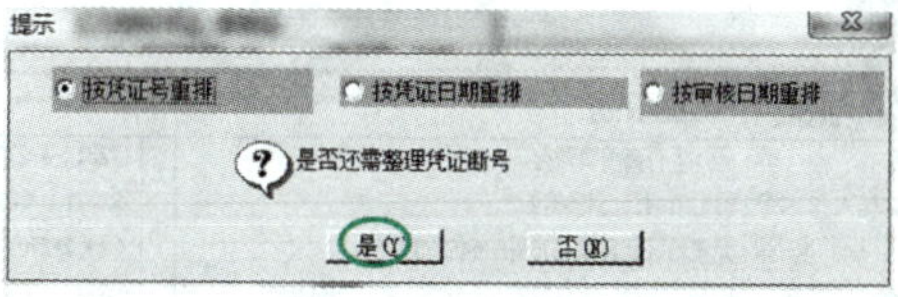

图4-36 “凭证重新排号”对话框

（7）记账完成后的记账凭证列表（用于学生核对），如图4-37所示。

凭证共 8张　已审核 8 张　未审核 0 张　凭证号排序　制单日期排序

制单日期	凭证编号	摘要	借方金额合计	贷方金额合计	制单人	审核人	系统名	备注	审核
2019-12-16	收 - 0001	收到外商投资	646,740.00	646,740.00	王强	徐红			2019-
2019-12-05	付 - 0001	备发工资	63,000.00	63,000.00	王强	徐红			2019-
2019-12-07	付 - 0002	差旅费	4,000.00	4,000.00	王强	徐红			2019-
2019-12-11	付 - 0003	报销差旅费	4,230.00	4,230.00	王强	徐红			2019-
2019-12-20	付 - 0004	报销业务招待费	4,580.00	4,580.00	王强	徐红			2019-
2019-12-30	付 - 0005	支付办公费	660.00	660.00	王强	徐红			2019-
2019-12-30	付 - 0006	[冲销2019.12.30 付-00	-660.00	-660.00	王强	徐红			2019-
2019-12-30	付 - 0007	支付办公费	600.00	600.00	王强	徐红			2019-
		合计	723,150.00	723,150.00					

图4-37 “记账凭证列表”窗口

任务二 固定资产管理系统日常业务处理

固定资产管理系统日常业务处理主要包括资产增加、资产减少、资产变动、生成凭证等工作，学习者应该掌握中小企业对固定资产的日常业务处理。

微课：固定资产管理系统日常业务处理概述

一、增加固定资产

【任务4-2-1】12月15日，信息部购买IBM笔记本电脑5台，每台价值8 000元，净残值率为4%，预计使用年限为5年，已交付使用（固定资产名称：笔记本电脑；规格：IBM。IBM笔记本电脑编号为：01200010—01200014。采用平均年限法计提折旧）。原始凭证见凭证16至凭证19。

凭证16

5100151140

四川增值税专用发票

№ 74641862 5100151140 74641862

发票联

机器编号：982888814788

开票日期：2019年12月15日

购买方	名称：四川汇行商贸有限公司 纳税人识别号：915101042515496872 地址、电话：龙泉驿区北泉路4276号84645235 开户行及账号：中国工商银行龙泉驿支行4402201365425893581			密码区	172312-4-276<1+46*54* 82*59* 181321)<8182*59*09618153</ <4<3*2702-9)9*+153</0 >2-3 *08/4>*)>2-3*0/9/)>25-276<1		
货物或应税劳务、服务名称	规格型号	单位	数量	单价	金额	税率	税额
*电子设备*笔记本电脑	IBM	台	5	8,000.00	40 000.00	13%	5 200.00
合计					¥40 000.00		¥5 200.00
价税合计（大写）	⊗肆万伍仟贰佰元整				（小写）¥45 200.00		
销售方	名称：成都云瑞电子有限公司 纳税人识别号：91510107M920795362 地址、电话：成都武侯区恒易路089号02861422142 开户行及账号：工行成都武侯区福盈路支行6560522986826730604			备注	校验码 52118 02817 08248 65199		

收款人： 复核：黄柏 开票人：李欣怡 销售方（章）

税总函[2019]××号×××公司

第三联：发票联 购买方记账凭证

凭证17

5100151140

四川增值税专用发票

№ 74641862 5100151140 74641862

抵扣联

机器编号：982888814788

开票日期：2019年12月15日

购买方	名称：四川汇行商贸有限公司 纳税人识别号：915101042515496872 地址、电话：龙泉驿区北泉路4276号84645235 开户行及账号：中国工商银行龙泉驿支行4402201365425893581			密码区	172312-4-276<1+46*54* 82*59* 181321)<8182*59*09618153</ <4<3*2702-9)9*+153</0 >2-3 *08/4>*)>2-3*0/9/)>25-276<1		
货物或应税劳务、服务名称	规格型号	单位	数量	单价	金额	税率	税额
*电子设备*笔记本电脑	huawei	台	5	8,000.00	40 000.00	13%	5 200.00
合计					¥40 000.00		¥5 200.00
价税合计（大写）	⊗肆万伍仟贰佰元整				（小写）¥45 200.00		
销售方	名称：成都云瑞电子有限公司 纳税人识别号：91510107M920795362 地址、电话：成都武侯区恒易路089号02861422142 开户行及账号：工行成都武侯区福盈路支行6560522986826730604			备注	校验码 52118 02817 08248 65199		

收款人： 复核：黄柏 开票人：李欣怡 销售方（章）

税总函[2019]××号×××公司

第二联：抵扣联 购买方扣税凭证

凭证18

固定资产移交生产验收单

2019年12月15日

名称	规格型号	单位	数量	设备价款	预计使用年限	使用部门
笔记本电脑		台	5	40 000.00	5年	信息部
合计			5	40 000.00		
备注	预计净值率 4%					

部门主管 徐红　　　　制单 王强

凭证19

中国工商银行 网上银行电子回单　　　　教学专用

电子回单号码：69489025627

付款人	户名	四川汇行商贸有限公司	收款人	户名	成都云瑞电子有限公司
	账号	4402201365425893581		账号	6560522988826730604
	开户银行	中国工商银行龙泉驿支行		开户银行	工行成都武侯区福盈路支行
金额		人民币（大写）：肆万伍仟贰佰元整			¥45,200.00
摘要		货款	业务种类		
用途		购笔记本电脑			
交易流水号		80827834942935	时间戳		2019-12-15
		备注：			
		验证码：95873808			
记账网点	535	记账柜员	694	记账日期	2019年12月15日

中国工商银行 电子回单专用章

打印日期：2019年12月15日

【操作提示】

（1）新增固定资产卡片。以操作员2002王强的身份登录企业应用平台，依次点击“业务工作”|“财务会计”|“固定资产”|“卡片”|“资产增加”。在“资产类别参照”对话框中选择对应的类别后，进入“固定资产卡片”窗口。依次录入或选择固定资产名称、使用部门、增加方式、使用状况、折旧方法、原值等信息，单击“保存”按钮。如图4-38所示。

微课：新增固定资产

固定资产卡片

卡片编号	00013			日期	2019-12-31
固定资产编号	01200010	固定资产名称	笔记本电脑		
类别编号	012	类别名称	备及其他通信设备	资产组名称	
规格型号	IBM	使用部门	信息部		
增加方式	直接购入	存放地点			
使用状况	在用	使用年限（月）	60	折旧方法	平均年限法（一）
开始使用日期	2019-12-15	已计提月份	0	币种	人民币
原值	8000.00	净残值率	4%	净残值	320.00
累计折旧	0.00	月折旧率	0	本月计提折旧额	0.00
净值	8000.00	对应折旧科目	660202，折旧费用	项目	
增值税	1040.00	价税合计	9040.00		
录入人	王强			录入日期	2019-12-15

图4-38　固定资产卡片

（2）复制卡片。还需要录入4张同类别的卡片，可在“卡片”|“卡片管理”界面点击工具栏的“复制”按钮，进行卡片的批量复制，如图4-39至图4-41所示。

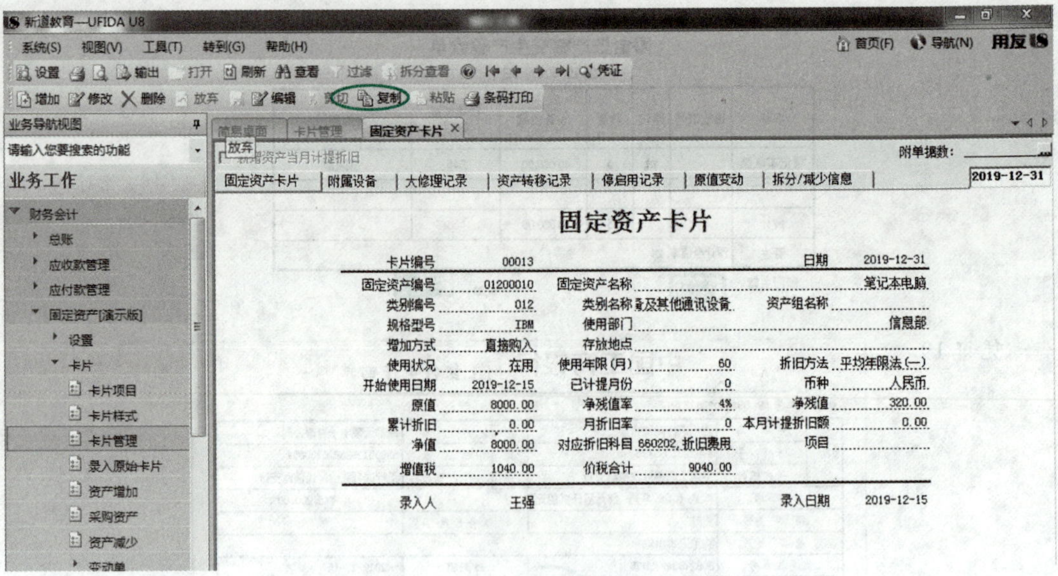

图4-39 复制固定资产卡片

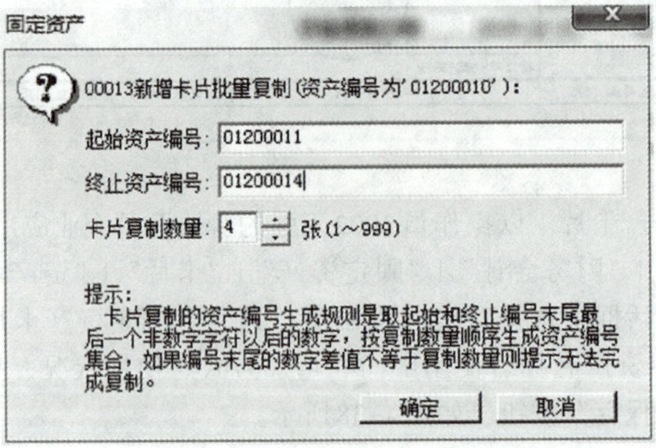

图4-40 “固定资产—批量复制”对话框

图4-41 “卡片批量复制完成”提示框

（3）生成增加固定资产的记账凭证。以操作员2002王强的身份登录企业应用平台，依次点击“业务工作”|“财务会计”|“固定资产”|“处理”|“批量制单”，如图4-42所示。双击“选择”单元格或点击工具栏“全选”按钮，选中要制单的业务。

（4）在“制单设置”选项卡，查看制单科目的设置，如图4-43所示。

（5）单击“凭证”按钮，如图4-44所示，单击“保存”按钮，凭证生成后将会自动传递到总账系统中。

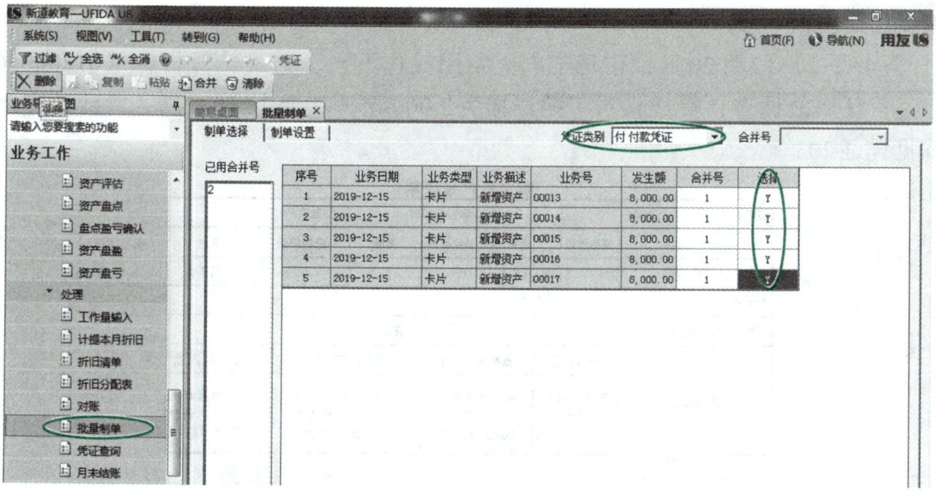

图4-42 “固定资产—批量制单”窗口

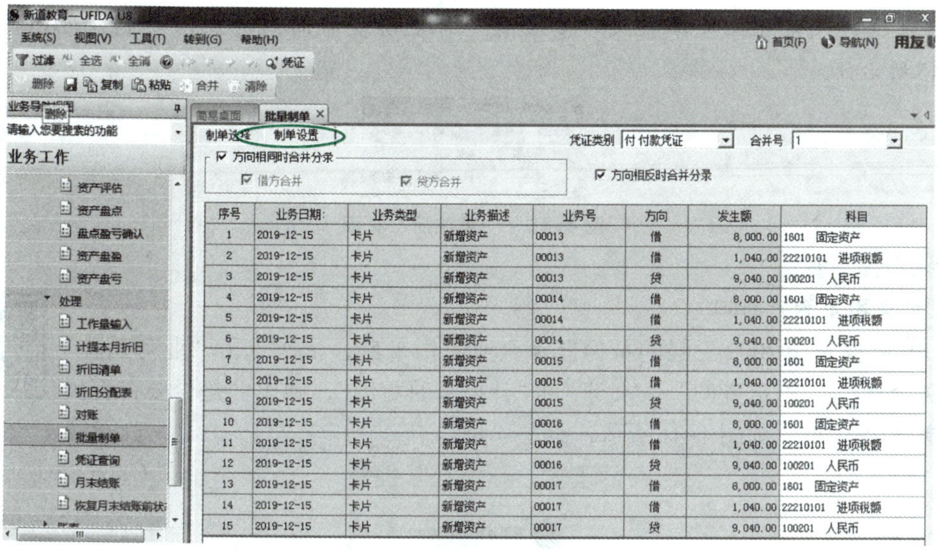

图4-43 “固定资产—制单设置”窗口

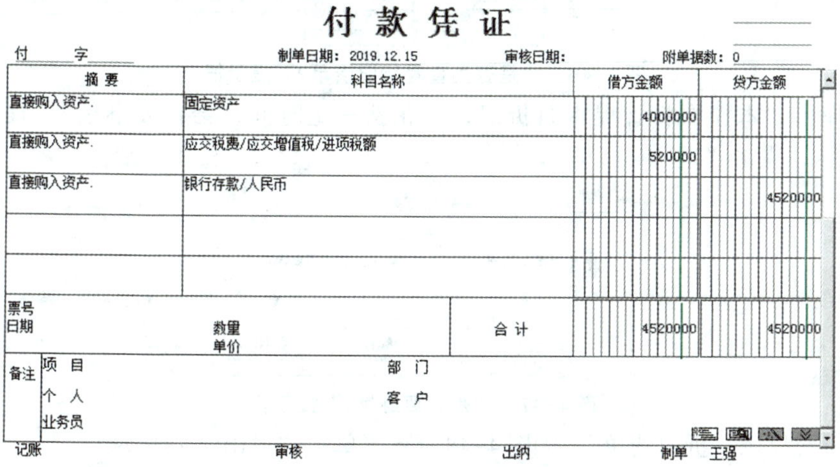

图4-44 “付款凭证”页面

二、减少固定资产

【任务4-2-2】12月20日，市场部向天宇因操作不当，造成计算机04（01200006）毁损，经过责任事故调查，责成该员工赔偿损失2 000元，其余2 230元转入营业外支出。原始凭证见凭证20。

凭证20

固定资产报废单

固定资产编号：01200006			2019年12月20日			固定资产卡账号：	
固定资产名称	规格型号	单位	数量	预计使用年限	原值	已提折旧	备注
计算机电脑		台	1	10			使用不当
使用部门：市场部							
固定资产状况及报废原因	报废						
处理意见	使用部门		技术鉴定小组		固定资产管理部门		主管部门审批
	申请报废。段明坤 2019.12.20		符合报废条件 陈世罗 2019.12.20		同意申请报废 程义青 2019.12.20		同意报废 谢静 2019.12.20

财务主管：徐红　　　　经办人员：王强

【温馨提示】

注意执行“系统”菜单下级“重注册”时应切换时间到“2019年12月20日”。如图4-45所示。

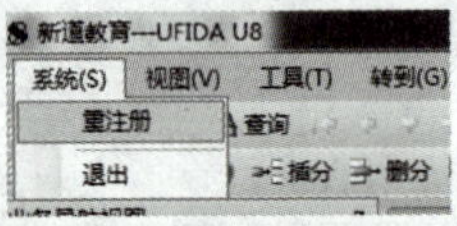

图4-45　“重注册”页面

【操作提示】

1.计提固定资产折旧

（1）以操作员2002王强的身份登录企业应用平台，依次点击“业务工作”|“财务会计”|“固定资产”|“处理”|“计提本月折旧”，弹出“是否要查看折旧清单?”提示框，如图4-46所示，点击“是”。

微课：固定资产计提折旧与报废

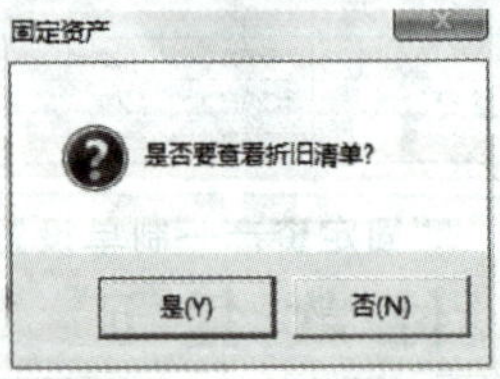

图4-46　“是否要查看折旧清单?”提示框

（2）弹出“本操作将计提本月折旧，并花费一定时间，会否要继续?”提示框，如图4-47所示，点击“是”。

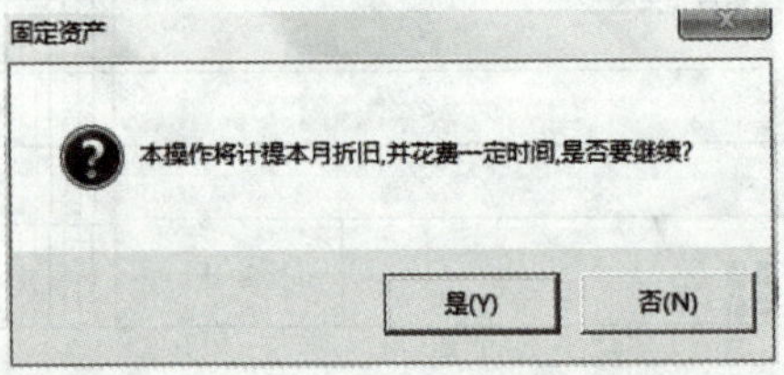

图4-47　“是否要继续?”提示框

（3）系统显示“折旧清单”，如图4-48所示，单击“退出”。

（4）系统显示“折旧分配表”，单击“退出”，提示“计提折旧完成!”。如图4-49所示。

卡片编号	资产编号	资产名称	原值	计提原值	本月计提折旧额	累计折旧	本年计提折旧	减值准备	净值	净残值	折旧率	单位折旧	本月工作量	累计工作量	规格型号
00001	01100001	小客车	500.00	50,500.00	404.00	1,212.00	404.00	0.00	9,288.00	2,020.00	0.0080		0.000	0.000	江淮
00002	01200001	传真机	600.00	2,600.00	52.00	156.00	52.00	0.00	2,444.00	104.00	0.0200		0.000	0.000	理光
00003	01200002	打印机	500.00	2,500.00	40.00	120.00	40.00	0.00	2,380.00	100.00	0.0160		0.000	0.000	惠普
00004	01200003	计算机01	500.00	4,500.00	90.00	270.00	90.00	0.00	4,230.00	180.00	0.0200		0.000	0.000	联想
00005	01200004	计算机02	500.00	4,500.00	90.00	270.00	90.00	0.00	4,230.00	180.00	0.0200		0.000	0.000	联想
00006	01200005	计算机03	500.00	4,500.00	90.00	270.00	90.00	0.00	4,230.00	180.00	0.0200		0.000	0.000	联想
00007	01200006	计算机04	500.00	4,500.00	90.00	270.00	90.00	0.00	4,230.00	180.00	0.0200		0.000	0.000	联想
00008	01200007	投影仪	500.00	14,500.00	232.00	696.00	232.00	0.00	3,804.00	580.00	0.0160		0.000	0.000	柯达
00009	01200008	服务器	900.00	28,900.00	289.00	867.00	289.00	0.00	8,033.00	1,156.00	0.0100		0.000	0.000	惠普
00010	01200009	计算机05	500.00	4,500.00	90.00	270.00	90.00	0.00	4,230.00	180.00	0.0200		0.000	0.000	联想
00011	01300001	房屋办公楼及建筑	000.00	240,000.00	960.00	2,880.00	960.00	0.00	7,120.00	9,600.00	0.0040		0.000	0.000	
00012	01300002	仓库	000.00	150,000.00	600.00	1,800.00	600.00	0.00	8,200.00	6,000.00	0.0040		0.000	0.000	
合计			500.00	511,500.00	3,027.00	9,081.00	3,027.00	0.00	2,419.00	0,460.00			0.000	0.000	

图4-48 “折旧清单”窗口

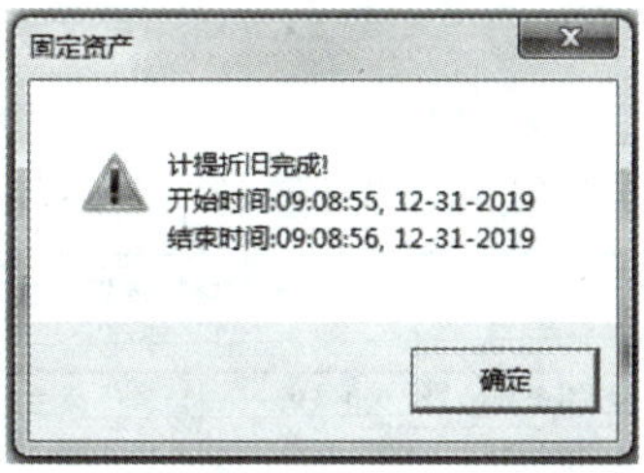

图4-49 “计提折旧完成!”提示框

2.减少一台固定资产卡片记录

（1）以操作员2002王强的身份登录企业应用平台，依次点击“业务工作”|“财务会计”|“固定资产”|“卡片”|“资产减少”。选择要减少的卡片，如图4-50所示，点击“确定”。

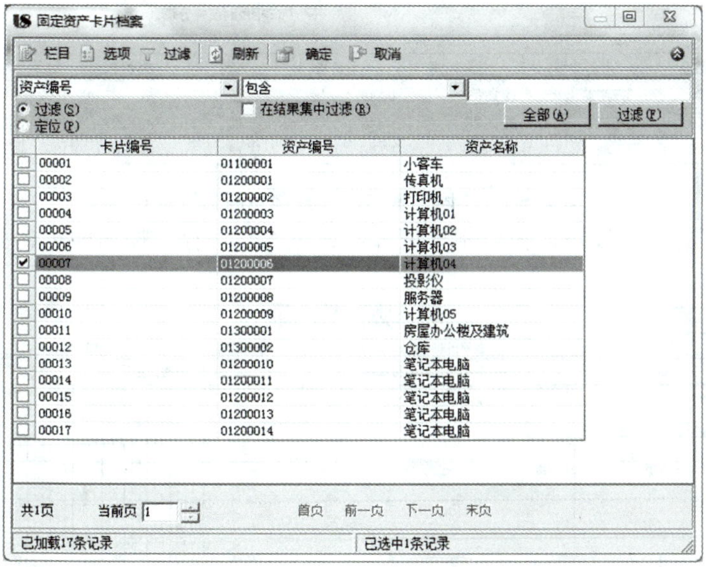

图4-50 “固定资产卡片档案”窗口

（2）点击“增加”按钮，设置“减少方式”为“毁损”，如图4-51所示，点击“确定”按钮。

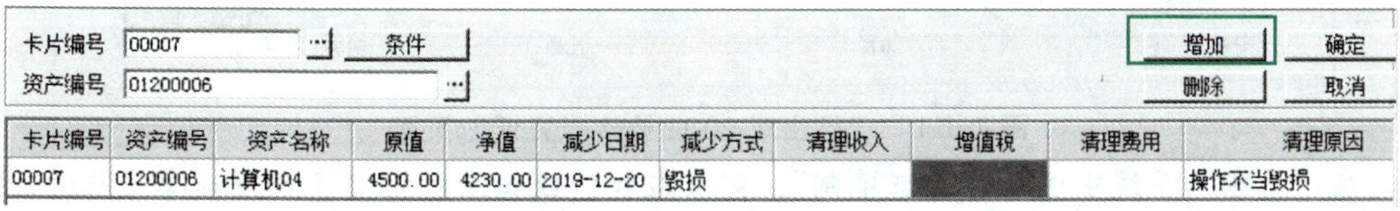

图4-51 “固定资产减少”窗口

3. 由王强在固定资产子系统填制“资产减少”的凭证

固定资产毁损处理至少有三个步骤：第一步，将固定资产转入清理；第二步，确认取得的清理收入和发生的清理费用；第三步，确认固定资产清理净收益或净损失。

【提示】

固定资产子系统只能完成第一步，后两步在固定资产子系统中无法完成，须在总账系统中进行“凭证填制”。

在本业务中，固定资产转入清理的会计分录为：

借：累计折旧　　270

　　固定资产清理　　4 230

　贷：固定资产　　4 500

（1）依次点击“固定资产”|“处理”|“批量制单”，双击“选择”栏。如图4-52所示。

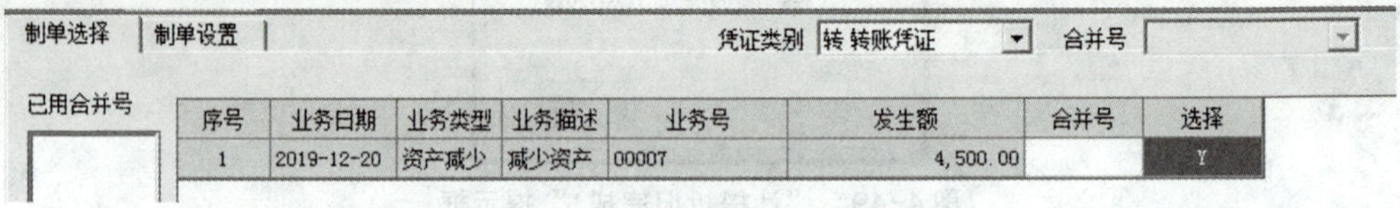

序号	业务日期	业务类型	业务描述	业务号	发生额	合并号	选择
1	2019-12-20	资产减少	减少资产	00007	4,500.00		Y

图4-52　“固定资产—批量制单”窗口

（2）单击“制单设置”选项卡，设置制单科目，如图4-53所示。

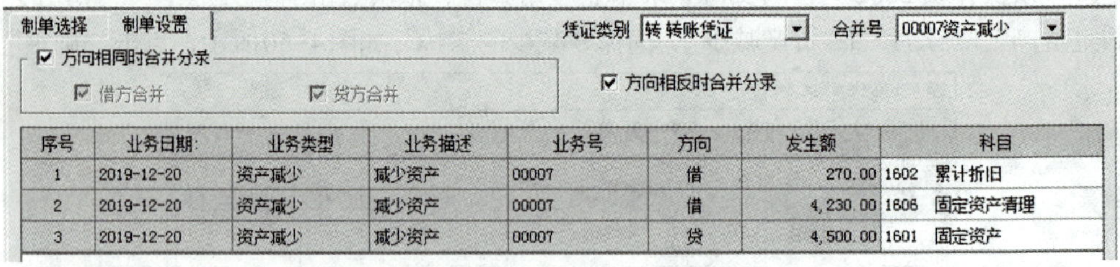

序号	业务日期:	业务类型	业务描述	业务号	方向	发生额	科目
1	2019-12-20	资产减少	减少资产	00007	借	270.00	1602 累计折旧
2	2019-12-20	资产减少	减少资产	00007	借	4,230.00	1606 固定资产清理
3	2019-12-20	资产减少	减少资产	00007	贷	4,500.00	1601 固定资产

图4-53　“固定资产—设置制单科目”窗口

（3）单击“凭证”按钮，在填制凭证界面，单击“保存”按钮即可，如图4-54所示。

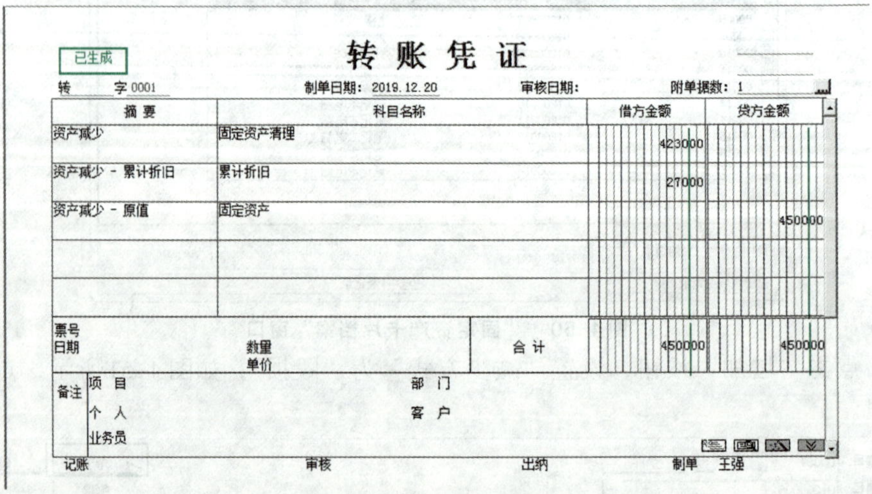

摘要	科目名称	借方金额	贷方金额
资产减少	固定资产清理	423000	
资产减少 - 累计折旧	累计折旧	27000	
资产减少 - 原值	固定资产		450000
票号 日期	数量 单价 合计	450000	450000

图4-54　“已生成0001号转账凭证”页面

4. 在“总账”系统中进行“凭证填制”，完成应收债权和结转固定资产毁损净损益的处理

首先，应形成对责任人的一项应收债权，会计分录如下：

借：其他应收款　　2 000

　贷：固定资产清理　　2 000

以操作员2002王强的身份登录企业应用平台，进入“业务工作”|“财务会计”|“总账”|“凭证”|“填制凭证”，在“填制凭证”窗口单击工具栏上的“新增”按钮，录入凭证，如图4-55所示。

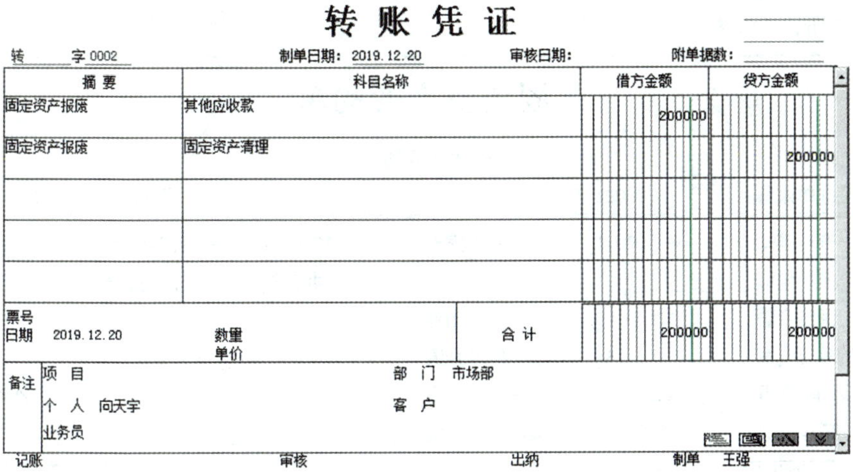

转账凭证

转 字 0002　　制单日期：2019.12.20　　审核日期：　　附单据数：

摘要	科目名称	借方金额	贷方金额
固定资产报废	其他应收款	200000	
固定资产报废	固定资产清理		200000
票号 日期 2019.12.20	数量 单价 合计	200000	200000

备注　项目　　部门 市场部

　　　个人 向天宇　　客户

　　　业务员

记账　　审核　　出纳　　制单 王强

图4-55　“0002号转账凭证”页面

其次，应结转固定资产清理净收益或净损失，对“固定资产清理”的余额进行结转。本业务中的会计分录为：

借：营业外支出　　2 230

　贷：固定资产清理　　2 230

以操作员2002王强的身份登录企业应用平台，进入“业务工作”|“财务会计”|“总账”|“凭证”|“填制凭证”，在“填制凭证”窗口单击工具栏上的“新增”按钮，录入凭证，如图4-56所示。

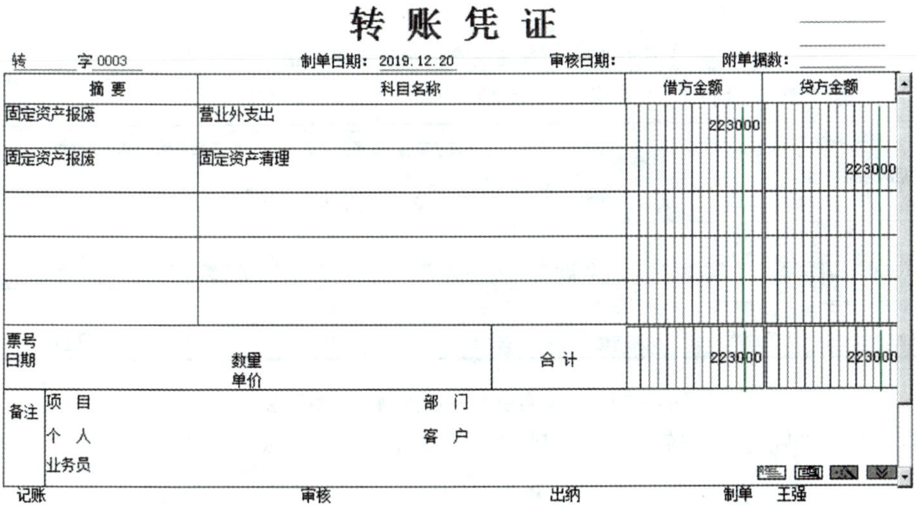

转账凭证

转 字 0003　　制单日期：2019.12.20　　审核日期：　　附单据数：

摘要	科目名称	借方金额	贷方金额
固定资产报废	营业外支出	223000	
固定资产报废	固定资产清理		223000
票号 日期	数量 单价 合计	223000	223000

备注　项目　　部门

　　　个人　　客户

　　　业务员

记账　　审核　　出纳　　制单 王强

图4-56　“0003号转账凭证”页面

三、固定资产变动

【任务4-2-3】12月25日，上月办公楼改造工程完工，结转在建工程12 600元，增加办公楼（01300001）原值。

【操作提示】

微课：固定资产原值增加

（1）以操作员2002王强的身份登录企业应用平台，依次点击“业务工作”|“财务会计”|“固定资产”|“卡片”|“变动单”|“原值增加”，如图4-57所示。

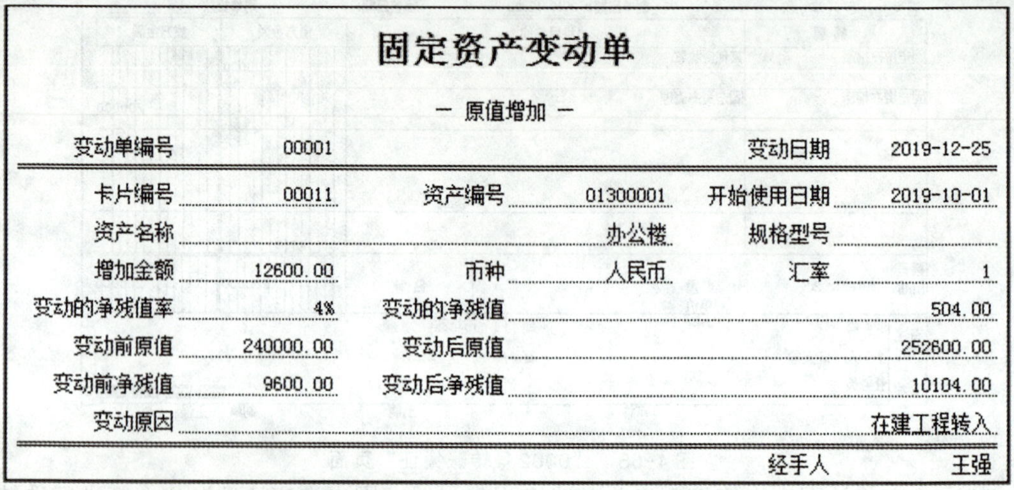

固定资产变动单

— 原值增加 —

变动单编号	00001			变动日期	2019-12-25
卡片编号	00011	资产编号	01300001	开始使用日期	2019-10-01
资产名称			办公楼	规格型号	
增加金额	12600.00	币种	人民币	汇率	1
变动的净残值率	4%	变动的净残值			504.00
变动前原值	240000.00	变动后原值			252600.00
变动前净残值	9600.00	变动后净残值			10104.00
变动原因					在建工程转入
				经手人	王强

图4-57 “固定资产变动单”窗口

（2）注意“原值增加”需要进行制单，以操作员2002王强的身份依次点击“固定资产”|“处理”|“批量制单”，双击“选择”栏。如图4-58所示。

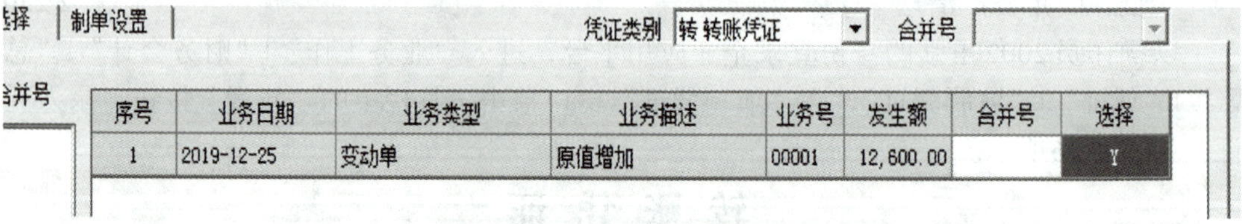

择 | 制单设置　　凭证类别 转 转账凭证　合并号

合并号

序号	业务日期	业务类型	业务描述	业务号	发生额	合并号	选择
1	2019-12-25	变动单	原值增加	00001	12,600.00		Y

图4-58 “固定资产—批量制单”窗口

（3）单击“制单设置”选项卡，设置制单科目，如图4-59所示。

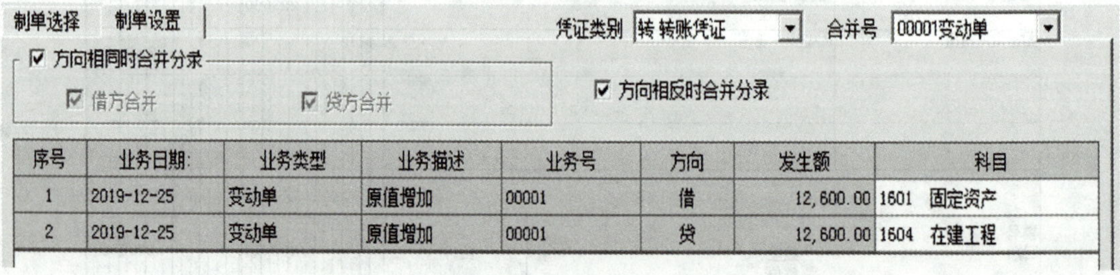

制单选择 | 制单设置　　凭证类别 转 转账凭证　合并号 00001变动单

☑ 方向相同时合并分录　☑ 借方合并　☑ 贷方合并

☑ 方向相反时合并分录

序号	业务日期	业务类型	业务描述	业务号	方向	发生额	科目
1	2019-12-25	变动单	原值增加	00001	借	12,600.00	1601 固定资产
2	2019-12-25	变动单	原值增加	00001	贷	12,600.00	1604 在建工程

图4-59 “固定资产—设置制单科目”窗口

（4）单击“凭证”按钮，在填制凭证界面，单击“保存”按钮即可，如图4-60所示。

转 账 凭 证

转　　字 0004　　制单日期：2019.12.25　　审核日期：　　附单据数：0

摘要	科目名称	借方金额	贷方金额
原值增加	固定资产	1260000	
原值增加	在建工程		1260000
票号 日期	数量 单价	合计 1260000	1260000

备注　项　目　　　　部　门
　　　个　人　　　　客　户
　　　业务员

记账　　审核　　出纳　　制单　王强

图 4-60　“0004号转账凭证”页面

【任务4-2-4】12月25日，因工作需要，经公司负责人批准将信息部的01200007号投影仪调整到市场部使用。原始凭证见凭证21。

凭证21

固定资产调拨单

2019年12月25日

调出部门	信息部				调入部门	市场部		
编号	名称	单位	数量	预计使用年限（月）	已使用年限（月）	原值	已提折旧	净值
01200007	投影仪	台	1					
使用时间					停用时间			
调拨原因	工作需要							
调出部门负责人	调入部门负责人				固定资产管理部门意见		单位主管负责人审批	
签章：王文斌	签章：何小洁				同意 负责人签章：徐红		同意 负责人签章：徐红	
2019年12月25日	2019年12月25日				2019年12月25日		2019年12月25日	

【操作提示】

以操作员2002王强的身份登录企业应用平台，依次点击“业务工作”|“财务会计”|“固定资产”|“卡片”|“变动单”|“部门转移”，进入“固定资产变动单”窗口，根据资料进行设置。如图4-61所示。

微课：固定资产部门变动

固定资产变动单

— 部门转移 —

变动单编号	00002	变动日期	2019-12-25
卡片编号	00008	资产编号	01200007
开始使用日期	2019-10-01		
资产名称	投影仪	规格型号	柯达
变动前部门	信息部	变动后部门	市场部
存放地点		新存放地点	
变动原因	因工作需要，使用部门变动		
		经手人	王强

图 4-61　“固定资产变动单”窗口

四、计提固定资产折旧

【任务4-2-5】对本月固定资产计提折旧。

【操作提示】

（1）依次点击“固定资产”|“处理”|“计提本月折旧”。在“是否要查看折旧清单？”

提示框中，点击“是”。如图4-62所示。

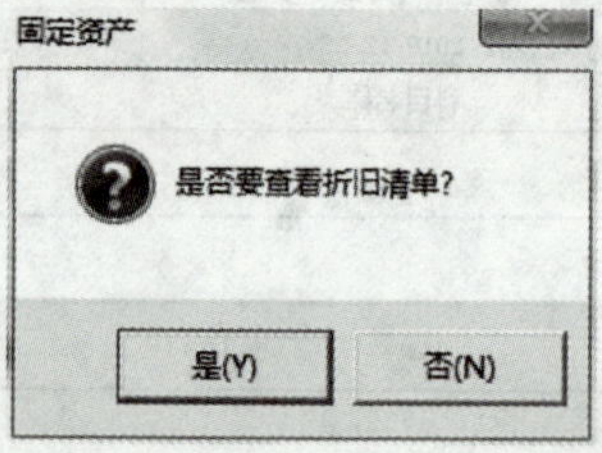

图4-62　“是否要查看折旧清单?”提示框

（2）弹出“本操作将计提本月折旧，并花费一定时间，是否要继续?”提示框，如图4-63所示。点击“是”。

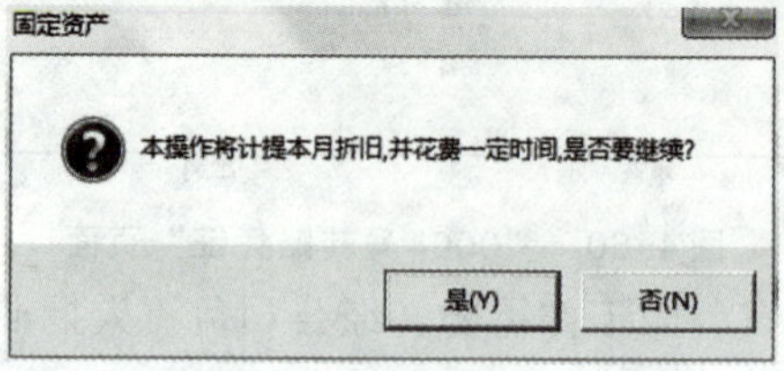

图4-63　“是否要继续?”提示框

（3）系统显示“折旧清单”，如图4-64所示，单击“退出”。

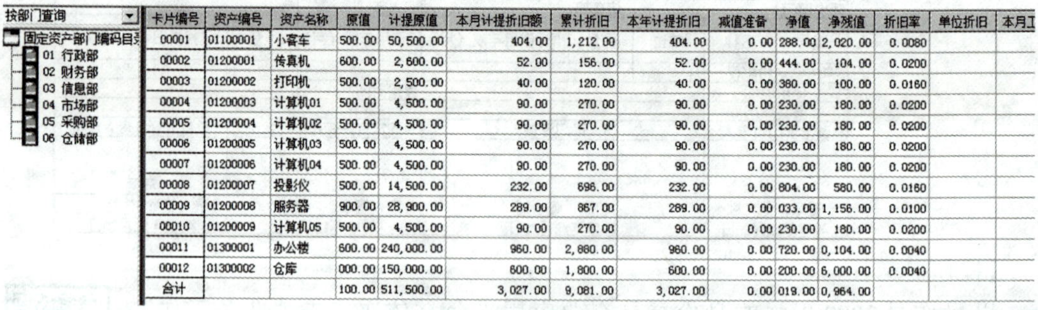

卡片编号	资产编号	资产名称	原值	计提原值	本月计提折旧额	累计折旧	本年计提折旧	减值准备	净值	净残值	折旧率	单位折旧	本月工
00001	01100001	小客车	500.00	50,500.00	404.00	1,212.00	404.00	0.00	288.00	2,020.00	0.0080		
00002	01200001	传真机	600.00	2,600.00	52.00	156.00	52.00	0.00	444.00	104.00	0.0200		
00003	01200002	打印机	500.00	2,500.00	40.00	120.00	40.00	0.00	380.00	100.00	0.0160		
00004	01200003	计算机01	500.00	4,500.00	90.00	270.00	90.00	0.00	230.00	180.00	0.0200		
00005	01200004	计算机02	500.00	4,500.00	90.00	270.00	90.00	0.00	230.00	180.00	0.0200		
00006	01200005	计算机03	500.00	4,500.00	90.00	270.00	90.00	0.00	230.00	180.00	0.0200		
00007	01200006	计算机04	500.00	4,500.00	90.00	270.00	90.00	0.00	230.00	180.00	0.0200		
00008	01200007	投影仪	500.00	14,500.00	232.00	696.00	232.00	0.00	804.00	580.00	0.0160		
00009	01200008	服务器	900.00	28,900.00	289.00	867.00	289.00	0.00	033.00	1,156.00	0.0100		
00010	01200009	计算机05	500.00	4,500.00	90.00	270.00	90.00	0.00	230.00	180.00	0.0200		
00011	01300001	办公楼	600.00	240,000.00	960.00	2,880.00	960.00	0.00	720.00	0,104.00	0.0040		
00012	01300002	仓库	000.00	150,000.00	600.00	1,800.00	600.00	0.00	200.00	6,000.00	0.0040		
合计			100.00	511,500.00	3,027.00	9,081.00	3,027.00	0.00	019.00	0,964.00			

图4-64　“折旧清单”窗口

（4）系统显示“折旧分配表”，单击“退出”，提示“计提折旧完成!”。如图4-65所示。

图4-65　“计提折旧完成!”提示框

（5）依次点击“固定资产”|“处理”|“折旧分配表”。进入“折旧分配表”界面，点击“凭证”按钮，进入“凭证填制”界面，单击“保存”按钮。如图4-66所示。

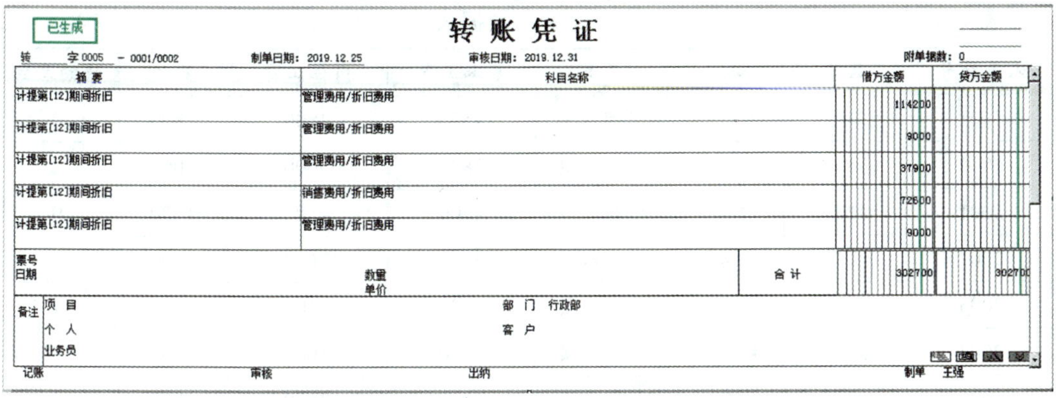

图4-66　“已生成0005号转账凭证”页面

【温馨提示】

凭证分录行因系统限制无法显示完整，操作时需拖动垂直滚动条才能看到所有分录行。

任务三　薪资管理系统日常业务处理

经薪资管理系统初始化工作之后，便进入到了薪资管理系统日常业务处理阶段，这个阶段的主要工作包括职工工资数据的录入、工资数据计算、扣缴个人所得税等。日常业务处理在整个工资管理系统中占有很重要的地位，核算工作量也是最大的。

微课：薪资管理系统日常业务处理概述

【操作预备】

由账套主管（2001徐红）登录企业应用平台，进入“系统服务”|“权限”|“数据权限控制设置”，取消“工资权限”的权限控制（否则其他操作员将无法生成薪资管理系统数据），如图4-67所示。

微课：取消工资权限控制

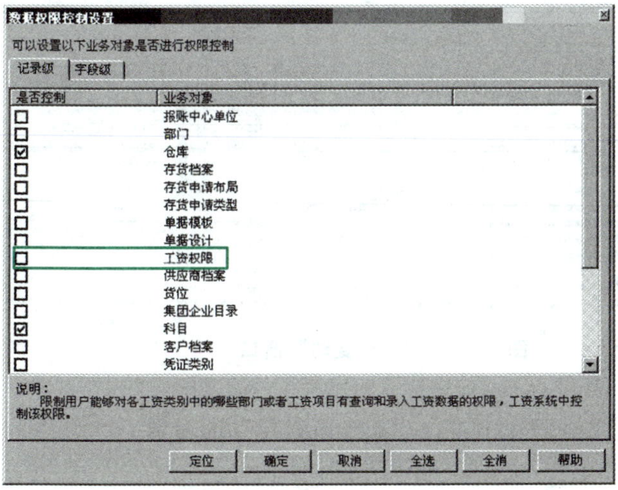

图4-67　“数据权限控制设置”对话框

1.录入人员工资

【任务4-3-1】根据表4-1的工资基础数据表，录入相关工资项目金额，并进行“计算”“汇总”。

表 4-1 **工资基础数据表** 金额单位：元

人员编号	姓名	部门	人员类别	基本工资	岗位工资	奖金	缺勤天数
1001	程晓芳	行政部	经理人员	4500	4800	1800	0
1002	高红红	行政部	管理人员	2800	3600	1000	2
2001	徐红	财务部	经理人员	4500	4800	1800	0
2002	王强	财务部	管理人员	3000	3600	1000	0
2003	江红莉	财务部	管理人员	2800	3600	1000	1
2004	陈世平	财务部	管理人员	2800	3600	1000	0
3001	周翔	信息部	经理人员	4500	4800	1800	1
3002	华锋刚	信息部	管理人员	4100	3600	1000	0
4001	向天宇	市场部	经理人员	4500	4800	2800	0
4002	姚天全	市场部	营销人员	4000	4000	2000	0
5001	唐晓丽	采购部	经理人员	4500	4800	1800	0
5002	王 江	采购部	采购人员	0	3000	2000	4
6001	张媛琦	仓储部	经理人员	4500	4800	1800	0

【操作提示】

以操作员2002王强的身份登录企业应用平台，依次点击“业务工作”|“人力资源”|“薪资管理”|“业务处理”|“工资变动”，进入“工资变动”窗口。根据实际资料录入没有进行公式设置的工资项目，如“基本工资”“岗位工资”“缺勤天数”等，其余已有公式设置的工资项目由系统自动计算生成。最后进行“计算”“汇总”。如图4-68所示。

微课：录入人员工资

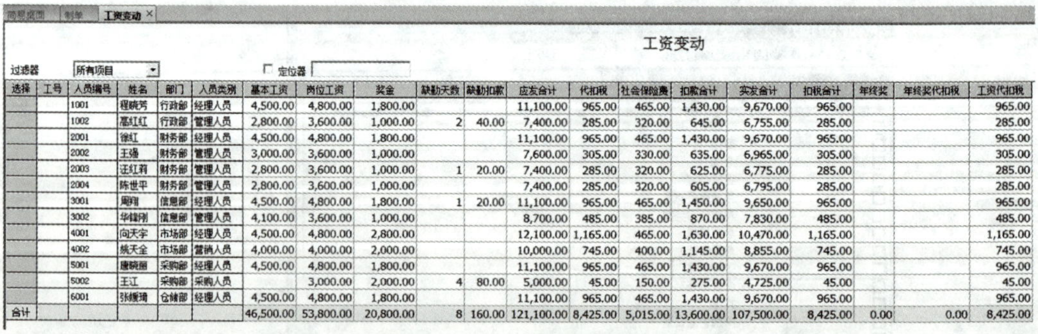

选择	工号	人员编号	姓名	部门	人员类别	基本工资	岗位工资	奖金	缺勤天数	缺勤扣款	应发合计	代扣税	社会保险费	扣款合计	实发合计	扣税合计	年终奖	年终奖代扣税	工资代扣税
		1001	程晓芳	行政部	经理人员	4,500.00	4,800.00	1,800.00			11,100.00	965.00	465.00	1,430.00	9,670.00	965.00			965.00
		1002	高红红	行政部	管理人员	2,800.00	3,600.00	1,000.00	2	40.00	7,400.00	285.00	320.00	645.00	6,755.00	285.00			285.00
		2001	徐红	财务部	经理人员	4,500.00	4,800.00	1,800.00			11,100.00	965.00	465.00	1,430.00	9,670.00	965.00			965.00
		2002	王强	财务部	管理人员	3,000.00	3,600.00	1,000.00			7,600.00	305.00	330.00	635.00	6,965.00	305.00			305.00
		2003	汪红莉	财务部	管理人员	2,800.00	3,600.00	1,000.00	1	20.00	7,400.00	285.00	320.00	625.00	6,775.00	285.00			285.00
		2004	陈世平	财务部	管理人员	2,800.00	3,600.00	1,000.00			7,400.00	285.00	320.00	605.00	6,795.00	285.00			285.00
		3001	周翔	信息部	经理人员	4,500.00	4,800.00	1,800.00	1	20.00	11,100.00	965.00	465.00	1,450.00	9,650.00	965.00			965.00
		3002	华锋刚	信息部	管理人员	4,100.00	3,600.00	1,000.00			8,700.00	485.00	385.00	870.00	7,830.00	485.00			485.00
		4001	向天宇	市场部	经理人员	4,500.00	4,800.00	2,800.00			12,100.00	1,165.00	465.00	1,630.00	10,470.00	1,165.00			1,165.00
		4002	姚天全	市场部	营销人员	4,000.00	4,000.00	2,000.00			10,000.00	745.00	400.00	1,145.00	8,855.00	745.00			745.00
		5001	唐晓丽	采购部	经理人员	4,500.00	4,800.00	1,800.00			11,100.00	965.00	465.00	1,430.00	9,670.00	965.00			965.00
		5002	王江	采购部	采购人员		3,000.00	2,000.00	4	80.00	5,000.00	45.00	150.00	275.00	4,725.00	45.00			45.00
		6001	张媛琦	仓储部	经理人员	4,500.00	4,800.00	1,800.00			11,100.00	965.00	465.00	1,430.00	9,670.00	965.00			965.00
合计						46,500.00	53,800.00	20,800.00	8	160.00	121,100.00	8,425.00	5,015.00	13,600.00	107,500.00	8,425.00	0.00	0.00	8,425.00

图 4-68 “工资变动”窗口

2. 扣缴所得税设置

【任务 4-3-2】在“业务处理”中进行“扣缴所得税”的设置。

【操作提示】

（1）以操作员2002王强的身份登录企业应用平台，依次点击“业务工作”|“人力资源”|“薪资管理”|“设置”|“工资项目设置”，在弹出的“工资项目设置”窗口中点击“增加”，在“工资项目名称”栏输入“应税工资”。设置相应的“类型”“长度”“小数”“增减项”等，如图4-69所示。

微课：扣缴所得税设置

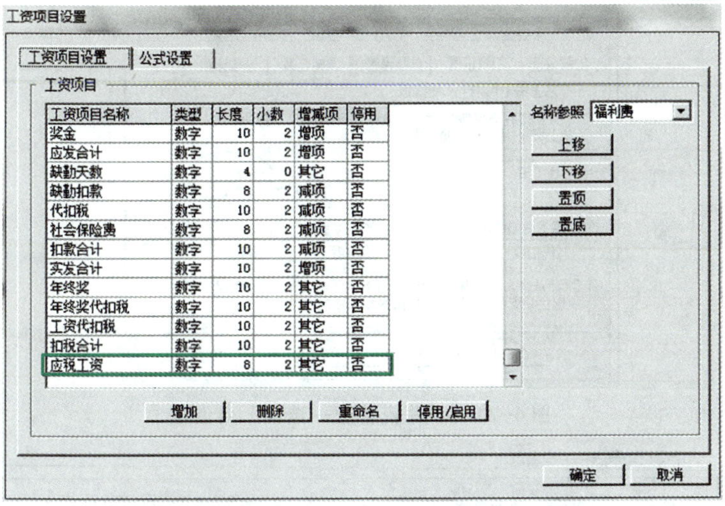

图4-69　“薪资管理—工资项目设置”对话框

（2）在弹出的“工资项目设置”窗口中，点击“公式设置”选项卡，进入到“公式设置”界面。点击“增加”，在下拉菜单中选择“应税工资”，然后在右侧“应税工资公式定义”编辑栏中，输入“基本工资+岗位工资+奖金-缺勤扣款-社会保险费”，若有专项扣除，也应在工资项目中设置，并在“应税工资”中予以扣除。运算符号和工资项目均可在下方“公式输入参照”中单击以添加进公式（建议工资项目在“公式输入参照”中选择键入，数字和运算符号使用键盘输入，注意数字和运算符号必须是半角和英文标点），输入完成后点击“公式确认”。如图4-70所示。

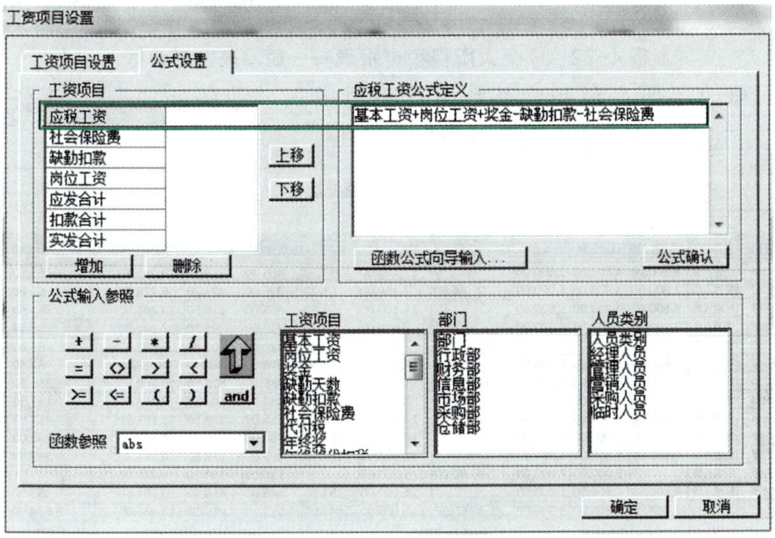

图4-70　“工资项目设置—公式设置”对话框

（3）登录企业应用平台，依次点击“业务工作”|“人力资源”|“薪资管理”|“设置”|“选项”，进入“选项”窗口，选择“扣税设置”页签，单击“编辑”按钮，选择对应工资项目——“应税工资”，点击“编辑”|“税率设置”。如图4-71所示。

（4）进入“个人所得税申报表——税率表”，将纳税基数设为“5000”，附加费用设为“0”，点击“确定”。如图4-72所示。

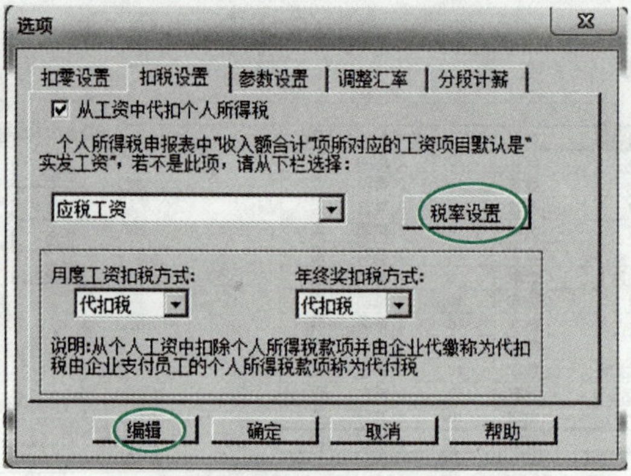

图4-71 “薪资管理—选项”对话框

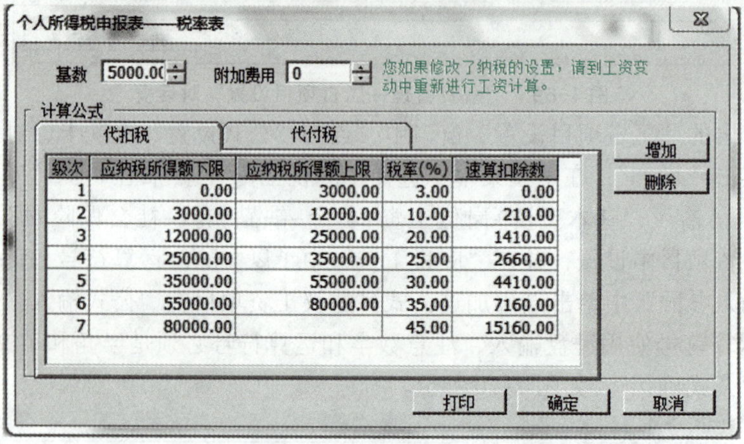

级次	应纳税所得额下限	应纳税所得额上限	税率(%)	速算扣除数
1	0.00	3000.00	3.00	0.00
2	3000.00	12000.00	10.00	210.00
3	12000.00	25000.00	20.00	1410.00
4	25000.00	35000.00	25.00	2660.00
5	35000.00	55000.00	30.00	4410.00
6	55000.00	80000.00	35.00	7160.00
7	80000.00		45.00	15160.00

图4-72 “个人所得税申报表——税率表”对话框

（5）由于修改了所得税扣缴基数，此时再进入“业务处理”|“工资变动”|“计算”|“汇总”，进行数据更新。如图4-73所示。

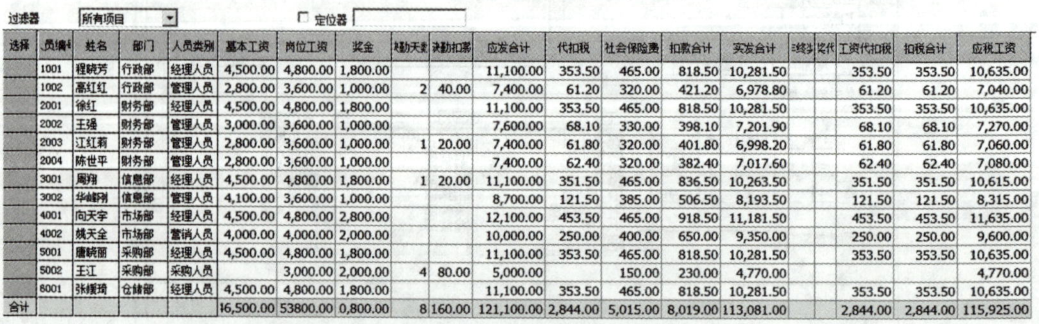

选择	员编	姓名	部门	人员类别	基本工资	岗位工资	奖金	勤天数	缺勤扣款	应发合计	代扣税	社会保险费	扣款合计	实发合计	终奖	奖代	工资代扣税	扣税合计	应税工资
	1001	程晓芳	行政部	经理人员	4,500.00	4,800.00	1,800.00			11,100.00	353.50	465.00	818.50	10,281.50			353.50	353.50	10,635.00
	1002	高红红	行政部	管理人员	2,800.00	3,600.00	1,000.00	2	40.00	7,400.00	61.20	320.00	421.20	6,978.80			61.20	61.20	7,040.00
	2001	徐红	财务部	经理人员	4,500.00	4,800.00	1,800.00			11,100.00	353.50	465.00	818.50	10,281.50			353.50	353.50	10,635.00
	2002	王强	财务部	管理人员	3,000.00	3,600.00	1,000.00			7,600.00	68.10	330.00	398.10	7,201.90			68.10	68.10	7,270.00
	2003	江红莉	财务部	管理人员	2,800.00	3,600.00	1,000.00	1	20.00	7,400.00	61.80	320.00	401.80	6,998.20			61.80	61.80	7,060.00
	2004	陈世平	财务部	管理人员	2,800.00	3,600.00	1,000.00			7,400.00	62.40	320.00	382.40	7,017.60			62.40	62.40	7,080.00
	3001	周翔	信息部	经理人员	4,500.00	4,800.00	1,800.00	1	20.00	11,100.00	351.50	465.00	836.50	10,263.50			351.50	351.50	10,615.00
	3002	华峰刚	信息部	管理人员	4,100.00	3,600.00	1,000.00			8,700.00	121.50	385.00	506.50	8,193.50			121.50	121.50	8,315.00
	4001	向天宇	市场部	经理人员	4,500.00	4,800.00	2,800.00			12,100.00	453.50	465.00	918.50	11,181.50			453.50	453.50	11,635.00
	4002	姚天全	市场部	营销人员	4,000.00	4,000.00	2,000.00			10,000.00	250.00	400.00	650.00	9,350.00			250.00	250.00	9,600.00
	5001	唐晓丽	采购部	经理人员	4,500.00	4,800.00	1,800.00			11,100.00	353.50	465.00	818.50	10,281.50			353.50	353.50	10,635.00
	5002	王江	采购部	采购人员		3,000.00	2,000.00	4	80.00	5,000.00		150.00	230.00	4,770.00					4,770.00
	6001	张媛琦	仓储部	经理人员	4,500.00	4,800.00	1,800.00			11,100.00	353.50	465.00	818.50	10,281.50			353.50	353.50	10,635.00
合计					16,500.00	53800.00	0,800.00	8	160.00	121,100.00	2,844.00	5,015.00	8,019.00	113,081.00			2,844.00	2,844.00	115,925.00

图4-73 “工资变动”窗口

3.工资分摊设置

【任务4-3-3】月末进行分配工资费用分摊的设置，根据工资费用汇总表，完成以下账务处理：

（1）计提本月工资。

（2）计提由单位负担的住房公积金，计提比例为12%。

【温馨提示】

操作步骤分为三步：第一步，工资分摊设置；第二步，生成工资分摊凭证；第三步，查询生成的凭证。

【操作提示】

（1）以操作员2002王强的身份登录企业应用平台，依次点击“业务工作”|“人力资源”|“薪资管理”|“业务处理”|“工资分摊”，进入“工资分摊”界面，单击“工资分摊设置”按钮，单击“增加”，打开“分摊计提比例设置”对话框。输入计提类型名称为“计提本月工资”，设置分摊计提比例，如图4-74所示，单击“下一步”按钮。

微课：工资分摊设置

微课：计提工资

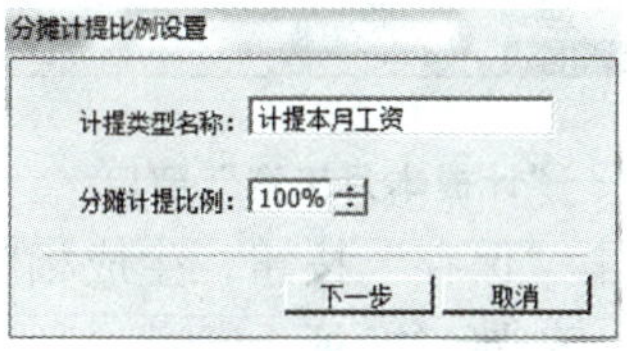

图4-74 “分摊计提比例设置”对话框

（2）在“分摊构成设置”界面，根据资料选择“部门名称”“人员类别”“工资项目”“借方科目”“贷方科目”等，单击“完成”按钮，如图4-75所示。

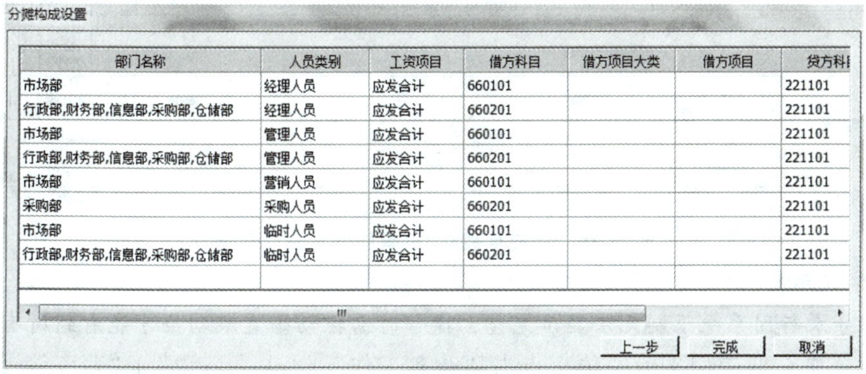

分摊构成设置

部门名称	人员类别	工资项目	借方科目	借方项目大类	借方项目	贷方科目
市场部	经理人员	应发合计	660101			221101
行政部,财务部,信息部,采购部,仓储部	经理人员	应发合计	660201			221101
市场部	管理人员	应发合计	660101			221101
行政部,财务部,信息部,采购部,仓储部	管理人员	应发合计	660201			221101
市场部	营销人员	应发合计	660101			221101
采购部	采购人员	应发合计	660201			221101
市场部	临时人员	应发合计	660101			221101
行政部,财务部,信息部,采购部,仓储部	临时人员	应发合计	660201			221101

上一步 完成 取消

图4-75 “分摊构成设置”对话框

（3）在“工资分摊”窗口中，选择计提费用类型为“计提本月工资”，单击选择对应的核算部门，勾选“明细到工资项目”，如图4-76所示。点击“确定”。

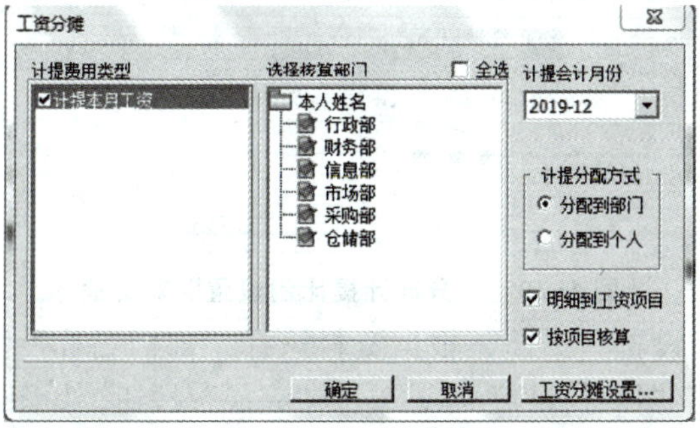

图4-76 “工资分摊”对话框

（4）在“工资分摊明细”窗口中，勾选“合并科目相同、辅助项相同的分录”，点击“批制”按钮。如图4-77所示。

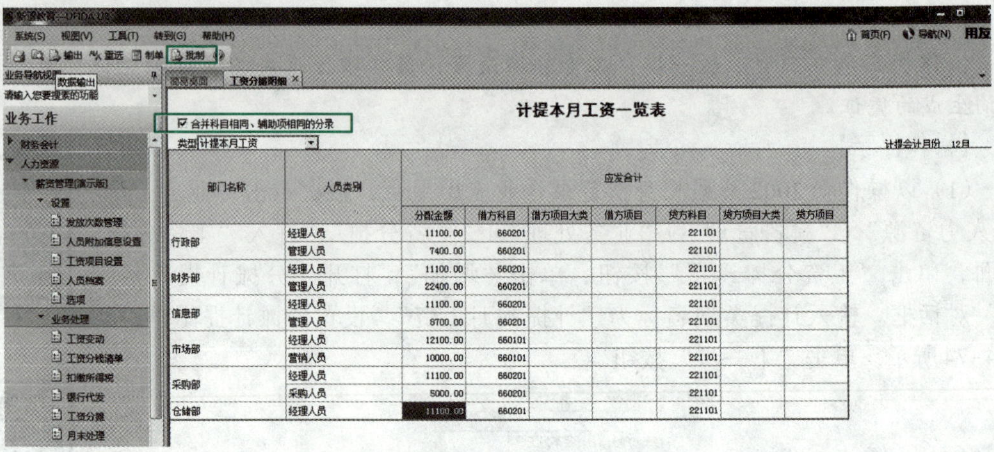

部门名称	人员类别	应发合计							
		分配金额	借方科目	借方项目大类	借方项目	贷方科目	贷方项目大类	贷方项目
行政部	经理人员	11100.00	660201			221101		
	管理人员	7400.00	660201			221101		
财务部	经理人员	11100.00	660201			221101		
	管理人员	22400.00	660201			221101		
信息部	经理人员	11100.00	660201			221101		
	管理人员	8700.00	660201			221101		
市场部	经理人员	12100.00	660101			221101		
	营销人员	10000.00	660101			221101		
采购部	经理人员	11100.00	660201			221101		
	采购人员	5000.00	660201			221101		
仓储部	经理人员	11100.00	660201			221101		

图4-77 “计提本月工资”窗口

（5）进入“填制凭证”窗口，点击“保存”按钮，生成相应的凭证，如图4-78所示。

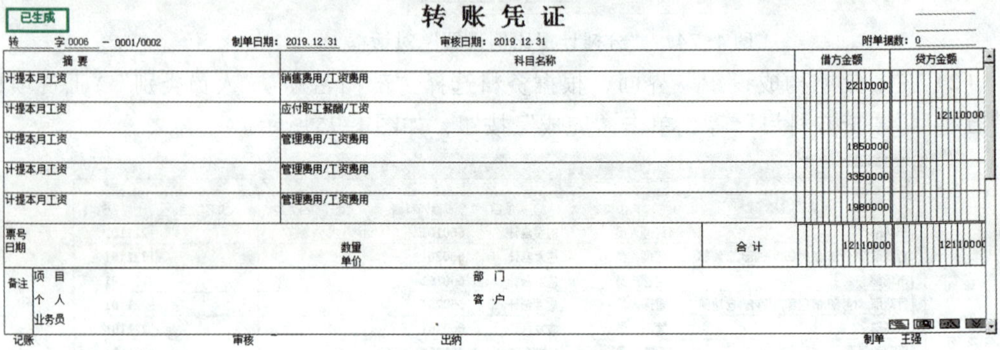

图4-78 “已生成0006号转账凭证”页面

【温馨提示】

凭证分录行因系统限制无法显示完整，操作时需拖动垂直滚动条才能看到所有分录行。

（6）登录企业应用平台，依次点击“业务工作”|“人力资源”|“薪资管理”|“业务处理”|“工资分摊”，进入“工资分摊”界面，单击“工资分摊设置”按钮，单击“增加”，打开“分摊计提比例设置”对话框。输入计提类型名称为“计提本月单位住房公积金”，设置分摊计提比例，如图4-79所示，单击“下一步”按钮。

微课：住房公积金分摊设置

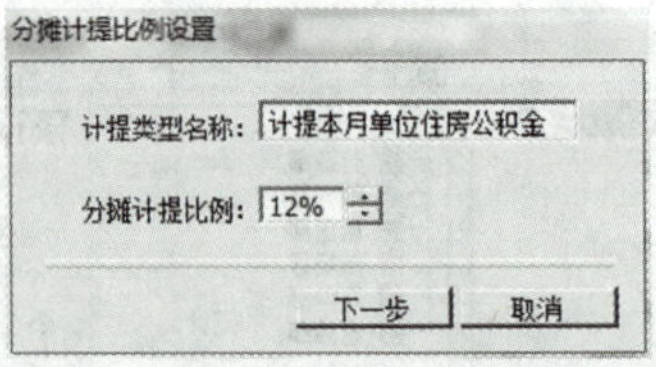

图4-79 “分摊计提比例设置”对话框

（7）在“分摊构成设置”界面，根据资料选择“部门名称”“人员类别”“工资项目”“借方科目”“贷方科目”等，单击“完成”按钮，如图4-80所示。

（8）在“工资分摊”窗口中，选择计提费用类型为“计提本月住房公积金”，单击选择对应的核算部门，勾选“明细到工资项目”，点击“确定”。如图4-81所示。

微课：计提住房公积金

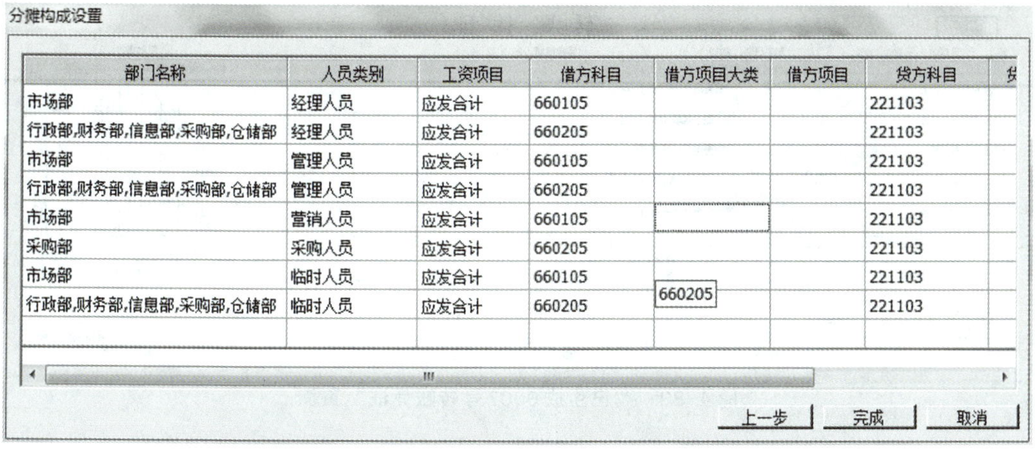

图4-80　“分摊构成设置”窗口

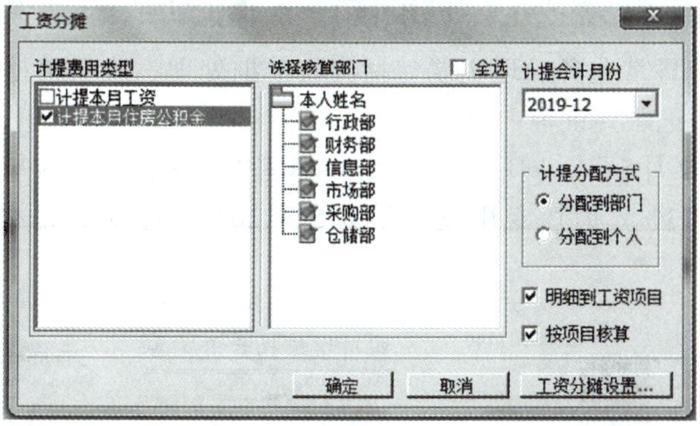

图4-81　“工资分摊”对话框

（9）在“工资分摊明细”窗口中，勾选“合并科目相同、辅助项相同的分录”，点击“批制”按钮。如图4-82所示。

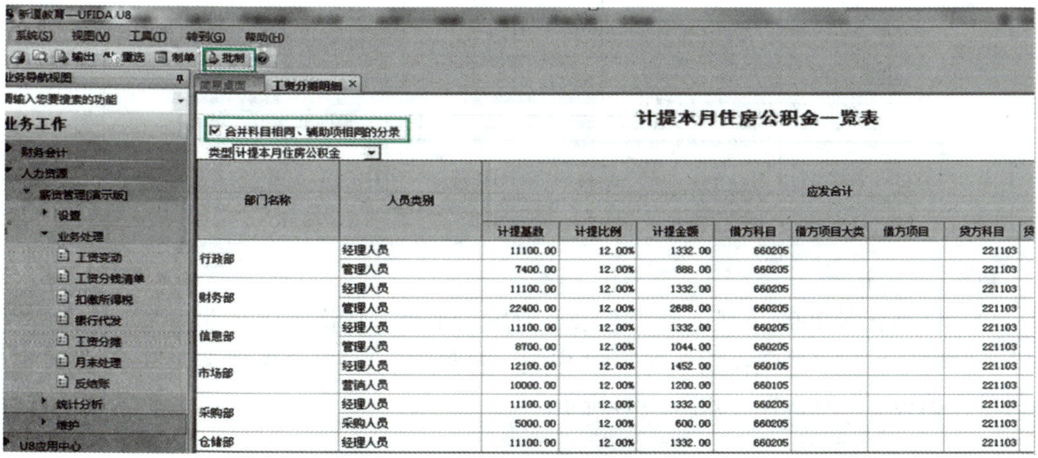

图4-82　“计提本月住房公积金”窗口

（10）进入“填制凭证”窗口，点击“保存”按钮，生成相应的凭证，如图4-83所示。

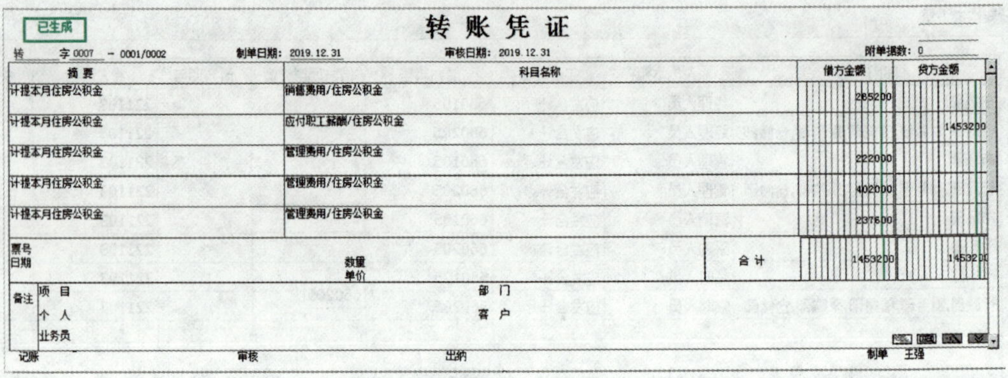

已生成

转 账 凭 证

转 字 0007 - 0001/0002　　制单日期：2019.12.31　　审核日期：2019.12.31　　附单据数：0

摘要	科目名称	借方金额	贷方金额
计提本月住房公积金	销售费用/住房公积金	285200	
计提本月住房公积金	应付职工薪酬/住房公积金		1453200
计提本月住房公积金	管理费用/住房公积金	222000	
计提本月住房公积金	管理费用/住房公积金	402000	
计提本月住房公积金	管理费用/住房公积金	237600	
票号 日期	数量 单价 合计	1453200	1453200

备注　项目　　部门
　　　个人　　客户
　　　业务员

记账　审核　出纳　制单 王强

图 4-83　“已生成0007号转账凭证”页面

任务四　应收款管理系统日常业务处理

应收款管理系统日常业务处理主要包括应收单据处理、收款单据处理、单据核销及生成相应的记账凭证等内容。

微课：应收款管理系统日常业务处理概述

【任务4-4-1】12月5日，向四川宏运公司销售女鞋8箱，无税单价15 000元，增值税税率为13%。销售专用发票号为53412000，原始凭证见凭证22。(填制销售专用发票)

凭证22

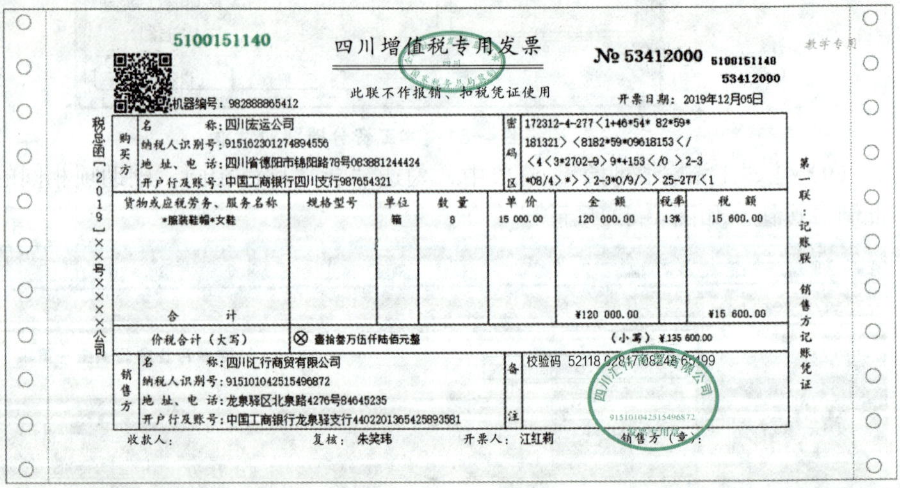

5100151140　　**四川增值税专用发票**　　№ 53412000　5100151140 53412000

此联不作报销、扣税凭证使用　　教学专用

机器编号：982888865412　　开票日期：2019年12月05日

购买方	名称：四川宏运公司 纳税人识别号：915162301274894556 地址、电话：四川省德阳市锦阳路78号083881244424 开户行及账号：中国工商银行四川支行987654321	密码区	172312-4-277<1+46*54* 82*59* 181321><8182*59*09618153</ <4<3*2702-9>9*+153</0 >2-3 *08/4>*>>2-3*0/9/>>25-277<1

货物或应税劳务、服务名称	规格型号	单位	数量	单价	金额	税率	税额
*服装鞋帽*女鞋		箱	8	15 000.00	120 000.00	13%	15 600.00
合计					¥120 000.00		¥15 600.00
价税合计（大写）	⊗壹拾叁万伍仟陆佰元整				（小写）¥135 600.00		

销售方	名称：四川汇行商贸有限公司 纳税人识别号：915101042515496872 地址、电话：龙泉驿区北泉路4276号84645235 开户行及账号：中国工商银行龙泉驿支行4402201365425893581	备注	校验码 52118 92817 08248 65499

收款人：　　复核：朱笑玮　　开票人：江红莉　　销售方（章）：

税总函［2019］××号××××公司

第一联：记账联　销售方记账凭证

【操作提示】

(1) 以操作员2002王强的身份登录企业应用平台，依次点击“业务工作”|“财务会计”|“应收款管理”|“应收单据处理”|“应收单据录入”，打开“单据类别”对话框。如图4-84所示。

微课：四川宏运销售业务

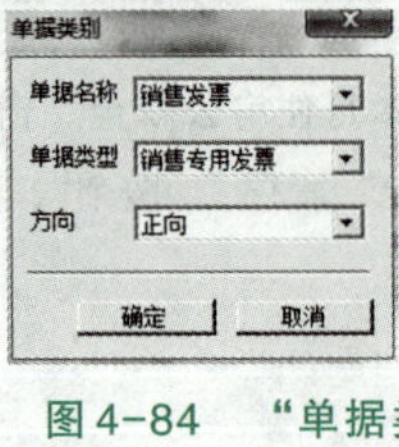

图 4-84　“单据类别”对话框

（2）此处需要增加收发类别，依次点击“基础设置”|“基础档案”|“业务”|“收发类别”，点击“增加”，分别录入“收发类别编码”及“收发类别名称”，选择对应的收发标志，点击“保存”按钮。如图4-85、图4-86所示。

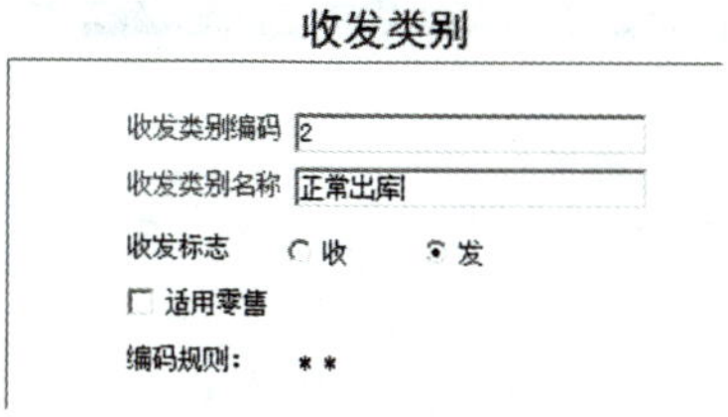

图4-85 “收发类别”对话框1

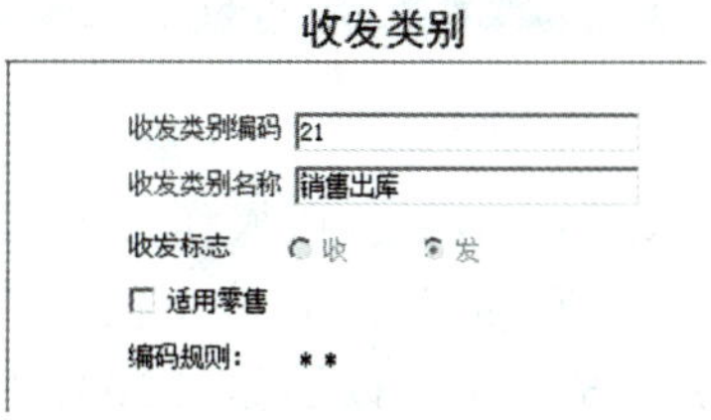

图4-86 “收发类别”对话框2

（3）此处需要增加销售类型，否则销售专用发票不允许保存。依次点击“基础设置”|“基础档案”|“业务”|“销售类型”，分别录入“销售类型编码”“销售类型名称”“出库类别”等内容。如图4-87所示。

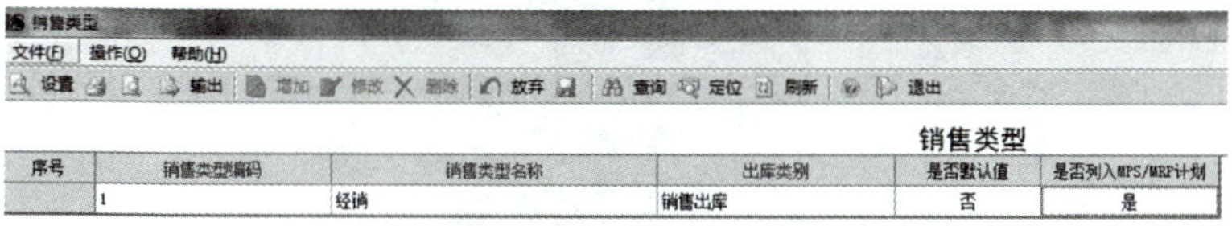

图4-87 “销售类型”窗口

（4）进入“销售专用发票”窗口，单击“增加”按钮，指定表头的“开票日期”“销售类型”“客户简称”“销售部门”等；在销售专用发票的表体部分，指定对应的“存货名称”，输入“数量”、“无税单价”或“含税单价”等，单击“保存”按钮。如图4-88所示。

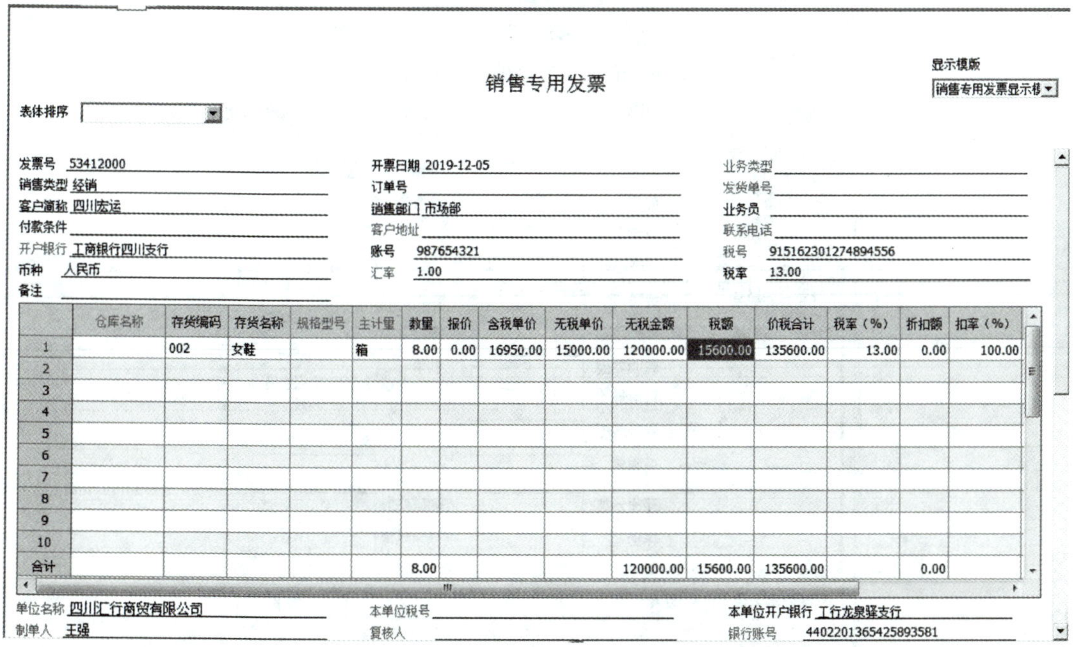

图4-88 “销售专用发票”窗口

（5）增加本单位开户银行：工行龙泉驿支行，账号：4402201365425893581，如图4-89所示。

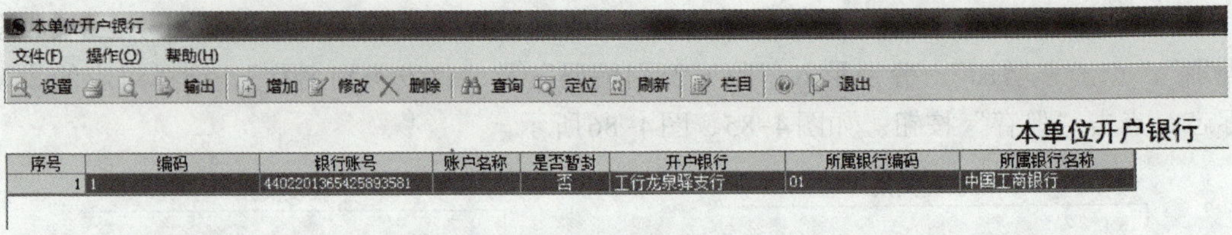

图4-89 “本单位开户银行”窗口

（6）审核应收单：以操作员2002王强的身份登录企业应用平台，依次点击“业务工作”|“应收款管理”|“应收单据处理”|“应收单据审核”|“审核发票”。

（7）生成凭证：以操作员2002王强的身份登录企业应用平台，依次点击“应收款管理”|“制单处理”，进入“制单查询”窗口。如图4-90、图4-91所示。

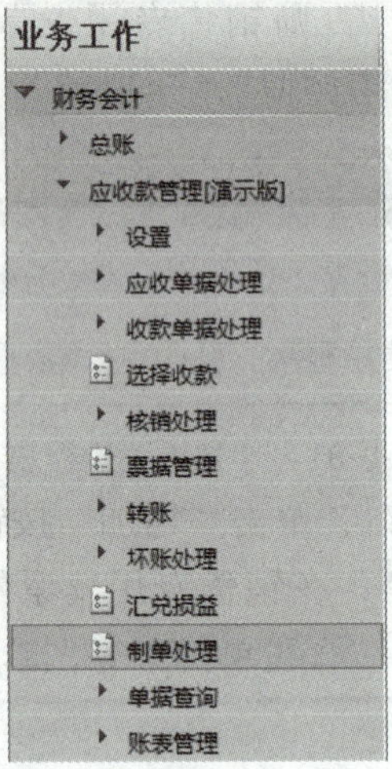

图4-90 “制单处理”路径

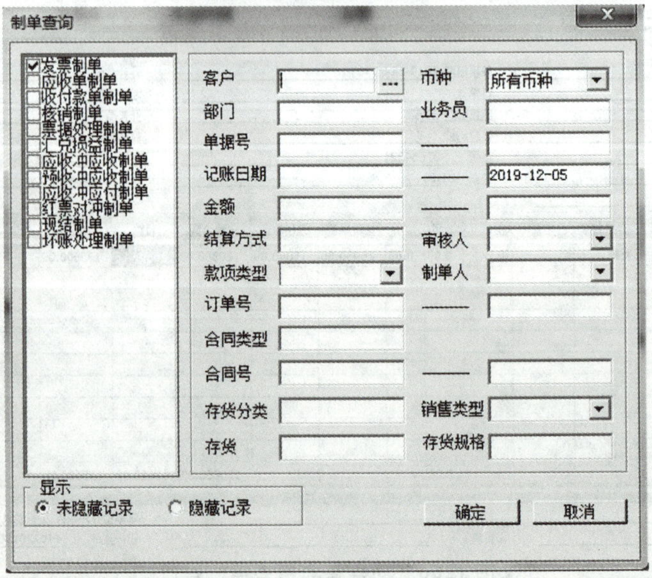

图4-91 “制单查询”对话框

在“制单查询”对话框中，勾选“发票制单”，“记账日期”输入2019年12月5日，点击“确定”。进入“销售发票制单”界面，生成相应凭证，如图4-92、图4-93所示。

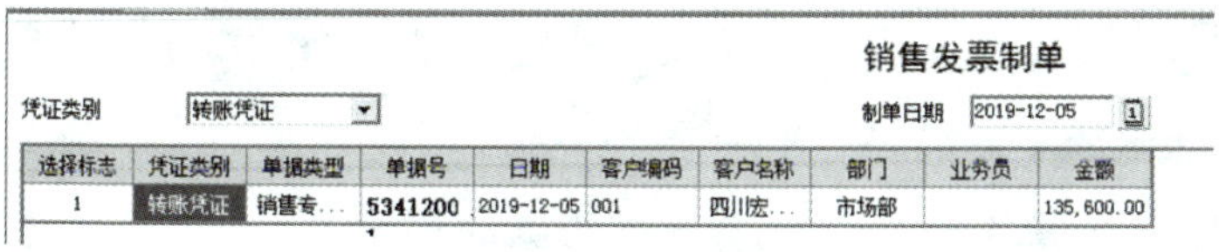

图4-92　销售发票制单

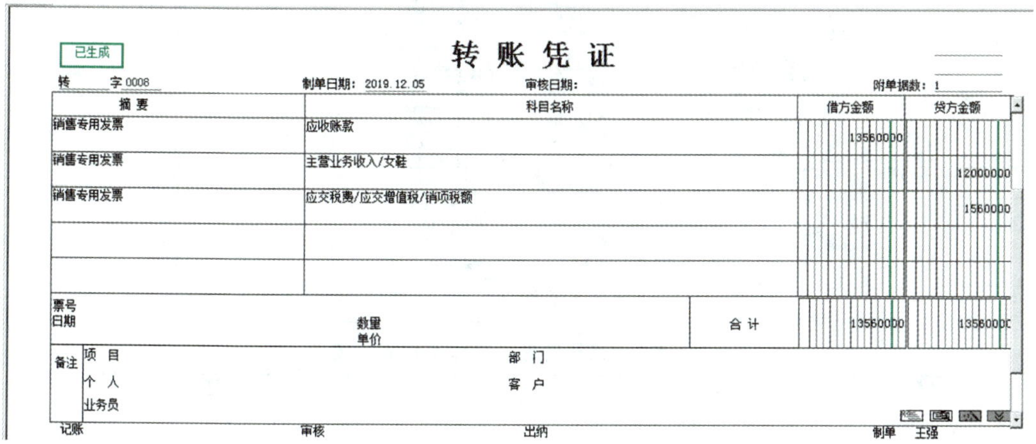

图4-93　“已生成0008号转账凭证”页面

【任务4-4-2】12月6日，四川博运公司订购4箱男鞋，预付订金10 000元。(转账支票支票号：26451126)。原始凭证见凭证23。

凭证23

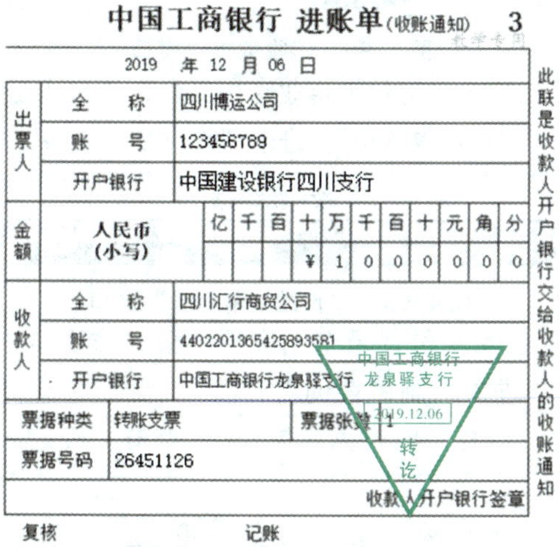

【操作提示】

(1) 以系统管理员admin身份登录“系统管理”，在“系统管理”窗口中，选择“权限”菜单，在下拉列表中点击“权限”，此处需要添加江红莉的“应收单据处理”及“收款单据处理”权限，如图4-94所示。

(2) 以操作员2003江红莉的身份登录企业应用平台，依次点击“业务工作”|“财务会计”|“应收款管理”|“收款单据处理”|“收款单录入”，进入“收款单”界面。在“收款单”表头指定“日期”“客户”“结算方式”“结算科目”，输入“金额”“票据号”等。单击表体第一行，系统即可生成对应的信息，单击“保存”按钮，如图4-95所示。

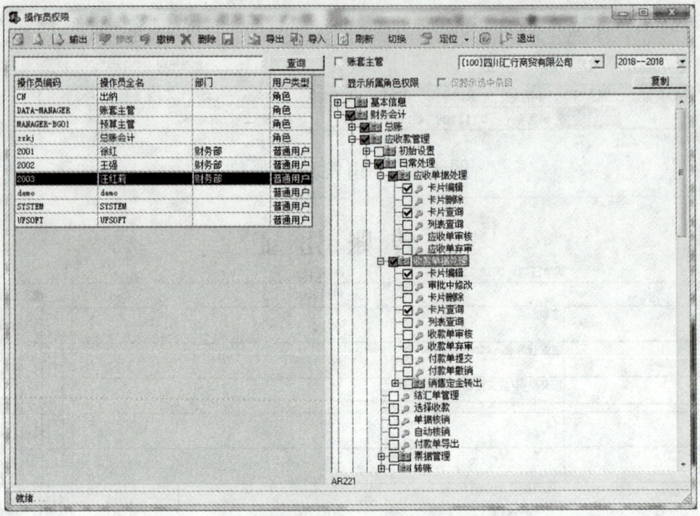

图 4-94 “系统管理—操作员权限”窗口

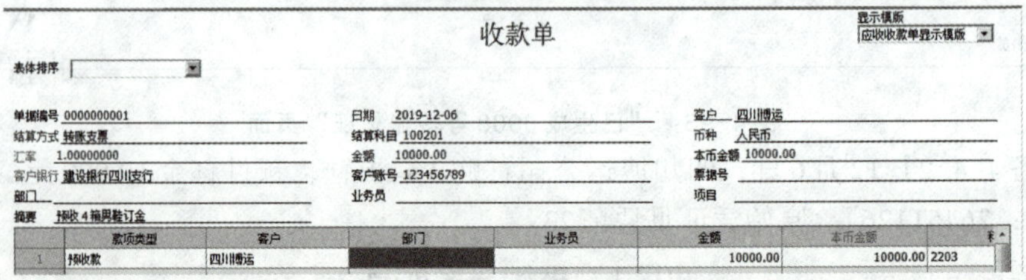

图 4-95 “收款单”窗口

（3）以操作员2003江红莉的身份登录企业应用平台，依次点击“应收款管理”|“收款单据处理”|“收款单据审核”|“审核收款单”，进入“收付款单列表”界面，如图4-96所示。

图 4-96 “收付款单列表”窗口

（4）以操作员2002王强的身份登录企业应用平台，依次点击“应收款管理”|“收款单据处理”|“制单处理”，进入“制单查询”界面。

在“制单查询”界面，选择“收付款单制单”，点击“确定”，勾选对应单据，生成凭证。如图4-97、图4-98所示。

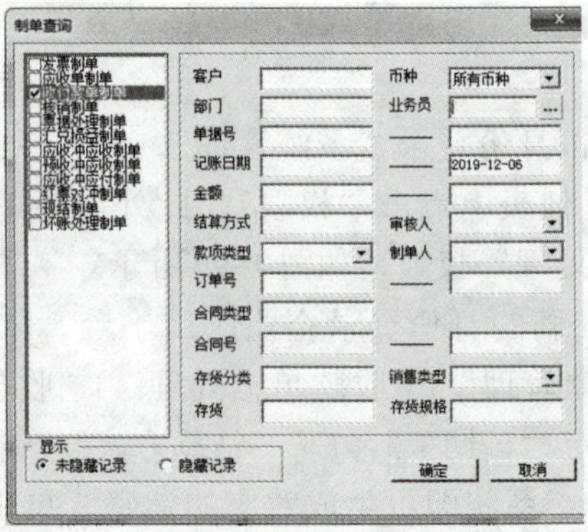

图 4-97 “制单查询”窗口

已生成

收款凭证

收 字 0002 制单日期：2019.12.06 审核日期： 附单据数：1

摘要	科目名称	借方金额	贷方金额
预收四箱男鞋订金	银行存款/人民币	1000000	
预收四箱男鞋订金	预收账款		1000000
票号 22 - 日期 2019.12.06	数量 单价 合计	1000000	1000000

备注 项目 部门
个人 客户
业务员

记账 审核 出纳 制单 王强

图4-98 “已生成0002号收款凭证”页面

【任务4-4-3】12月6日，向四川康博公司销售男鞋2箱，无税单价24 000元/箱，增值税税率为13%，以现金方式代垫运费360元。销售专用发票号为53412001。原始凭证见凭证24、凭证25。（填制销售专用发票、应收单）

凭证24

5100151140 **四川增值税专用发票** №53412001 5100151140 53412001

此联不作报销、扣税凭证使用 机器编号：982888865412 开票日期：2019年12月06日

税总函〔2019〕××号××××公司

购买方	名称：四川康博公司 纳税人识别号：915177389938892332 地址、电话：成都市龙泉驿区欣立路365号02884642008 开户行及账号：中国工商银行四川支行283262822				密码区	352312-4-278<1+46*54* 82*5346\ 181321><8182*59*09618153<12 <4<3*2702-9>9*+153</034+24 *1*>2-3*0/9/>66\5-278<345<1		
货物或应税劳务、服务名称	规格型号	单位	数量	单价	金额	税率	税额	
*服装鞋帽*男鞋		箱	2	24 000.00	48 000.00	13%	6 240.00	
合计					¥48 000.00		¥6 240.00	
价税合计（大写）	⊗伍万肆仟贰佰肆拾元整				（小写）¥54 240.00			
销售方	名称：四川汇行商贸有限公司 纳税人识别号：915101042515496872 地址、电话：龙泉驿区北泉路4276号84645235 开户行及账号：中国工商银行龙泉驿支行4402201365425893581				备注	校验码 52118 02617 08242 05199		

收款人： 复核：朱笑玮 开票人：江红莉 销售方（章）

第一联：记账联 销售方记账凭证

凭证25

收款收据 1238341

2019年 12月 06日

今收到 四川汇行商贸有限公司

交来 代垫运费

金额（大写） ⊗拾⊗万⊗仟叁佰陆拾零元零角零分

¥ 360.00 收款单位（公章）

现金付讫

核准 会计 记账 出纳 经办人 陈霞飞

第一联 存根

【操作提示】

（1）以操作员2002王强的身份登录企业应用平台，依次点击“业务工作”|“财务会计”|“应收款管理”|“应收单据处理”|“应收单据录入”，打开“单据类别”对话框。指定“单据名称”为“应收单”、“单据类型”为“其他应收单”，如图4-99所示，单击“确定”按钮，进入“应收单”窗口。

微课：四川康博销售业务

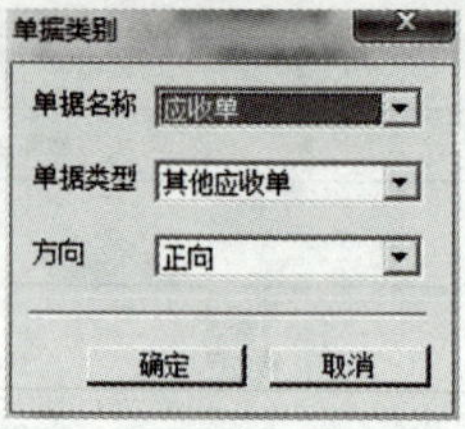

图4-99 “单据类别”对话框

（2）单击“增加”按钮，指定单据日期、客户名称、销售部门和对应的科目，输入“金额”“摘要”等，单击“保存”按钮。审核“应收单”。如图4-100、图4-101所示。

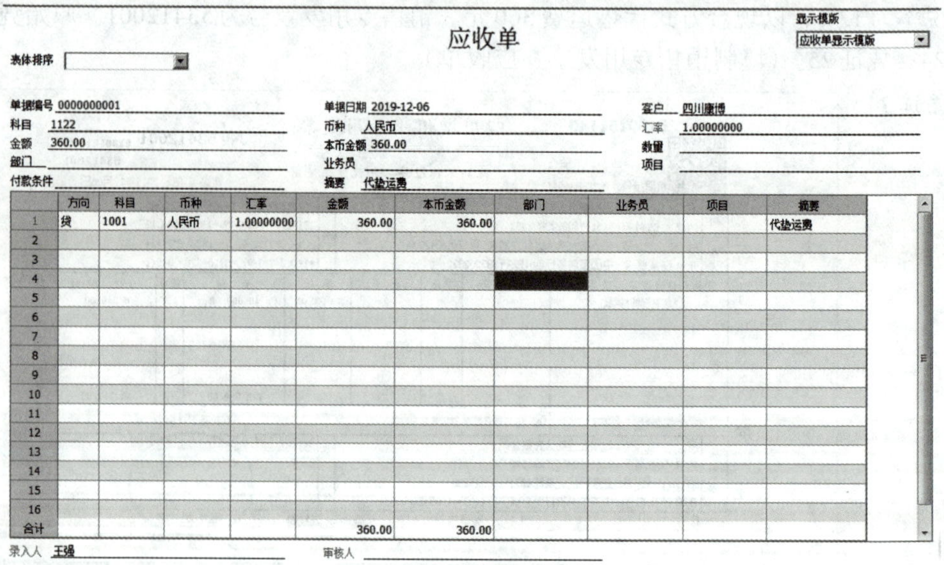

	方向	科目	币种	汇率	金额	本币金额	部门	业务员	项目	摘要
1	贷	1001	人民币	1.00000000	360.00	360.00				代垫运费
2										
3										
4										
5										
6										
7										
8										
9										
10										
11										
12										
13										
14										
15										
16										
合计					360.00	360.00				

图4-100 “应收单”窗口

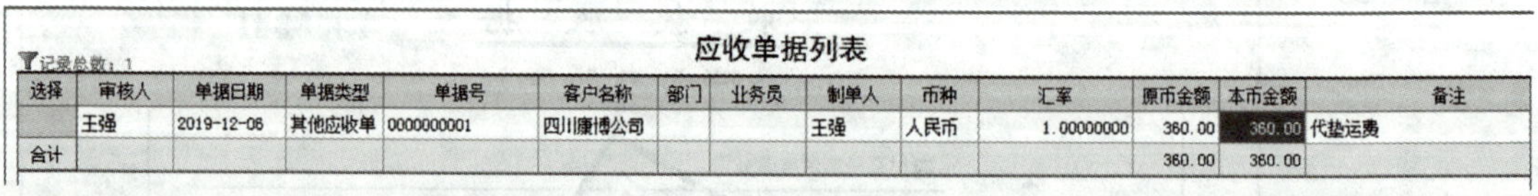

选择	审核人	单据日期	单据类型	单据号	客户名称	部门	业务员	制单人	币种	汇率	原币金额	本币金额	备注
	王强	2019-12-06	其他应收单	0000000001	四川康博公司			王强	人民币	1.00000000	360.00	360.00	代垫运费
合计											360.00	360.00	

图4-101 “应收单据列表”窗口

（3）依次点击“业务工作”|“财务会计”|“应收款管理”|“应收单据处理”|“应收单据录入”，打开“单据类别”对话框。指定“单据名称”为“销售发票”、“单据类型”为“销售专用发票”，如图4-102所示，单击“确定”按钮。

（4）进入“销售专用发票”窗口，单击“增加”按钮，指定表头的“开票日期”“销售类型”“客户简称”“销售部门”等。在销售专用发票的表体部分，指定对应的“存货名称”，输入“数量”、“无税单价”或“含税单价”等，单击“保存”按钮。审核“应收单”。如图4-103、图4-104所示。

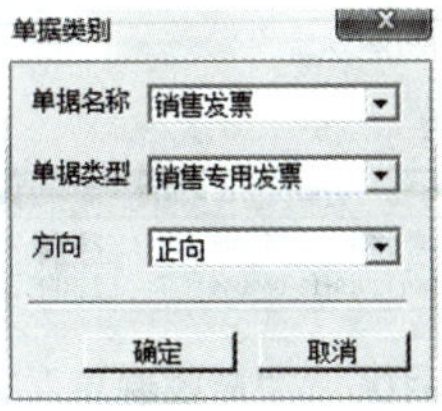

图4-102　“单据类别”对话框

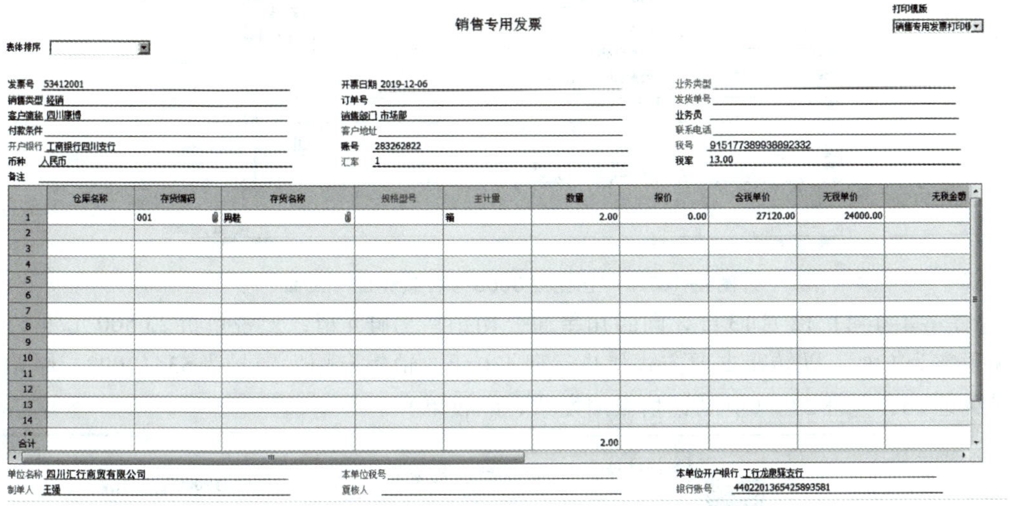

图4-103　“销售专用发票”窗口

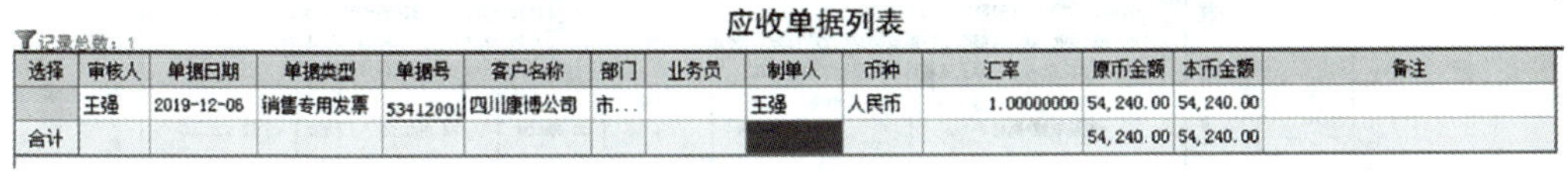

图4-104　“应收单据列表”窗口

（5）生成凭证：以操作员2002王强的身份登录企业应用平台，依次点击“应收款管理”|“收款单据处理”|“制单处理”，进入“制单查询”界面。

在“制单查询“界面选择“发票制单”“应收单制单”，进入“应收制单”窗口，生成凭证。如图4-105、图4-106、图4-107所示。

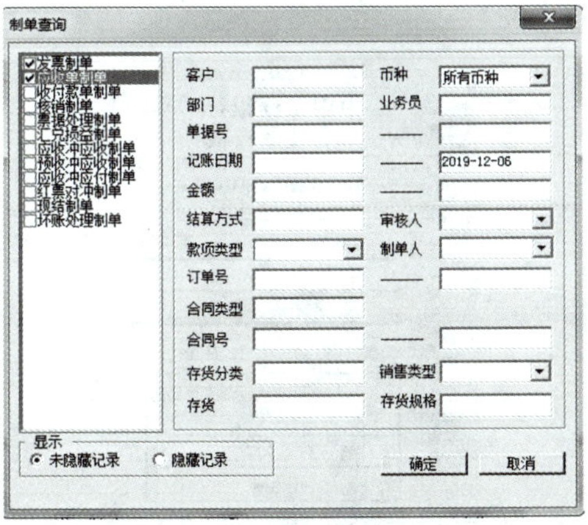

图4-105　“制单查询”界面

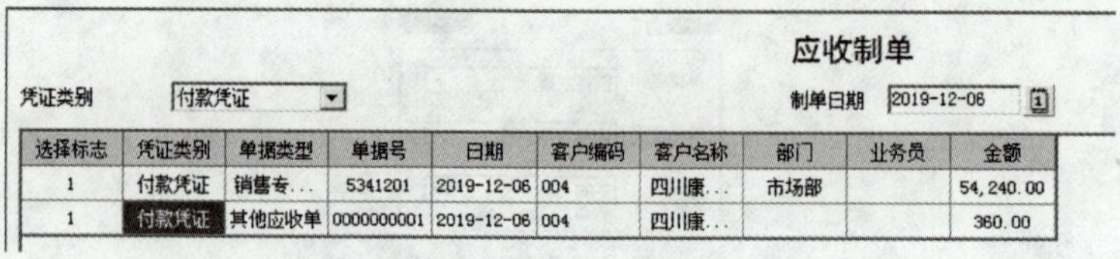

应收制单

凭证类别 付款凭证 制单日期 2019-12-06

选择标志	凭证类别	单据类型	单据号	日期	客户编码	客户名称	部门	业务员	金额
1	付款凭证	销售专...	5341201	2019-12-06	004	四川康...	市场部		54,240.00
1	付款凭证	其他应收单	0000000001	2019-12-06	004	四川康...			360.00

图4-106 “应收制单”窗口

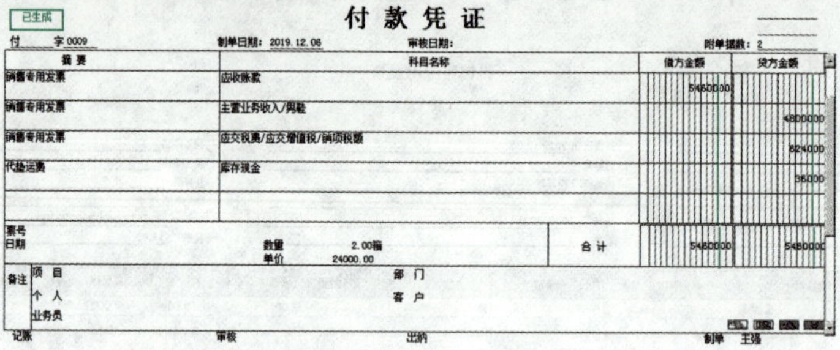

已生成

付款凭证

付 字 0009 制单日期：2019.12.06 审核日期： 附单据数：2

摘要	科目名称	借方金额	贷方金额
销售专用发票	应收账款	5460000	
销售专用发票	主营业务收入/男鞋		4800000
销售专用发票	应交税费/应交增值税/销项税额		624000
代垫运费	库存现金		36000
票号 日期	数量 2.00箱 单价 24000.00 合计	5460000	5460000

备注 项目 部门 个人 客户 业务员

记账 审核 出纳 制单 王强

图4-107 “已生成0009号付款凭证”页面

【任务4-4-4】12月13日，向四川星通公司销售男鞋4箱，无税单价23 500元/箱，增值税税率为13%，以转账支票方式代垫运费430元。销售专用发票号为53412002。原始凭证见凭证26、凭证27。（填制销售专用发票、应收单）

凭证26

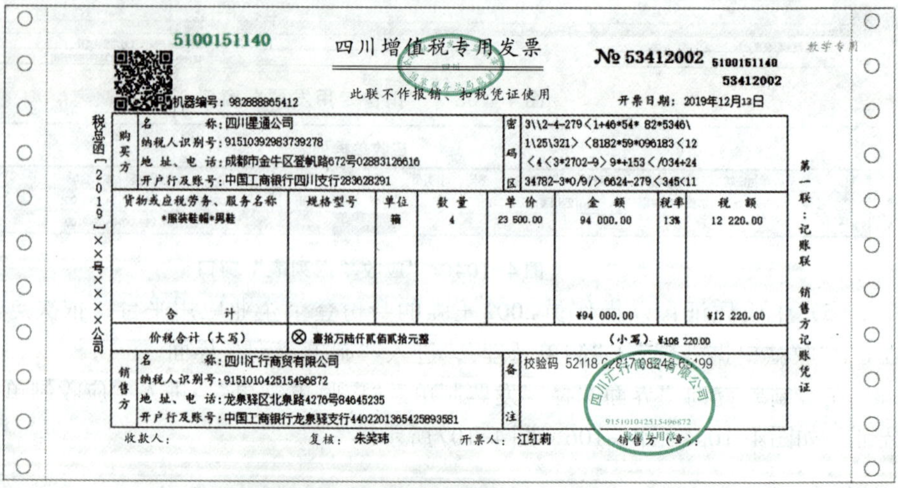

5100151140 四川增值税专用发票 № 53412002 5100151140 53412002

此联不作报销、扣税凭证使用

机器编号：982888865412 开票日期：2019年12月13日

购买方 名称：四川星通公司
纳税人识别号：91510392983739278
地址、电话：成都市金牛区登帆路672号02883126616
开户行及账号：中国工商银行四川支行283628291

密码区 3\\2-4-279＜1+46*54* 82*5346\ 1\25\321＞＜8182*59*096183＜12 ＜4＜3*2702-9＞9*+153＜/034+24 34782-3*0/9/＞6624-279＜345＜11

货物或应税劳务、服务名称	规格型号	单位	数量	单价	金额	税率	税额
*服装鞋帽*男鞋		箱	4	23 500.00	94 000.00	13%	12 220.00
合计					¥94 000.00		¥12 220.00

价税合计（大写） ⊗壹拾万陆仟贰佰贰拾元整 （小写）¥106 220.00

销售方 名称：四川汇行商贸有限公司
纳税人识别号：915101042515496872
地址、电话：龙泉驿区北泉路4276号84645235
开户行及账号：中国工商银行龙泉驿支行4402201365425893581

备注 校验码 52118 52817 08248 6?499

收款人： 复核：朱笑玮 开票人：江红莉 销售方：（章）

税总函［2019］××号××××公司

第一联：记账联 销售方记账凭证

凭证27

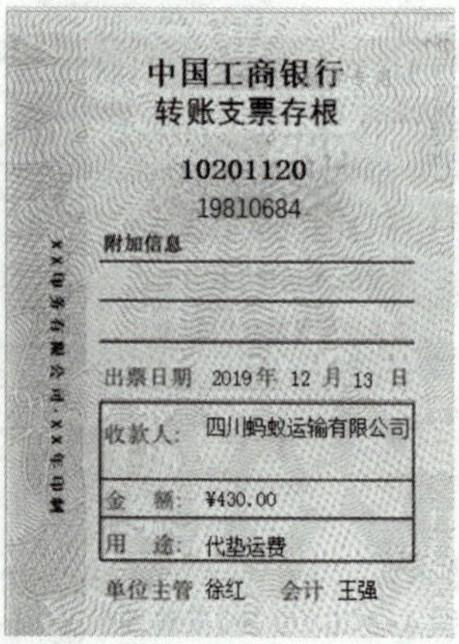

中国工商银行
转账支票存根
10201120
19810684
附加信息
出票日期 2019年12月13日
收款人：四川蚂蚁运输有限公司
金额：¥430.00
用途：代垫运费
单位主管 徐红 会计 王强

【操作提示】

（1）比照之前所述操作，根据资料录入“销售专用发票”，点击“保存”，审核发票。如图4-108、图4-109所示。

微课：四川星通销售业务

打印模版 销售专用发票打印模

销售专用发票

表体排序

发票号 53412002　开票日期 2019-12-13　业务类型

销售类型 经销　订单号　发货单号

客户简称 四川星通　销售部门 市场部　业务员

付款条件　客户地址　联系电话

开户银行 工商银行四川支行　账号 283628291　税号 91510392983739278

币种 人民币　汇率 1　税率 13.00

备注

	仓库名称	存货编码	存货名称	规格型号	主计量	数量	报价	含税单价	无税单价	无税金额	税额	价税合计
1		001	男鞋		箱	4.00	0.00	26555.00	23500.00	94000.00	12220.00	106220
2												
3												
4												
5												
6												
7												
8												
9												
10												
合计						4.00				94000.00	12220.00	106220

图4-108　“销售专用发票”窗口

应收单据列表

记录总数：1

选择	审核人	单据日期	单据类型	单据号	客户名称	部门	业务员	制单人	币种	汇率	原币金额	本币金额
	王强	2019-12-13	销售专用发票	53412002	四川星通公司	市...		王强	人民币	1.00000000	106,220.00	106,220.00
合计											106,220.00	106,220.00

图4-109　“应收单据列表”窗口

（2）比照之前所述操作，根据资料录入“应收单”，点击“保存”。审核单据。如图4-110、图4-111所示。

打印模版 应收单打印模板

应收单

表体排序

单据编号 0000000002　单据日期 2019-12-13　客户 四川星通

科目 1122　币种 人民币　汇率 1

金额 430.00　本币金额 430.00　数量 0.00

部门　业务员　项目

付款条件　摘要

	方向	科目	币种	汇率	金额	本币金额	部门	业务员	项目	摘要
1	贷	100201	人民币	1.000...	430.00	430.00				代垫运费

图4-110　“应收单”窗口

应收单据列表

记录总数：1

选择	审核人	单据日期	单据类型	单据号	客户名称	部门	业务员	制单人	币种	汇率	原币金额	本币金额
	王强	2019-12-13	其他应收单	00000...	四川星通公司			王强	人民币	1.00000000	430.00	430.00
合计											430.00	430.00

图4-111　“应收单据列表”窗口

（3）生成凭证：比照之前所述操作，在“制单查询”界面选择“发票制单”和“应收单制单”，进入“应收制单”窗口，生成凭证。如图4-112、图4-113所示。

应收制单

凭证类别 转账凭证　　制单日期 2019-12-13　　共 2 条

选择标志	凭证类别	单据类型	单据号	日期	客户编码	客户名称	部门	业务员	金额
1	转账凭证	销售专...	5341202	2019-12-13	003	四川星...	市场部		106,220.00
1	转账凭证	其他应收单	0000000002	2019-12-13	003	四川星...			430.00

图4-112 “应收制单”窗口

已生成

付 款 凭 证

付 字 0010　　制单日期：2019.12.13　　审核日期：　　附单据数：2

摘 要	科目名称	借方金额	贷方金额
销售专用发票	应收账款	10665000	
销售专用发票	主营业务收入/男鞋		9400000
销售专用发票	应交税费/应交增值税/销项税额		1222000
代垫运费	银行存款/人民币		43000
票号 日期	数量 单价　　合 计	10665000	10665000

备注　项 目　　部 门

个 人　　客 户 四川星通

业务员

记账　　审核　　出纳　　制单 王强

图4-113 “已生成0010号付款凭证”窗口

【任务4-4-5】12月21日，收到四川宏运公司转账支票一张，支付销售女鞋的货款（含税）120 000元。原始凭证见凭证28。（填制收款单）

凭证28

中国工商银行 进账单（收账通知） 3

2019 年 12 月 21 日　　№ 16223300

出票人	全称	四川宏运公司	收款人 全称	四川汇行商贸有限公司
	账号	987654321	账号	4402201365425893581
	开户银行	中国工商银行四川支行	开户银行	中国工商银行龙泉驿支行
金额	人民币（大写）	壹拾贰万元整	亿千百十万千百十元角分	¥12000000
票据种类	转支	票据张数 1		
票据号码	46167432			

复核　　记账　　　　（中国工商银行 龙泉驿支行 2019.12.21 转讫）收款人开户银行签章

此联是收款人开户银行交给收款人的收账通知

【操作提示】

（1）填写收款单。

以操作员2003江红莉的身份登录企业应用平台，依次点击“业务工作”|“财务会计”|“应收款管理”|“收款单据处理”|“收款单录入”，进入“收款单”界面。在“收款单”表头指定“日期”“客户”“结算方式”“结算科目”，输入“金额”等。单击表体第一行，系统即可生成对应的信息，单击“保存”按

微课：四川宏运收款业务

钮，审核收款单。如图4-114、图4-115所示。

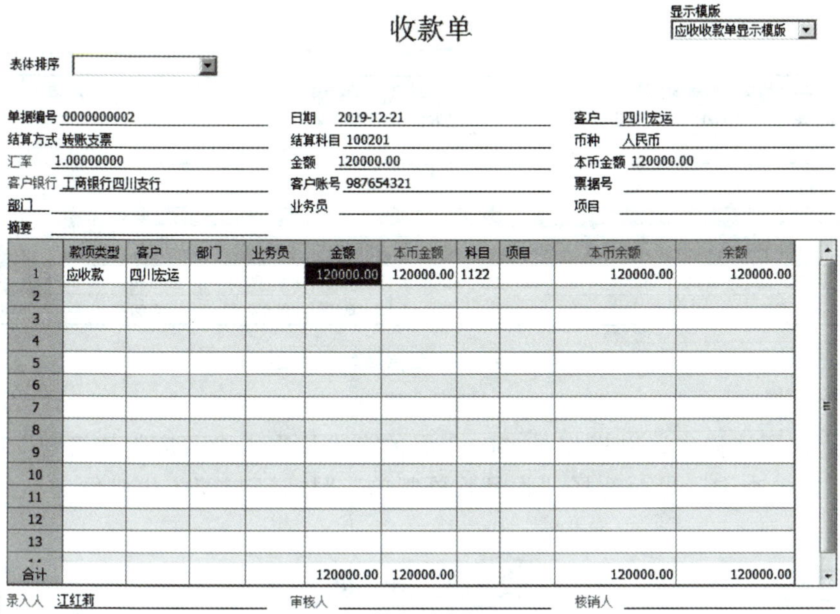

图4-114　“收款单”窗口

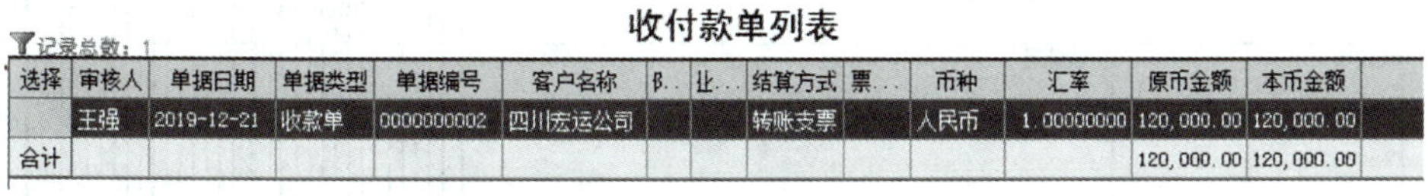

图4-115　“收付款单列表”窗口

（2）核销处理。

以操作员2003江红莉的身份登录企业应用平台，依次点击“业务工作”|“财务会计”|“应收款管理”|“核销处理”|“手工核销”，进入“核销条件”界面，如图4-116所示。在“核销条件”界面选择对应的“客户”，点击“确定”。

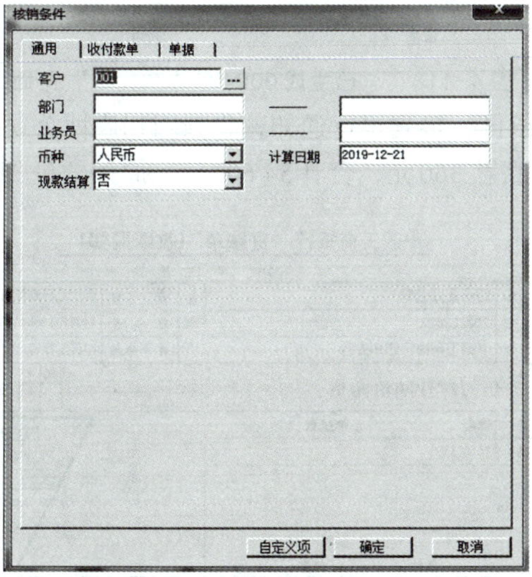

图4-116　“核销条件”对话框

在“单据核销”窗口，“本次结算”金额栏录入金额“120000”后保存。如图4-117所示。

单据日期	单据类型	单据编号	客户	款项类型	结算方式	币种	汇率	原币金额	原币余额
2019-12-21	收款单	0000000002	四川宏运	应收款	转账支票	人民币	1.00000000	120,000.00	120,000.00
合计								120,000.00	120,000.00

单据日期	单据类型	单据编号	到期日	客户	币种	原币金额	原币余额	可享受折扣	本次折扣	本次结算	订单
2019-12-05	销售专...	5341200	2019-12-05	四川宏运	人民币	135,600.00	135,600.00	0.00	0.00	120,000.00	
合计						135,600.00	135,600.00	0.00		120,000.00	

图4-117 “单据核销”窗口

（3）生成凭证。

比照之前所述操作，以操作员2002王强的身份依次点击“应收款管理”|“制单处理”，在“制单查询”界面选择“收付款单制单”“核销制单”，生成凭证。如图4-118所示。

已生成

收款凭证

收 字0004 制单日期：2019.12.21 审核日期： 附单据数：1

摘要	科目名称	借方金额	贷方金额
收款单	银行存款/人民币	12000000	
收款单	应收账款		12000000
票号 46167432 日期 2019.12.21 数量 单价	合计	12000000	12000000

备注 项目 部门
个人 客户
业务员

记账 审核 出纳 制单 王强

图4-118 “已生成0004号收款凭证”页面

【任务4-4-6】12月26日，接到银行通知，收到四川康博公司以电汇方式支付购买男鞋价税款54 240元及代垫运费款360元，合计54 600元，原始凭证见凭证29。（填制收款单）

凭证29

中国工商银行 进账单（收账通知） 3

2019 年 12 月 26 日 № 16223514

出票人	全称	四商康博公司	收款人	全称	四川汇行商贸有限公司
	账号	283262822		账号	4402201365425893581
	开户银行	中国工商银行四川支行		开户银行	中国工商银行龙泉驿支行
金额	人民币（大写）	伍万肆仟陆佰元整		亿千百十万千百十元角分	¥5460000
票据种类	电汇	票据张数	1		
票据号码	16160123				

中国工商银行 龙泉驿支行 2019.12.26 转讫

复核 记账 收款人开户银行签章

此联是收款人开户银行交给收款人的收账通知

【操作提示】

比照【任务4-4-5】的流程。不同点：核销处理。

（1）以操作员2003江红莉的身份填制收款单。

根据资料录入“收款单”，点击“保存”，审核收款单。如图4-119、图4-120所示。

微课：四川康博收款业务

收款单

表体排序

单据编号	0000000003	日期	2019-12-26	客户	四川康博
结算方式	汇兑	结算科目		币种	人民币
汇率	1.00000000	金额	54600.00	本币金额	54600.00
客户银行	工商银行四川支行	客户账号	283262822	票据号	
部门		业务员		项目	
摘要	收回男鞋货款				

	款项类型	客户	部门	业务员	金额	本币金额	科目	项目	本币余额	余额
1	应收款	四川康博			54600.00	54600.00	1122		54600.00	54600.00
2										
3										
4										
5										
6										
7										
8										
9										
10										
11										
12										
13										
合计					54600.00	54600.00			54600.00	54600.00

图4-119　“收款单”窗口

收付款单列表

记录总数：1

选择	审核人	单据日期	单据类型	单据编号	客户名称	部…	业…	结算方式	票…	币种	汇率	原币金额	本币金额	
	王强	2019-12-26	收款单	0000000003	四川康博公司			汇兑		人民币	1.00000000	54,600.00	54,600.00	收回男
合计												54,600.00	54,600.00	

图4-120　“收付款单列表”窗口

（2）手工核销。

以操作员2003江红莉的身份登录企业应用平台，依次点击“业务工作”|“财务会计”|“应收款管理”|“核销处理”|“手工核销”，进入“核销条件”界面，在“核销条件”界面选择对应的“客户”，点击“确定”。在“单据核销”界面，“本次结算”栏上、下两行中分别录入金额“360”和“54240”，点击“保存”。如图4-121所示。

单据日期	单据类型	单据编号	客户	款项类型	结算方式	币种	汇率	原币金额	原币余额	本
2019-12-26	收款单	0000000003	四川康博	应收款	汇兑	人民币	1.00000000	54,600.00	54,600.00	
合计								54,600.00	54,600.00	

单据日期	单据类型	单据编号	到期日	客户	币种	原币金额	原币余额	可享受…	本次折扣	本次结算	订单号	
2019-12-06	其他应收单	000000…	2019-12-06	四川康博	人民币	360.00	360.00	0.00	0.00	360.00		付
2019-12-06	销售专…	5341201	2019-12-06	四川康博	人民币	54,240.00	54,240.00	0.00	0.00	54,240.00		付
合计						54,600.00	54,600.00	0.00		54,600.00		

图4-121　“手工核销”窗口

（3）以操作员2002王强的身份生成凭证。

比照之前所述操作，依次点击“应收款管理”|“制单处理”，在“制单查询”界面选择“收付款单制单”“核销制单”，生成凭证。如图4-122所示。

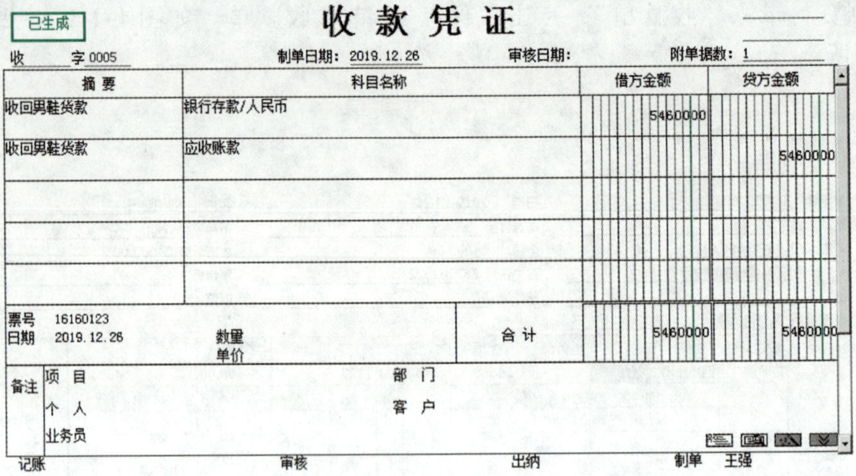

图4-122 “已生成0005号收款凭证”页面

【任务4-4-7】12月29日，发现12月13日【任务4-4-4】中的业务错误，无该笔业务，需要删除。

【操作提示】

（1）删除凭证。

以操作员2002王强的身份登录“企业应用平台”，依次点击“业务工作”|“财务会计”|“应收款管理”|“单据查询”|“凭证查询”，进入“凭证查询”界面，选中12月13日的记录，点击“删除”。如图4-123所示。

微课：修改四川星通销售发票

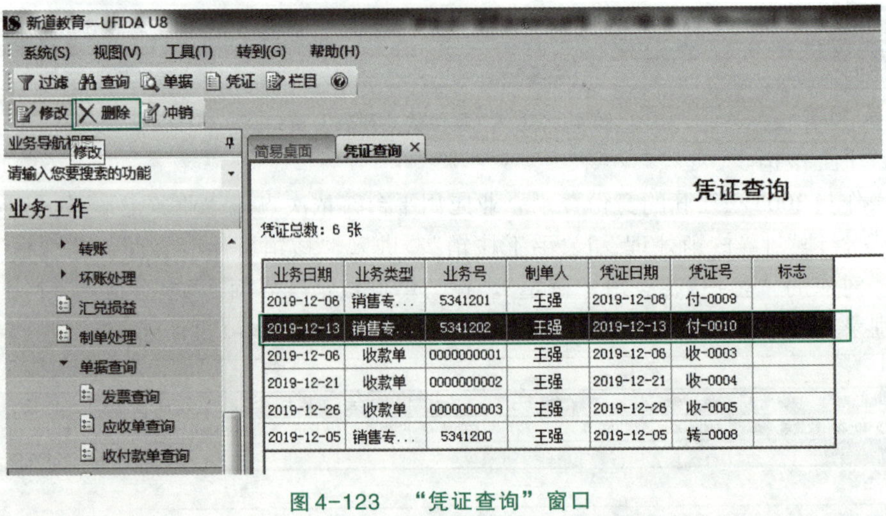

图4-123 “凭证查询”窗口

（2）取消单据审核。

以操作员2002王强的身份依次点击“业务工作”|“财务会计”|“应收款管理”|“应收单据处理”|“应收单据审核”，在“应收单查询条件”中勾选“已审核”，如图4-124所示，进入“应收单据列表”界面。

图4-124 “应收单查询条件”窗口

在“应收单据列表”界面中选择2019年12月13日的两张单据，点击“弃审”。如图4-125所示。

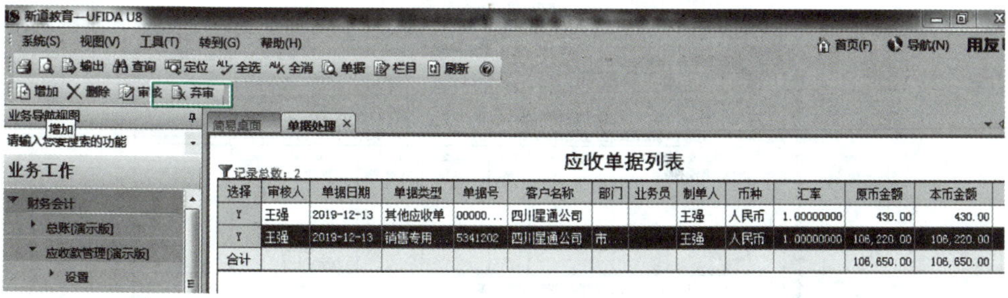

图4-125 “应收单据列表”界面

（3）删除发票和应收单。

以操作员2002王强的身份依次点击“业务工作”|“财务会计”|“应收款管理”|“应收单据处理”|“应收单据录入”，找出对应的发票和应收单，点击“删除”。如图4-126、图4-127所示。

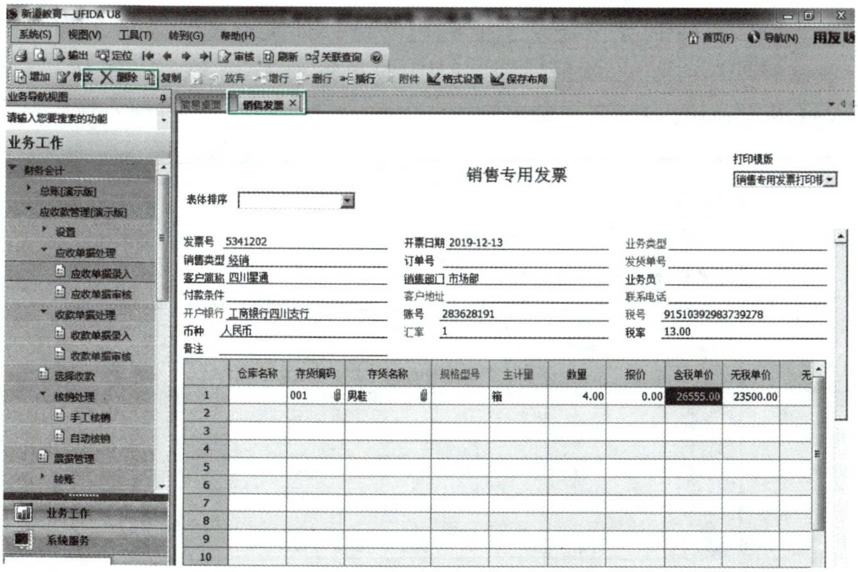

图4-126 删除销售专用发票

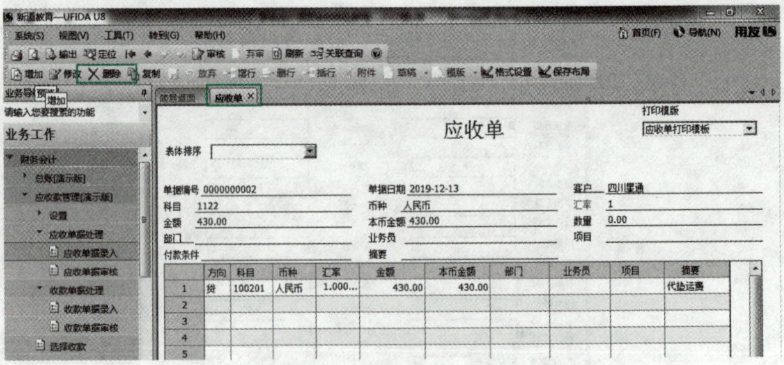

图4-127 删除应收单

【任务4-4-8】接【任务4-4-2】，12月31日，业务员向天宇向四川博运公司销售4箱男鞋，无税单价24 000元/箱，增值税税率为13%，销售专用发票号为53412003，冲销预收款10 000元。原始凭证见凭证30。

凭证30

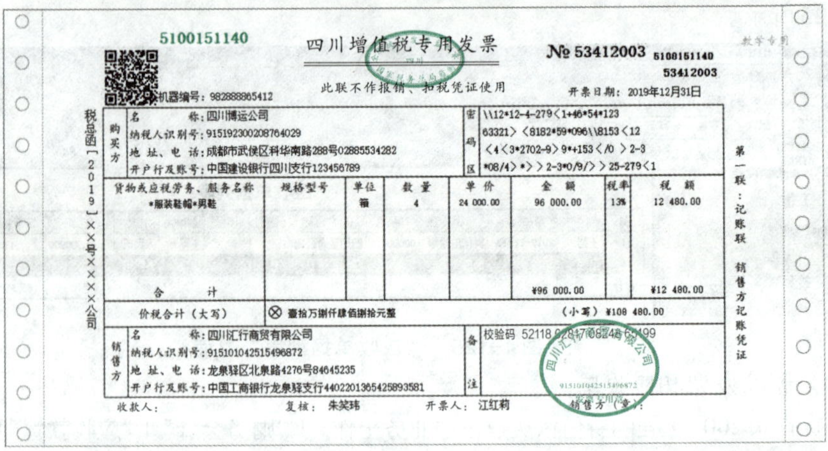
5100151140
四川增值税专用发票
№ 53412003 5100151140 53412003
此联不作报销、扣税凭证使用
机器编号：982888865412
开票日期：2019年12月31日

购买方 名称：四川博运公司
纳税人识别号：915192300208764029
地址、电话：成都市武侯区科华南路288号02885534282
开户行及账号：中国建设银行四川支行123456789
密码区 \\12*12-4-279＜1+46*54*123 63321＞＜8182*59*096\\8153＜12 ＜4＜3*2702-9＞9*+153＜/0＞2-3 *08/4＞*＞＞2-3*0/9/＞＞25-279＜1

货物或应税劳务、服务名称	规格型号	单位	数量	单价	金额	税率	税额
*服装鞋帽*男鞋		箱	4	24 000.00	96 000.00	13%	12 480.00
合计					¥96 000.00		¥12 480.00

价税合计（大写）⊗壹拾万捌仟肆佰捌拾元整 （小写）¥108 480.00

销售方 名称：四川汇行商贸有限公司
纳税人识别号：915101042515496872
地址、电话：龙泉驿区北泉路4276号84645235
开户行及账号：中国工商银行龙泉驿支行4402201365425893581
备注 校验码 52118 [illegible]

收款人： 复核：朱奕玮 开票人：江红莉 销售方（章）

第一联：记账联 销售方记账凭证

（1）填写并审核销售专票。

以操作员2002王强的身份登录企业应用平台，依次点击“业务工作”|“财务会计”|“应收款管理”|“应收单据处理”|“应收单据录入”，填制并审核“销售专用发票”。如图4-128、图4-129所示。

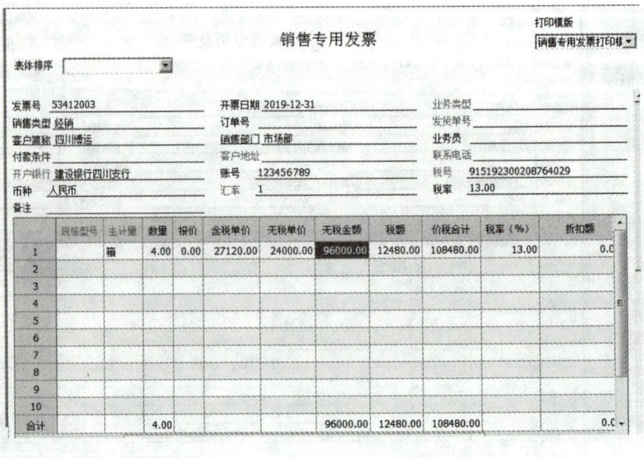

图4-128 “销售专用发票”窗口

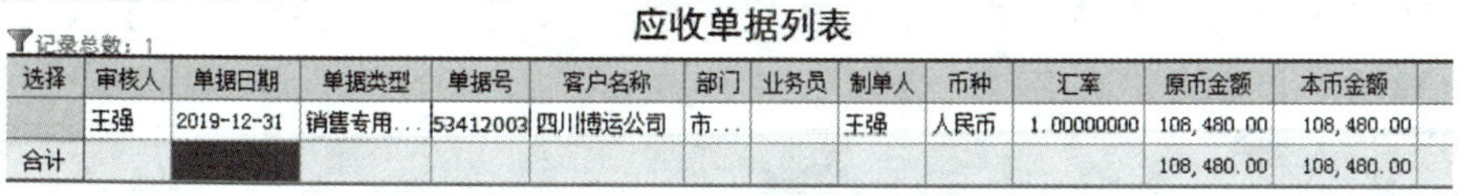

应收单据列表

记录总数：1

选择	审核人	单据日期	单据类型	单据号	客户名称	部门	业务员	制单人	币种	汇率	原币金额	本币金额
	王强	2019-12-31	销售专用...	53412003	四川博运公司	市...		王强	人民币	1.00000000	108,480.00	108,480.00
合计											108,480.00	108,480.00

图4-129　“应收单据列表”窗口

（2）预收冲应收。

以操作员2002王强的身份登录企业应用平台，依次点击“业务工作”|“财务会计”|“应收款管理”|“转账”|“预收冲应收”，如图4-130所示。

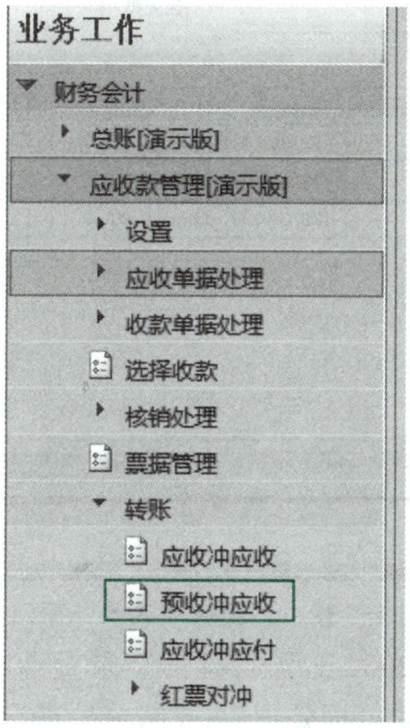

图4-130　选择“预收冲应收”

第一步：在“预收冲应收”窗口中，点击“预收款”页签，选择相应的客户，在“转账金额”栏录入“10000”，如图4-131所示。

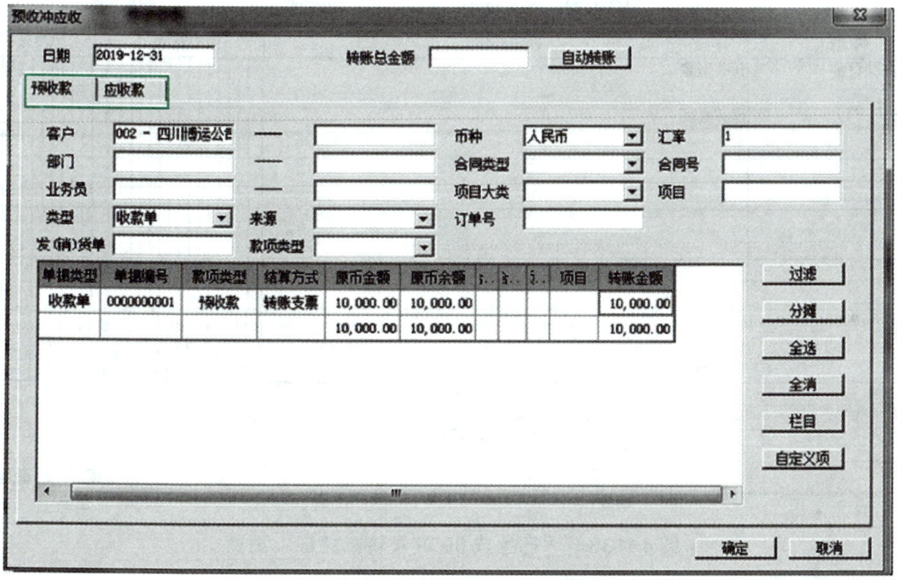

图4-131　“预收冲应收”窗口1

第二步：点击“应收款”页签，选择相应的客户，在“转账金额”栏录入“10000”。如图4-132所示，点击“确定”。

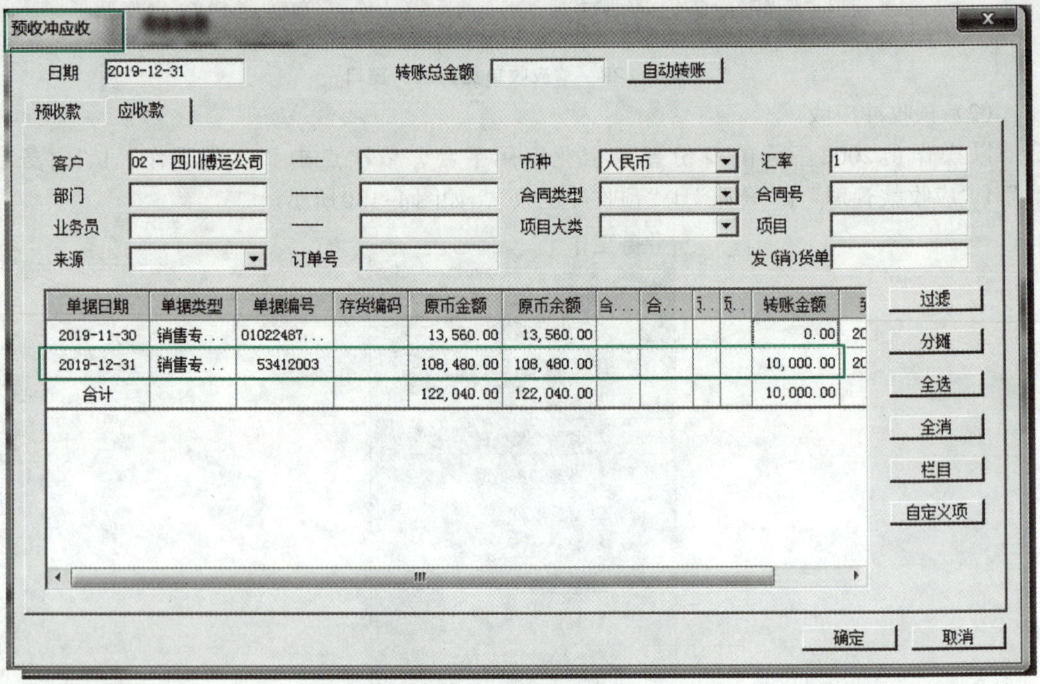

图4-132 “预收冲应收”窗口2

（3）生成凭证：以操作员2002王强的身份登录企业应用平台，比照之前所述操作，依次点击“应收款管理”|“收款单据处理”|“制单处理”，进入“制单查询”界面，选择“发票制单”和“预收冲应收制单”，生成相应的凭证，如图4-133、图4-134所示。

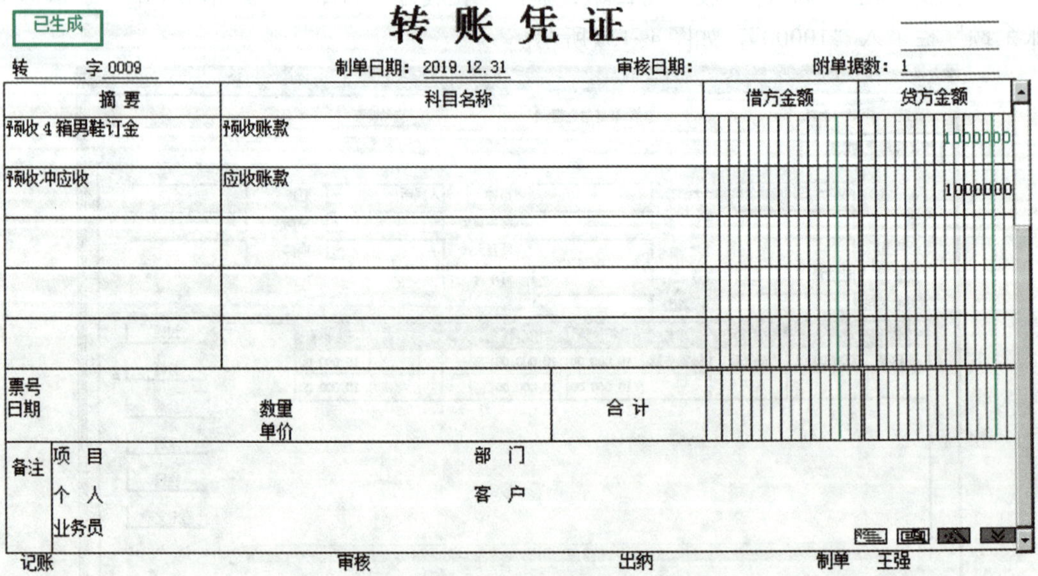

图4-133 “已生成0009号转账凭证”页面

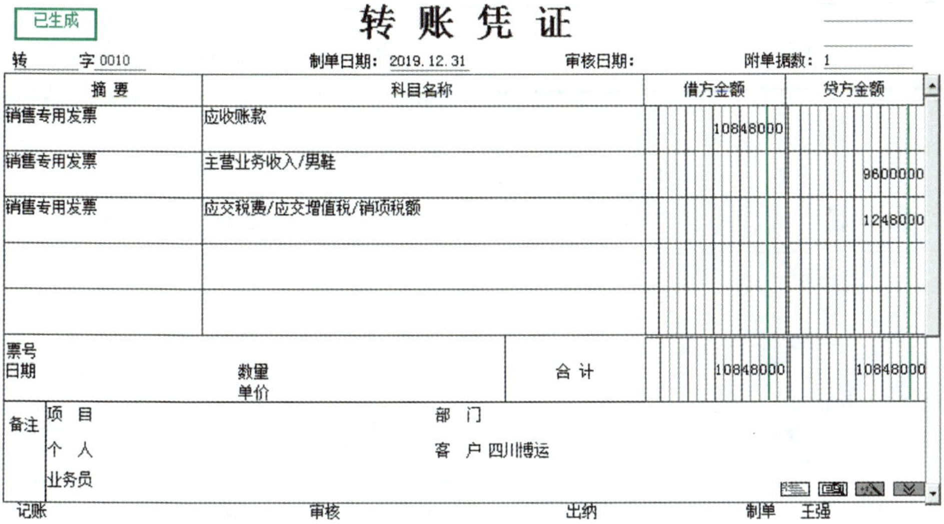

图4-134 “已生成0010号转账凭证”页面

【任务4-4-9】计提坏账准备。

【操作提示】

（1）计提坏账。

以操作员2002王强的身份登录企业应用平台，依次点击“业务工作”|“财务会计”|“应收款管理”|“坏账处理”|“计提坏账准备”，如图4-135所示，进入“应收账款百分比”窗口，如图4-136所示。

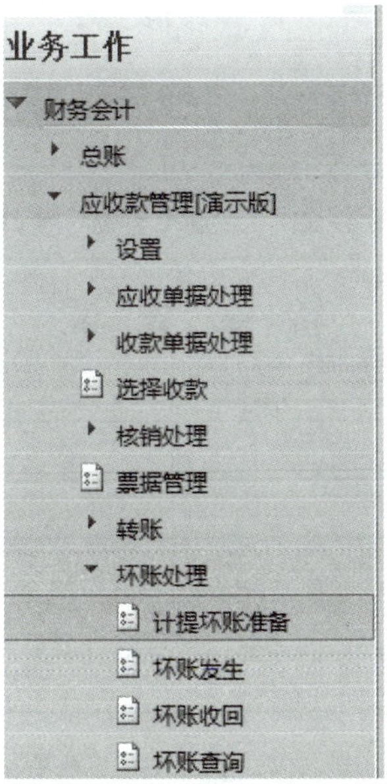

图4-135 “计提坏账准备”窗口

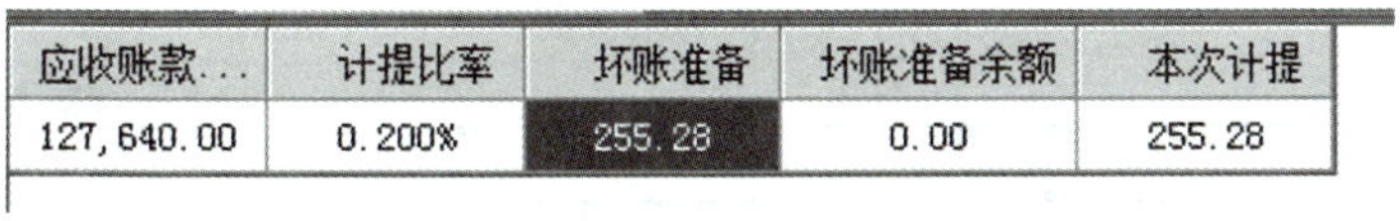

应收账款...	计提比率	坏账准备	坏账准备余额	本次计提
127,640.00	0.200%	255.28	0.00	255.28

图4-136 “应收账款百分比”窗口

（2）制单处理。

以操作员2002王强的身份登录企业应用平台，点击“应收款管理”|“制单处理”，进入“制单查询”界面，选择“坏账处理制单”，如图4-137所示。点击“确定”，即生成相应凭证，如图4-138所示。

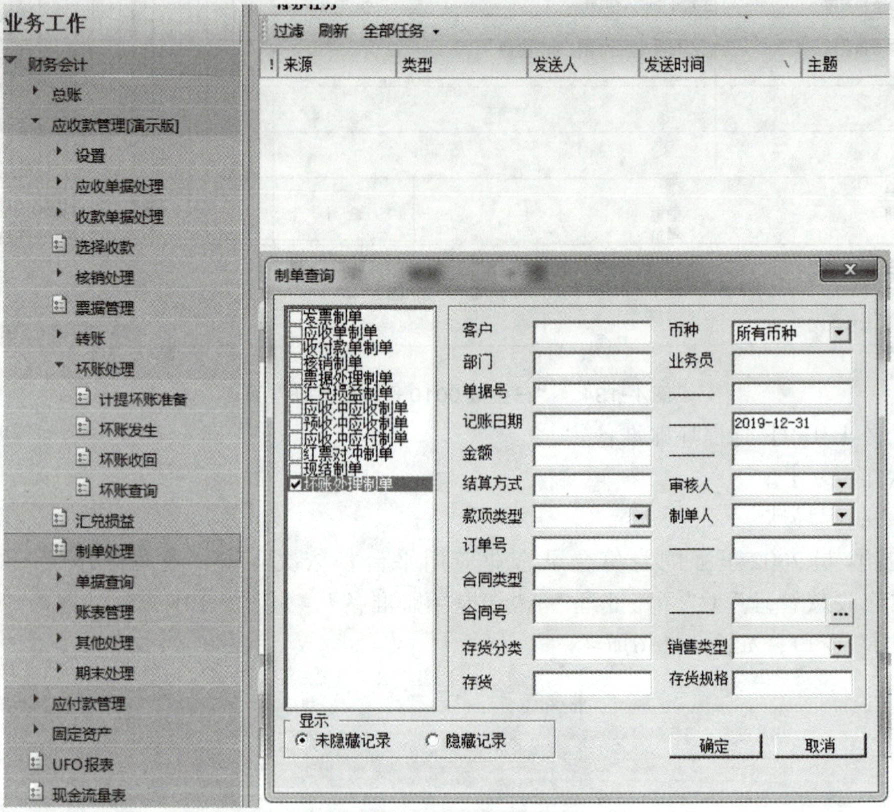

图4-137　“制单查询”窗口

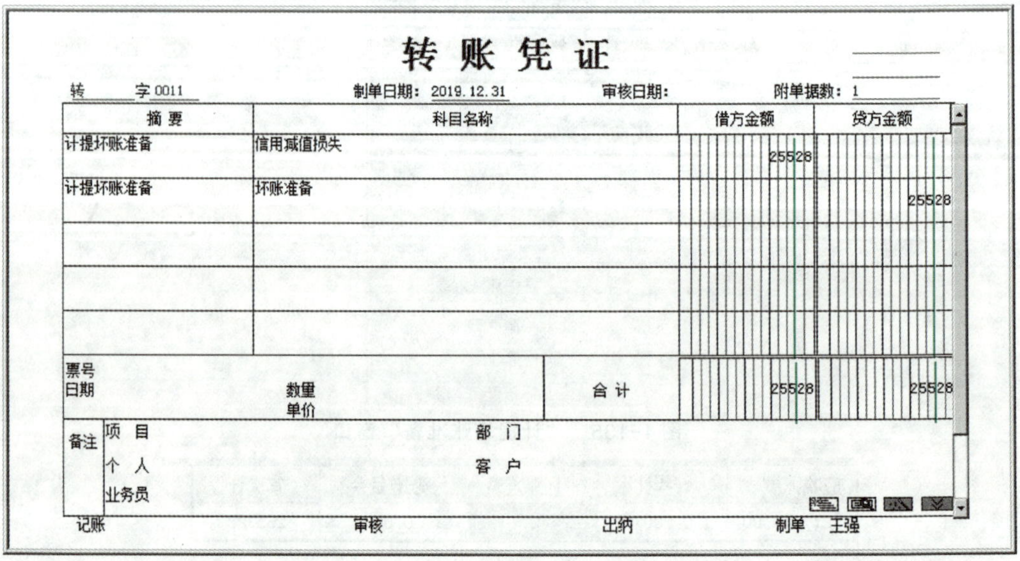

图4-138　“0011号转账凭证”页面

任务五 应付款管理系统日常业务处理

应付款管理系统日常业务处理主要包括应付单据处理、付款单据处理、单据核销及生成相应的记账凭证等内容。

微课：应付款管理系统日常业务处理概述

【任务4-5-1】12月5日，采购部向广州兴泰商贸有限公司采购男鞋2箱，原币单价9 000元，已收到对方开具的增值税专用发票（发票号60638367），货款未付，货物已验收入库。原始凭证见凭证31至凭证33。（填制采购专用发票）

凭证31

4400151140　　广东增值税专用发票　　№ 60638367　4400151140　60638367

发票联

机器编号：442888812666　　开票日期：2019年12月05日

购买方	名　　称：四川汇行商贸有限公司 纳税人识别号：915101042515496872 地 址、电 话：龙泉驿区北泉路4276号84645235 开户行及账号：中国工商银行龙泉驿支行4402201365425893581			密码区	78*312-4-275＜1+46*54* 34\\12 11\\0988＜8182*59*09628*90\\35 12＜4＜3*27＞945$3153＜/0 ＞12 77%8/4＞＞2-3*0＞＞25-\\90＜1/9/		
货物或应税劳务、服务名称	规格型号	单位	数量	单价	金额	税率	税额
*服装鞋帽*男鞋		箱	2	9 000.00	18 000.00	13%	2 340.00
合　　计					¥18 000.00		¥2 340.00
价税合计（大写）	⊗贰万零叁佰肆拾元整				（小写）¥20 340.00		
销售方	名　　称：广州兴泰商贸有限公司 纳税人识别号：91440104M666699954 地 址、电 话：广州越秀区伟易路518号02040058585 开户行及账号：中国工商银行广州越秀区联宜路支行3929579894692318747			备注	校验码 52118 02817 08248 65199		

收款人：　　复核：杨英　　开票人：赵雄　　销售方（章）：

税总函［2019］××号××××公司

第三联：发票联　购买方记账凭证

凭证32

4400151140　　广东增值税专用发票　　№ 60638367　4400151140　60638367

抵扣联

机器编号：442888812666　　开票日期：2019年12月05日

购买方	名　　称：四川汇行商贸有限公司 纳税人识别号：915101042515496872 地 址、电 话：龙泉驿区北泉路4276号84645235 开户行及账号：中国工商银行龙泉驿支行4402201365425893581			密码区	78*312-4-275＜1+46*54* 34\\12 11\\0988＜8182*59*09628*90\\35 12＜4＜3*27＞945$3153＜/0 ＞12 77%8/4＞＞2-3*0＞＞25-\\90＜1/9/		
货物或应税劳务、服务名称	规格型号	单位	数量	单价	金额	税率	税额
*服装鞋帽*男鞋		箱	2	9 000.00	18 000.00	13%	2 340.00
合　　计					¥18 000.00		¥2 340.00
价税合计（大写）	⊗贰万零叁佰肆拾元整				（小写）¥20 340.00		
销售方	名　　称：广州兴泰商贸有限公司 纳税人识别号：91440104M666699954 地 址、电 话：广州越秀区伟易路518号02040058585 开户行及账号：中国工商银行广州越秀区联宜路支行3929579894692318747			备注	校验码 52118 02817 08248 65199		

收款人：　　复核：杨英　　开票人：赵雄　　销售方（章）：

税总函［2019］××号××××公司

第二联：抵扣联　购买方扣税凭证

凭证33

收　料　单

材料科目：鞋

供应单位：广州兴泰

2019 年　12月　5　日　　　收料仓库：原料库

材料名称	规格	计量单位	数量		实际成本					
			应收	实收	买价		摊运杂费	其他	合计
					单价	金额			
男鞋		箱	2	2					
合　计			2	2					

记账：　　　　收料：郑浩　　　　制单：郑浩

【操作提示】

（1）以操作员2002王强的身份登录企业应用平台，依次点击“业务工作”|“财务会计”|“应付款管理”|“应付单据处理”|“应付单据录入”，打开“单据类别”对话框。指定“单据名称”为“采购发票”、“单据类型”为“采购专用发票”后，单击“确定”按钮，如图4-139所示。

微课：广州兴泰采购业务

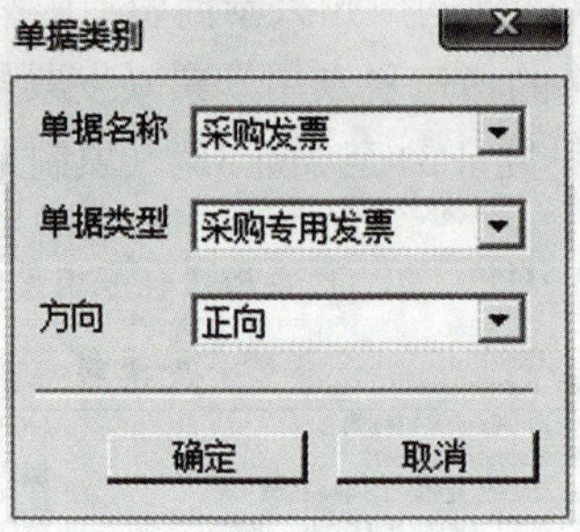

图4-139　“单据类别”对话框

（2）以2002王强的身份进入“采购专用发票”窗口，单击“增加”按钮，指定表头的“开票日期”“发票类型”“供应商”等信息。在采购专用发票的表体部分，选择对应“存货编码”，输入“数量”“原币单价”等，单击“保存”按钮。如图4-140所示。

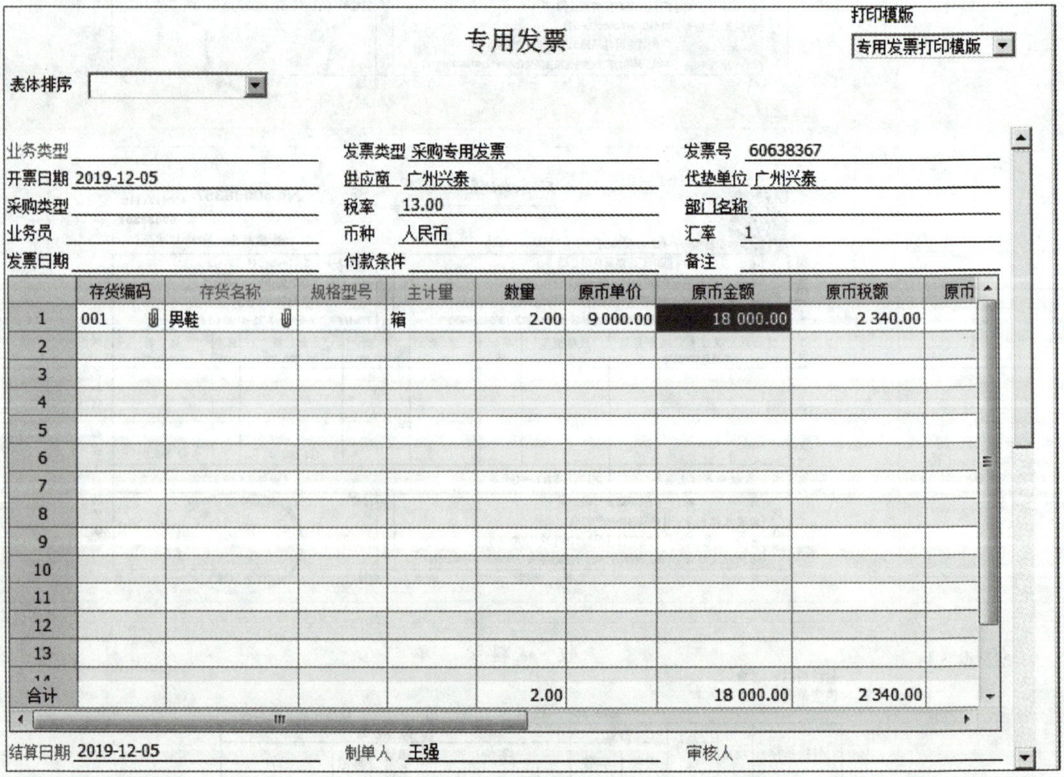

专用发票

打印模版：专用发票打印模版

表体排序

业务类型		发票类型	采购专用发票	发票号	60638367
开票日期	2019-12-05	供应商	广州兴泰	代垫单位	广州兴泰
采购类型		税率	13.00	部门名称	
业务员		币种	人民币	汇率	1
发票日期		付款条件		备注	

	存货编码	存货名称	规格型号	主计量	数量	原币单价	原币金额	原币税额	原币
1	001	男鞋		箱	2.00	9 000.00	18 000.00	2 340.00	
2									
3									
4									
5									
6									
7									
8									
9									
10									
11									
12									
13									
合计					2.00		18 000.00	2 340.00	

结算日期 2019-12-05　制单人 王强　审核人

图4-140　“采购专用发票”窗口

（3）以2002王强的身份点击“应付款管理”|“应付单据处理”|“应付单据审核”，打开“应付单查询条件”对话框，对采购发票进行审核，选中所需审核单据，点击“审核”。如图4-141至图4-143所示。

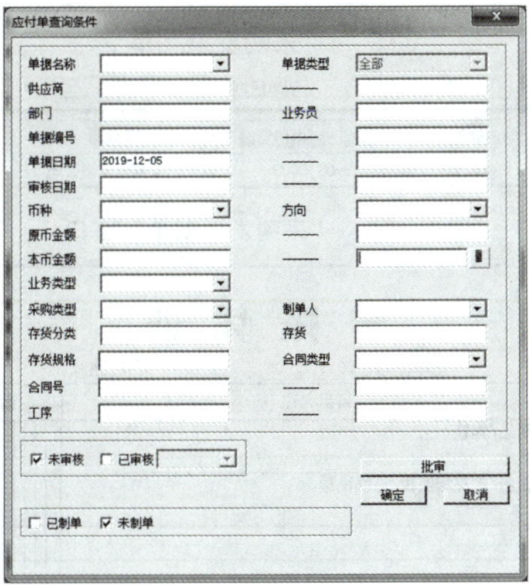

图4-141 “应付单查询条件”对话框

图4-142 “应付单据列表”窗口1

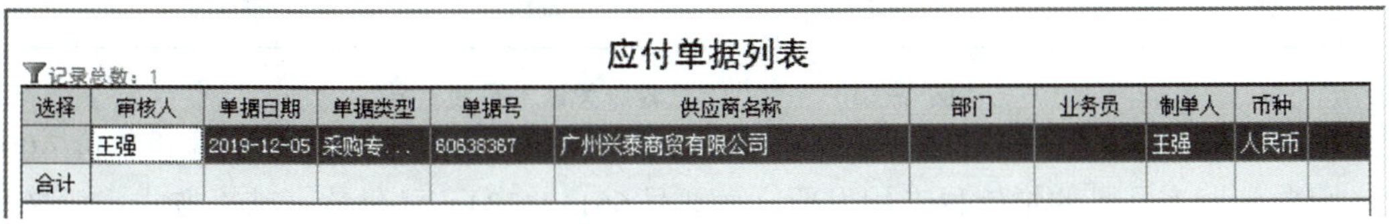

图4-143 “应付单据列表”窗口2

（4）以2002王强的身份进入“制单查询”界面，勾选“发票制单”，点击“确定”，如图4-144所示。选中需要制单的凭证，点击“制单”，修改凭证类别为“转”字，修改“材料采购”科目为“库存商品/男鞋”，输入“数量”“单价”，点击“保存”。如图4-145、图4-146所示。

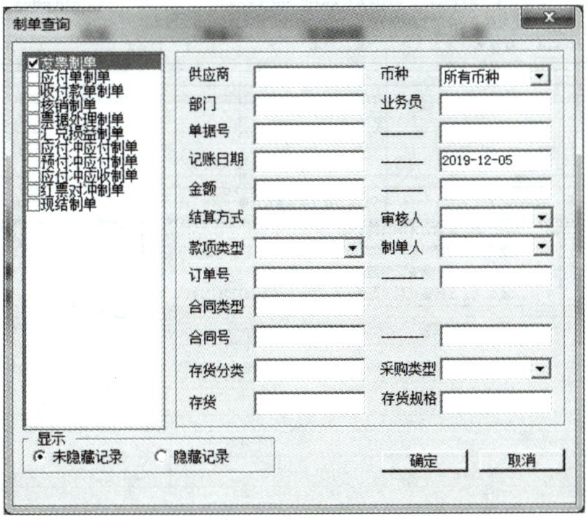

图4-144 “制单查询”界面

采购发票制单

凭证类别 收款凭证　　制单日期 2019-12-05　　共 1 条

选择标志	凭证类别	单据类型	单据号	日期	供应商编码	供应商名称	部门	业务员	金额
1	收款凭证	采购专用发票	60638367	2019-12-05	0003	广州兴泰商贸有限公司			20,340.00

图4-145　“采购发票制单”窗口

转 账 凭 证

转　字 0012　　制单日期：2019.12.05　　审核日期：　　附单据数：1

摘要	科目名称	借方金额	贷方金额
采购专用发票	库存商品/男鞋	1800000	
采购专用发票	应交税费/应交增值税/进项税额	234000	
采购专用发票	应付账款		2034000
票号 日期	数量 2.00箱 单价 9000.00　　合 计	2034000	2034000

备注　项　目　　　部　门
个　人　　　客　户
业务员

记账　　审核　　出纳　　制单 王强

图4-146　“0012号转账凭证”页面

【任务4-5-2】12月8日，采购部向福建金太阳贸易公司采购女鞋3箱，原币单价7 000元，已收到对方开具的增值税专用发票（发票号66118472），已付款（结算方式：汇兑），货物尚在途中，原始凭证见凭证34至凭证36。（填制采购专用发票、付款单）

凭证34

3500151140　　**福建增值税专用发票**　　№ 66118472　3500151140　66118472

发票联　　机器编号：982888116244　　开票日期：2019年12月08日

税总函〔2019〕××号××××公司

购买方	名　　称：四川汇行商贸有限公司 纳税人识别号：915101042515496872 地 址、电 话：成都市龙泉驿区北泉路4276号028-84645235 开户行及账号：中国工商银行龙泉驿支行4402201365425893581			密码区	172312-4-270<1+46*54* 82*59* 181321><8182*59*09618153</ <4<3*2702-9>9*+153</0 >2-3 *08/4>*>>2-3*0/9/>>25-270<1		
货物或应税劳务、服务名称	规格型号	单位	数量	单价	金额	税率	税额
*服装鞋帽*女鞋		箱	3	7 000.00	21 000.00	13%	2 730.00
合　　计					¥21 000.00		¥2 730.00
价税合计（大写）	⊗贰万叁仟柒佰叁拾元整				（小写）¥23 730.00		
销售方	名　　称：福建金太阳贸易公司 纳税人识别号：91350111M961030790 地 址、电 话：福州晋安区信园路813号24226403 开户行及账号：工行福州晋安区鼎力路支行0797078257761231445			备注	校验码 52118 02817 08248 65199		

收款人：　　复核：李梓涵　　开票人：梁国　　销售方（章）：

第三联：发票联　购买方记账凭证

凭证35

3500151140

福建增值税专用发票

抵扣联

№ 66118472　3500151140　66118472

机器编号：982888116244　　开票日期：2019年12月08日

购买方	名　　称：四川汇行商贸有限公司 纳税人识别号：915101042515496872 地址、电话：成都市龙泉驿区北泉路4276号028-84645235 开户行及账号：中国工商银行龙泉驿支行440220136542589358 1	密码区	172312-4-270＜1+46*54* 82*59* 181321＞＜8182*59*09618153＜/ ＜4＜3*2702-9＞9*+153＜/0 ＞2-3 *08/4＞*＞＞2-3*0/9/＞＞25-270＜1

货物或应税劳务、服务名称	规格型号	单位	数量	单价	金额	税率	税额
*服装鞋帽*女鞋		箱	3	7 000.00	21 000.00	13%	2 730.00
合　计					¥21 000.00		¥2 730.00
价税合计（大写）	⊗贰万叁仟柒佰叁拾元整				（小写）¥23 730.00		

销售方	名　　称：福建金太阳贸易公司 纳税人识别号：91350111M961030790 地址、电话：福州晋安区信园路813号24226403 开户行及账号：工行福州晋安区鼎力路支行0797078257761231445	备注	校验码 52118 02817 08248 65199

收款人：　　复核：李梓涵　　开票人：梁国　　销售方（章）：

税总函〔2019〕××号××××公司

第二联：抵扣联　购买方扣税凭证

凭证36

中国工商银行 网上银行电子回单

电子回单号码：01655573173

付款人	户名	四川汇行商贸有限公司	收款人	户名	福建金太阳贸易公司
	账号	4402201365425893581		账号	0797078257761231445
	开户银行	中国工商银行龙泉驿支行		开户银行	工行福州晋安区鼎力路支行
金额		人民币（大写）：贰万叁仟柒佰叁拾元整　¥23,730.00			
摘要		支付货款		业务种类	汇兑
用途		货款			
交易流水号		16359685846422		时间戳	2019-12-08
		备注： 验证码：64152791			
记账网点	220	记账柜员	808	记账日期	2019年12月08日

打印日期：2019年12月08日

【操作提示】

（1）以2002王强的身份依次点击“应付款管理”|“应付单据处理”|“应付单据录入”，打开“单据类别”对话框。指定“单据名称”为“采购发票”、“单据类型”为“采购专用发票”后，单击“确定”按钮，进入“采购专用发票”窗口，单击“增加”按钮，指定表头的“开票日期”“发票类型”“供应商”等。在采购专用发票的表体部分，选择对应“存货编码”，输入“数量”“原币单价”等，单击“保存”按钮，如图4-147所示。

微课：福建金太阳采购业务

（2）以2002王强的身份依次点击“应付款管理”|“应付单据处理”|“应付单据审核”，打开“应付单查询条件”对话框，对采购发票进行审核，选中所需审核的单据，点击“审核”。如图4-148所示。

（3）由出纳江红莉依次点击“应付款管理”|“付款单据处理”|“付款单录入”，进入“付款单”界面。在“付款单”表头指定“日期”“供应商”“结算方式”“结算科目”，输入“金额”等。单击表体第一行，系统即可生成对应的信息，单击“保存”按钮。如图4-149所示。

（4）以2002王强的身份登录，审核“付款单”。如图4-150至图4-152所示。

（5）以2002王强的身份进入“核销处理”，选择“手工核销”，选择核销条件，录入“供应商”，结算金额录入“23730”，单击“保存”，核销成功。如图4-153、图4-154所示。

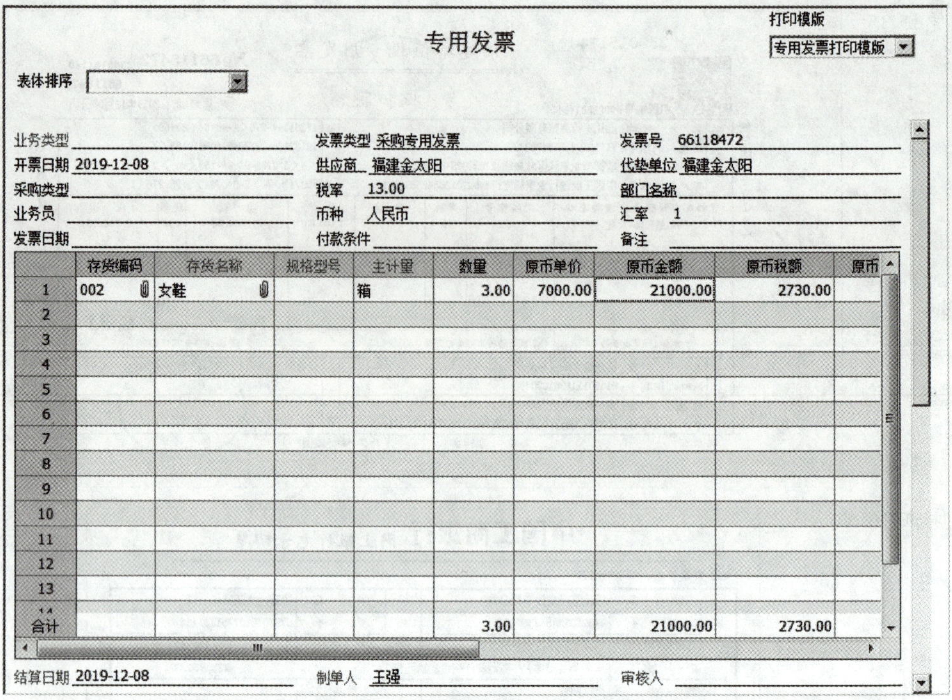

专用发票

打印模版 专用发票打印模版

表体排序

业务类型	发票类型 采购专用发票	发票号 66118472
开票日期 2019-12-08	供应商 福建金太阳	代垫单位 福建金太阳
采购类型	税率 13.00	部门名称
业务员	币种 人民币	汇率 1
发票日期	付款条件	备注

	存货编码	存货名称	规格型号	主计量	数量	原币单价	原币金额	原币税额	原币
1	002	女鞋		箱	3.00	7000.00	21000.00	2730.00	
2									
3									
4									
5									
6									
7									
8									
9									
10									
11									
12									
13									
合计					3.00		21000.00	2730.00	

结算日期 2019-12-08　制单人 王强　审核人

图 4-147 “专用发票”窗口

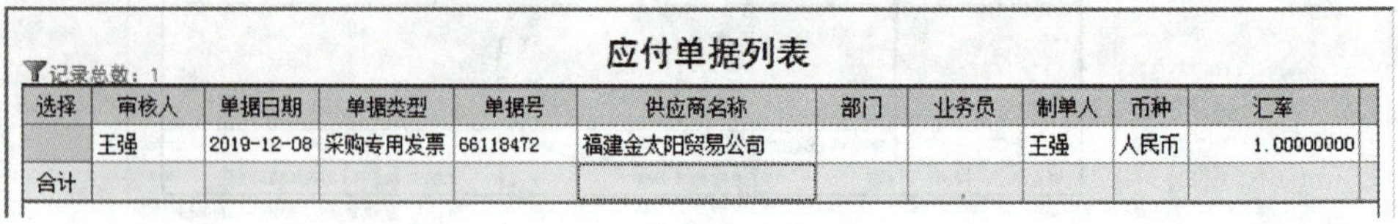

应付单据列表

记录总数：1

选择	审核人	单据日期	单据类型	单据号	供应商名称	部门	业务员	制单人	币种	汇率
	王强	2019-12-08	采购专用发票	66118472	福建金太阳贸易公司			王强	人民币	1.00000000
合计										

图 4-148 “应付单据列表”窗口

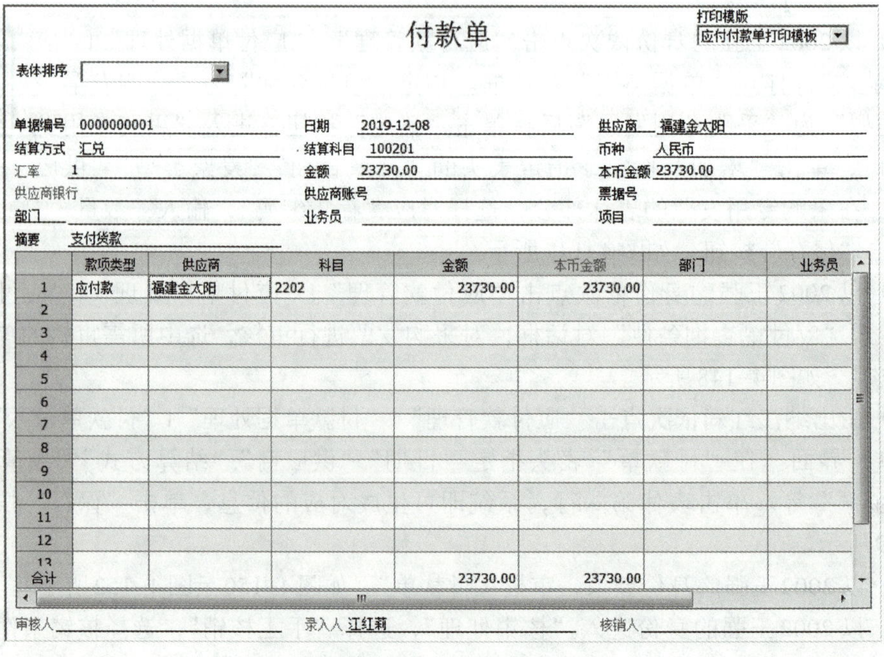

付款单

打印模版 应付付款单打印模板

表体排序

单据编号 0000000001	日期 2019-12-08	供应商 福建金太阳
结算方式 汇兑	结算科目 100201	币种 人民币
汇率 1	金额 23730.00	本币金额 23730.00
供应商银行	供应商账号	票据号
部门	业务员	项目
摘要 支付货款		

	款项类型	供应商	科目	金额	本币金额	部门	业务员
1	应付款	福建金太阳	2202	23730.00	23730.00		
2							
3							
4							
5							
6							
7							
8							
9							
10							
11							
12							
13							
合计				23730.00	23730.00		

审核人　录入人 江红莉　核销人

图 4-149 “付款单”窗口

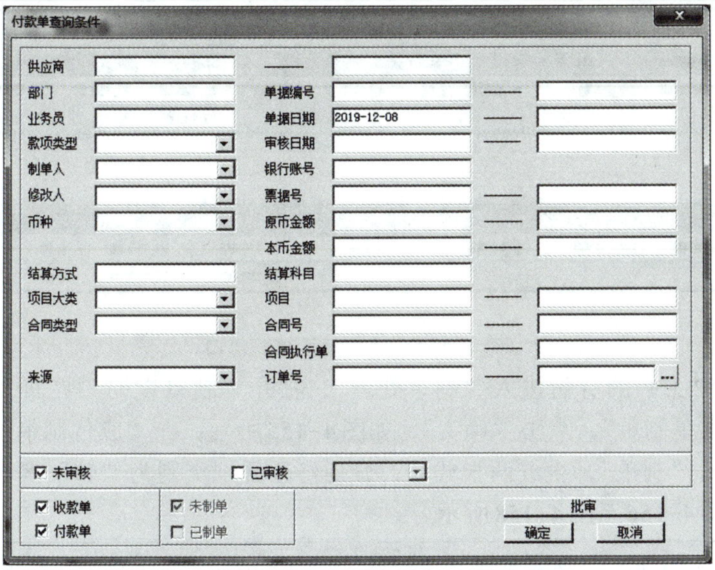

图4-150　“付款单查询条件”对话框

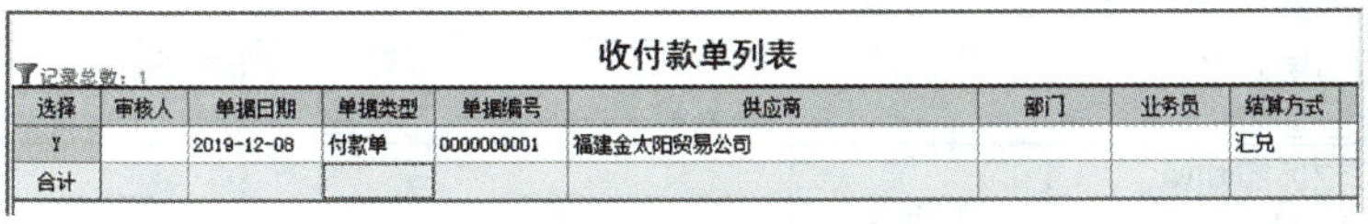

收付款单列表

记录总数：1

选择	审核人	单据日期	单据类型	单据编号	供应商	部门	业务员	结算方式
Y		2019-12-08	付款单	0000000001	福建金太阳贸易公司			汇兑
合计								

图4-151　“收付款单列表”窗口（1）

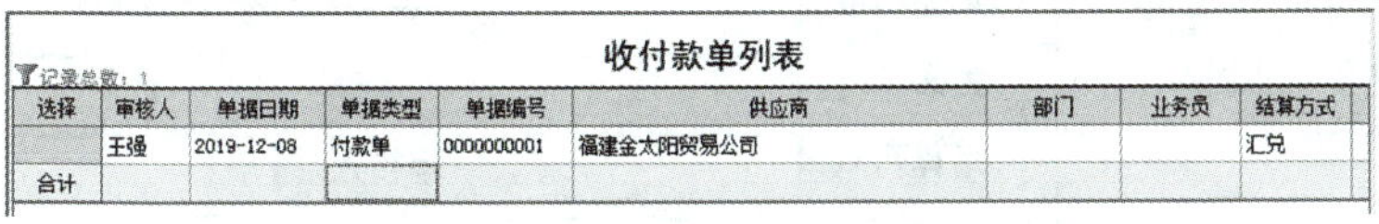

收付款单列表

记录总数：1

选择	审核人	单据日期	单据类型	单据编号	供应商	部门	业务员	结算方式
	王强	2019-12-08	付款单	0000000001	福建金太阳贸易公司			汇兑
合计								

图4-152　“收付款单列表”窗口（2）

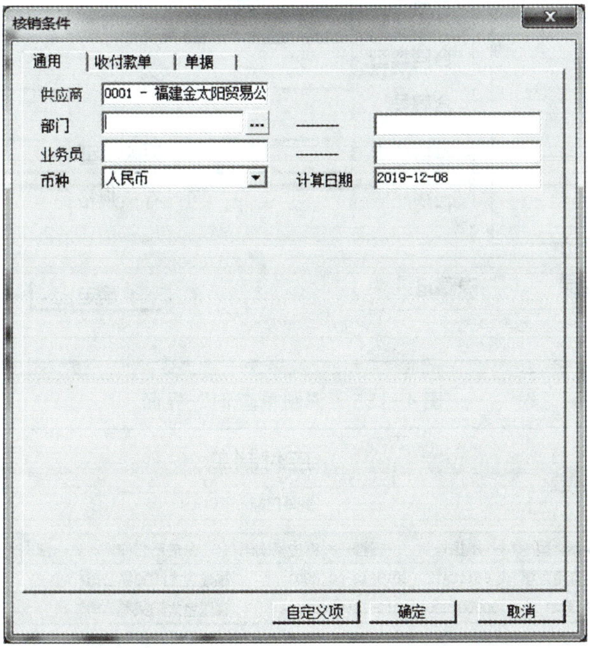

图4-153　“核销条件”对话框

单据日期	单据类型	单据编号	供应商	款项...	结算方式	币种	汇率	原币金额	原币余额	本次结算	订单号
2019-12-08	付款单	0000000001	福建金太阳	应付款	汇兑	人民币	1.00000000	23,730.00	23,730.00	23,730.00	
合计								23,730.00	23,730.00	23,730.00	

单据日期	单据类型	单据编号	到期日	供应商	币种	原币金额	原币余额	可享受折扣	本次折扣	本次结算	订单号
2019-12-08	采购专...	66118472	2019-12-08	福建金太阳	人民币	23,730.00	23,730.00	0.00	0.00	23,730.00	
合计						23,730.00	23,730.00	0.00		23,730.00	

图4-154 “单据核销”窗口

（6）以2002王强的身份进入“制单处理”，打开“制单查询”界面，勾选“发票制单”和“收付款单制单”，点击“确定”，如图4-155所示，在“应付制单”界面选择要制单的凭证，点击“制单”，生成两张凭证，分别修改凭证类别为“转”字和“付”字，并保存凭证。如图4-156至图4-158所示。

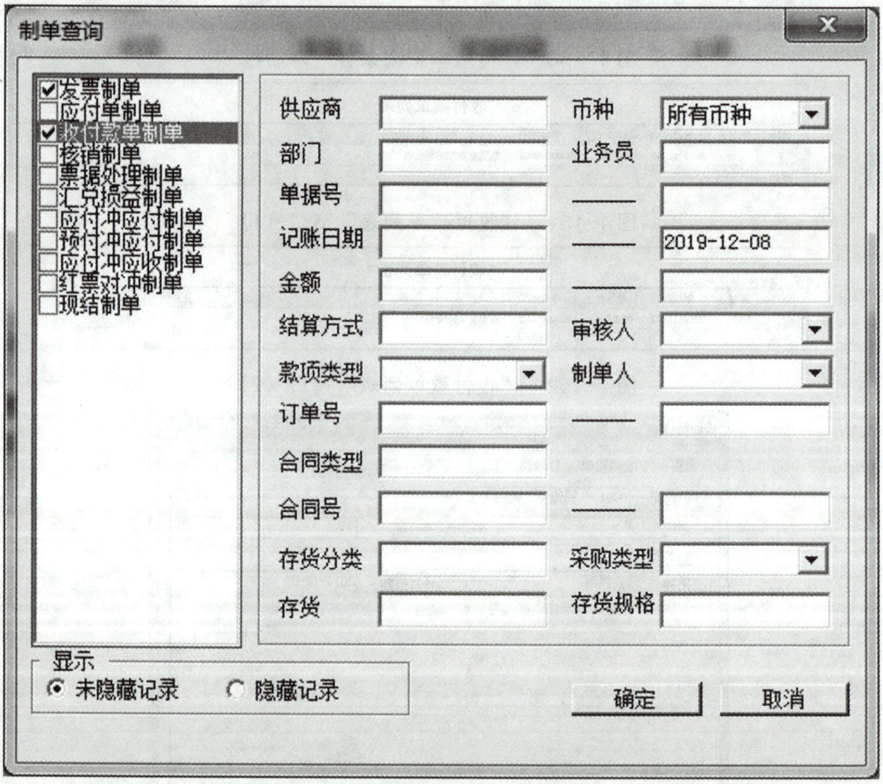

图4-155 “制单查询”界面

应付制单

凭证类别 收款凭证　　制单日期 2019-12-08　　共 2 条

选择标志	凭证类别	单据类型	单据号	日期	供应商编码	供应商名称	部门	业务员	金额
1	收款凭证	采购专用发票	66118472	2019-12-08	0001	福建金太阳贸易公司			23,730.00
2	收款凭证	付款单	0000000001	2019-12-08	0001	福建金太阳贸易公司			23,730.00

图4-156 “应付制单”窗口

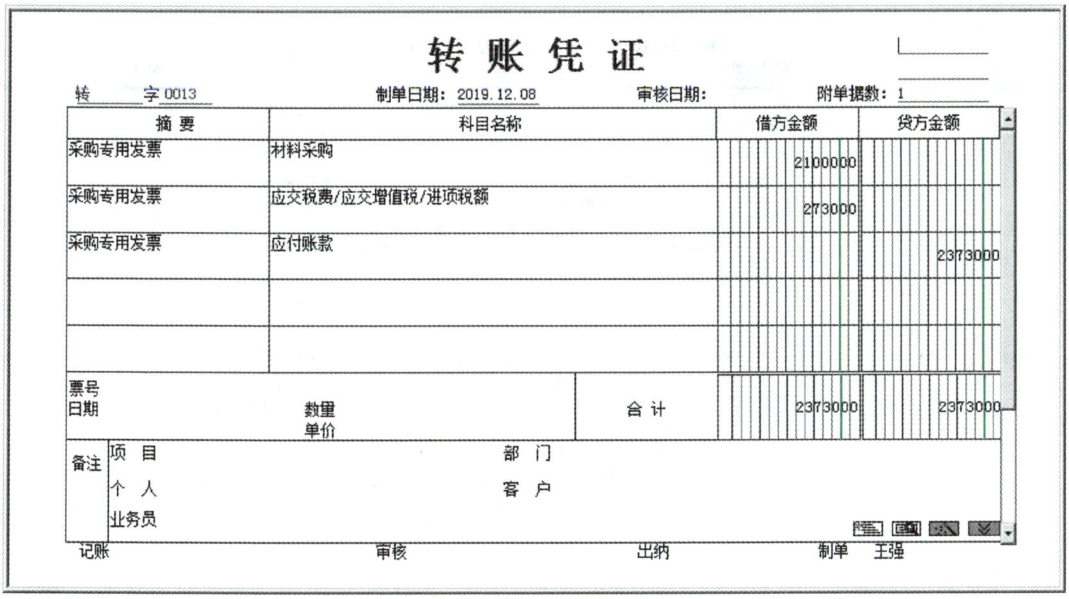

转 账 凭 证

转　字 0013　　制单日期：2019.12.08　　审核日期：　　附单据数：1

摘要	科目名称	借方金额	贷方金额
采购专用发票	材料采购	2100000	
采购专用发票	应交税费/应交增值税/进项税额	273000	
采购专用发票	应付账款		2373000
票号 日期	数量 单价 合计	2373000	2373000

备注　项　目　　部　门

个　人　　客　户

业务员

记账　　审核　　出纳　　制单　王强

图4-157　“0013号转账凭证”页面

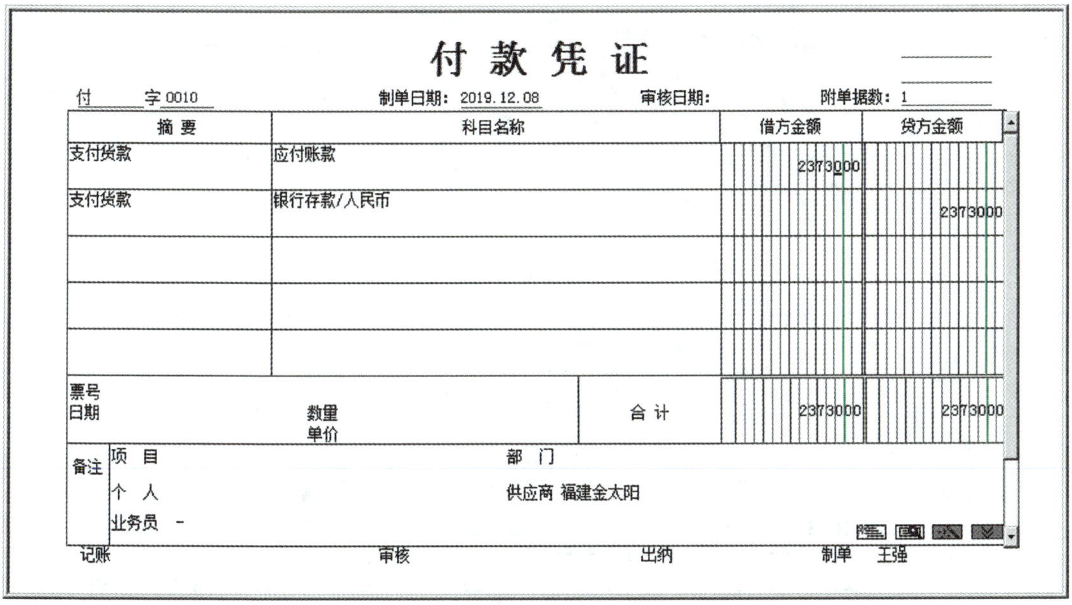

付 款 凭 证

付　字 0010　　制单日期：2019.12.08　　审核日期：　　附单据数：1

摘要	科目名称	借方金额	贷方金额
支付货款	应付账款	2373000	
支付货款	银行存款/人民币		2373000
票号 日期	数量 单价 合计	2373000	2373000

备注　项　目　　部　门

个　人　　供应商　福建金太阳

业务员　-

记账　　审核　　出纳　　制单　王强

图4-158　“0010号付款凭证”页面

【任务4-5-3】12月11日，采购部向广州永福贸易有限公司采购女鞋2箱，原币单价8 000元，已收到对方开具的增值税专用发票（发票号03082586），已付款（结算方式：汇兑），货已入库。原始凭证见凭证37至凭证40。（填制采购专用发票、付款单）

凭证37

4400151140

广东增值税专用发票

发票联

№ 03082586 4400151140 03082586

机器编号：482512012213

开票日期：2019年12月11日

税总函〔2019〕××号×××××公司

购买方
名　　称：四川汇行商贸有限公司
纳税人识别号：915101042515496872
地址、电话：成都市龙泉驿区北泉路4276号028-84645235
开户行及账号：中国工商银行龙泉驿支行4402201365425893581

密码区
172312-4-271〈1+46*54* 82*59*
181321〉〈8182*59*09618153〈/
〈4〈3*2702-9〉9*+153〈/0 〉2-3
08/4〉〉〉2-3*0/9/〉〉25-271〈1

货物或应税劳务、服务名称	规格型号	单位	数量	单价	金额	税率	税额
*服装鞋帽*女鞋		箱	2	8,000.00	16 000.00	13%	2 080.00
合　计					¥16 000.00		¥2 080.00
价税合计（大写）	⊗壹万捌仟零捌拾元整				（小写）¥18 080.00		

销售方
名　　称：广州永福贸易有限公司
纳税人识别号：91440105M843100250
地址、电话：广州海珠区邦迅路795号06951535
开户行及账号：工行广州海珠区索妙路支行9418874851861402483

备注：校验码 52118 02817 08248 65199

（印章：广州永福贸易有限公司 91440105M843100250 发票专用章）

收款人：　　复核：郭春　　开票人：罗明　　销售方（章）：

第三联：发票联　购买方记账凭证

凭证38

4400151140

广东增值税专用发票

抵扣联

№ 03082586 4400151140 03082586

机器编号：482512012213

开票日期：2019年12月11日

税总函〔2019〕××号×××××公司

购买方
名　　称：四川汇行商贸有限公司
纳税人识别号：915101042515496872
地址、电话：成都市龙泉驿区北泉路4276号028-84645235
开户行及账号：中国工商银行龙泉驿支行4402201365425893581

密码区
172312-4-271〈1+46*54* 82*59*
181321〉〈8182*59*09618153〈/
〈4〈3*2702-9〉9*+153〈/0 〉2-3
08/4〉〉〉2-3*0/9/〉〉25-271〈1

货物或应税劳务、服务名称	规格型号	单位	数量	单价	金额	税率	税额
*服装鞋帽*女鞋		箱	2	8 000.00	16 000.00	13%	2 080.00
合　计					¥16 000.00		¥2 080.00
价税合计（大写）	⊗壹万捌仟零捌拾元整				（小写）¥18 080.00		

销售方
名　　称：广州永福贸易有限公司
纳税人识别号：91440105M843100250
地址、电话：广州海珠区邦迅路795号06951535
开户行及账号：工行广州海珠区索妙路支行9418874851861402483

备注：校验码 52118 02817 08248 65199

（印章：广州永福贸易有限公司 91440105M843100250 发票专用章）

收款人：　　复核：郭春　　开票人：罗明　　销售方（章）：

第二联：抵扣联　购买方扣税凭证

凭证39

收　料　单

材料科目：鞋

供应单位：广州永福贸易有限公司

2019年　12月　11日　　　　收料仓库：原料库

材料名称	规格	计量单位	数量		实际成本				
			应收	实收	买价		摊运杂费	其他	合计
					单价	金额			
女鞋		箱	2	2					
合计			2	2					

记账：　　收料：郑洁　　制单：郑洁

凭证40

中国工商银行 网上银行电子回单　　教学专用

电子回单号码：48942273119

付款人	户名	四川汇行商贸有限公司	收款人	户名	广州永福贸易有限公司
	账号	4402201365425893581		账号	9418874851861402483
	开户银行	中国工商银行龙泉驿支行		开户银行	工行广州海珠区素妙路支行
金额		人民币（大写）：壹万捌仟零捌拾元整　¥18,080.00			
摘要		支付货款	业务种类		汇兑
用途		货款			
交易流水号		17404461450736	时间戳		2019-12-11
		备注：			
		验证码：59824642			
记账网点	176	记账柜员	655	记账日期	2019年12月11日

打印日期：2019年12月11日

【操作提示】

（1）以操作员2002王强的身份登录企业应用平台，依次点击“业务工作”|“财务会计”|“应付款管理”|“应付单据处理”|“应付单据录入”，打开“单据类别”对话框。进入“采购专用发票”窗口，单击“增加”按钮，指定表头的“开票日期”、“采购类型”、“供应商”和采购部门名称等。在采购专用发票的表体部分，选择对应“存货编码”，输入“数量”和“原币单价”等，单击“保存”按钮，并对其进行审核，如图4-159所示。

微课：广州永福采购业务

专用发票

打印模版：专用发票打印模版

表体排序

业务类型	发票类型 采购专用发票	发票号 03082586
开票日期 2019-12-11	供应商 广州永福	代垫单位 广州永福
采购类型	税率 13.00	部门名称
业务员	币种 人民币	汇率 1
发票日期	付款条件	备注

	存货编码	存货名称	规格型号	主计量	数量	原币单价	原币金额	原币税额	原币价税合计
1	002	女鞋		箱	2.00	8000.00	16000.00	2080.00	
2									
3									
4									
5									
6									
7									
8									
9									
10									
11									
12									
13									
14									
15									
16									
17									
18									
19									
20									
合计					2.00		16000.00	2080.00	

结算日期 2019-12-11　　制单人 王强　　审核人 王强

图4-159 “专用发票”窗口

（2）由2003江红莉依次点击“应付款管理”|“付款单据处理”|“付款单录入”，进入“付款单”界面。在“付款单”表头指定“日期”、“供应商”、“结算方式”和“结算科目”，输入“本币金额”等。单击表体第一行，系统即可生成对应的信息，单击“保存”按钮。如图4-160所示。

（3）以2002王强的身份登录，审核“付款单”。如图4-161至图4-163所示。

（4）以2002王强的身份进入“核销处理”，选择“手工核销”，选择核销条件，录入“供应商”，结算金额录入“18080”，单击“保存”，核销成功。如图4-164、图4-165所示。

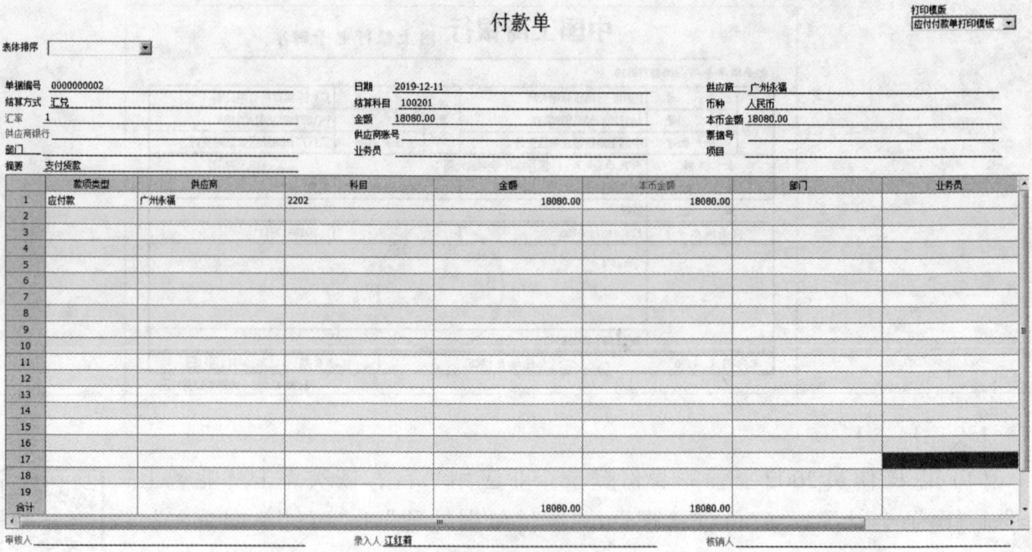

图4-160 “付款单”窗口

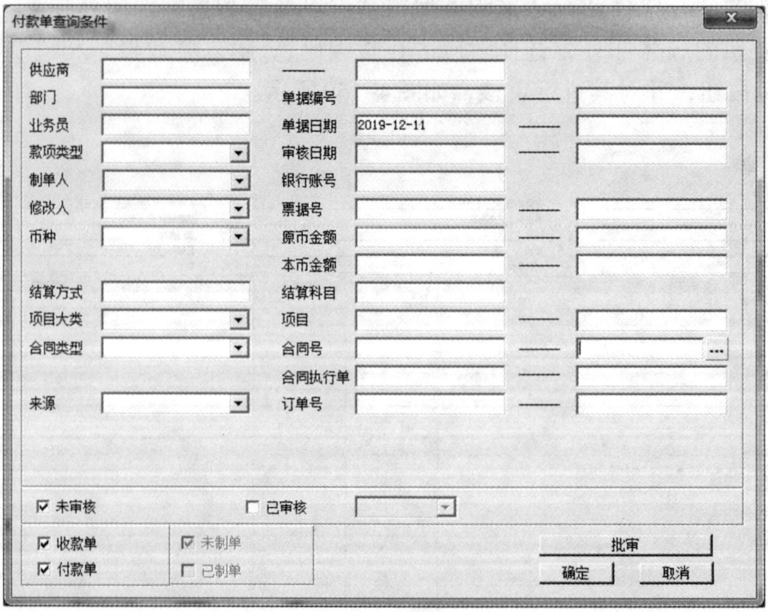

图4-161 “付款单查询条件”对话框

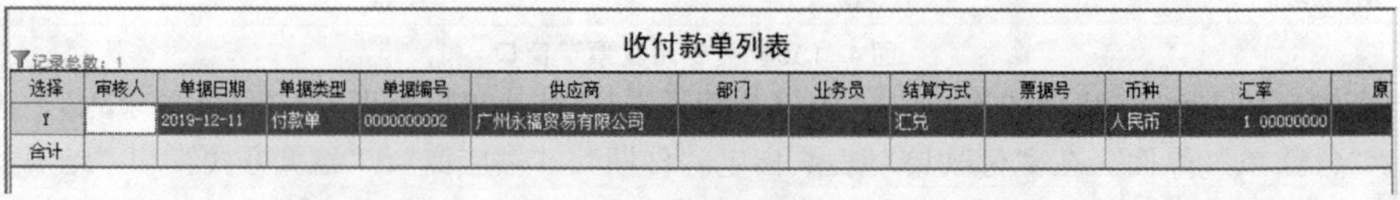

图4-162 收付款单列表1

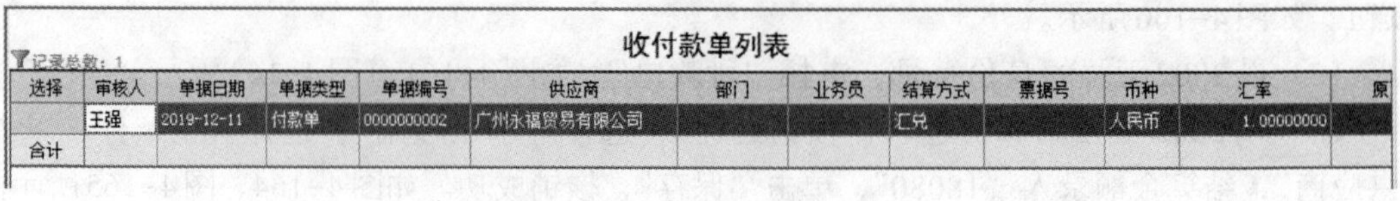

图4-163 收付款单列表2

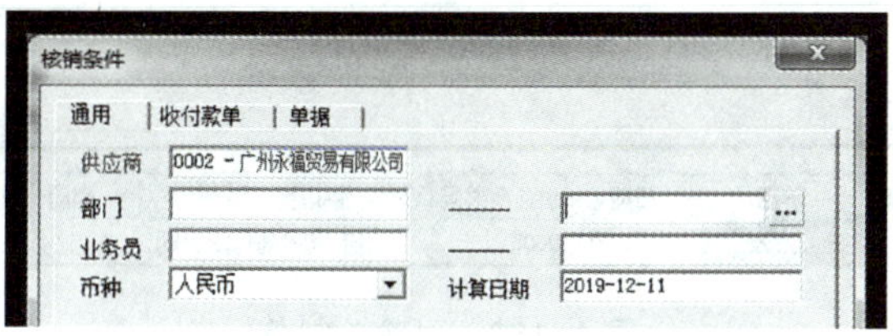

图4-164　“核销条件”对话框

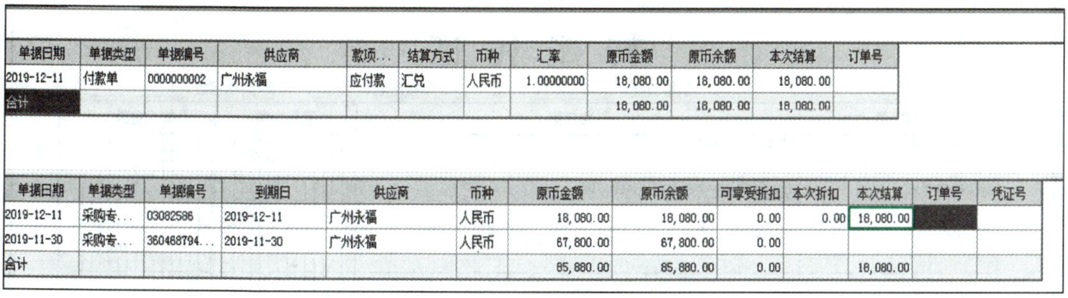

单据日期	单据类型	单据编号	供应商	款项...	结算方式	币种	汇率	原币金额	原币余额	本次结算	订单号
2019-12-11	付款单	0000000002	广州永福	应付款	汇兑	人民币	1.00000000	18,080.00	18,080.00	18,080.00	
合计								18,080.00	18,080.00	18,080.00	

单据日期	单据类型	单据编号	到期日	供应商	币种	原币金额	原币余额	可享受折扣	本次折扣	本次结算	订单号	凭证号
2019-12-11	采购专...	03082586	2019-12-11	广州永福	人民币	18,080.00	18,080.00	0.00	0.00	18,080.00		
2019-11-30	采购专...	360468794...	2019-11-30	广州永福	人民币	67,800.00	67,800.00	0.00				
合计						85,880.00	85,880.00	0.00		18,080.00		

图4-165　“单据核销”窗口

（5）以2002王强的身份进入“制单查询”，勾选“发票制单”和“收付款单制单”，点击“确定”，如图4-166所示。选择需要制单的凭证，点击“制单”，生成两张凭证，分别修改凭证类别为“转”字和“付”字，将“转”字的“材料采购”改为“库存商品/女鞋”，输入“单价”和“数量”，并“保存”凭证。如图4-167至图4-170所示。

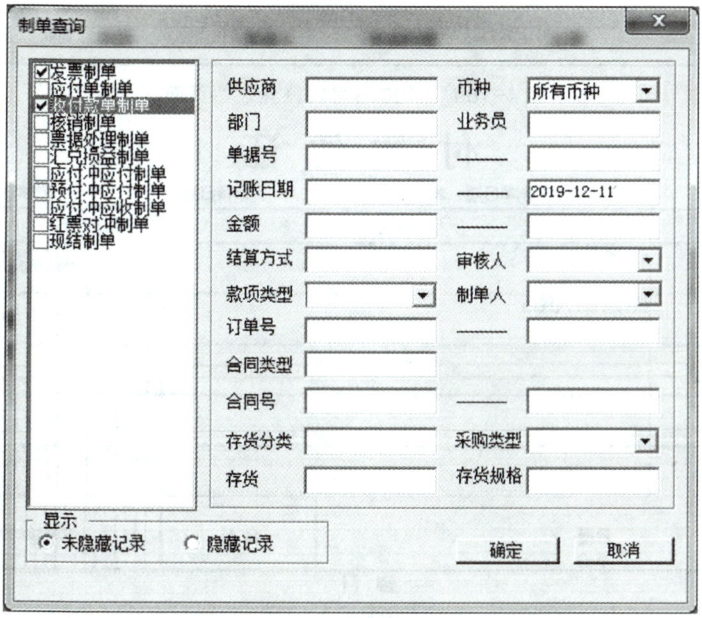

图4-166　“制单查询”对话框

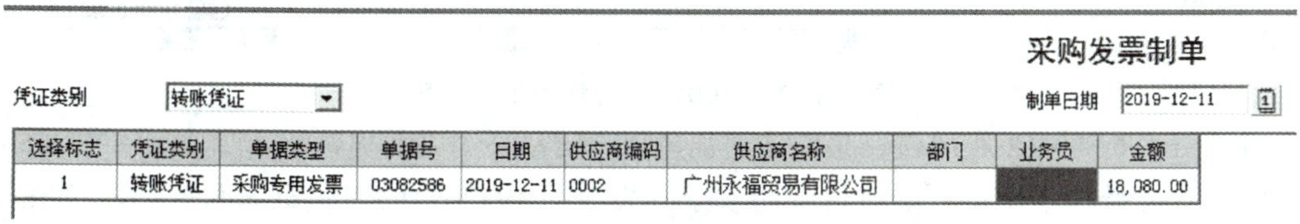

采购发票制单

凭证类别　转账凭证　　　　制单日期　2019-12-11

选择标志	凭证类别	单据类型	单据号	日期	供应商编码	供应商名称	部门	业务员	金额
1	转账凭证	采购专用发票	03082586	2019-12-11	0002	广州永福贸易有限公司			18,080.00

图4-167　采购发票制单

收付款单制单

凭证类别 付款凭证　　制单日期 2019-12-11

选择标志	凭证类别	单据类型	单据号	日期	供应商编码	供应商名称	部门	业务员	金额
1	付款凭证	付款单	0000000002	2019-12-11	0002	广州永福贸易有限公司			18,080.00

图 4-168　付款单制单

转账凭证

转 字 0014　　制单日期：2019.12.11　　审核日期：　　附单据数：1

摘要	科目名称	借方金额	贷方金额
采购专用发票	库存商品/女鞋	1600000	
采购专用发票	应交税费/应交增值税/进项税额	208000	
采购专用发票	应付账款		1808000
票号 日期	数量 2.00箱 单价 8000.00　　合计	1808000	1808000

备注　项　目　　部　门

个　人　　客　户

业务员

记账　　审核　　出纳　　制单 王强

图 4-169　“0014号转账凭证“页面

付款凭证

付 字 0011　　制单日期：2019.12.11　　审核日期：　　附单据数：1

摘要	科目名称	借方金额	贷方金额
支付货款	应付账款	1808000	
支付货款	银行存款/人民币		1808000
票号 日期	数量 单价　　合计	1808000	1808000

备注　项　目　　部　门

个　人　　供应商 广州永福

业务员 -

记账　　审核　　出纳　　制单 王强

图 4-170　“0011号付款凭证”页面

【任务 4-5-4】12月16日，采购部向福建通行贸易公司采购男鞋10箱，原币单价8 500元/箱，已收到对方开具的增值税专用发票（发票号19426216），货款未付，货物尚在途中，原始凭证见凭证41、凭证42。（填制采购专用发票）

凭证41

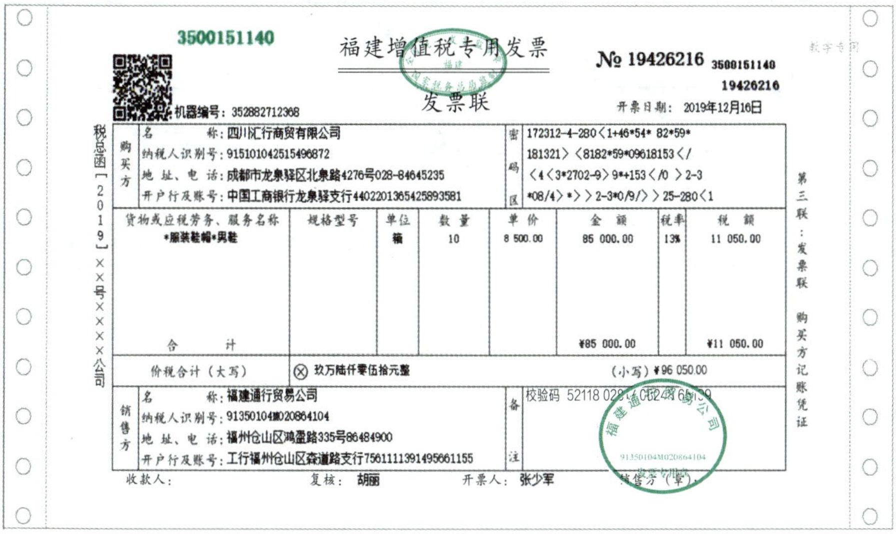

3500151140

福建增值税专用发票

发票联

№ 19426216 3500151140 19426216

机器编号：352882712368

开票日期：2019年12月16日

税总函［2019］××号××××公司

购买方	名　　称：四川汇行商贸有限公司 纳税人识别号：915101042515496872 地 址、电 话：成都市龙泉驿区北泉路4276号028-84645235 开户行及账号：中国工商银行龙泉驿支行4402201365425893581			密码区	172312-4-280＜1+46*54* 82*59* 181321＞＜8182*59*09618153＜/ ＜4＜3*2702-9＞9*+153＜/0 ＞2-3 *08/4＞*＞＞2-3*0/9/＞＞25-280＜1		
货物或应税劳务、服务名称	规格型号	单位	数量	单价	金额	税率	税额
*服装鞋帽*男鞋		箱	10	8 500.00	85 000.00	13%	11 050.00
合　计					¥85 000.00		¥11 050.00
价税合计（大写）	⊗玖万陆仟零伍拾元整				（小写）¥96 050.00		
销售方	名　　称：福建通行贸易公司 纳税人识别号：91350104M020864104 地 址、电 话：福州仓山区鸿盈路335号86484900 开户行及账号：工行福州仓山区森道路支行7561111391495661155			备注	校验码 52118 02811 02488 65109		

收款人：　　复核：胡丽　　开票人：张少军　　销售方（章）

第三联：发票联　购买方记账凭证

凭证42

3500151140

福建增值税专用发票

抵扣联

№ 19426216 3500151140 19426216

机器编号：352882712368

开票日期：2019年12月16日

税总函［2019］××号××××公司

购买方	名　　称：四川汇行商贸有限公司 纳税人识别号：915101042515496872 地 址、电 话：成都市龙泉驿区北泉路4276号028-84645235 开户行及账号：中国工商银行龙泉驿支行4402201365425893581			密码区	172312-4-280＜1+46*54* 82*59* 181321＞＜8182*59*09618153＜/ ＜4＜3*2702-9＞9*+153＜/0 ＞2-3 *08/4＞*＞＞2-3*0/9/＞＞25-280＜1		
货物或应税劳务、服务名称	规格型号	单位	数量	单价	金额	税率	税额
*服装鞋帽*男鞋		箱	10	8 500.00	85 000.00	13%	11 050.00
合　计					¥85 000.00		¥11 050.00
价税合计（大写）	⊗玖万陆仟零伍拾元整				（小写）¥96 050.00		
销售方	名　　称：福建通行贸易公司 纳税人识别号：91350104M020864104 地 址、电 话：福州仓山区鸿盈路335号86484900 开户行及账号：工行福州仓山区森道路支行7561111391495661155			备注	校验码 52118 02811 02488 65109		

收款人：　　复核：胡丽　　开票人：张少军　　销售方（章）

第二联：抵扣联　购买方扣税凭证

【操作提示】

（1）以操作员2002王强的身份依次点击“应付款管理”|“应付单据处理”|“应付单据录入”，打开“单据类别”对话框。指定“单据名称”为“采购发票”、“单据类型”为“采购专用发票”后，单击“确定”按钮，进入“采购专用发票”窗口，单击“增加”按钮，指定表头的“开票日期”、“发票类型”和“供应商”等。在采购专用发票的表体部分，选择对应的“存货编码”，输入“数量”和“原币单价”等，单击“保存”按钮，并进行审核，如图4-171所示。

微课：福建通行采购业务

（2）以操作员2002王强的身份进入“制单查询”，勾选“发票制单”，点击“确定”，如图4-172所示。选中需要制单的凭证，点击“制单”，修改凭证类别为“转”字，并保存凭证。如图4-173、图4-174所示。

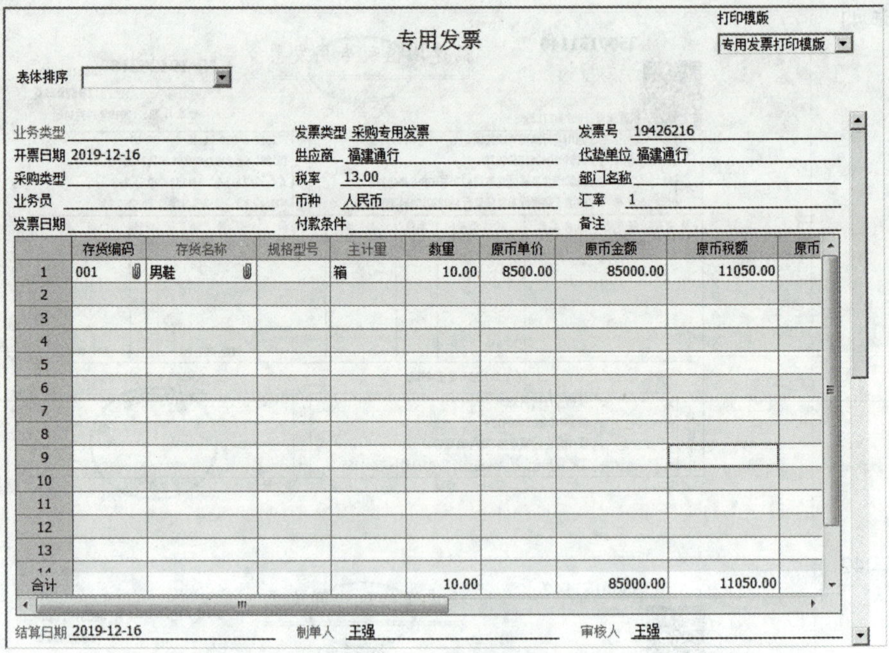

图 4-171 “专用发票”窗口

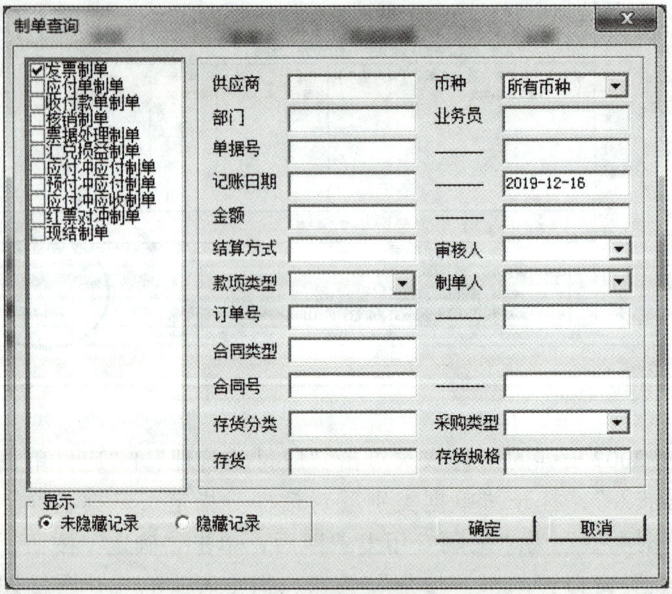

图 4-172 “制单查询”对话框

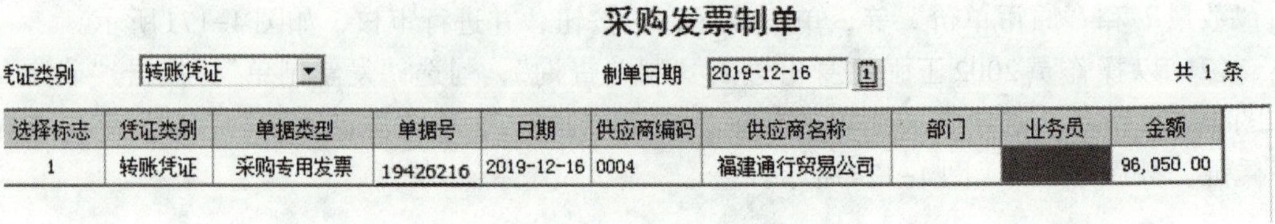

图 4-173 “采购发票制单”窗口

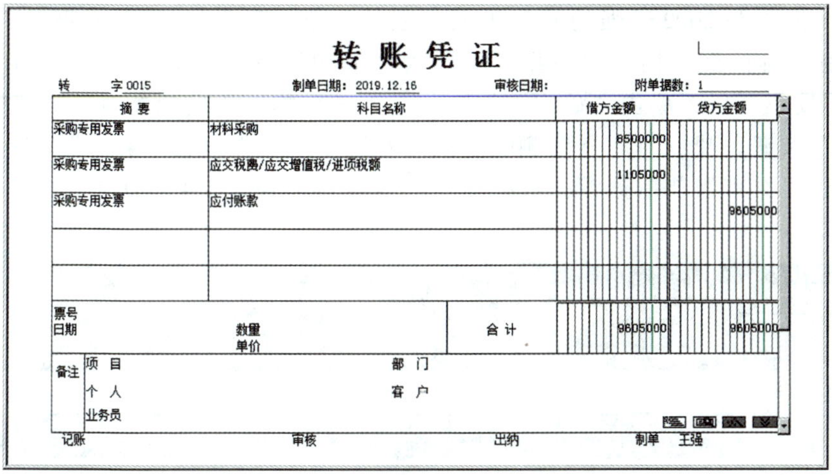

图4-174　“0015号转账凭证”页面

【任务4-5-5】12月31日，经检验，16日向福建通行贸易公司采购的10箱男鞋存在质量问题，对该笔订单作退货处理，已将所涉及的采购专用发票（发票号19426216）退至原供应商。（删除对应记账凭证和采购专用发票）

【操作提示】

（1）以操作员2002王强的身份依次点击“单据查询”|“凭证查询”，输入查询条件，如图4-175所示。

微课：福建通行采购退货业务

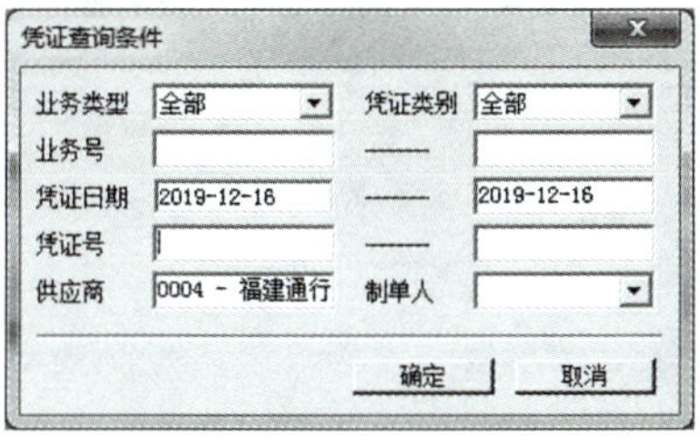

图4-175　选择查询条件

（2）点击“删除”按钮，并选择“是”，将凭证进行“作废”，再到总账系统进行“整理凭证”，如图4-176、图4-177所示。

图4-176　“凭证查询”对话框

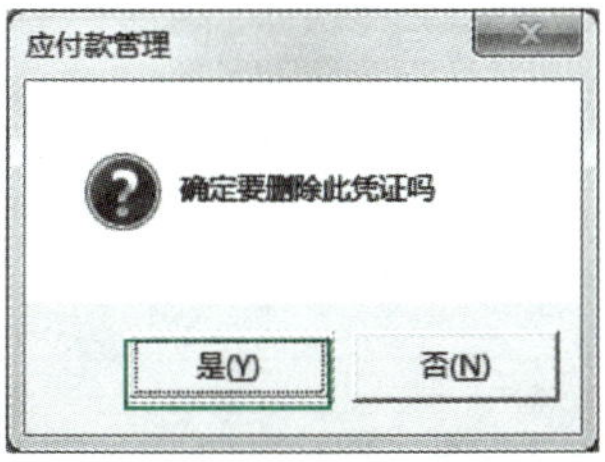

图4-177　“删除凭证”对话框

（3）以操作员2002王强的身份进入“应付单据处理”|“应付单据录入”，打开“单据类别”对话框。指定“单据名称”为“采购发票”、“单据类型”为“采购专用发票”后，单击“确定”按钮，进入“采购专用发票”窗口，单击“末张”按钮，找到对应需要删除的采购专用发票，先进行“弃审”，系统提示“是否弃审当前单据?”，选择“是”，如图4-178、图4-179所示，再点击“是”。

微课：审核应付单据及付款单据

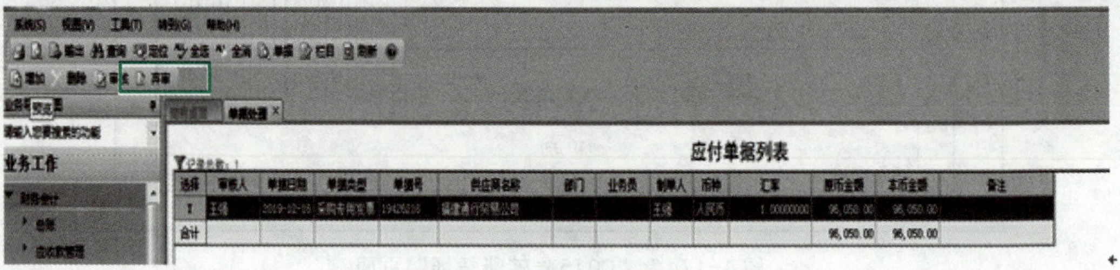

图4-178 “弃审”界面

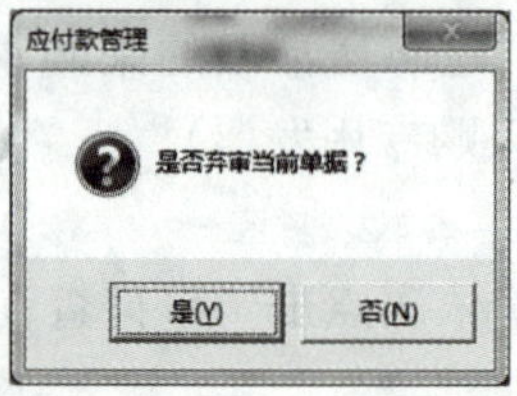

图4-179 “是否弃审当前单据?”提示框

微课：制单

项目 5　期末处理

【项目描述】

各个系统日常业务处理完成后，每月月末，各个系统需要进行期末处理。期末处理包括各个系统的期末业务处理、对账、结账等工作。期末处理先对固定资产管理系统、薪资管理系统、应收款管理系统和应付款管理系统处理后，所有业务系统的业务都在总账系统生成了记账凭证，再进行总账系统期末处理。

【解决方案】

1. 固定资产管理系统期末处理；
2. 薪资管理系统期末处理；
3. 应收款管理系统期末处理；
4. 应付款管理系统期末处理；
5. 总账系统期末处理。

任务一　固定资产管理系统期末处理

固定资产管理系统的期末处理工作主要包括计提减值准备、计提折旧、对账、月末结账与反结账等内容。

微课：期末业务处理概述

一、计提减值准备

企业应当在期末或至少在每年年度终了，对固定资产逐项进行检查，如果由于市价持续下跌，或技术陈旧等原因导致其可回收金额低于账面价值的，应当将可收回金额低于账面价值的差额作为固定资产减值准备。固定资产减值准备必须按单项资产计提。

二、计提折旧

自动计提折旧是固定资产管理系统的主要功能之一。根据录入系统的资料，利用系统提供的“折旧计提”功能，对各项固定资产每期计提一次折旧，并自动生成折旧分配表，然后制作记账凭证，将本期的折旧费用自动登账。

当开始计提折旧时，系统将自动计提所有资产当期折旧额，并将当期的折旧额自动累加到累计折旧项目中。计提工作完成后，需要进行折旧分配，形成折旧费用。系统除了自动生成折旧清单外，同时还生成折旧分配表，从而完成本期折旧费用的登账工作。

系统提供的折旧清单显示了所有应计提折旧固定资产所计提的折旧数据额。

折旧分配表是制作记账凭证、把计提折旧额分配到有关成本和费用的依据。折旧分配表有两种类型：类别折旧分配表和部门折旧分配表。生成折旧分配表由“折旧汇总分配周期”决定，因此，制作记账凭证要在生成折旧分配表后进行。

计提折旧应遵循以下原则：

（1）在一个期间内可以多次计提折旧，每次计提折旧后，只是将计提的折旧累加到月初的累计折旧上，不会重复累计。

（2）若上次计提折旧已制单并传递到总账管理系统，则必须删除该凭证才能重新计提折旧。

（3）计提折旧后，又对账套进行了影响折旧计算或分配的操作，必须重新计提折旧，否则系统不允许结账。

（4）若自定义的折旧方法月折旧率或月折旧额出现负数，系统自动中止计提。

（5）资产的使用部门和资产折旧要汇总的部门可能不同，为了加强资产管理，使用部门必须是明细部门，而折旧分配部门不一定要分配到明细部门，不同的单位处理可能不同，因此要在计提折旧后、分配折旧费用时做出选择。

【任务5-1-1】12月31日，计提本月固定资产折旧，计提折旧后查看折旧清单并制单。

【操作提示】

（1）进入“固定资产”|“处理”|“计提本月折旧”，系统弹出“是否要查看折旧清单?”对话框，单击“是”按钮，系统弹出“本操作将计提本月折旧，并花费一定时间，是否要继续?”提示框，单击“是”按钮，进行折旧计提。

（2）计提折旧完成，弹出“折旧清单”窗口，单击“退出”按钮，进入“折旧分配表”窗口，单击“凭证”按钮，即可生成记账凭证并传递至总账系统。

三、对账

固定资产管理系统对账是指将固定资产系统中固定资产的价值与总账系统中固定资产账户的数值核对，将固定资产管理系统中累计折旧的余额和总账系统中累计折旧账户的余额核对。两个系统的资产价值是否相等，可以通过使用本系统提供的对账功能实现。

当初次启用固定资产的参数设置时，或选项中的参数设置中选择了“与账务系统对账”，才可使用本系统的对账功能。

为保证固定资产管理系统的资产价值与总账系统中固定资产账户的数值相等，可随时使用对账功能对两个系统进行审查。系统在执行月末结账时自动对账一次，并给出对账结果，同时根据初始化或选项中的判断确定不平情况下是否允许结账。

【任务5-1-2】12月31日，完成12月份固定资产期末对账处理。

【操作提示】

（1）固定资产管理系统生成的凭证传递到总账后，在总账系统中对凭证进行审核、记账。

（2）进入“固定资产”|“处理”|“对账”，系统自动核对“固定资产”“累计折旧”两个科目。如果对账不平衡，则要查找原因，调整后重新对账。

四、结账与反结账

（一）月末结账

当固定资产管理系统完成了本月全部制单业务后，可以进行月末结账。月末结账是将当月数据结转至下个月，并限制对本月业务的处理。根据会计制度的规定，完成本月全部固定资产业务处理后，必须进行月末结账处理。本月未结账，不能进行下期数据处理。

月末结账每月进行一次，结账后当期数据不能修改。如有错必须修改，可通过系统提供的“恢复月末结账前状态”功能进行反结账，再进行相应修改。

【任务5-1-3】12月31日，进行固定资产管理系统期末结账。

微课：期末业务处理之固定资产管理

【操作提示】

（1）选择“固定资产”|“处理”|“月末结账”命令，弹出“月末结账”对话框。如图5-1所示。

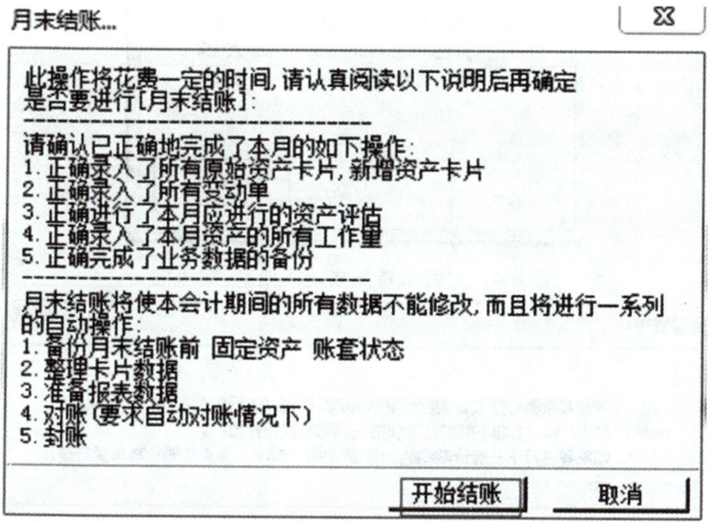

图5-1　“月末结账”对话框

（2）单击“开始结账”按钮，系统弹出“正在备份”提示窗口，如图5-2所示。备份完成后，系统弹出“与账务对账结果”提示框，显示对账平衡，如图5-3所示。

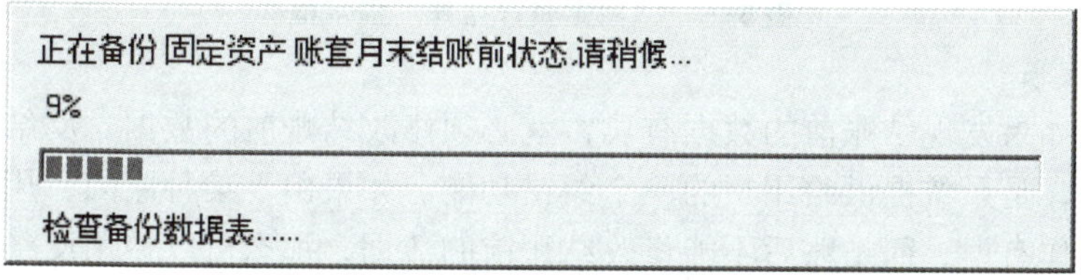

图5-2　“正在备份”提示窗口

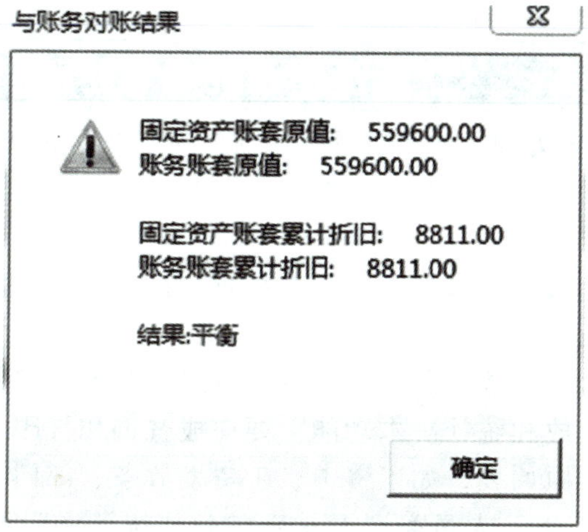

图5-3　“与账务对账结果”提示框

(3) 单击“确定”按钮，弹出“月末结账成功完成！”对话框。单击“确定”按钮，完成月末结账工作，如图5-4、图5-5所示。

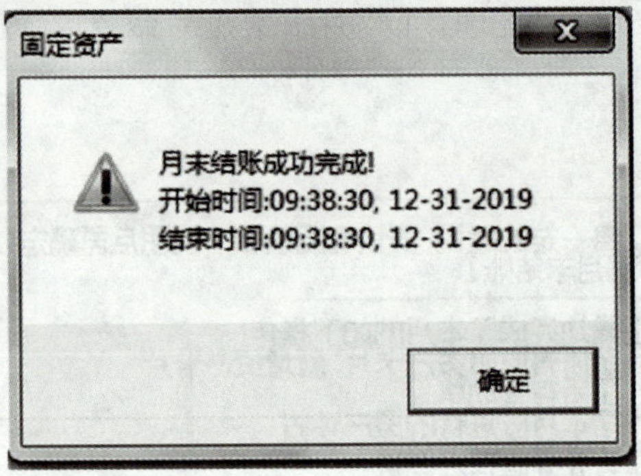

图5-4　“月末结账成功完成！”提示框

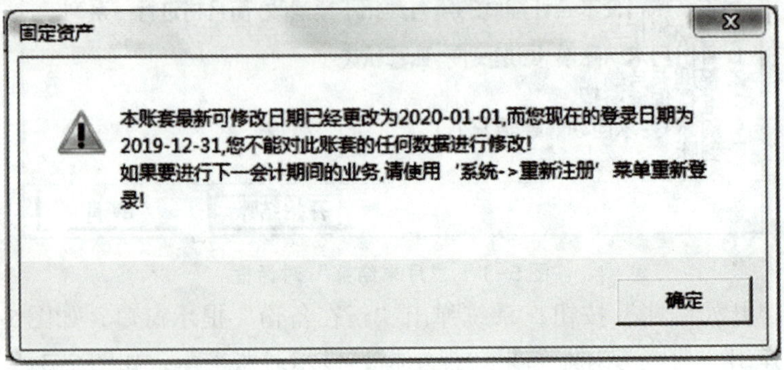

图5-5　“固定资产结账”提示框

(二) 反结账

结账后，如果发现结账前的数据有误，就必须修改结账前的数据。反结账又称恢复月末结账前状态，是系统提供给用户的一个纠错功能。如果由于某种原因，用户在结账后发现结账前的操作有误，而结账后不能修改结账前的数据，那么可以使用反结账功能恢复到结账前状态，再去修改错误。

任务二　薪资管理系统期末处理

薪资管理系统的期末处理主要是进行工资数据的查询、输出以及期末对账、结账等工作。

一、工资数据查询

薪资管理系统的工资数据查询包括工资表查询、工资分析表查询和凭证查询。

(1) 工资表查询。

工资系统的查询功能非常丰富，可以按照不同的要求和维度来查询工资数据。工资表用于本月工资的发放和统计。本功能主要完成查询和打印各种工资表的工作。工资表包括由系统提供的原始表，如工资卡、工资发放条、部门工资汇总表、部门条件汇总表、工资发放签名表、人员类别汇总表、条件统计（明细）表及工资变动汇总（明细）表。

（2）工资分析表查询。

工资分析表是以工资数据为基础，对部门、人员类别的工资数据进行分析和比较，产生各种分析表，供决策人员使用。工资分析表包括工资增长分析表、按月分类统计表、部门分类统计表、工资项目分析表、员工工资汇总表、按项目分类统计表、员工工资项目统计表、分部门各月工资项目构成分析表及部门工资项目构成分析表。

（3）凭证查询。

凭证查询提供对薪资管理系统生成的记账凭证进行查询、删除和冲销等功能。由薪资管理系统生成的凭证一般只能在薪资管理系统进行修改和删除。

【任务5-2-1】查询部门工资汇总表和按部门查询工资项目分析表。

【操作提示】

（1）查询部门工资汇总表。

❶选择“人力资源”|“薪资管理”|“统计分析”|“账表”|“工资表”命令，弹出“工资表”对话框。

❷选择“部门工资汇总表”，单击“查看”按钮，弹出“部门工资汇总表”对话框。选中所有部门。

❸单击“确定”按钮，打开“部门工资汇总表”窗口，默认部门范围为“一级部门”。单击“确定”按钮，打开“部门工资汇总表”，即可查询部门工资汇总表。

（2）查询工资项目分析表（按部门）。

❶选择“人力资源”|“薪资管理”|“统计分析”|“账表”|“工资分析表”命令，弹出“工资分析表”对话框。

❷选择“工资项目分析表（按部门）”，单击“确定”按钮，打开“请选择分析部门”窗口。选择所有部门，单击“确定”按钮，弹出“分析表选项”对话框，将所有工资项目设为“已选项目”。

❸单击“确定”按钮，返回“工资项目分析表（按部门）”窗口。

二、对账和结账

月末结账是将当月数据经过处理后结转至下月。每月工资数据处理完毕均可进行月末结转。由于在工资项目中，有的项目是变动的，即每月的数据均不相同，在每月工资处理时，需将其数据清零，而后输入当月的数据，此类项目即为清零项目。进行月末处理后，当月数据不再允许变动。只有工资类别主管或者账套主管才能执行月末处理。

如果存在多个工资类别，应打开工资类别，分别进行月末结账；如果本月数据未汇总，系统不允许进行月末结账。

【任务5-2-2】月末进行薪资管理系统对账和期末结账（奖金和缺勤天数清零）。

【操作提示】

（1）选择“人力资源”|“薪资管理”|“业务处理”|“月末处理”命令，弹出“月末处理”对话框，如图5-6所示。

微课：期末业务处理之薪资管理

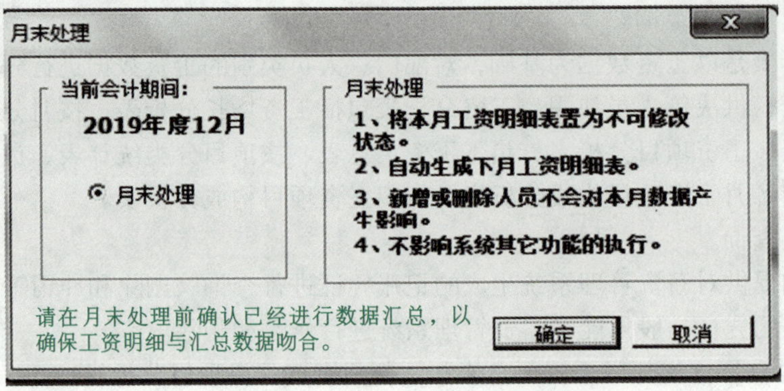

图5-6　“月末处理”对话框

（2）单击“确定”按钮，弹出“继续月末处理吗？”提示框，如图5-7所示。单击“是”按钮，弹出“是否选择清零项？”提示框，如图5-8所示。单击“是”按钮，弹出“选择清零项目”提示框，单击“>”，将“奖金”和“缺勤天数”项目选为清零项，如图5-9所示。

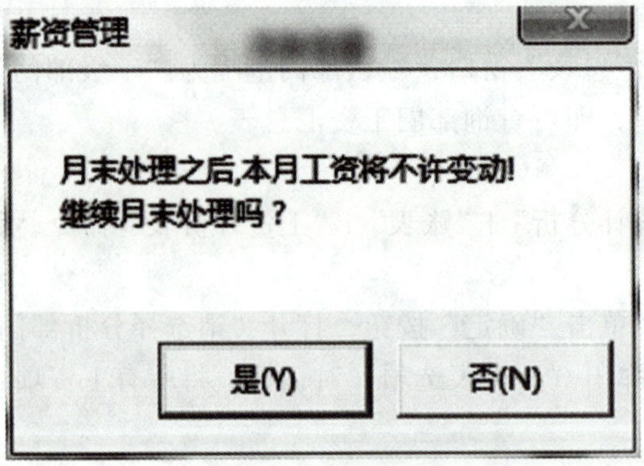

图5-7　“继续月末处理吗?”提示框

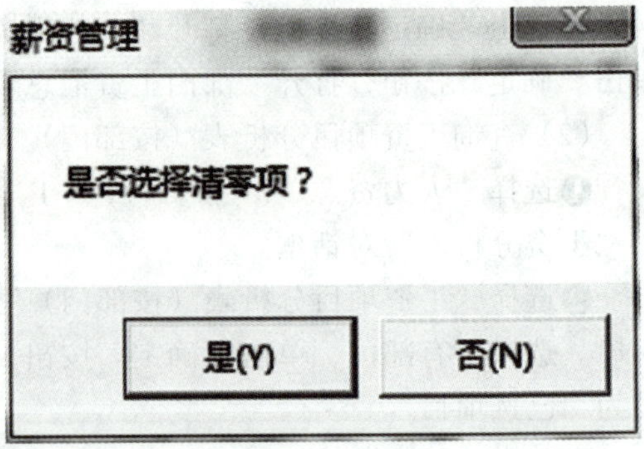

图5-8　“是否选择清零项?”提示框

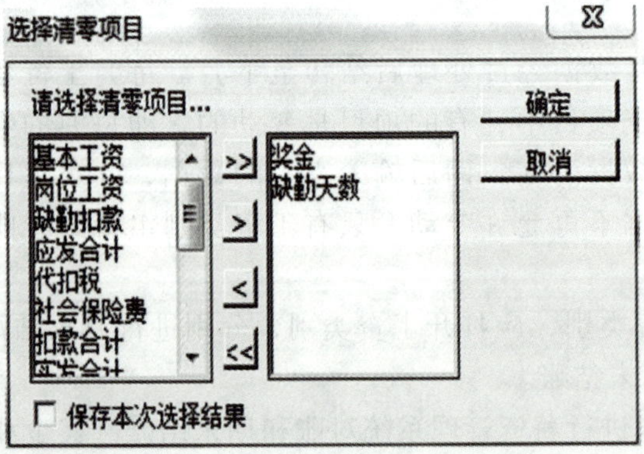

图5-9　“选择清零项目”提示框

（3）单击“确定”按钮，弹出“月末处理完毕！”提示框，如图5-10所示。单击“确定”按钮，完成月末处理。

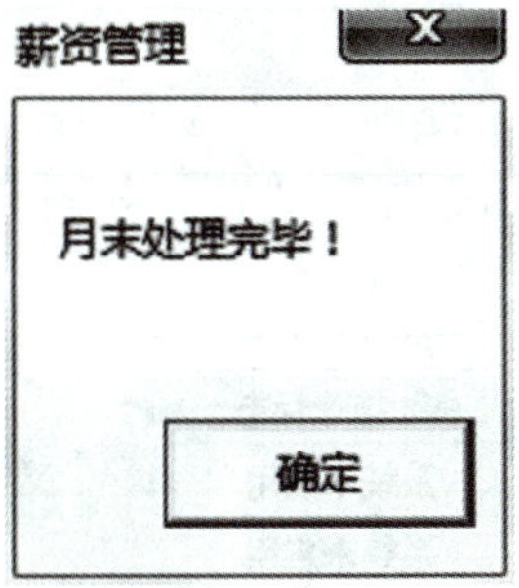

图5-10 “月末处理完毕!”提示框

任务三 应收款管理系统期末处理

应收款管理系统月末结账是在本月业务全部处理完成后，系统对本月信息数据进行汇总计算，余额转入下期，以结束本月业务操作，开始下月业务处理的过程。月末结账后，本月将不能再进行任何业务变动操作。如果用户发现该月还有未处理的业务或月末结账有误，可以取消月末结账，但要注意取消结账操作只有在该月总账系统未结账时才能进行。

【任务5-3-1】12月31日，以2002王强的身份登录完成应收款管理系统的对账、结账工作。

【操作提示】

（1）完成主管签字、主管审核及记账。

（2）对账。

微课：期末业务处理之应收款管理

❶以2002王强的身份登录进入“应收款管理”|“期末处理”|“账表管理”|“业务账表”|“与总账对账”，弹出“对账条件”窗口，如图5-11所示。

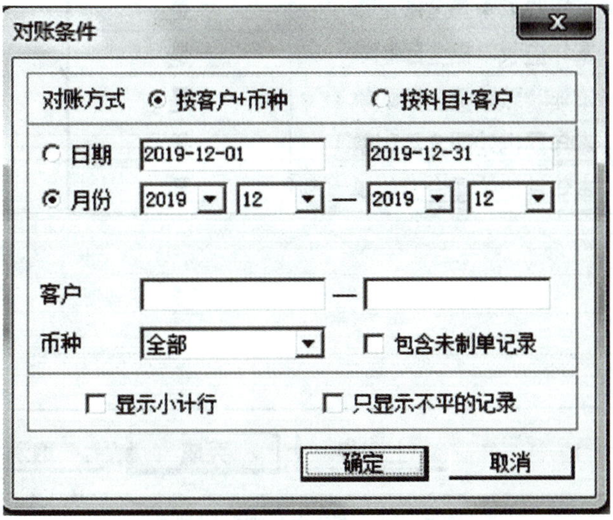

图5-11 “对账条件”窗口

❷单击“确定”，进入“与总账对账结果”页面，可以看到应收款管理系统与总账系统的对账结果，对账结果无误后，可以进行结账。

（3）结账。

❶进入“应收款管理”|“期末处理”|“月末结账”，弹出“月末处理”对话框，在“十二月”行的“结账标志”列双击，显示“Y”，如图5-12所示。

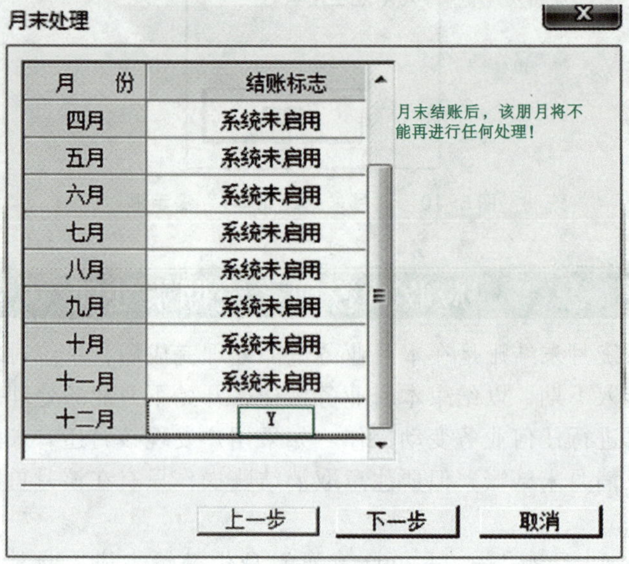

图5-12 “月末处理”对话框

❷单击“下一步”，可以看到所有单据的处理情况均为“是”，如图5-13所示。

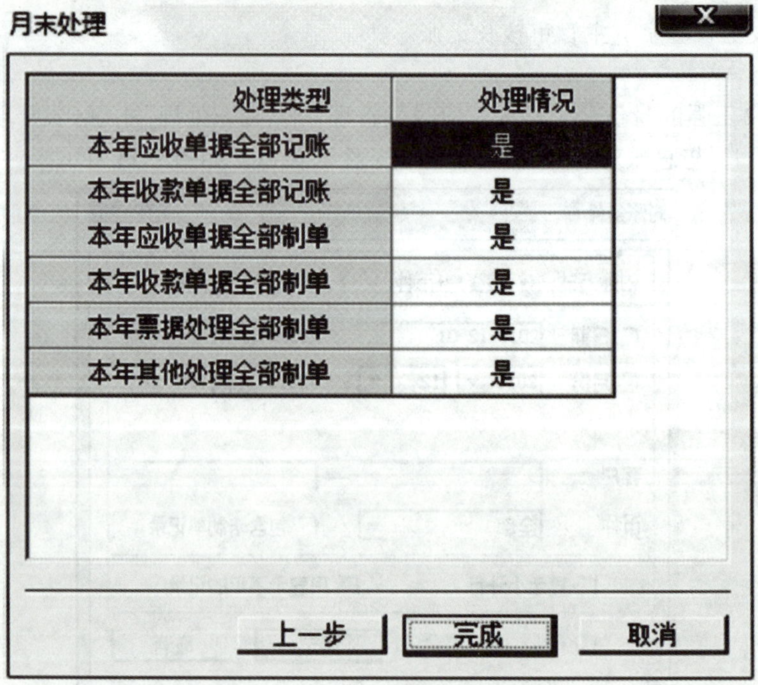

图5-13 “月末处理”对话框

❸单击“完成”按钮，提示“12月份结账成功”，如图5-14所示，结账完成。

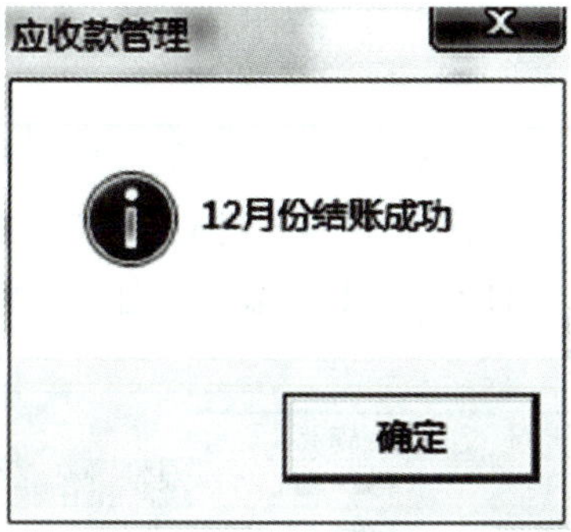

图5-14 “12月份结账成功”提示框

任务四 应付款管理系统期末处理

应付款管理系统的期末处理包括月末结账、应付账款的查询和应付账款的账龄分析。

一、月末结账

月末结账是在本月业务全部处理完成后，系统对本月信息数据进行汇总计算，余额结转至下月，以结束本月业务操作，开始下月业务处理的过程。月末结账后，本月将不能再进行任何业务变动操作。如果用户发现该月还有未处理的业务或月末结账有误，可以取消月末结账，但取消结账操作只有在该月总账系统未结账时才能进行。

【任务5-4-1】12月31日，完成应付款管理系统的对账、结账。

【操作提示】

（1）完成主管签字、主管审核及记账。

（2）应付款管理系统对账、结账。

❶对账。

微课：期末业务处理之应付款管理

以2001徐红的身份进入“应付款管理”|“账表管理”|“业务账表”，单击“与总账对账”，弹出“对账条件”对话框，如图5-15所示，单击“确定”。

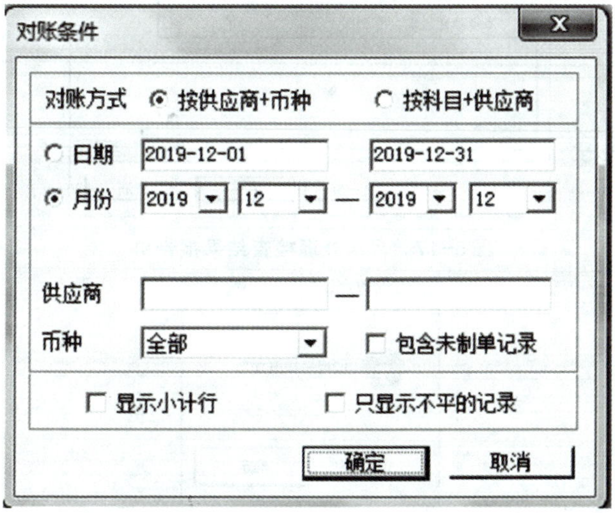

图5-15 “对账条件”对话框

进入“与总账对账结果”窗口，可以看到应付款管理系统与总账系统的对账结果，关闭“与总账对账结果”窗口。

❷结账。

以2001徐红的身份进入“应付款管理”|“期末处理”|“月末结账”，弹出“月末处理”对话框，双击需要结账的十二月行的“结账标志”空白栏，显示“Y”，如图5-16所示。

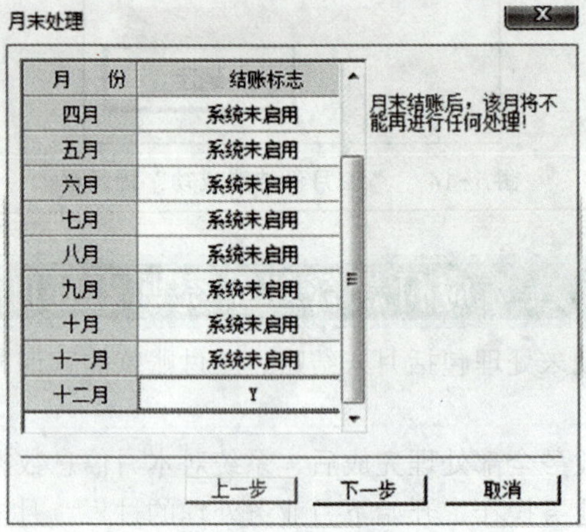

图5-16 “月末处理”对话框

单击“下一步”按钮，系统自动检查各项业务的记账和制单处理情况，弹出检查结果报告单，如图5-17所示。单击“完成”按钮，提示“12月份结账成功”，如图5-18所示。单击“确定”按钮，完成月末结账操作。

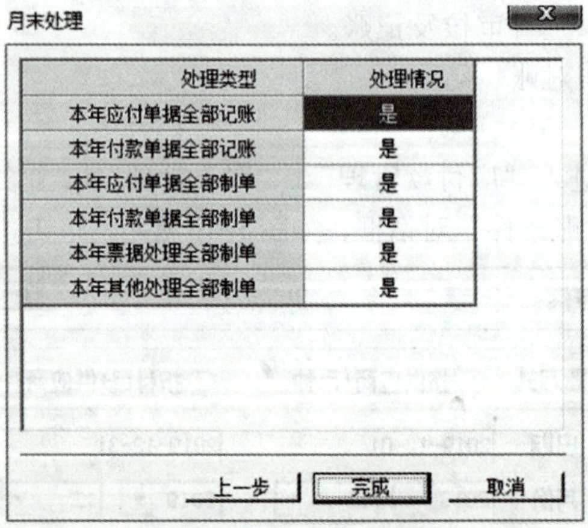

图5-17 月末处理检查结果报告单

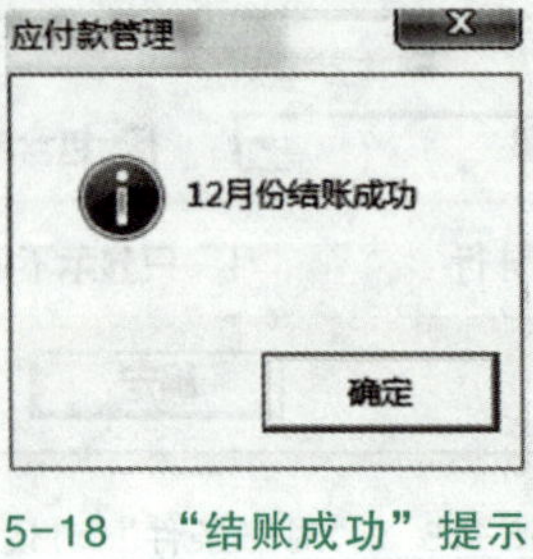

图5-18 “结账成功”提示框

二、应付账款统计分析

对应付业务账表的统计分析，有利于及时了解应付款项的分布，了解各账龄区间内应付款、付款及往来情况，便于及时发现问题，适时采取应对措施，加快资金支付，提高供应商对企业的信任程度。

应付账表统计分析包括应付账龄分析、付款账龄分析、欠款分析、付款预测。

任务五　总账系统期末处理

总账系统期末处理是在本月所发生的经济业务全部入账的基础上，进行转账凭证生成、期间损益结转，计算出本期利润，并进行对账和结账等一系列工作。

一、自定义结转

【任务5-5-1】12月31日，通过自定义转账公式结转本月未交增值税余额。

【操作提示】

（1）以2002王强的身份，进入“总账”|“期末”|“转账定义”|“自定义转账”，新建自定义转账，“转账序号”为“0001”，“转账说明”为“结转应交增值税”，“凭证类别”选择“转 转账凭证”，单击“确定”。选择“增行”，输入科目“22210106”（应交税费/应交增值税/转出未交增值税），选择方向“借”，金额公式为“JG（）”。再选择“增行”，输入科目“222106”（应交税费/应交增值税），选择方向“贷”，根据公式向导选择“账务函数”中的“QM（）期末函数”，写入金额公式为“QM（222101,月）”，并单击“保存“。如图5-19、图5-20所示。

微课：结转应交增值税借方余额

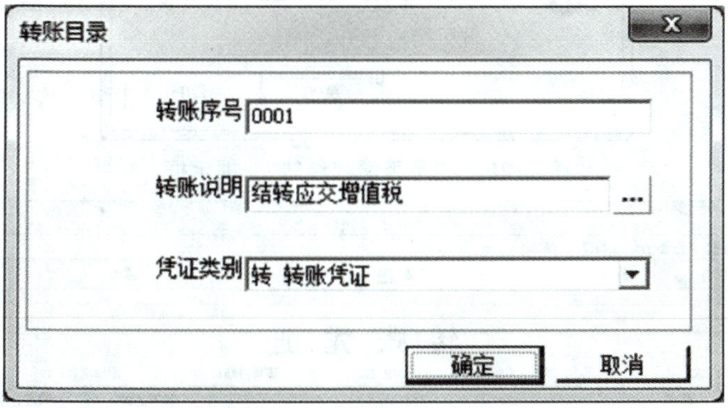

图5-19　“转账目录”对话框

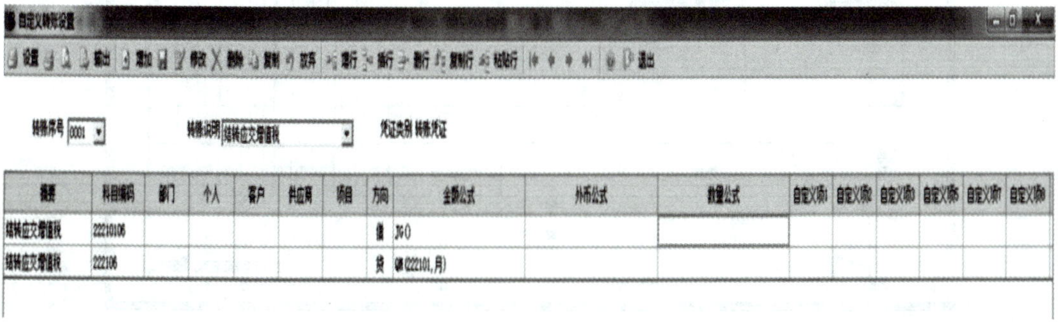

图5-20　“自定义转账设置”窗口

（2）以2002王强的身份，进入“总账”|“期末”|“转账生成”，选择“自定义转账”中的0001号结转应交增值税行，在“是否结转”中选择“Y”，单击“确定”，提示“是否继续结转?”，单击“是”，并保存生成的凭证，如图5-21、图5-22、图5-23所示。

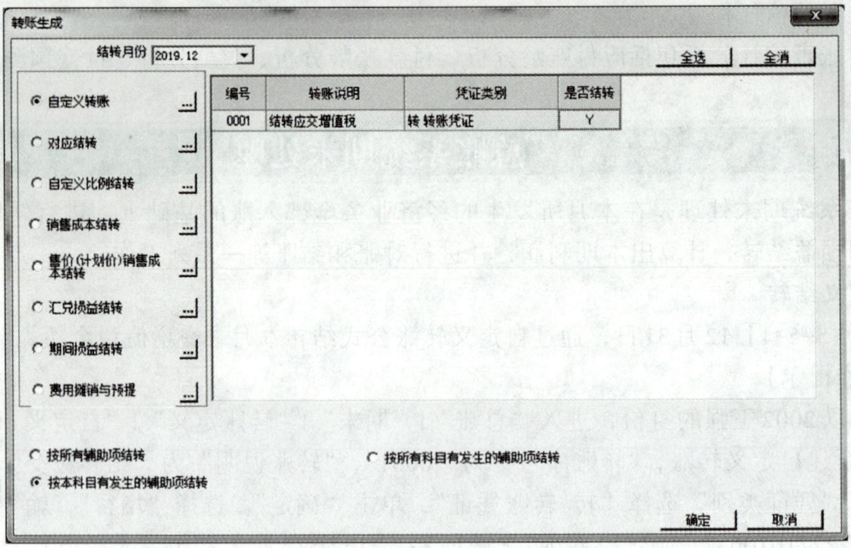

图5-21 “转账生成”对话框

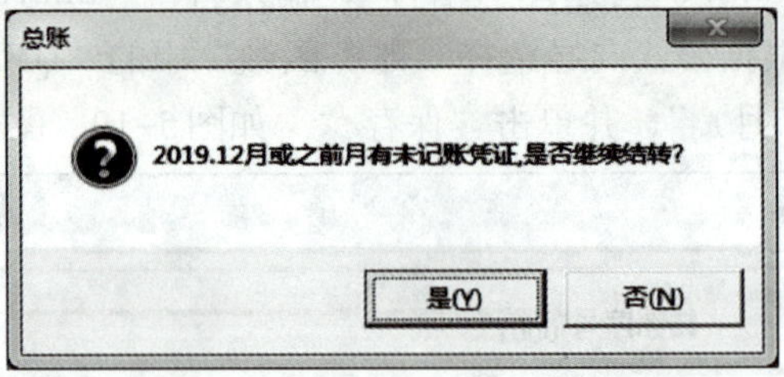

图5-22 “是否继续结转?”提示框

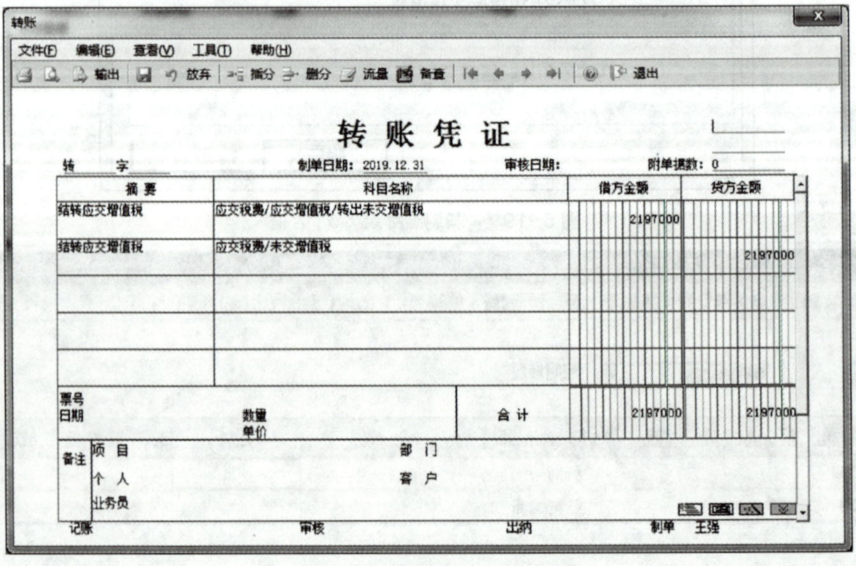

图5-23 “转账凭证”页面

【任务5-5-2】12月31日，按7%、3%、2%分别计提本月应交城建税、教育费附加、地方教育费附加。

【操作提示】

（1）以2002王强的身份，进入“总账”|“期末”|“转账定义”|“自定义转账”，新建自定义转账，“转账序号”为“0002”，“转账说明”为“计提本月应交城建税、教育费附加、地方教育费附加”，“凭证类别”选择“转 转账凭证”，单击“确定”。选择“增行”，输入科目“6403”（税金及附加），选择方向“借”，金额公式为“JG（）”。再选择“增行”，输入科目“222107”（应交税费/应交城建税），选择方向“贷”，根据公式向导选择“账务函数”中的“QM（）期末函数”，写入金额公式为“QM(222101,月)*0.07”；再选择“增行”，输入科目“222108”（应交税费/应交教育费附加），选择方向“贷”，根据公式向导选择“账务函数”中的“QM（）期末函数”，写入金额公式为“QM（222101,月）*0.03”；再选择“增行”，输入科目“222109”（应交税费/应交地方教育费附加），选择方向“贷”，根据公式向导选择“账务函数”中的“QM（）期末函数”，写入金额公式为“QM(222101,月)*0.02”，并单击“保存”。如图5-24、图5-25所示。

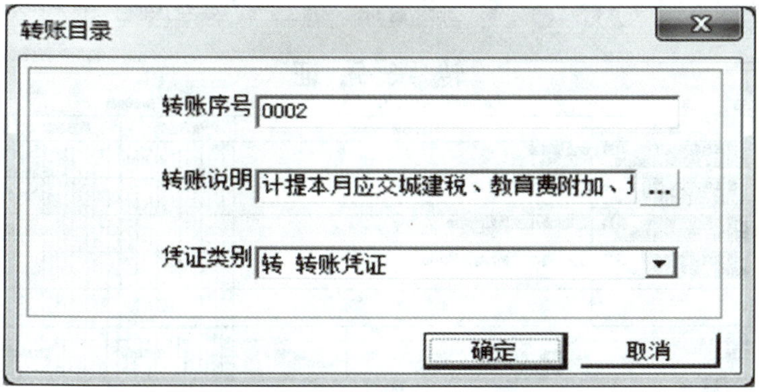

图5-24 “转账目录”对话框

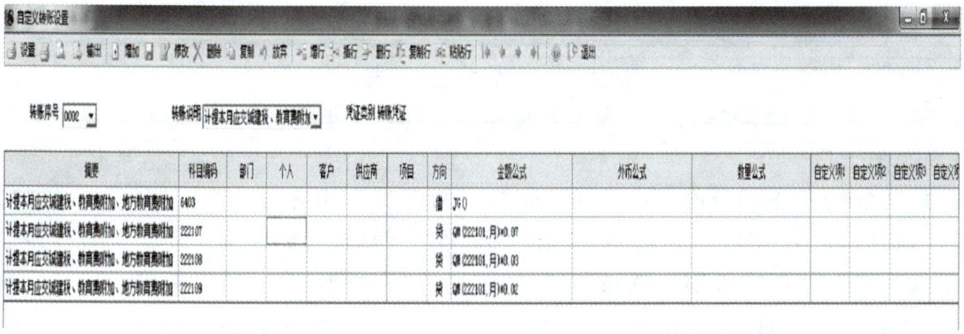

图5-25 “自定义转账设置”窗口

（2）以2002王强的身份，进入“总账”|“期末”|“转账生成”，选择“自定义转账”中的0002号计提本月应交城建税、教育费附加、地方教育费附加行，在“是否结转”中选择“Y”，单击“确定”，提示“是否继续结转？”，单击“是”，并保存生成的凭证。如图5-26、图5-27所示。

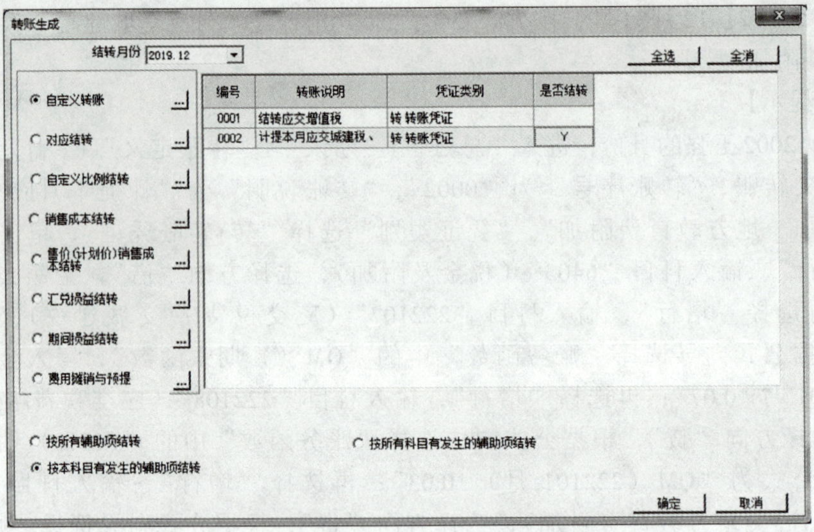

图5-26 “转账生成”对话框

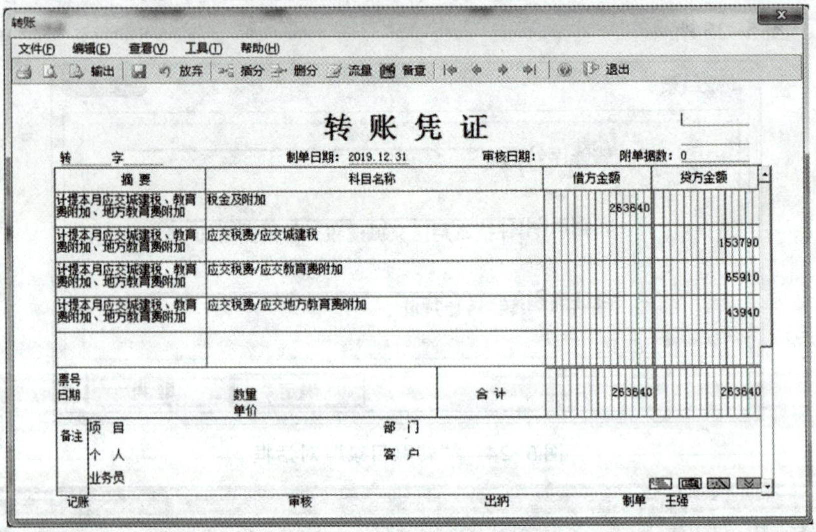

图5-27 “转账凭证”页面

【任务5-5-3】12月31日，计提本月短期借款利息（年利率为4%）。

【操作提示】

（1）以2002王强的身份，进入“总账”|“期末”|“转账定义”|“自定义转账”，新建自定义转账，“转账序号”为“0003”，“转账说明”为“计提本月短期借款利息”，“凭证类别”选择“转 转账凭证”，单击“确定”。选择“增行”，输入科目“6603”（财务费用），选择方向“借”，金额公式为“JG（）”。再选择“增行”，输入科目“2231”（应付利息），选择方向“贷”，根据公式向导选择“账务函数”中的“QM（）期末函数”，写入金额公式为“QM（2001,月）*0.04/12”，如图5-28、图5-29所示。

微课：计提短期借款利息

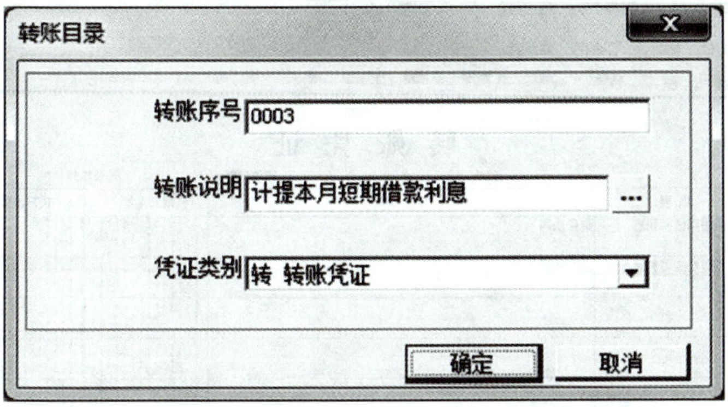

图5-28 “转账目录”对话框

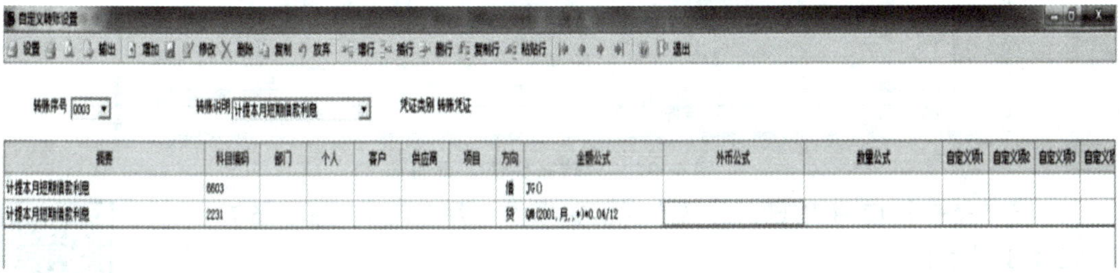

图5-29 “自定义转账设置”窗口

（2）以2002王强的身份，进入“总账”|“期末”|“转账生成”，选择“自定义转账”中的0003号计提本月短期借款利息行，在“是否结转”中选择“Y”，单击“确定”，提示“是否继续结转?”，单击“是”，并保存生成的凭证。如图5-30、图5-31所示。

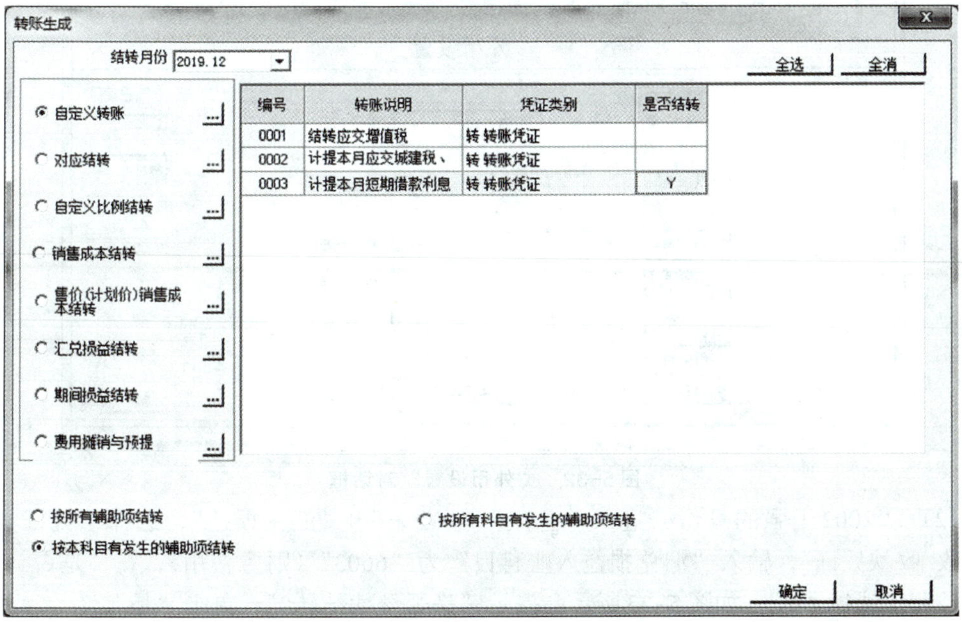

图5-30 “转账生成”对话框

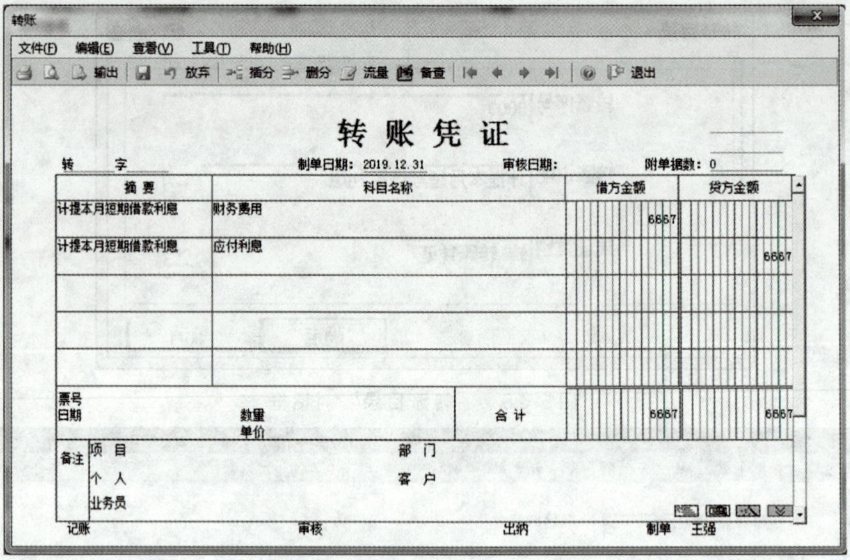

图5-31 “转账凭证”页面

【任务5-5-4】12月31日，结转本月汇兑损益（月末汇率调整为6.7）。

微课：结转汇兑损益与销售成本结转

【操作提示】

（1）以2002王强的身份，进入“基础设置”|“基础档案”|“外币设置”，录入12月的调整汇率6.7。如图5-32所示。

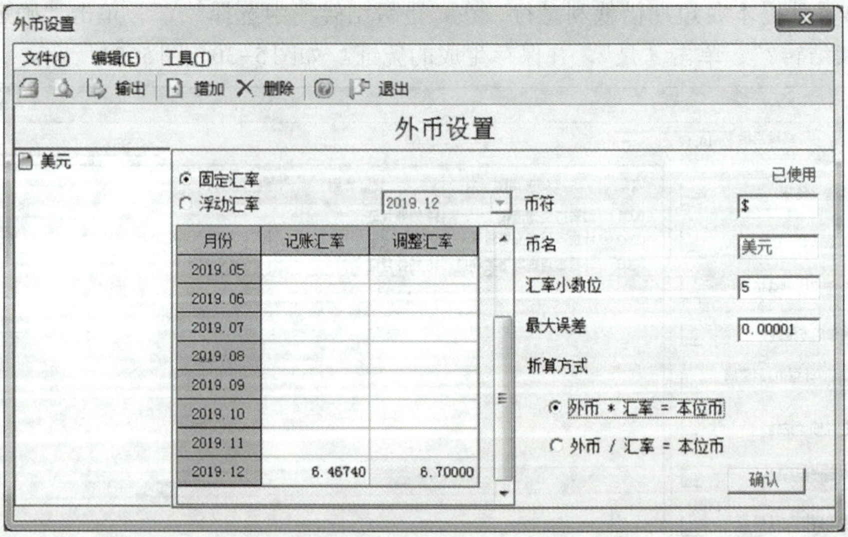

图5-32 “外币设置”对话框

（2）以2002王强的身份，进入“总账”|“期末”|“汇兑损益”，选择“凭证类别”为“收 收款凭证”，输入“汇兑损益入账科目”为“6603”（财务费用），在“是否计算汇兑损益”中选择“Y”。如图5-33所示。提示“是否继续结转？”，单击“是”。

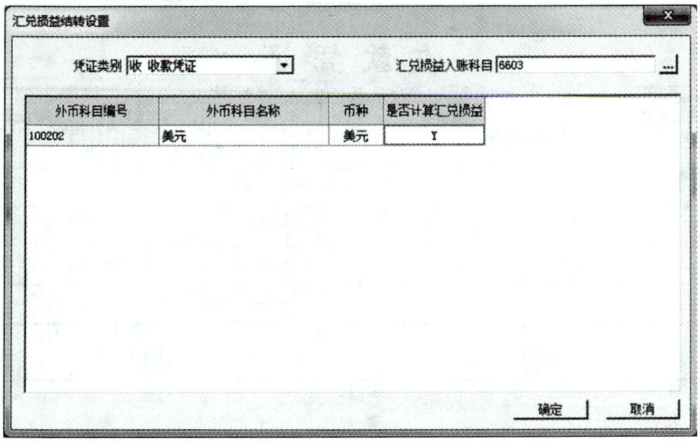

图5-33 “汇兑损益结转设置”窗口

（3）以2002王强的身份，进入“总账”|“期末”|“转账生成”|“汇兑损益结转”，在“是否结转”中选择“Y”，如图5-34所示。单击“确定”。

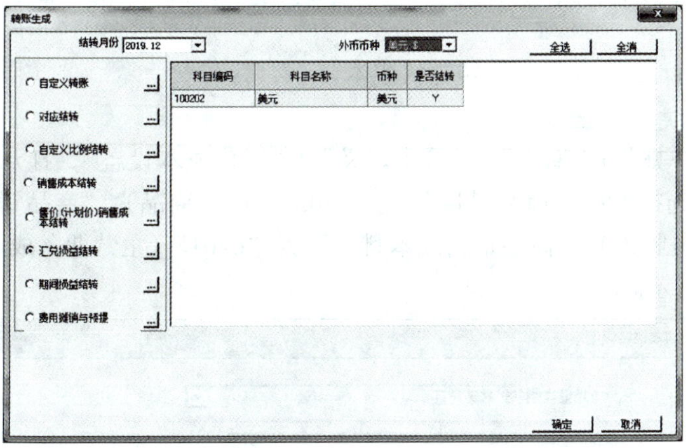

图5-34 “转账生成—汇兑损益结转”窗口

（4）查看“汇兑损益试算表”，确认无误后单击“确定”，再单击“保存”生成凭证。如图5-35、图5-36所示。

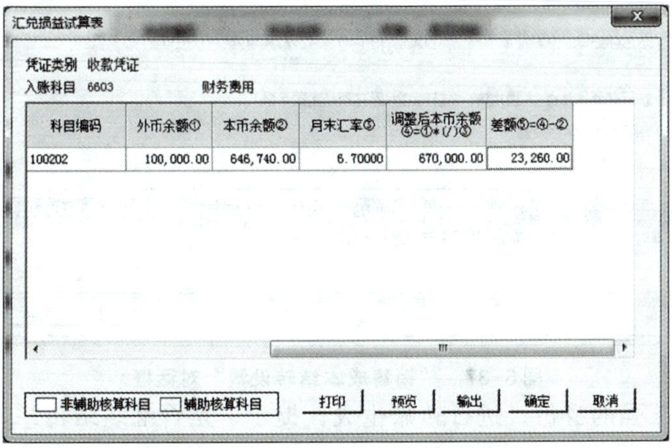

图5-35 “汇兑损益试算表”窗口

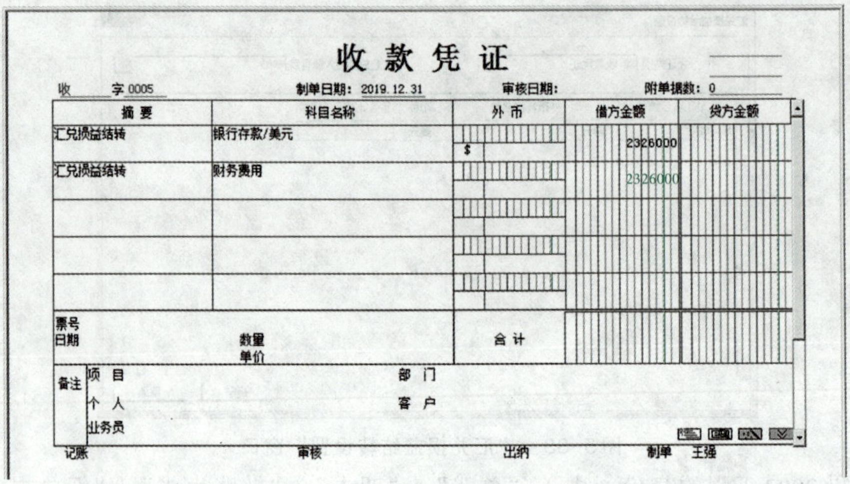

图5-36 “收款凭证”页面

备注：此处注意财务费用应为借方红字，如为贷方蓝字将导致利润表无法取数。结转后需完成记账凭证的审核和记账。

【任务5-5-5】12月31日，结转销售成本。

【操作提示】

（1）进入“总账”|“期末”|“转账定义”|“销售成本设置”，打开“销售成本结转设置”对话框，选择“库存商品科目”为“1405”（库存商品），“商品销售收入科目”为“6001”（主营业务收入），“商品销售成本科目”为“6401”（主营业务成本”），单击“确定”。如图5-37所示。

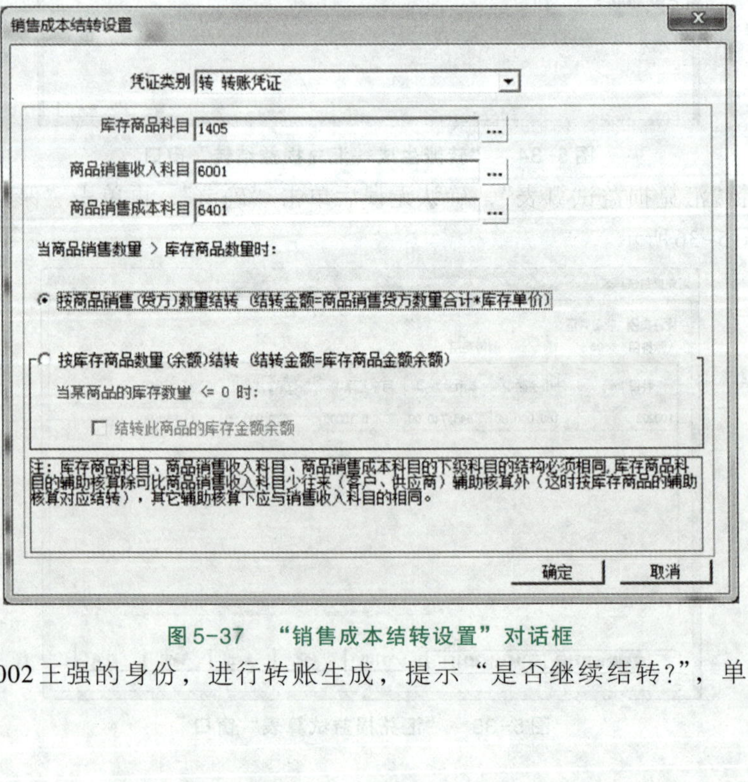

图5-37 “销售成本结转设置”对话框

（2）以2002王强的身份，进行转账生成，提示“是否继续结转?”，单击“是”。如图5-38所示。

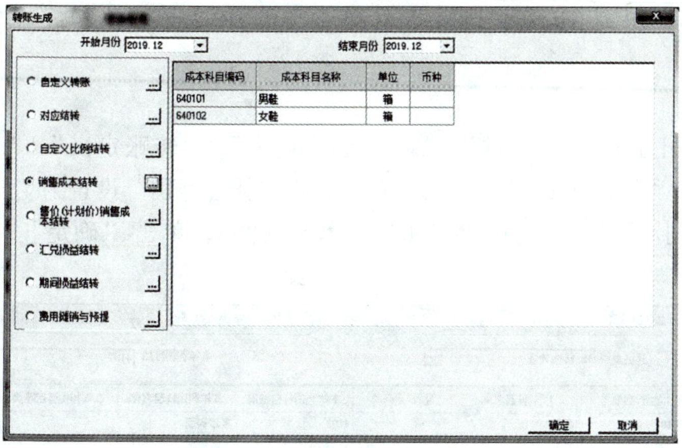

图5-38 “转账生成”窗口

（3）查看“销售成本结转一览表”，确认无误后，单击“确定”，对生成的凭证进行“保存”。如图5-39、图5-40所示。

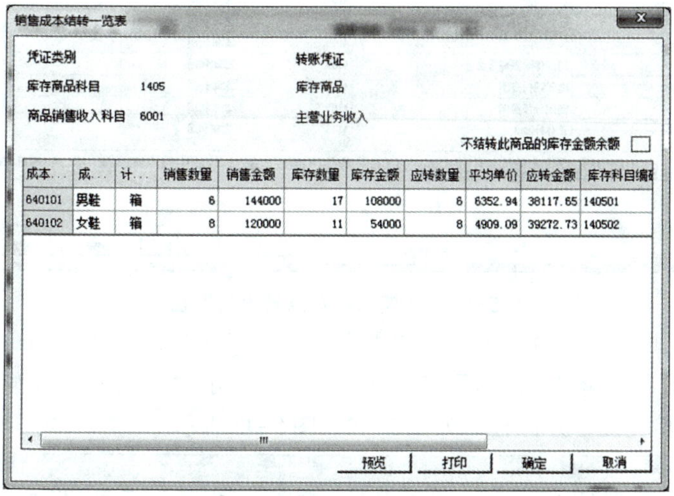

图5-39 “销售成本结转一览表”窗口

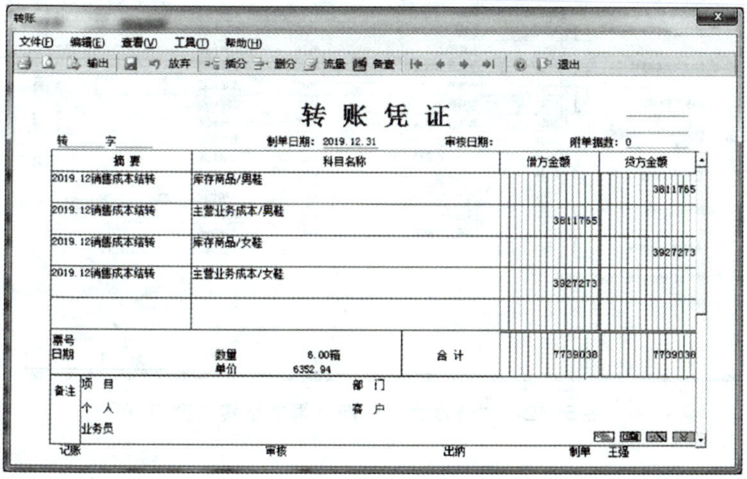

图5-40 “转账凭证”页面

【任务5-5-6】12月31日，结转本月损益类账户（收入类和成本费用类账户分别结转）。

【操作提示】

（1）以2002王强的身份，进入“总账”|“期末”|“转账定义”|“期间损益结转”，打开“期间损益结转设置”窗口，将“凭证类别”设置为“转 转账凭证”，“本年利润科目”设置为“4103”（本年利润），单击“确定”。如图5-41所示。

微课：结转损益类账户

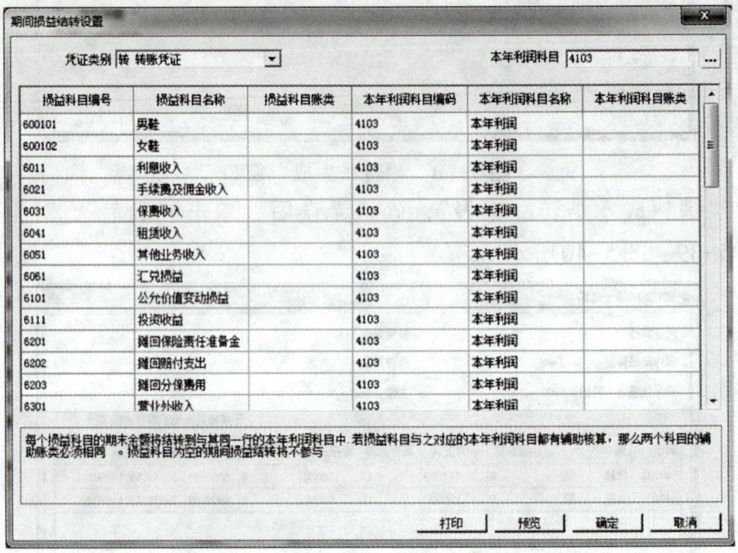

图5-41 “期间损益结转设置”窗口

（2）以2002王强的身份，进入“总账”|“期末”|“转账生成”|“期间损益结转”，选择“收入”，单击“全选”，然后点击“确定”，提示“是否继续结转?”，单击“是”，自动生成收入结转凭证，并保存。如图5-42、图5-43所示。

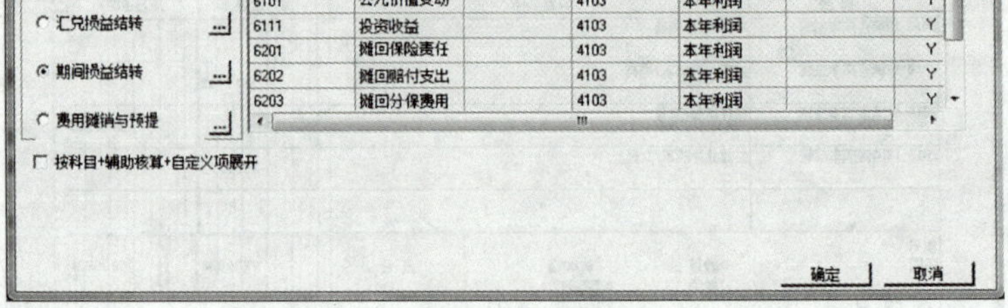

图5-42 “转账生成—期间损益结转”窗口

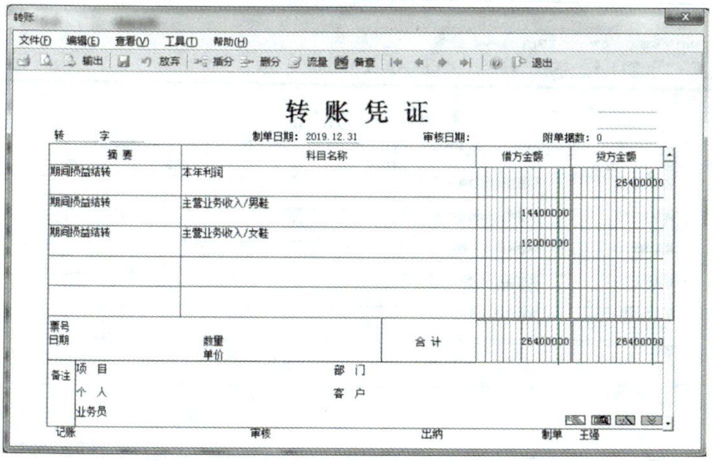

图5-43　“转账凭证”页面

备注：结转后需完成前6笔记账凭证的审核和记账。

（3）以2002王强的身份，进入“总账”|“期末”|“转账生成”|“期间损益结转”，选择“支出”，单击“全选”，然后单击“确定”，自动生成支出结转凭证。如图5-44至图5-50所示。

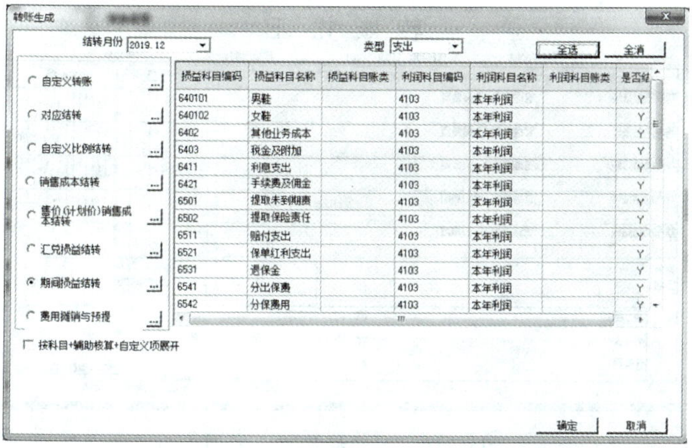

图5-44　“转账生成—期间损益结转”窗口

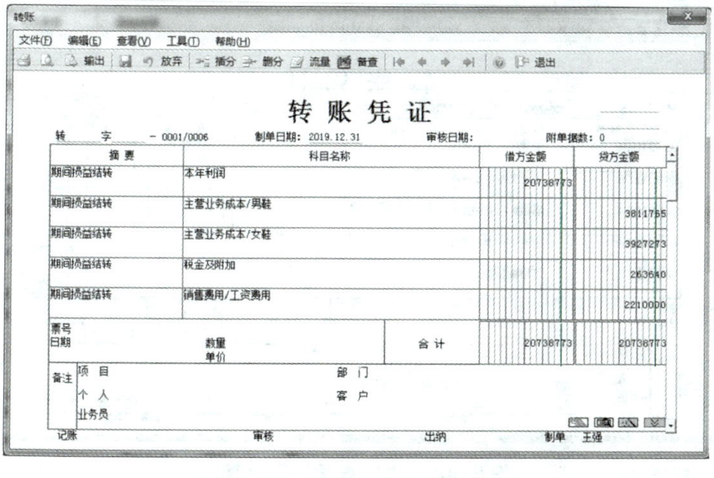

图5-45　“转账凭证”页面1

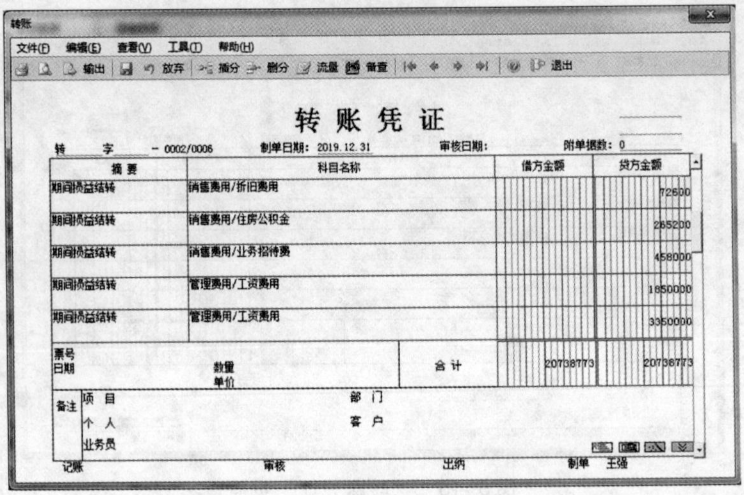

转账凭证

转 字 - 0002/0006　制单日期：2019.12.31　审核日期：　附单据数：0

摘要	科目名称	借方金额	贷方金额
期间损益结转	销售费用/折旧费用		72600
期间损益结转	销售费用/住房公积金		265200
期间损益结转	销售费用/业务招待费		458000
期间损益结转	管理费用/工资费用		1850000
期间损益结转	管理费用/工资费用		3350000
票号 日期	数量 单价 合计	20738773	20738773

备注 项目　部门 个人　客户 业务员

记账　审核　出纳　制单 王强

图 5-46 “转账凭证”页面 2

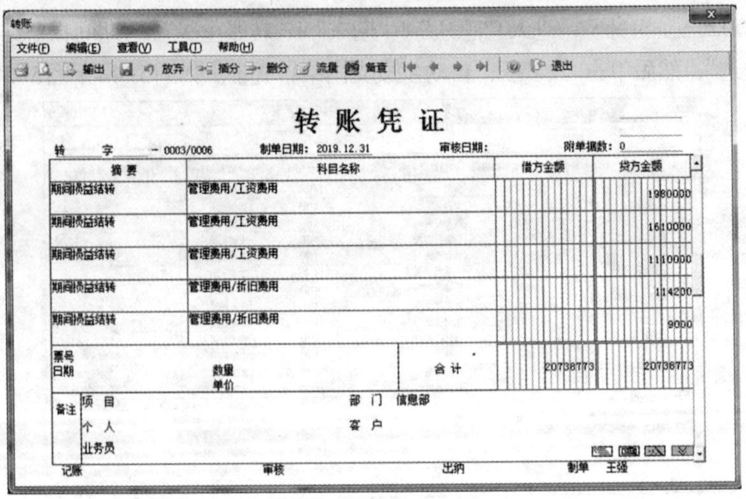

转账凭证

转 字 - 0003/0006　制单日期：2019.12.31　审核日期：　附单据数：0

摘要	科目名称	借方金额	贷方金额
期间损益结转	管理费用/工资费用		1980000
期间损益结转	管理费用/工资费用		1610000
期间损益结转	管理费用/工资费用		1110000
期间损益结转	管理费用/折旧费用		114200
期间损益结转	管理费用/折旧费用		9000
票号 日期	数量 单价 合计	20738773	20738773

备注 项目　部门 信息部 个人　客户 业务员

记账　审核　出纳　制单 王强

图 5-47 “转账凭证”页面 3

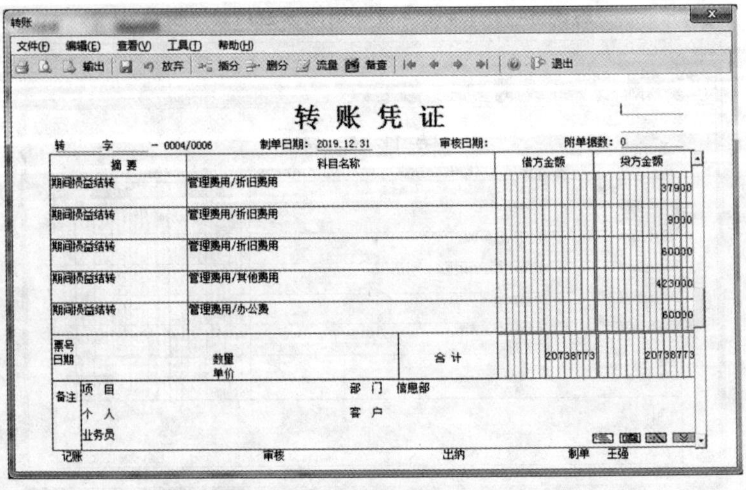

转账凭证

转 字 - 0004/0006　制单日期：2019.12.31　审核日期：　附单据数：0

摘要	科目名称	借方金额	贷方金额
期间损益结转	管理费用/折旧费用		37900
期间损益结转	管理费用/折旧费用		9000
期间损益结转	管理费用/折旧费用		60000
期间损益结转	管理费用/其他费用		423000
期间损益结转	管理费用/办公费		60000
票号 日期	数量 单价 合计	20738773	20738773

备注 项目　部门 信息部 个人　客户 业务员

记账　审核　出纳　制单 王强

图 5-48 “转账凭证”页面 4

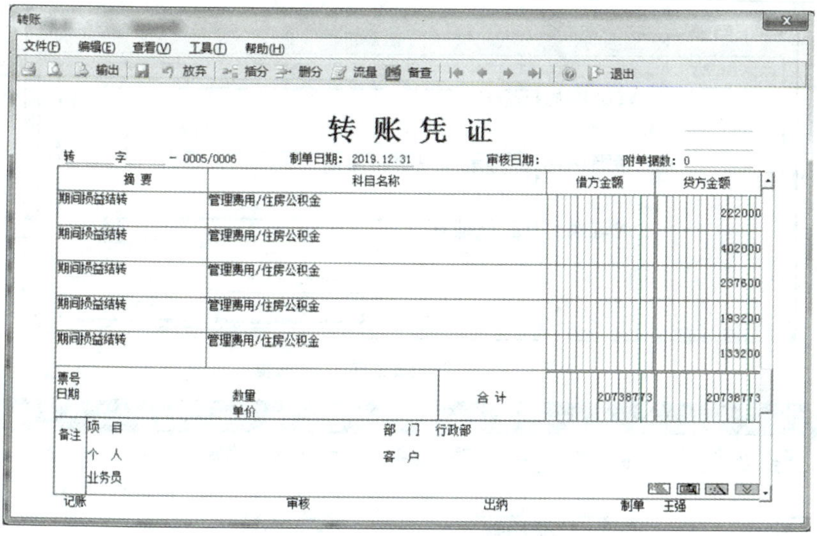

图5-49 “转账凭证”页面5

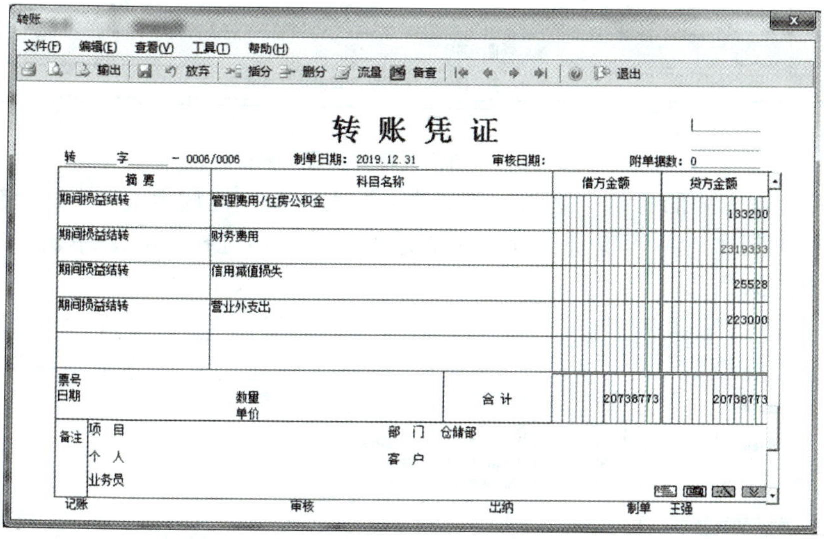

图5-50 “转账凭证”页面6

备注：结转后需完成该笔记账凭证的审核和记账。

【任务5-5-7】12月31日，计提并结转本月所得税费用（企业所得税税率为25%）。

【操作提示】

（1）设置自定义公式，计提并结转所得税费用。以2002王强的身份登录，进入“总账”|“期末”|“转账定义”|“自定义转账”，新建自定义转账，“转账序号”为“0004”，“转账说明”为“计提本月所得税费用”，“凭证类别”选择“转 转账凭证”，单击“确定”。选择“增行”，输入科目“6801”（所得税费用），选择方向“借”，金额公式为“JG（）”。再选择“增行”，输入科目“222104”（应交税费/应交所得税），选择方向“贷”，根据公式向导写入金额公式“FS（4103,月,贷）*0.25-FS（4103,月,借）*0.25”。如图5-51、图5-52所示。

微课：计提并结转所得税费用

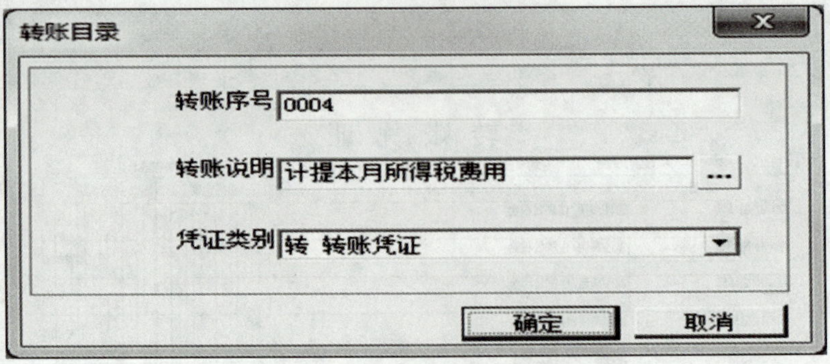

图 5-51 “转账目录”对话框

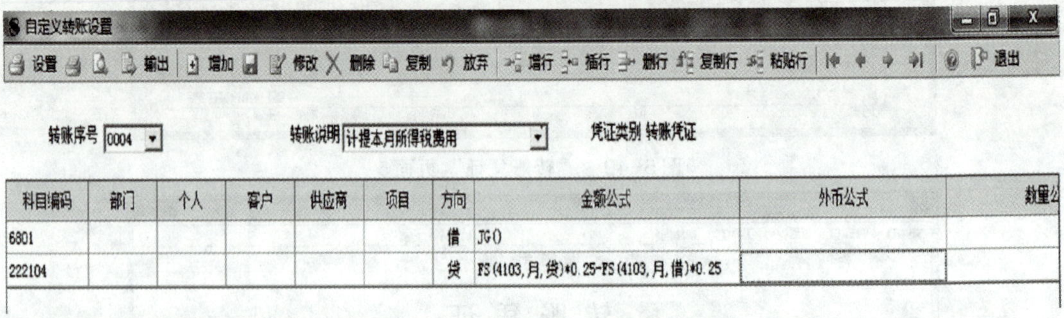

图 5-52 “自定义转账设置”窗口

（2）以 2002 王强的身份，进入“总账”|“期末”|“转账生成”|“自定义转账”，选择 0004 号计提本月所得税费用行，在“是否结转”中选择“Y”，单击“确定”。如图 5-53、图 5-54 所示。

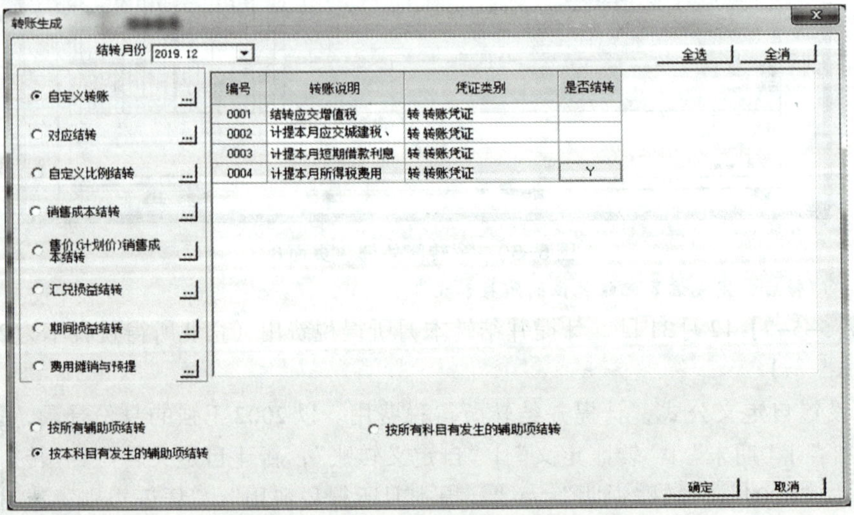

图 5-53 “转账生成—自定义转账”窗口

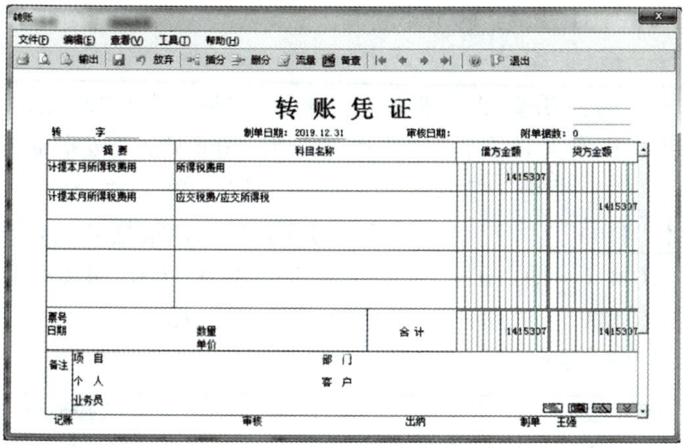

图5-54 “转账凭证”页面

备注：结转后需完成该笔记账凭证的审核和记账。

（3）结转所得税费用。以2002王强的身份，进入“总账”|“期末”|“转账生成”|“期间损益结转”，“类型”选择“支出”，单击“全选”，然后单击“确定”，自动生成所得税费用结转凭证。如图5-55、图5-56所示。

图5-55 “转账生成—期间损益结转”窗口

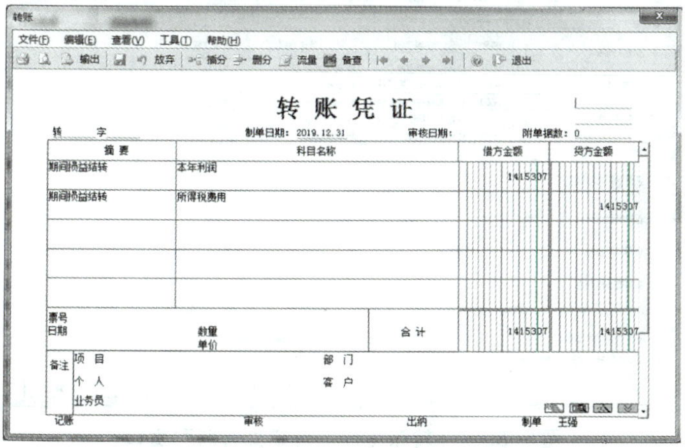

图5-56 “转账凭证”页面

备注：结转后需完成该笔记账凭证的审核和记账。

【任务5-5-8】12月31日，结转本年利润。

【操作提示】

（1）以2002王强的身份登录，进入“总账”|“期末”|“转账定义”|“自定义转账”，新建自定义转账，“转账序号”为“0005”，“转账说明”为“结转本年利润”，“凭证类别”选择“转 转账凭证”，单击“确定”。选择“增行”，输入科目“4103”（本年利润），选择方向“借”，根据公式向导选择“账务函数”中的“QM（）期末函数”，写入金额公式为“QM（4103,月）”。再选择“增行”，输入科目“410403”（利润分配/未分配利润），选择方向“贷”，金额公式为“JG（）”。如图5-57、图5-58所示。

微课：结转本年利润

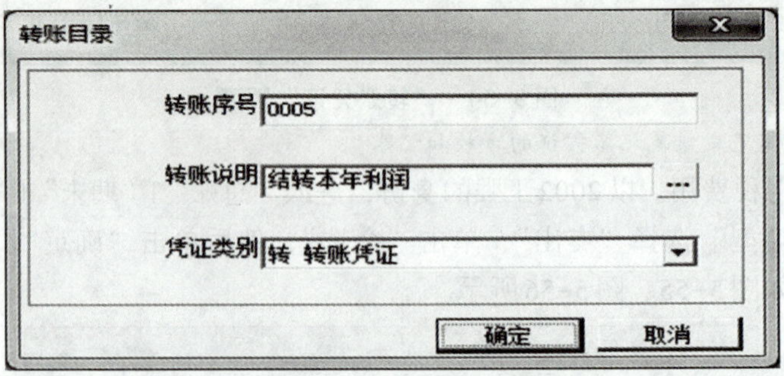

图5-57 “转账目录”对话框

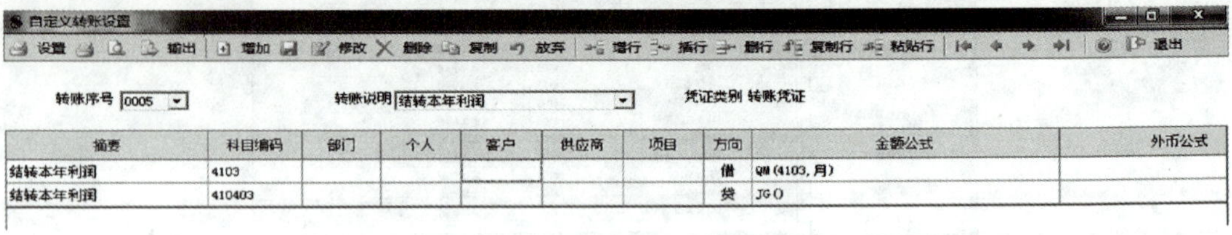

图5-58 “自定义转账设置”窗口

（2）进入“总账”|“期末”|“转账生成”|“自定义转账”，选择005号结转本年利润行，在“是否结转”中选择“Y”，单击“确定”。如图5-59、图5-60所示。

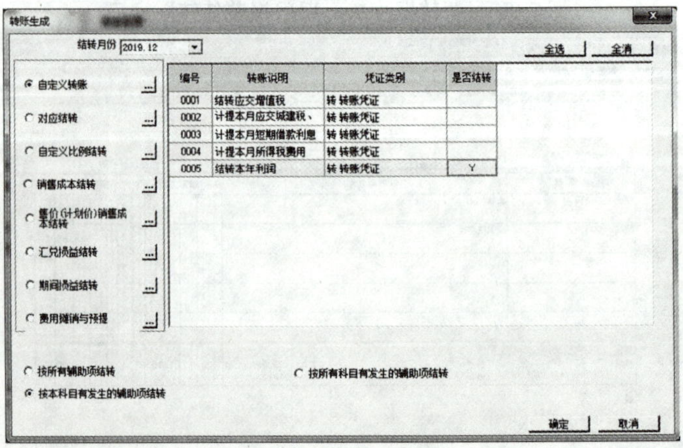

图5-59 “转账生成—自定义转账”窗口

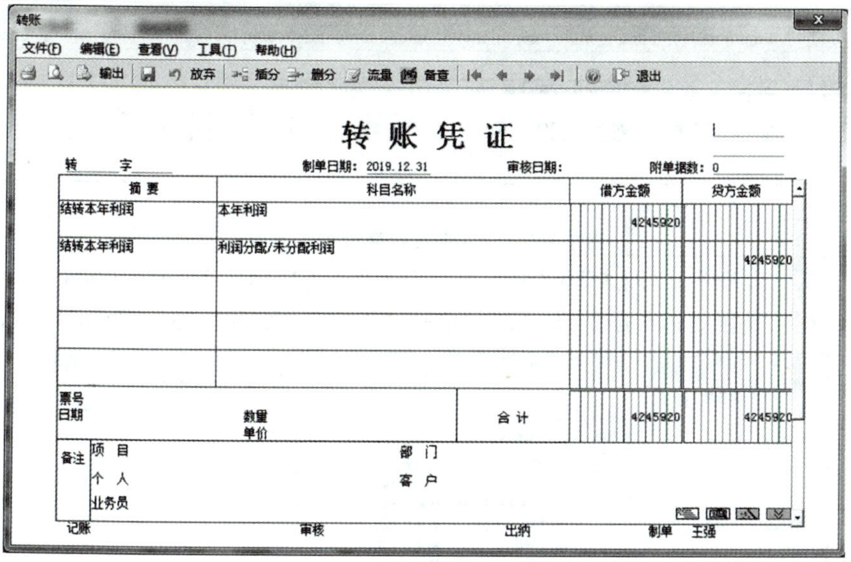

图5-60 “转账凭证”页面

备注：结转后需完成该笔记账凭证的审核和记账。

说明：根据会计科目期初余额表，2019年1—11月累计未分配利润为0，故以下只涉及2019年12月利润分配相关业务处理，特此说明。

【任务5-5-9】12月31日，按当年实现的净利润的10%计提法定盈余公积。

【操作提示】

（1）设置自定义转账公式，计提法定盈余公积。以2002王强的身份，进入“总账”|“期末”|“转账定义”|“自定义转账”，新建自定义转账，“转账序号”为“0006”，“转账说明”为“计提法定盈余公积”，“凭证类别”选择“转 转账凭证”，单击“确定”。选择“增行”，输入科目“410401”（利润分配/提取法定盈余公积），选择方向“借”，金额公式为“JG（）”。再选择“增行”，输入科目“410101”（盈余公积/法定盈余公积），选择方向“贷”，根据公式向导选择“账务函数”中的“FS（）贷方发生额函数”，写入金额公式为“FS（410403,月,贷）*0.1”。如图5-61、图5-62所示。

微课：计提法定盈余公积

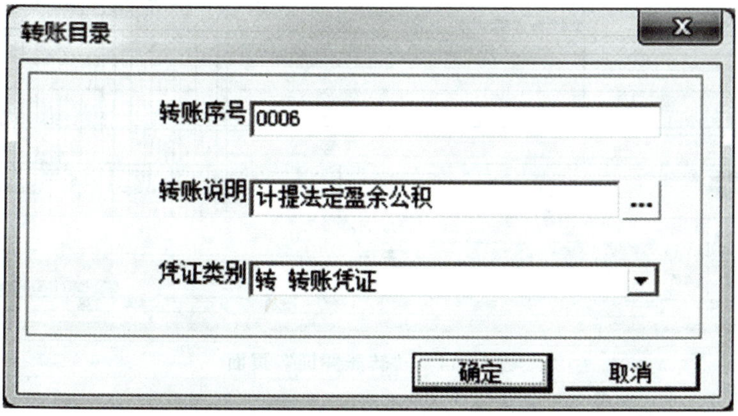

图5-61 “转账目录”对话框

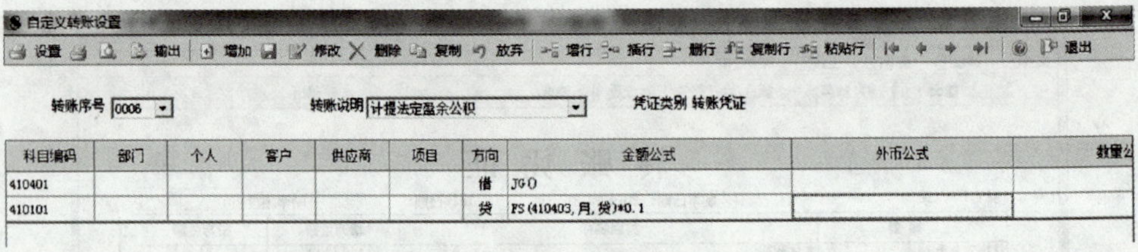

图5-62 “自定义转账设置”窗口

（2）进入“总账”|“期末”|“转账生成”|“自定义转账”，选择0006号计提法定盈余公积行，在“是否结转”中选择“Y”，单击“确定”。如图5-63、图5-64所示。

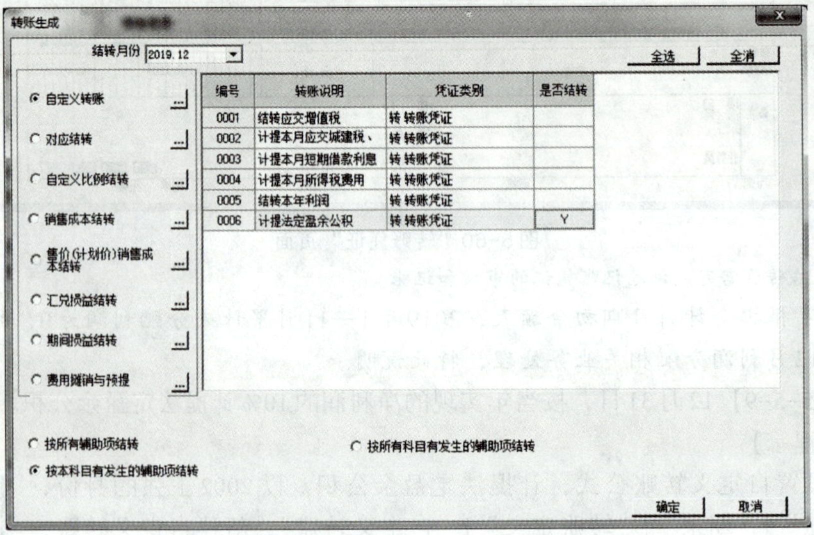

图5-63 “转账生成—自定义转账”窗口

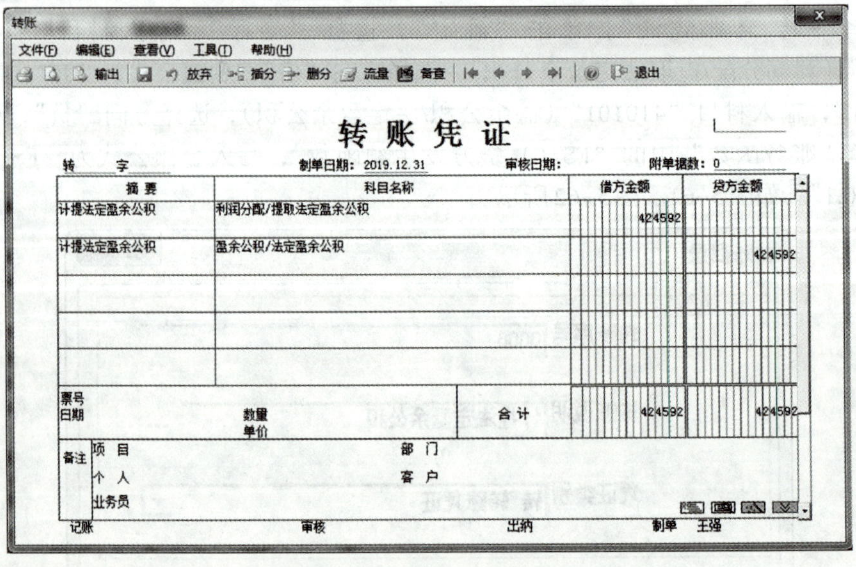

图5-64 “转账凭证”页面

备注：结转后需完成该笔记账凭证的审核和记账。

【任务5-5-10】12月31日，结转盈余公积。

【操作提示】

（1）以2002王强的身份，进入“总账”|“期末”|“转账定义”|“自定义转账”，新建自定义转账，“转账序号”为“0007”，“转账说明”为“结转盈余公积”，“凭证类别”选择“转 转账凭证”，单击“确定”。选择“增行”，输入科目“410403”（利润分配/未分配利润），选择方向“借”，金额公式为“JG（）”。再选择“增行”，输入科目“410401”（利润分配/提取法定盈余公积），选择方向“贷”，根据公式向导选择“账务函数”中的“QM（）期末函数”，写入金额公式为“QM（410401,月,借）”。如图5-65、图5-66所示。

微课：结转盈余公积

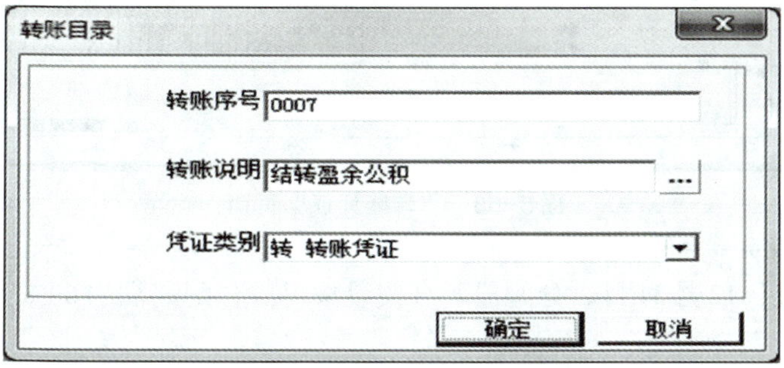

图5-65 “转账目录”对话框

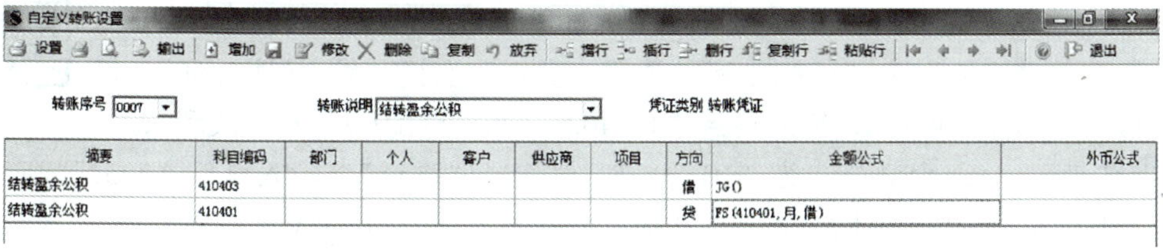

图5-66 “自定义转账设置”窗口

（2）进入“总账”|“期末”|“转账生成”|“自定义转账”，选择0007号结转盈余公积行，在“是否结转”中选择“Y”，单击“确定”。如图5-67、图5-68所示。

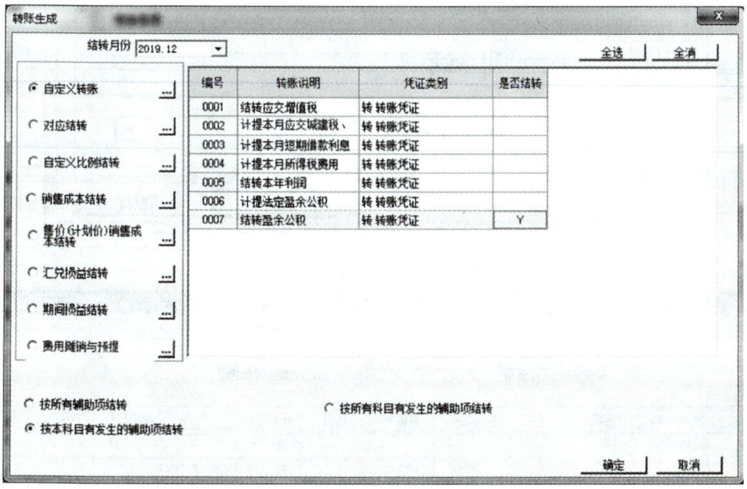

图5-67 “转账生成—自定义转账”窗口

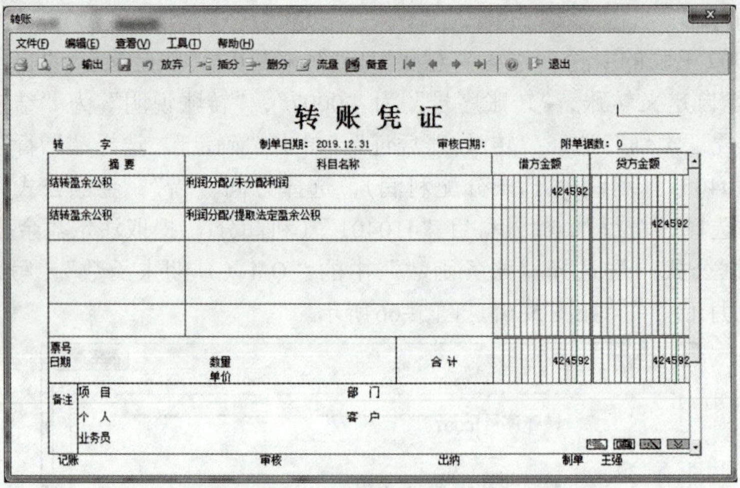

图5-68 “转账凭证”页面

备注：结转后需完成该笔记账凭证的审核和记账。

【任务5-5-11】12月31日，分配股利（假设按可供分配利润的60%提取）。

【操作提示】

（1）设置自定义转账公式，分配股利。以2002王强的身份，进入“总账”|“期末”|“转账定义”|“自定义转账”，新建自定义转账，“转账序号”为“0008”，“转账说明”为“分配股利”，“凭证类别”选择“转 转账凭证”，单击“确定”。选择“增行”，输入科目“410402”（利润分配/应付现金股利），选择方向“借”，写入金额公式为“JG（）”。再选择“增行”，输入科目“2232”（应付股利），选择方向“贷”，根据公式向导选择“账务函数”中的“QM（）期末函数”，金额公式写入“QM（410403,月）*0.6”。如图5-69、图5-70所示。

微课：分配股利

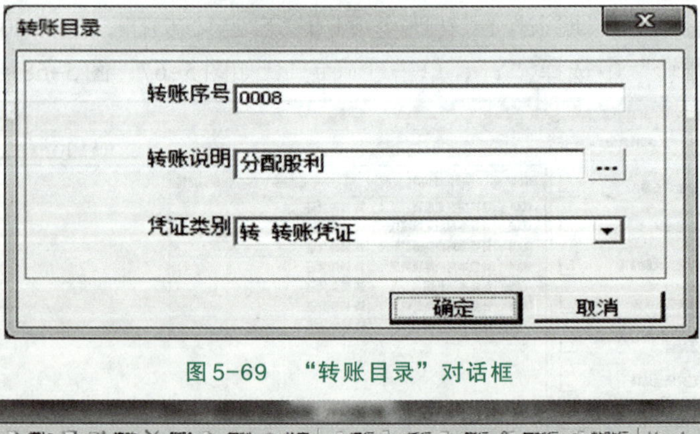

图5-69 “转账目录”对话框

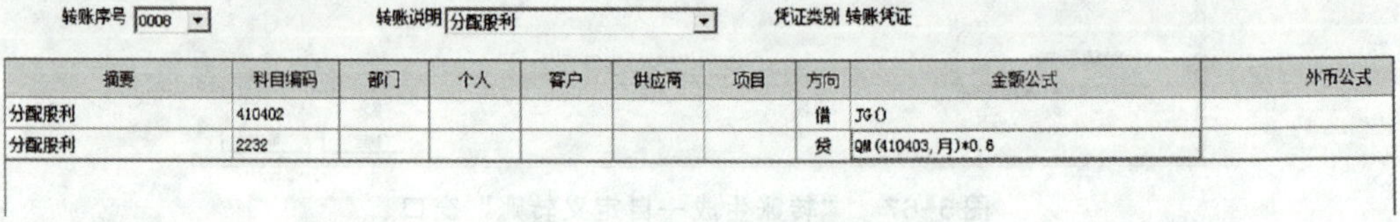

图5-70 “自定义转账设置”窗口

（2）以2002王强的身份，进入“总账”|“期末”|“转账生成”|“自定义转账”，选择0008号分配股利行，在“是否结转”中选择“Y”，单击“确定”。如图5-71、图5-72所示。

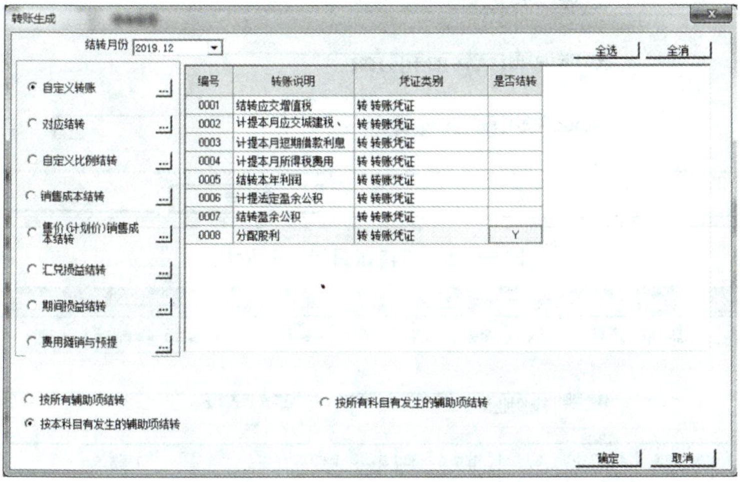

图5-71　“转账生成—自定义转账”窗口

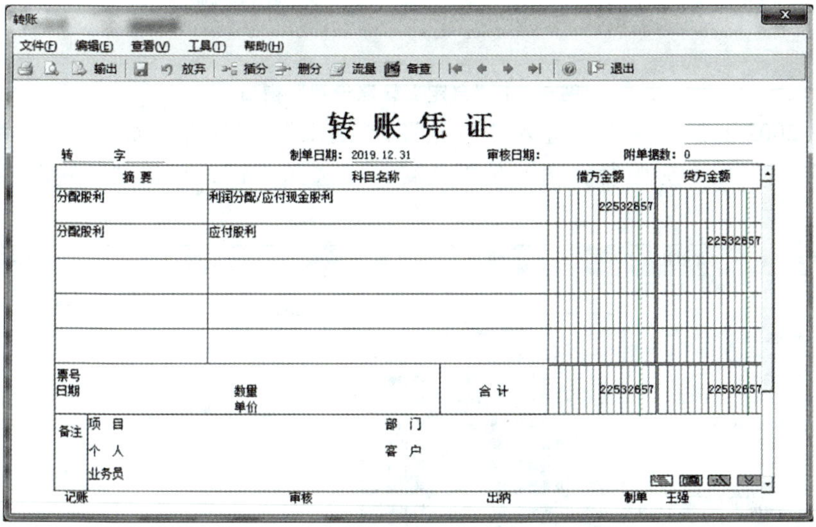

图5-72　“转账凭证”页面

备注：结转后需完成该笔记账凭证的审核和记账。

【任务5-5-12】12月31日，结转股利分配。

【操作提示】

（1）设置自定义转账公式，结转股利分配。以2002王强的身份，进入“总账”|“期末”|“转账定义”|“自定义转账”，新建自定义转账，“转账序号”为“0009”，“转账说明”为“结转股利分配”，“凭证类别”选择“转 转账凭证”，单击“确定”。选择“增行”，输入科目“410403”（利润分配/未分配利润），选择方向“借”，金额公式为“JG（）”。再选择“增行”，输入科目“410402”（利润分配/应付现金股利），选择方向“贷”，根据公式向导选择“账务函数”中的“FS（）借方发生额函数”，写入金额公式为“FS（410402,月,借）”。如图5-73、图5-74所示。

微课：结转股利分配

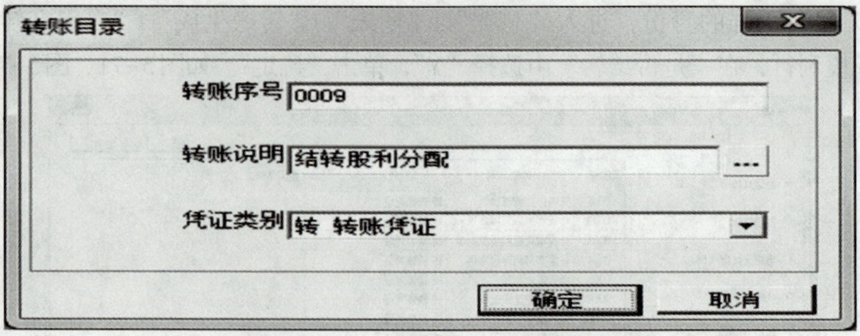

图5-73 “转账目录”对话框

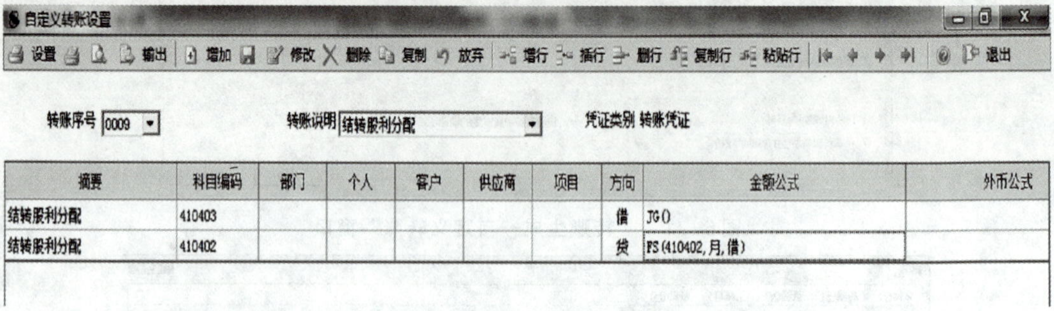

图5-74 “自定义转账设置”窗口

（2）以2002王强的身份，进入“总账”|“期末”|“转账生成”|“自定义转账”，选择0009号结转股利分配行，在“是否结转”中选择“Y”，单击“确定”。如图5-75、图5-76所示。

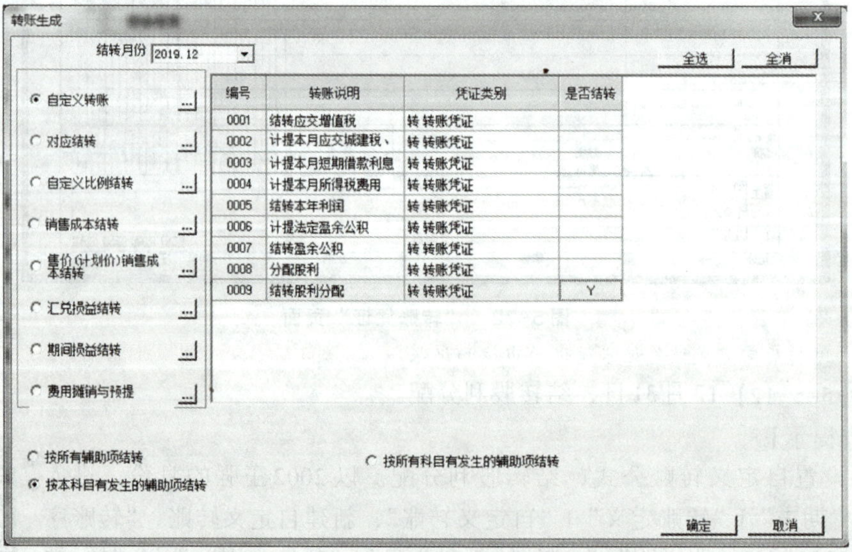

图5-75 “转账生成—自定义转账”窗口

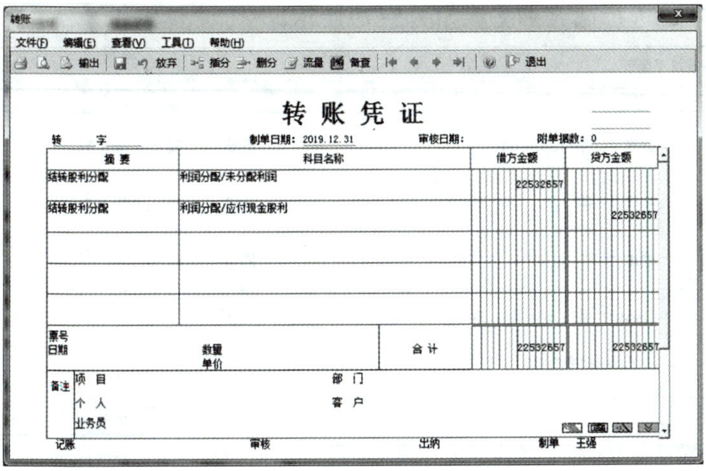

图5-76 “转账凭证”页面

备注：结转后需完成该笔记账凭证的审核和记账。

【任务5-5-13】12月31日，总账对账与结账。

【操作提示】

（1）对账：进入“总账”|“期末”|“对账”，将要对账的月份选为“Y”，单击“对账”。如图5-77、图5-78所示。

微课：总账对账与结账

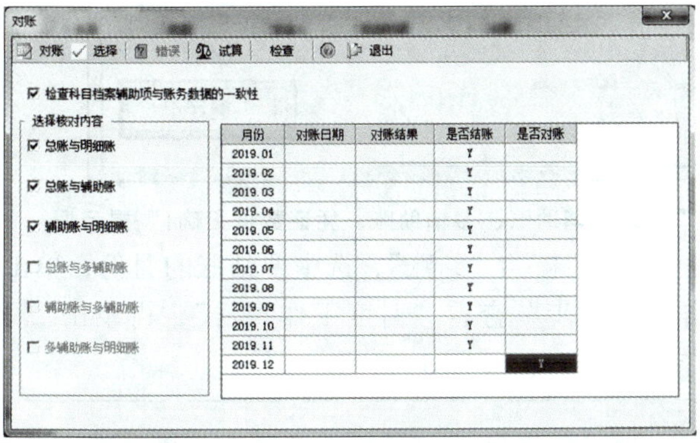

图5-77 选择对账月份

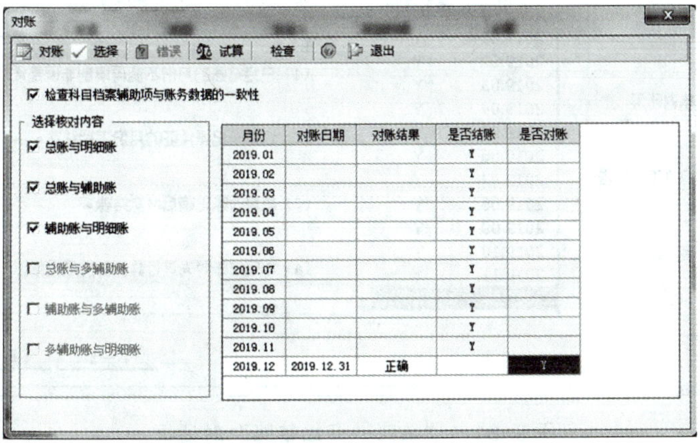

图5-78 “对账”对话框

选择“试算”，进行试算平衡。如图5-79所示。

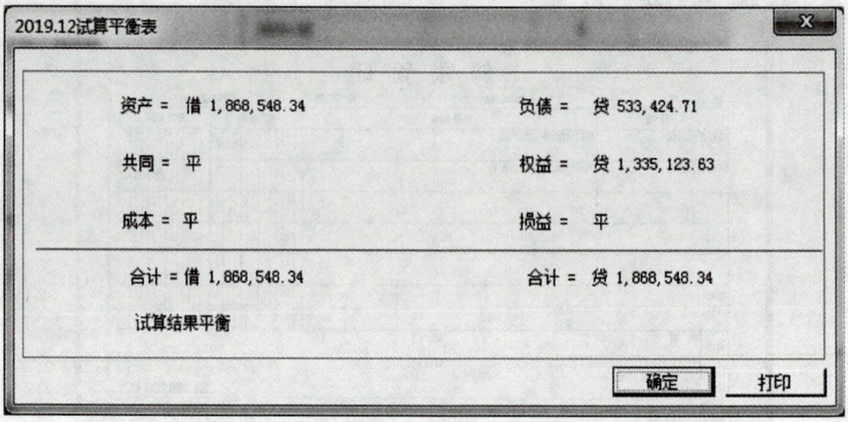

图5-79 试算结果平衡

选择“检查”，提示“总账、辅助账、多辅助账、凭证数据正确!”。如图5-80所示。

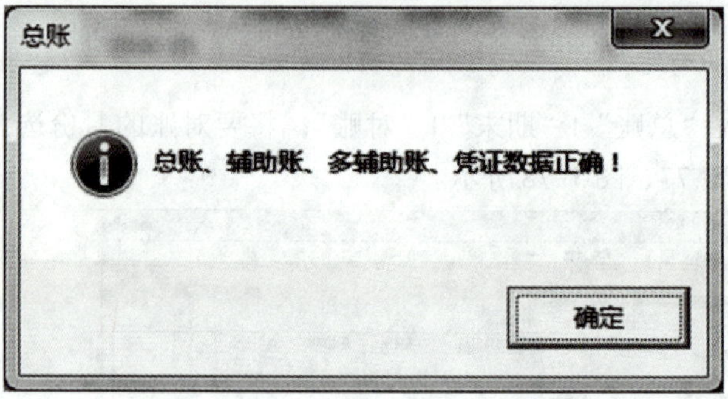

图5-80 “总账、辅助账、多辅助账、凭证数据正确!”提示框

（2）结账：进入“总账”|“期末”|“结账”，选中要结账的月份，单击“下一步”完成“核对账簿”，接着单击“下一步”查看“月度工作报告”，再单击“下一步”，单击“结账”，至此完成结账操作。如图5-81至图5-84所示。

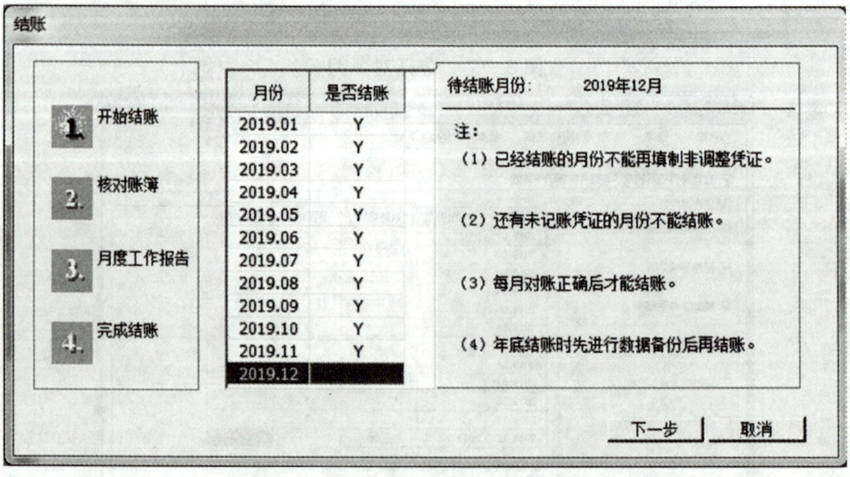

图5-81 “结账—开始结账”对话框

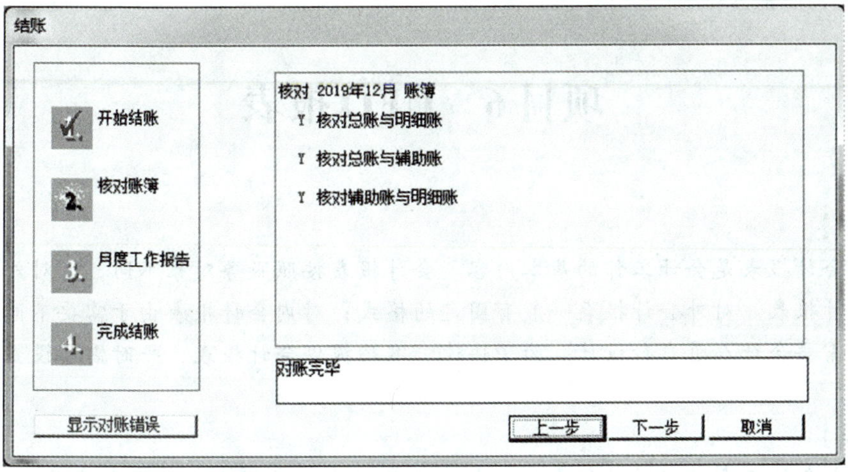

图5-82　“结账—核对账簿”对话框

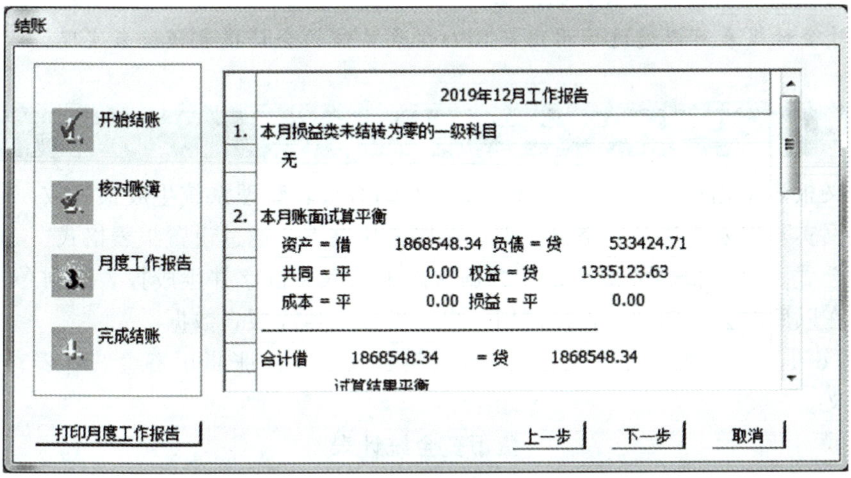

图5-83　“结账—月度工作报告”对话框

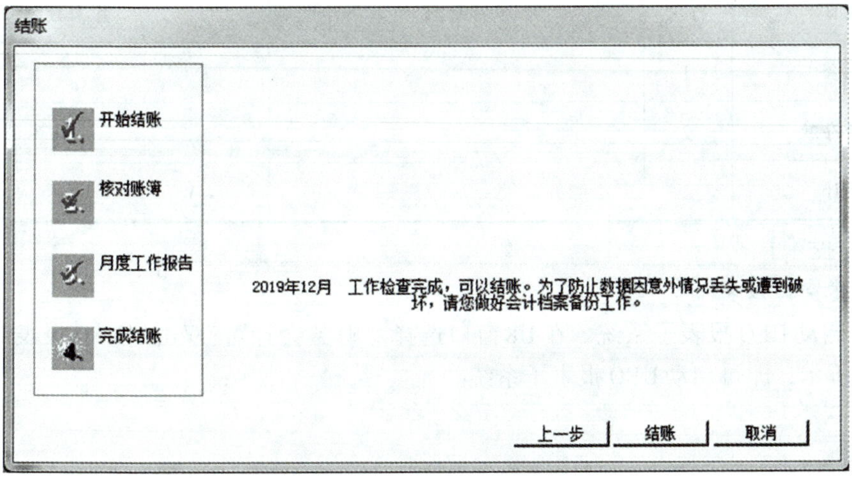

图5-84　“结账—完成结账”对话框

项目6　UFO报表

【项目描述】

编制会计报表是会计工作的基本内容。会计报表按照服务对象不同，有对外会计报表和对内会计报表。对外会计报表一般有固定的格式；对内会计报表由于需要不同，没有固定格式，需要会计人员自行设计。为了快速、准确提供会计报表，平时需要设置好报表格式和公式。

【解决方案】

1. 对内会计报表可以通过用友UFO报表系统的自定义报表设计报表格式、定义公式、以及报表的数据和图形处理来实现；

2. 对外会计报表可以通过调用用友UFO报表系统的会计报表模板来实现。

任务一　自定义报表

自定义报表是指报表编制人在第一次使用UFO报表管理系统生成报表数据时，根据实际需要创建新的空白报表；在格式状态下，通过设置报表格式、报表取数公式、设置报表关键字，在数据状态下录入关键字并生成报表数据的过程。在以后的会计期间，直接调用该自定义报表生成报表数据。

微课：UFO报表概述

【任务6-1-1】总账会计王强按表6-1的格式自定义一张货币资金统计表，并进行单元公式定义。

表6-1　　货币资金统计表

单位名称：　　　　年　月　日　　　　单位：元

项目	行次	月初数	月末数
现金	1		
银行存款	2		
合计	3		

【操作提示】

1. 新建空白报表

（1）启动UFO报表子系统。在U8窗口选择“财务会计”，双击“UFO报表”菜单项，如图6-1所示，即可启动UFO报表子系统。

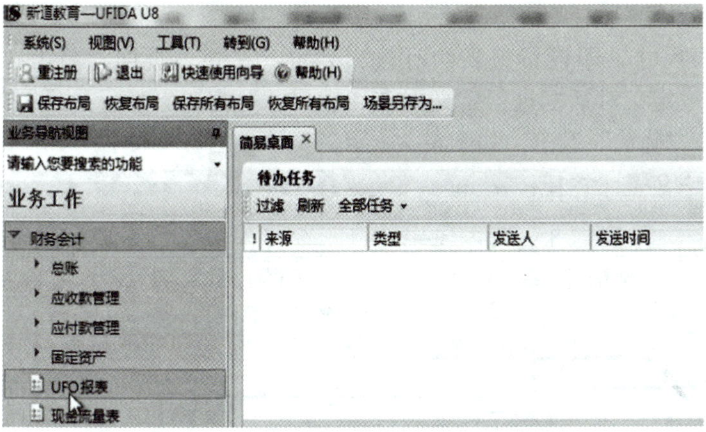

图6-1　启动UFO报表子系统

（2）UFO报表子系统启动后，第一次进入会弹出“日积月累”窗口，如图6-2所示。单击“下一个”可以看到有关提示，单击“关闭”，关闭“日积月累”操作页面。

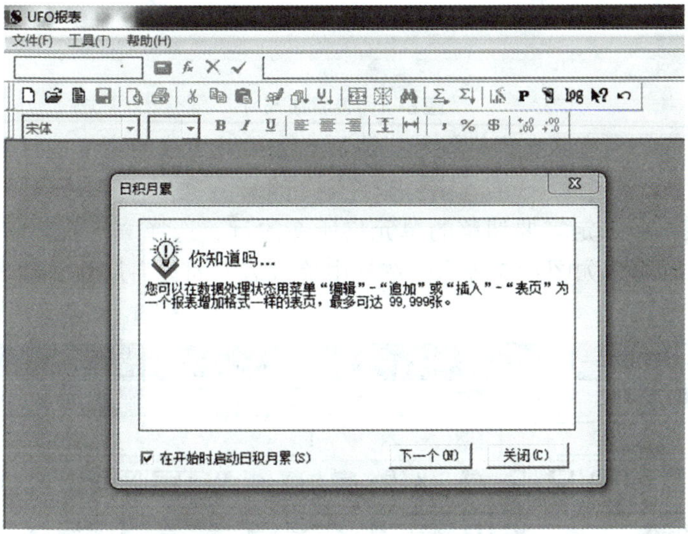

图6-2　进入UFO页面

（3）新建空白报表。报表启动后，在报表中选择“文件”|“新建”菜单项，如图6-3所示，即可自动创建一个新的空白报表文件。

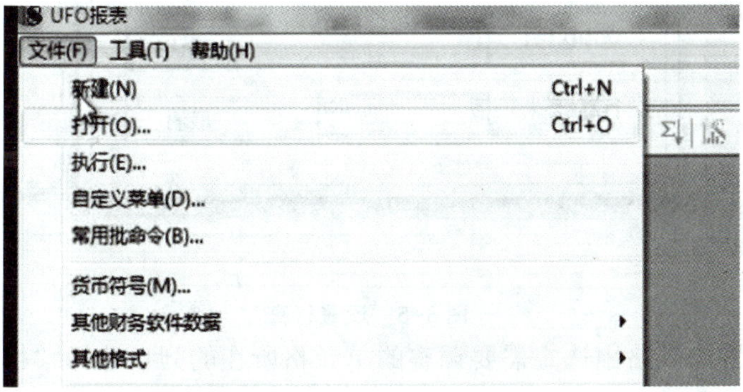

图6-3　新建空白报表

2.设置报表格式

（1）设置表尺寸，即设置报表的行数和列宽。在报表页面，单击“格式”|“表尺寸”，打开表尺寸定义对话框进行定义。在“表尺寸”窗口，将行数设置为“6”，列数设置为“4”，点击“确认”退出，如图6-4所示。

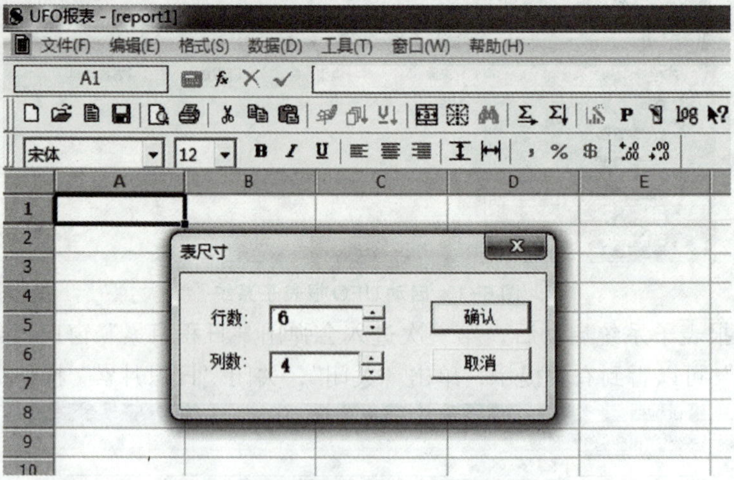

图6-4 设置表尺寸

（2）设置行高、列宽。在表格设置完成后，如果对形成的表格的行高和列宽不满意，可以重新设置。

在设置的表格中选定需要调整的单元格所在的行，选择“格式”|“行高”菜单项，打开“行高”对话框，如图6-5所示。在其中输入需要的行高尺寸并单击“确认”按钮，行高修改成功。

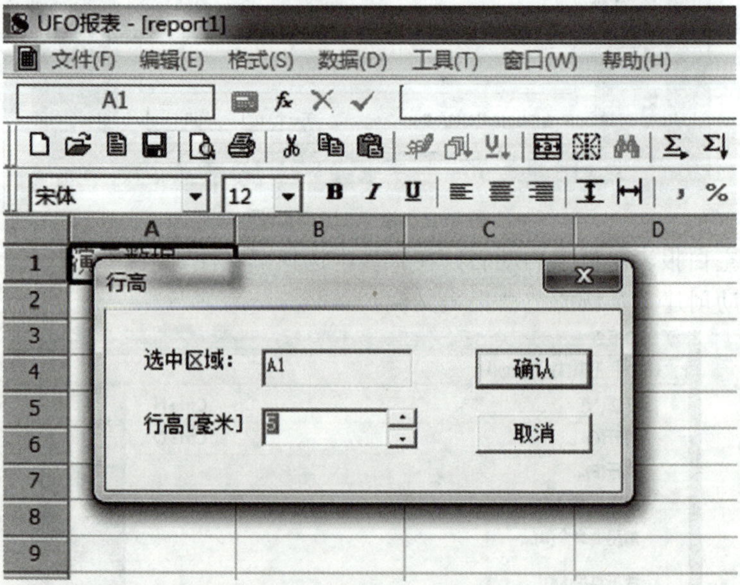

图6-5 设置行高

同样，在设置的表格中选定需要调整的单元格所在的列，选择“格式”|“列宽”菜单项，打开“列宽”对话框，如图6-6所示。在其中输入需要的列宽尺寸并单击“确认”

按钮，列宽修改成功。

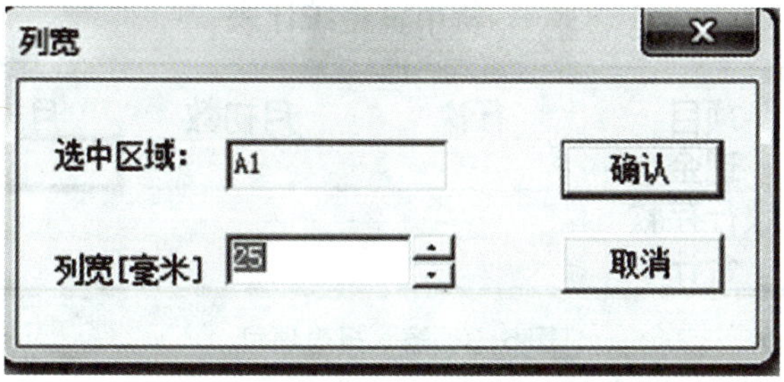

图6-6 设置列宽

（3）区域画线。选中“A3：A6”单元格，打开“格式”|“区域画线”菜单项，在“区域画线”窗口，选择“网线”选项，单击“确认”按钮，如图6-7所示，进行表格区域画线设置。

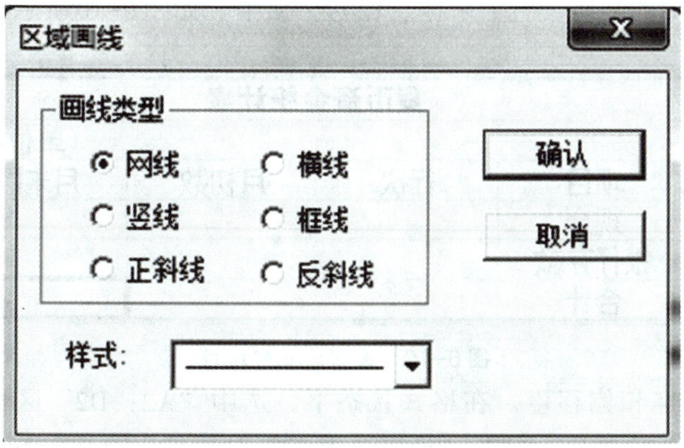

图6-7 区域画线

（4）定义组合单元。选中“A1：D1”单元格，打开“格式”|“组合单元”菜单项，如图6-8所示，或单击工具栏上的“组合单元”按钮，将第一行组合成一个单元。同样，将“A2：D2”也整体组合成一个单元。

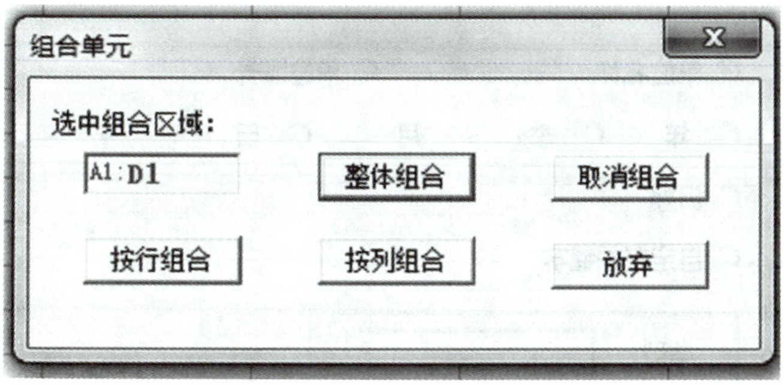

图6-8 组合单元

（5）输入报表项目内容。项目内容主要包括输入报表的固定文字内容（包括表头、表体项目、表尾项目等）。在相应单元格中按照表6-1输入相关文字内容。如图6-9所示。

	A	B	C	D
1	货币资金统计表			
2				单位：元
3	项目	行次	月初数	月末数
4	现金			
5	银行存款			
6	合计			

图6-9　输入报表项目

（6）设置单元格属性。选中标题“A1：D1”单元格，单击“格式”|“单元格属性”，在“单元格属性”窗口中，单击“字体图案”选项卡，在“字体”下拉框中选择“黑体”，在“字型”下拉框中选择“粗体”，在“字号”下拉框中选择“12”，单击“对齐”选项卡，分别单击“水平方向”和“垂直方向”后的“居中”选项，单击“确定”按钮。按此方法，将表体中的文字设置为宋体、12号，居中。如图6-10所示。

	A	B	C	D
1	**货币资金统计表**			
2				单位：元
3	项目	行次	月初数	月末数
4	现金			
5	银行存款			
6	合计			

图6-10　设置单元格属性

（7）设置关键字和偏移量。在格式状态下，选中“A2：D2”区域，打开“数据”|“关键字”|“设置”菜单项，打开“设置关键字”对话框，选中“单位名称”单选按钮并单击“确定”按钮，将“单位名称”定义为关键字。重复上述步骤，即可将“年”“月”“日”定义为关键字，如图6-11所示。

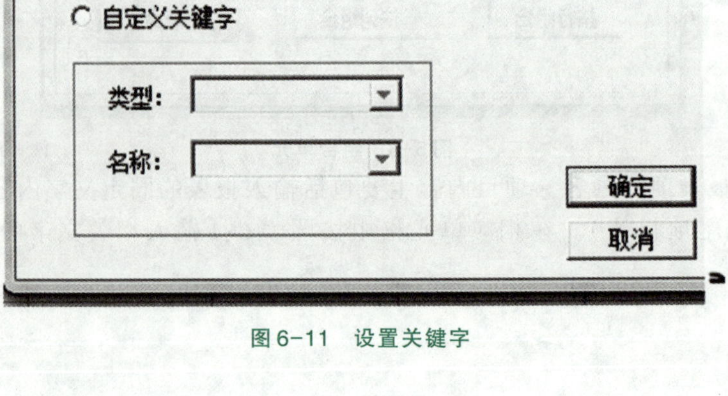

图6-11　设置关键字

需要说明的是，一个关键字在表中只能被定义一次，即在同一个报表中不允许有重复的关键字。另外，关键字的设置需在格式状态下进行，关键字的值需在数据状态下录入。

关键字位置是指关键字在某单元或组合单元中的起始位置，同一个单元或组合单元的关键字定义完后，可能会重叠在一起，所以还需要对关键字的位置进行调整。调整关键字的位置必须输入关键字的相对偏移量，偏移量如果是负数表示向左移，如果是正数表示向右移。选择“数据”|“关键字”|“偏移”菜单项，打开“定义关键字偏移”对话框，如图6-12所示。在“年”输入“-130”，“月”输入“-100”，“日”输入“-70”，单击“确定”，如图6-13所示。

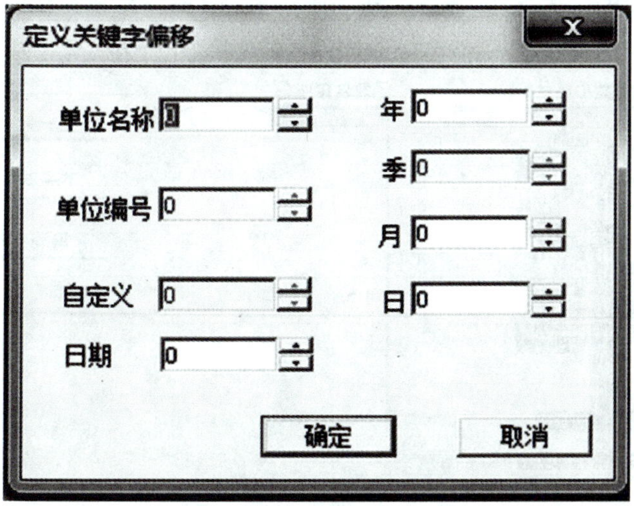

图6-12　定义关键字偏移

	A	B	C	D
1	货币资金统计表			
2	单位名称：xxxxxxxx　年xxxx	月　xxxx	日xxxx	单位：元
3	项目	行次	月初数	月末数
4	现金	1		
5	银行存款	2		
6	合计	3		

图6-13　设置关键字及偏移量效果图

3.设置报表公式

完成会计报表的格式设计之后，接下来要根据报表中的各数据单元获取数据的来源和计算方法，设置报表公式，使其能形成固定的数据生成方式和审核方式，从而达到自动生成报表数据的功能。报表公式是报表或报表数据单元的计算规则，主要包括单元公式、审核公式和舍位公式三种。这里我们结合任务介绍单元公式的设置。

（1）选中C4单元格，单击“数据”|“编辑公式”|“单元公式”菜单项，或者单击工具栏中的fx按钮，打开“定义公式”对话框。如图6-14所示。

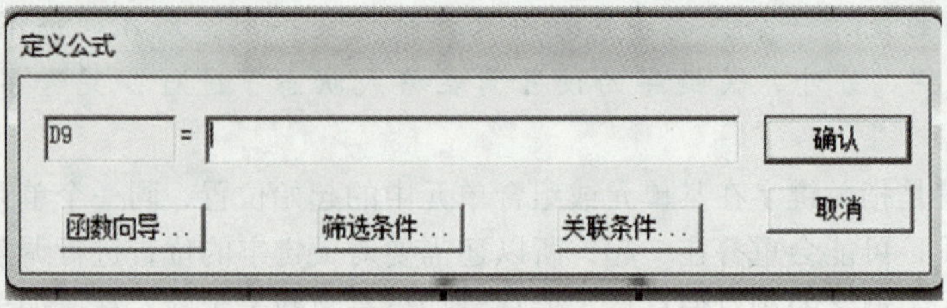

图 6-14　定义公式

（2）在“定义公式”对话框中单击“函数向导”按钮，打开“函数向导”对话框，如图 6-15 所示。

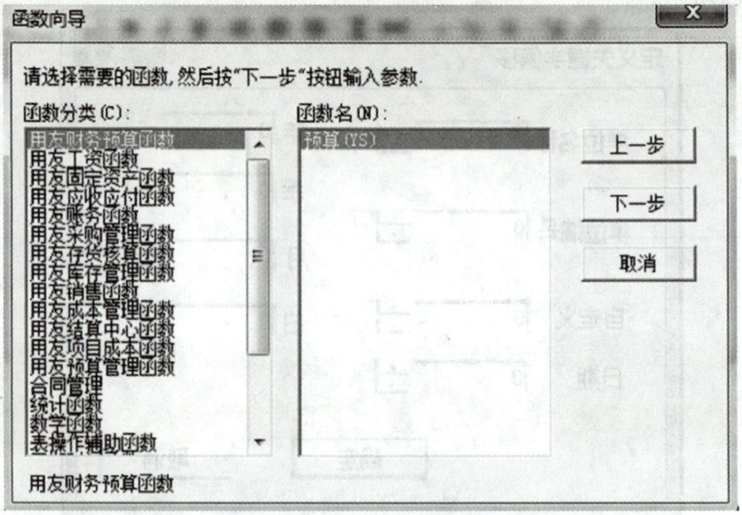

图 6-15　进入“函数向导”

（3）在左侧的“函数分类”栏中选择“用友账务函数”，在右侧的“函数名”栏中，选择“期初（QC）”选项，如图 6-16 所示，单击“下一步”按钮，进入“用友账务函数”对话框，如图 6-17 所示。单击“参照”按钮，打开“账务函数”对话框。

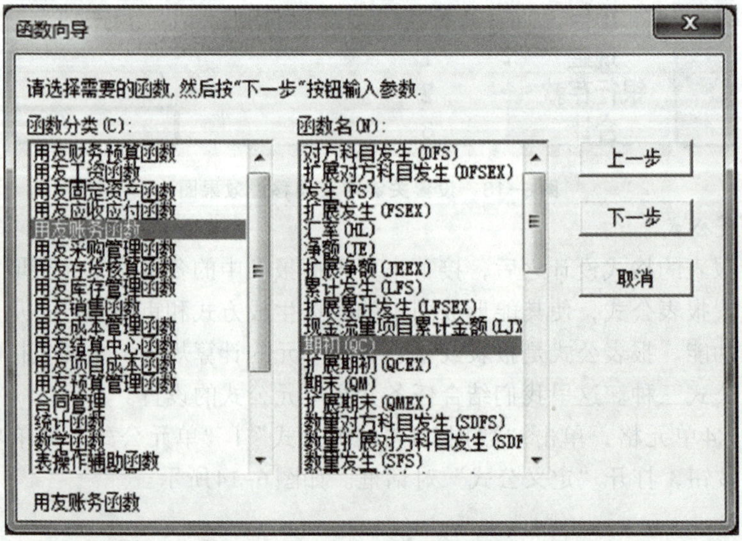

图 6-16　选择“用友账务函数”

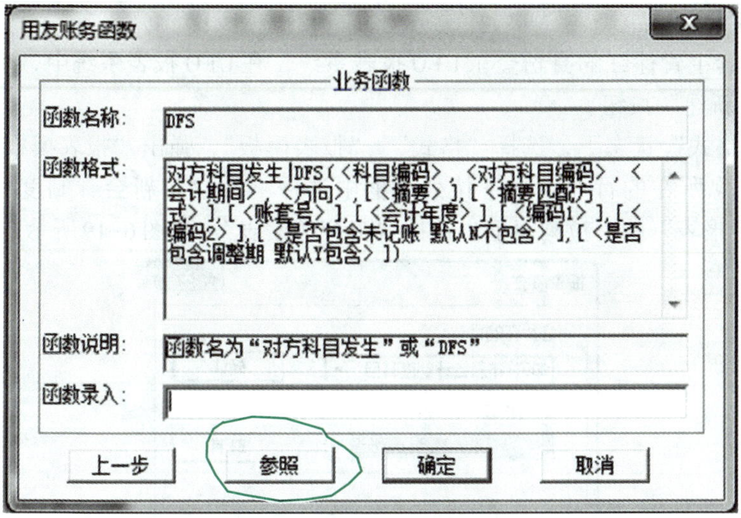

图6-17 进入“用友账务函数”

（4）在“账务函数”对话框中，“科目”选择“1001”，“期间”选择“月”，“方向”选择“借”，如图6-18所示。

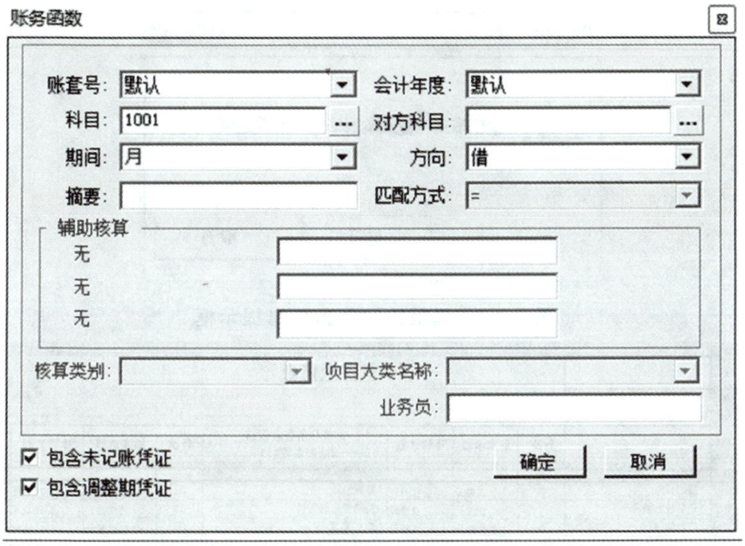

图6-18 设置账务函数

（5）单击“确定”按钮，返回到“用友账务函数”对话框。单击“确定”按钮，即可返回到“定义公式”对话框。单击“确认”按钮，完成设置操作。依此方法，设置其他公式。全部设置完成后，保存该报表。

任务二 利用模板生成报表

利用UFO报表系统中提供的报表模板，企业可以根据自己的实际情况进行修改，以最大限度减轻用户编制报表的工作量。

【任务6-2-1】利用报表模板生成四川汇行商贸有限公司2019年12月31日的资产负债表。

【操作提示】

（1）以账套主管徐红的身份登录UFO报表系统，在UFO报表系统中，单击“文件”|“新建”按钮。

微课：生成资产负债表

（2）在“格式”状态下，选择“格式”|“报表模板”，弹出“报表模板”对话框，在“您所在的行业”的下拉列表框中选择“2007年新会计制度科目”，在“财务报表”的下拉列表框中选择“资产负债表”。如图6-19所示。

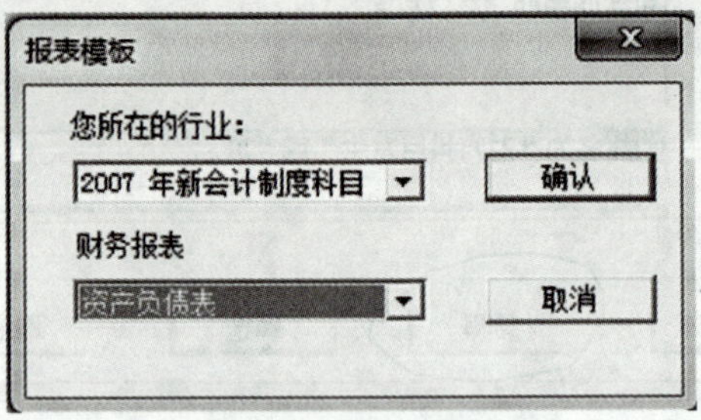

图6-19　选择报表模板

（3）单击“确认”按钮，弹出“模板格式将覆盖本表格式！是否继续?”提示框，如图6-20所示，单击“确定”按钮，弹出资产负债表模板，如图6-21所示。

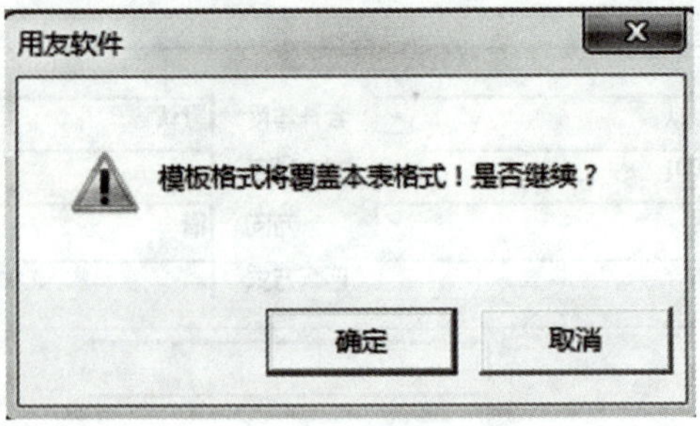

图6-20　模板格式覆盖信息提示框

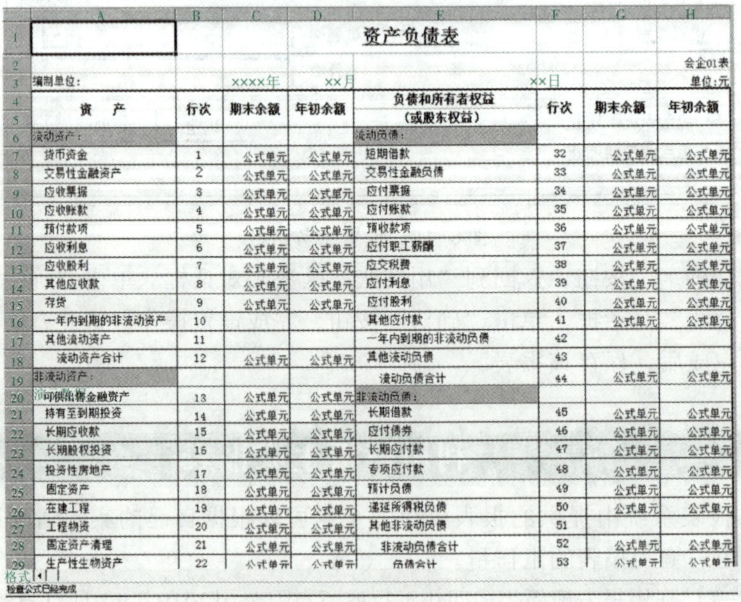

	A	B	C	D	E	F	G	H
1					资产负债表			
2								会企01表
3	编制单位：		xxxx年	xx月		xx日		单位：元
4-5	资　产	行次	期末余额	年初余额	负债和所有者权益（或股东权益）	行次	期末余额	年初余额
6	流动资产：				流动负债：			
7	货币资金	1	公式单元	公式单元	短期借款	32	公式单元	公式单元
8	交易性金融资产	2	公式单元	公式单元	交易性金融负债	33	公式单元	公式单元
9	应收票据	3	公式单元	公式单元	应付票据	34	公式单元	公式单元
10	应收账款	4	公式单元	公式单元	应付账款	35	公式单元	公式单元
11	预付款项	5	公式单元	公式单元	预收款项	36	公式单元	公式单元
12	应收利息	6	公式单元	公式单元	应付职工薪酬	37	公式单元	公式单元
13	应收股利	7	公式单元	公式单元	应交税费	38	公式单元	公式单元
14	其他应收款	8	公式单元	公式单元	应付利息	39	公式单元	公式单元
15	存货	9	公式单元	公式单元	应付股利	40	公式单元	公式单元
16	一年内到期的非流动资产	10			其他应付款	41	公式单元	公式单元
17	其他流动资产	11			一年内到期的非流动负债	42		
18	流动资产合计	12	公式单元	公式单元	其他流动负债	43		
19	非流动资产：				流动负债合计	44	公式单元	公式单元
20	可供出售金融资产	13	公式单元	公式单元	非流动负债：			
21	持有至到期投资	14	公式单元	公式单元	长期借款	45	公式单元	公式单元
22	长期应收款	15	公式单元	公式单元	应付债券	46	公式单元	公式单元
23	长期股权投资	16	公式单元	公式单元	长期应付款	47	公式单元	公式单元
24	投资性房地产	17	公式单元	公式单元	专项应付款	48	公式单元	公式单元
25	固定资产	18	公式单元	公式单元	预计负债	49	公式单元	公式单元
26	在建工程	19	公式单元	公式单元	递延所得税负债	50	公式单元	公式单元
27	工程物资	20	公式单元	公式单元	其他非流动负债	51		
28	固定资产清理	21	公式单元	公式单元	非流动负债合计	52	公式单元	公式单元
29	生产性生物资产	22	公式单元	公式单元	负债合计	53	公式单元	公式单元

格式

检查公式已经完成

6-21　资产负债表模板

（4）在“数据”状态下，选择“数据”|“关键字”|“录入”，弹出“录入关键字”对话框，在“年”文本框中输入“2019”，“月”文本框中输入“12”，“日”文本框中输入“31”，如图6-22所示。

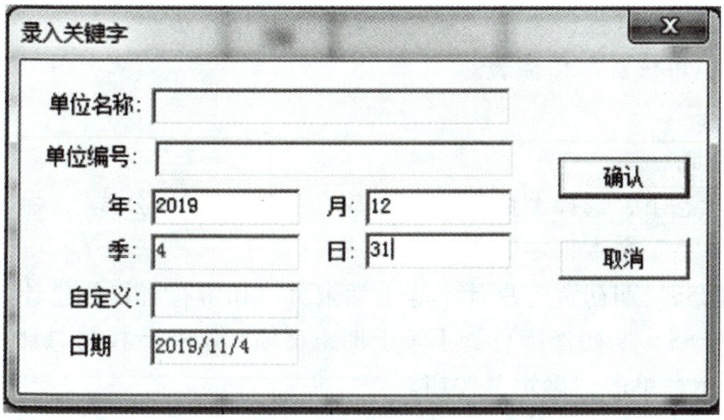

图6-22 录入关键字

（5）单击“确认”按钮，弹出“是否重算第1页？”提示框，单击“是”按钮，生成资产负债表，并保存，如图6-23所示。

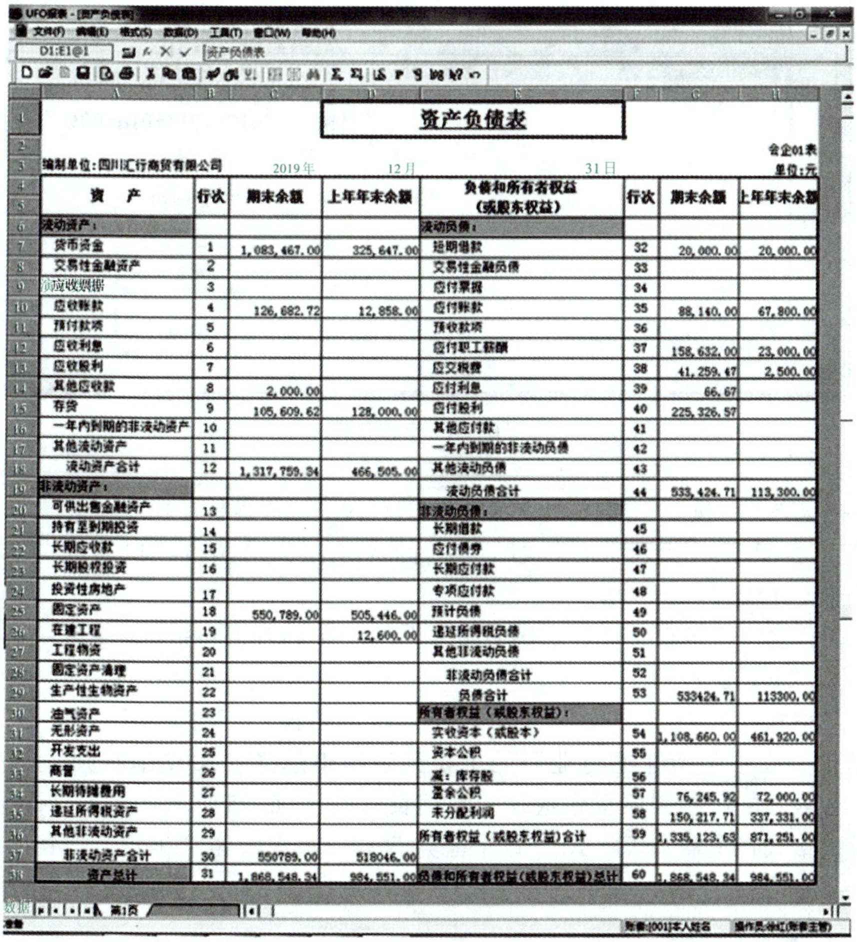

资产负债表

会企01表

编制单位：四川汇行商贸有限公司 2019年 12月 31日 单位：元

资产	行次	期末余额	上年年末余额	负债和所有者权益（或股东权益）	行次	期末余额	上年年末余额
流动资产：				流动负债：			
货币资金	1	1,083,467.00	325,647.00	短期借款	32	20,000.00	20,000.00
交易性金融资产	2			交易性金融负债	33		
应收票据	3			应付票据	34		
应收账款	4	126,682.72	12,858.00	应付账款	35	88,140.00	67,800.00
预付款项	5			预收款项	36		
应收利息	6			应付职工薪酬	37	158,632.00	23,000.00
应收股利	7			应交税费	38	41,259.47	2,500.00
其他应收款	8	2,000.00		应付利息	39	66.67	
存货	9	105,609.62	128,000.00	应付股利	40	225,326.57	
一年内到期的非流动资产	10			其他应付款	41		
其他流动资产	11			一年内到期的非流动负债	42		
流动资产合计	12	1,317,759.34	466,505.00	其他流动负债	43		
非流动资产：				流动负债合计	44	533,424.71	113,300.00
可供出售金融资产	13			非流动负债：			
持有至到期投资	14			长期借款	45		
长期应收款	15			应付债券	46		
长期股权投资	16			长期应付款	47		
投资性房地产	17			专项应付款	48		
固定资产	18	550,789.00	505,446.00	预计负债	49		
在建工程	19		12,600.00	递延所得税负债	50		
工程物资	20			其他非流动负债	51		
固定资产清理	21			非流动负债合计	52		
生产性生物资产	22			负债合计	53	533424.71	113300.00
油气资产	23			所有者权益（或股东权益）：			
无形资产	24			实收资本（或股本）	54	1,108,660.00	461,920.00
开发支出	25			资本公积	55		
商誉	26			减：库存股	56		
长期待摊费用	27			盈余公积	57	76,245.92	72,000.00
递延所得税资产	28			未分配利润	58	150,217.71	337,331.00
其他非流动资产	29			所有者权益（或股东权益）合计	59	1,335,123.63	871,251.00
非流动资产合计	30	550789.00	518046.00				
资产总计	31	1,868,548.34	984,551.00	负债和所有者权益（或股东权益）总计	60	1,868,548.34	984,551.00

图6-23 资产负债表

说明：如果模板中某个单元公式不符合自己的需要，可以选择这一单元格并单击fx按钮，打开“定义文件”对话框，在其中输入相应的公式并单击“确认”按钮，即修改成功。如果不想使用某一单元，可选中这个单元并选择“编辑”|“删除”|“行或列”菜单项，可出现一个信息提示框，单击“确定”按钮，删除成功。

【任务6-2-2】审核资产负债表。

【操作提示】

1.定义审核公式

在“格式”状态下，选择“数据”|“编辑公式”|“审核公式”，弹出“审核公式”对话框，在“审核关系”文本框中输入：

“C38=G38 MESS’期初资产总计不等于期末负债和所有者权益总计’”

“D38=H38 MESS’期初资产总计不等于期末负债和所有者权益总计’”

如图6-24所示，单击“确定”按钮。

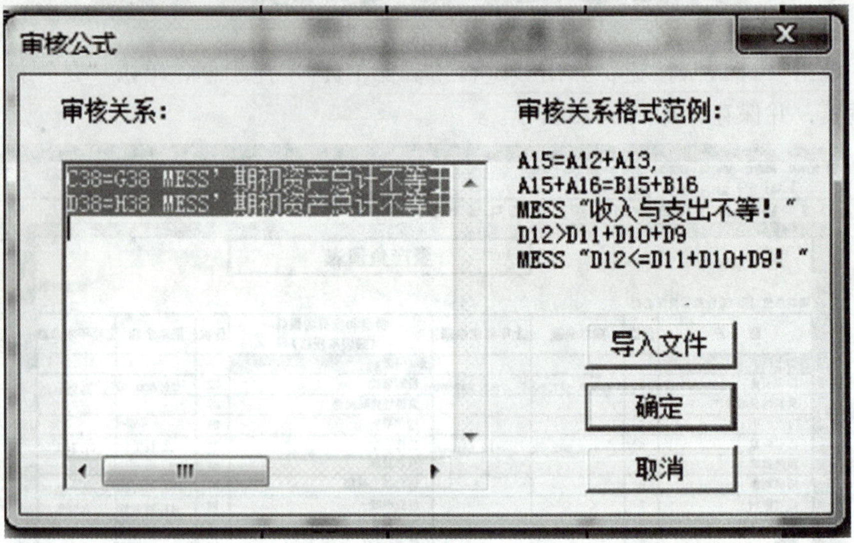

图6-24　审核公式

2.审核报表

在数据状态下，执行“数据”|“审核”，即可完成报表审核操作。

【任务6-2-3】利用报表模板生成四川汇行商贸有限公司2019年12月份的利润表。

【操作提示】

❶以账套主管徐红的身份登录UFO报表系统。在UFO报表系统中，单击“文件”|“新建”按钮。

微课：生成利润表（月报）

❷在“格式”状态下，选择“格式”|“报表模板”，弹出“报表模板”对话框，在“您所在的行业”的下拉列表框中选择“2007年新会计制度科目”，在“财务报表”的下拉列表框中选择“利润表”，如图6-25所示。单击“确认”按钮，弹出“模板格式将覆盖本表格式！是否继续？”提示框，单击“确定”按钮。弹出利润表模板。

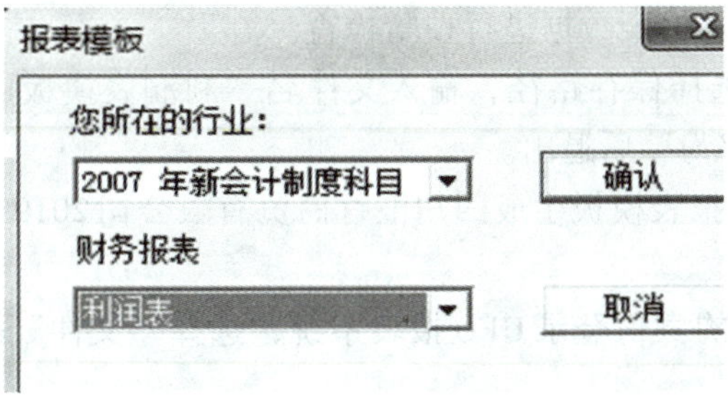

图6-25 选择报表模板

❸对照“会计科目”检查科目设置。修改模版报表中的文字，将“营业税金及附加”科目，改为“税金及附加”。

❹在“数据”状态下，选择“数据”|“关键字”|“录入”，弹出“录入关键字”对话框，在“年”文本框中输入“2019”，“月”文本框中输入“12”，如图6-26所示。单击“确定”，自动生成报表数据，如图6-27所示。

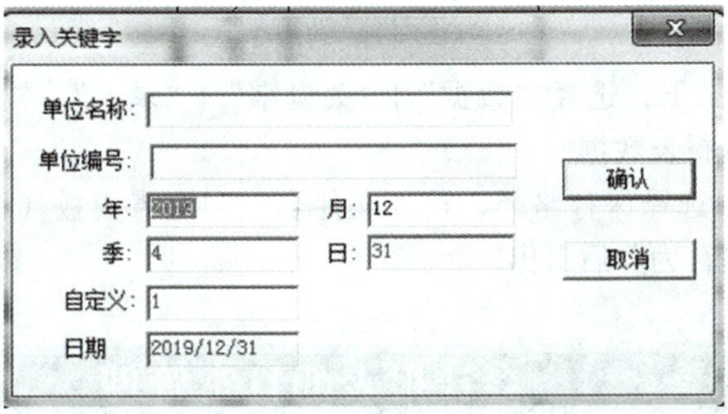

图6-26 录入关键字

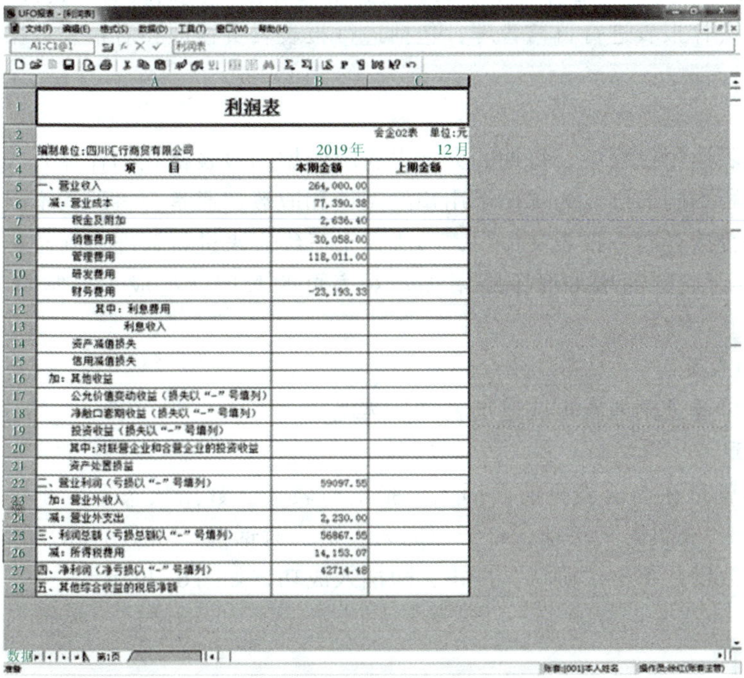

利润表

会企02表 单位：元

编制单位：四川汇行商贸有限公司 2019年 12月

项目	本期金额	上期金额
一、营业收入	264,000.00	
减：营业成本	77,390.38	
税金及附加	2,636.40	
销售费用	30,058.00	
管理费用	118,011.00	
研发费用		
财务费用	-23,193.33	
其中：利息费用		
利息收入		
资产减值损失		
信用减值损失		
加：其他收益		
公允价值变动收益（损失以“-”号填列）		
净敞口套期收益（损失以“-”号填列）		
投资收益（损失以“-”号填列）		
其中：对联营企业和合营企业的投资收益		
资产处置损益		
二、营业利润（亏损以“-”号填列）	59097.55	
加：营业外收入		
减：营业外支出	2,230.00	
三、利润总额（亏损总额以“-”号填列）	56867.55	
减：所得税费用	14,153.07	
四、净利润（净亏损以“-”号填列）	42714.48	
五、其他综合收益的税后净额		

图6-27 利润表

❺对照“余额表”对报表数据进行校验检查。

❻单击“保存”，选择保存路径，输入文件名“利润表模板（月报-四川汇行商贸有限公司）”，单击“另存为”后退出。

【任务6-2-4】利用报表模板生成四川汇行商贸有限公司2019年利润表（年报）。

【操作提示】

❶以账套主管徐红的身份登录UFO报表系统，选择“文件”|“新建”，打开空白报表。

微课：生成利润表（年报）

❷在“格式”状态下，选择“格式”|“报表模板”，选择“2007年新会计制度科目”和“利润表”，单击“确认”。在弹出的“模板格式将覆盖本表格式！是否继续？”提示框中选择“确定”，生成模板报表。

❸修改“本期金额”的“单元公式”，将原公式中的FS函数改为LFS函数，并将原来的“月”期间改为“全年”。

❹对照“会计科目”检查科目设置。修改模板报表中的文字，将“营业税金及附加”科目，改为“税金及附加”。

❺在“数据”状态下，选择“数据”|“关键字”|“录入”，输入“2019年度”后点击“确定”，自动生成报表数据。

❻单击“保存”，选择保存路径，输入文件名“利润表模板（年报-四川汇行商贸有限公司）”，单击“另存为”后退出。

任务三 会计报表的日常管理

在UFO报表系统中，在编制好报表格式、定义好报表公式以及生成会计报表数据后，还可能涉及对会计报表进行日常管理，包括进行报表表页管理和对报表数据进行汇总和采集等。

一、表页管理

在会计报表运用过程中，每期的会计报表所依据的报表格式和计算公式基本一致，只是会计期间有所不同而已。为了便于用户的阅读和取数，通常会将那些不同期间、相同类型的会计报表叠放在同一报表文件中，形成一个三维表来进行管理，同时，表页数和表页内容会随着会计期间的增加而不断增加。对表页的管理就构成了日常报表管理的重要内容。

（一）增加表页

增加表页可通过插入表页或追加表页来实现。

1.插入表页

插入表页就是在当前表页前面插入一张空白表页。数据状态下，在报表中选择“编辑”|“插入”|“表页”菜单项，打开“插入表页”对话框，如图6-28所示。在其中输入要插入表页的数量并单击“确认”按钮，即插入成功，如图6-29所示。

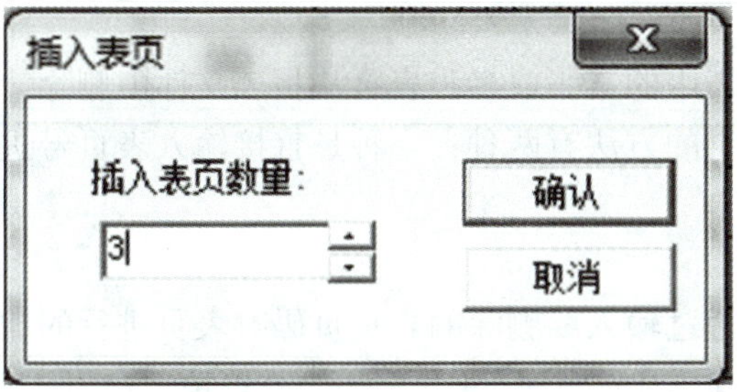

图6-28 “插入表页”对话框

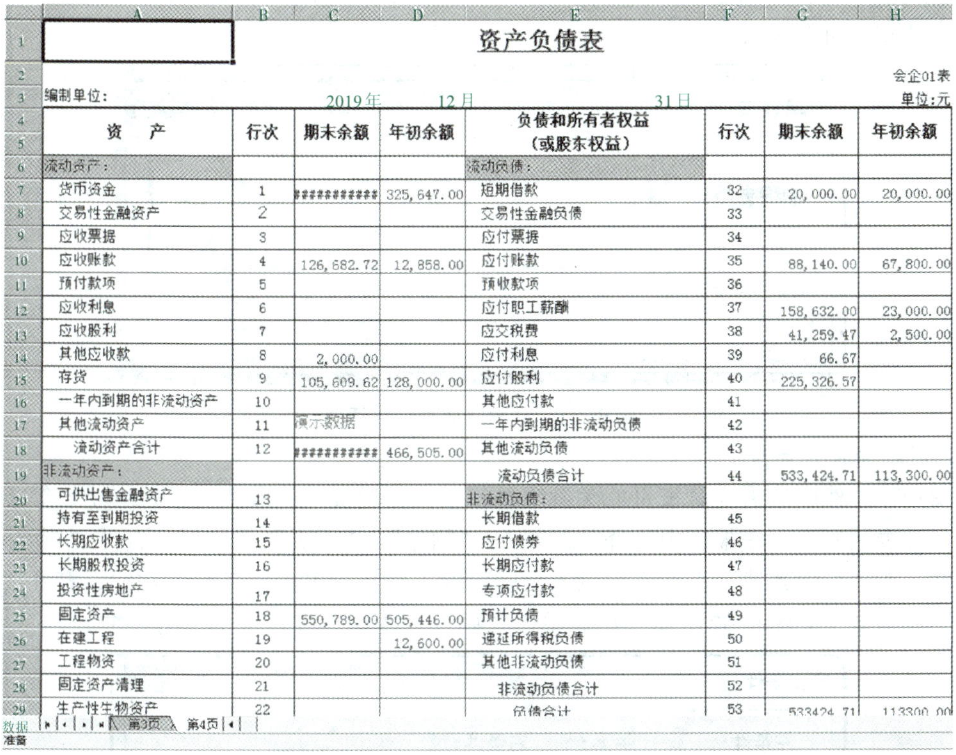

资产负债表

会企01表

编制单位: 2019年 12月 31日 单位:元

资产	行次	期末余额	年初余额	负债和所有者权益（或股东权益）	行次	期末余额	年初余额
流动资产：				流动负债：			
货币资金	1	############	325,647.00	短期借款	32	20,000.00	20,000.00
交易性金融资产	2			交易性金融负债	33		
应收票据	3			应付票据	34		
应收账款	4	126,682.72	12,858.00	应付账款	35	88,140.00	67,800.00
预付款项	5			预收款项	36		
应收利息	6			应付职工薪酬	37	158,632.00	23,000.00
应收股利	7			应交税费	38	41,259.47	2,500.00
其他应收款	8	2,000.00		应付利息	39	66.67	
存货	9	105,609.62	128,000.00	应付股利	40	225,326.57	
一年内到期的非流动资产	10			其他应付款	41		
其他流动资产	11	演示数据		一年内到期的非流动负债	42		
流动资产合计	12	############	466,505.00	其他流动负债	43		
非流动资产：				流动负债合计	44	533,424.71	113,300.00
可供出售金融资产	13			非流动负债：			
持有至到期投资	14			长期借款	45		
长期应收款	15			应付债券	46		
长期股权投资	16			长期应付款	47		
投资性房地产	17			专项应付款	48		
固定资产	18	550,789.00	505,446.00	预计负债	49		
在建工程	19		12,600.00	递延所得税负债	50		
工程物资	20			其他非流动负债	51		
固定资产清理	21			非流动负债合计	52		
生产性生物资产	22			负债合计	53	533424.71	113300.00

数据 第3页 第4页

准备

图6-29 插入表页

2.追加表页

追加表页就是在最后一张表页后面追加若干张空白的表页。在该报表中选择“编辑”|“追加”|“表页”菜单项，打开“追加表页”对话框，如图6-30所示。在其中输入要追加的表页数并单击“确认”按钮，即追加成功。

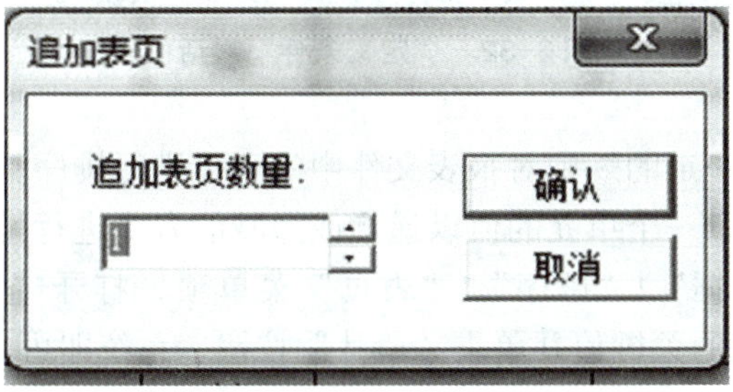

图6-30 “追加表页”对话框

（二）删除表页

删除表页是指将报表中的某张或多张表页从报表文件中删除，这样报表文件中的表页数会相应减少。删除表页的方法有两种：一种是直接输入表页号进行删除；另一种是输入删除条件进行删除。

1.用表页号删除

用表页号删除是指通过输入要删除的表页页码对表页进行的删除。

在报表中选择“编辑”|“删除”|“表页”菜单项，打开“删除表页”对话框，如图6-31所示。在“删除表页”文本框中输入要删除表页的表页号并单击“确认”按钮，即可自动删除所选表页。

图6-31 “删除表页”对话框

2.用删除条件删除

用删除条件删除需要对表页的关键字进行取值，关键字的取值可以是大于、等于或小于等多种表达方式。在报表中选择“编辑”|“删除”|“表页”菜单项，打开“删除表页”对话框，在“删除条件”文本框中输入要删除的条件或者单击“条件”按钮，打开“定义条件”对话框，如图6-32所示，最后单击“确认”按钮，可删除相应的表页。

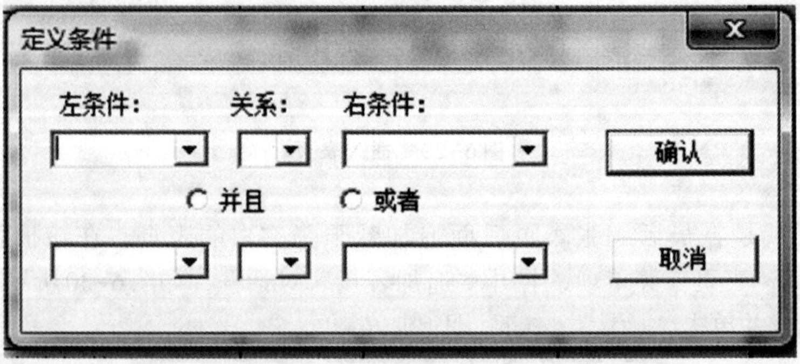

图6-32 “定义条件”对话框

（三）表页排序

表页排序是指按照一定的规则对报表文件中的表页进行排序整理，可以按照关键字取值或者按照报表中的任意一个单元的值以递增或递减的方式进行排序。

在报表中选择“数据”|“排序”|“表页”菜单项，打开“表页排序”对话框，如图6-33所示。选择相应的关键值并单击“确认”按钮，系统即可自动进行表页排序。

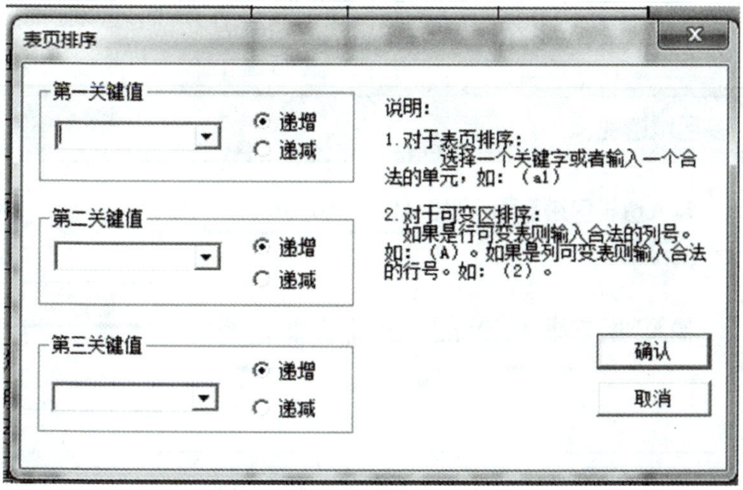

图6-33　“表页排序”对话框

（四）表页交换

在编制报表过程中，有些具有相互联系的表页需要放在相近的位置，但在制作的过程中并没有按顺序进行排列，这就需要将表页交换位置，以满足使用的需要。

在报表中选择“编辑”|“交换”|“表页”菜单项，打开“交换表页”对话框，如图6-34所示。在“源页号”和“目标页号”文本框中输入相应的内容后，单击“确认”按钮，即可交换成功。

图6-34　“交换表页”对话框

二、会计报表数据汇总和采集

会计报表编制完成后，还需要进行必要的日常处理。在处理过程中，会运用到许多数据，因此，还需要对这些会计报表的数据进行汇总。系统提供的数据采集功能可以为正常进行处理工作采集重要数据资料。

（一）会计报表的数据汇总

报表汇总是指对不同形式的报表数据进行罗列、叠加、汇总到一张报表中的过程。报表汇总是一项非常复杂和繁琐的工作，但也是每一个财会人员都必须熟悉的工作。针对这种情况，UFO系统设置了透视和数据汇总两种功能供用户进行有关报表数据的汇总。运用这两种功能，用户可以快速、简捷地完成报表汇总。

1.透视

透视就是将多张表页多个区域的数据罗列在一张报表中。利用透视功能，用户可以对不同表页中的同类数据进行对比分析。具体的操作步骤如下：

步骤1：在报表中选择“数据”|“透视”菜单项，打开“多区域透视”对话框，如图6-35所示。

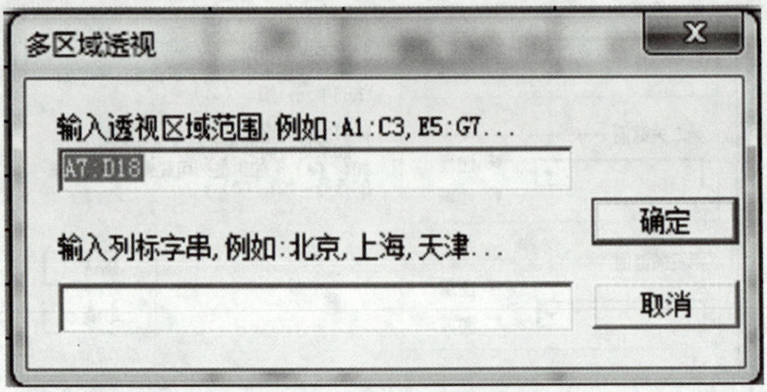

图6-35 “多区域透视”对话框

步骤2：在“输入透视区域范围”和“输入列标字串”文本框中输入相应的内容，如图6-36所示，单击“确定”按钮。

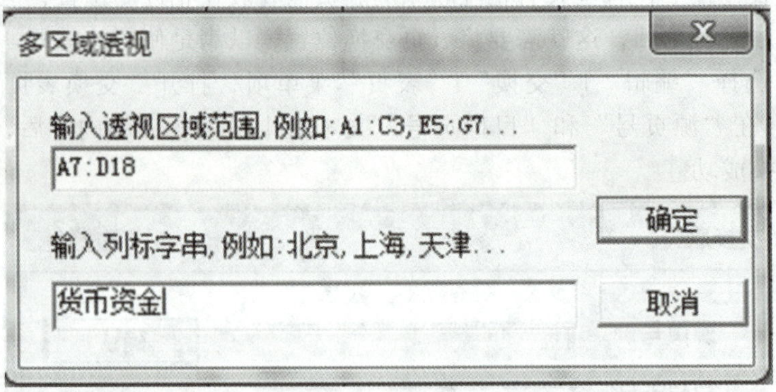

图6-36 输入透视条件

步骤3：在弹出的对话框中可以查看各个单元对应的各个表页的具体数据，如图6-37所示，单击“保存”按钮，打开“保存为”对话框。

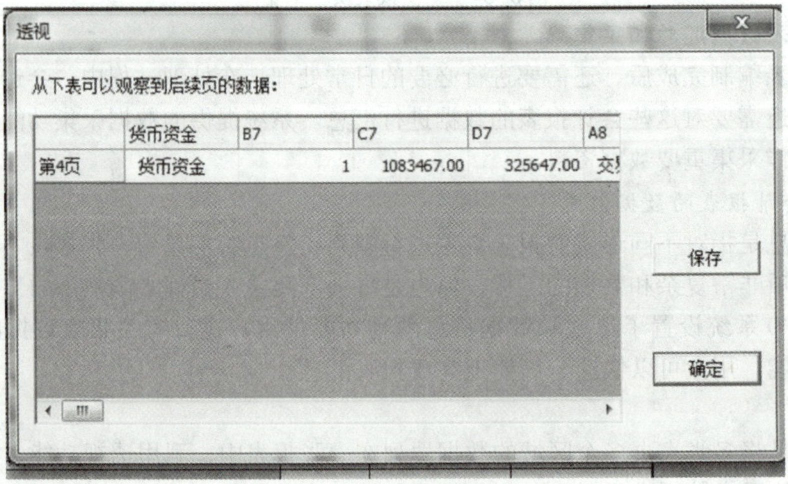

图6-37 透视结果

步骤4：在选择好文件的存放路径之后，单击“另存为”按钮，出现一个信息提示框，如图6-38所示。单击“是”按钮，系统自动执行重算功能，计算完毕后会有文字提示，如图6-39所示。

图6-38 重算提示

图6-39 计算结果

注意：系统只能对当前表页以后的所有表页数据进行透视。也就是说，系统既不能透视当前表页以前的表页数据，也不能只透视中间某一段表页的数据。

另外，只有在“多区域透视”对话框中的“输入列标字串”文本框中输入列标名称，才能在“透视”对话框中显示出各对比数值所对应的指标名称，否则，在对话框中只能显示各对比数值所对应的单元名称。由于在“透视”对话框中每列列标只能显示4个汉字的内容，所以在“多区域透视”对话框中输入列标字串时，最好对较长的列标名称进行适当简化。

2.数据汇总

报表数据汇总是将报表数据按要求进行叠加，可分为表页汇总和可变区汇总两种方式。表页汇总是指将各个表页数据按表页叠加的立体方向将同类数据汇总生成一个新的汇总报表。可变区汇总则是指将指定表页中的可变区数据进行平面方向的叠加，并把汇总数据存放在本页可变区的最后一行或最后一列上。

表页数据汇总与可变区数据汇总的操作方法基本类似，这里以表页数据汇总为例介绍其使用方法。具体的操作步骤如下：

步骤1：在报表中选择“数据”|“汇总”|“表页”菜单项，打开“表页汇总—三步骤之一—汇总方向” 对话框，其中的两个单选按钮用于指定汇总数据保存的位置，用户可以根据自己的需要任选一个，如图6-40所示。

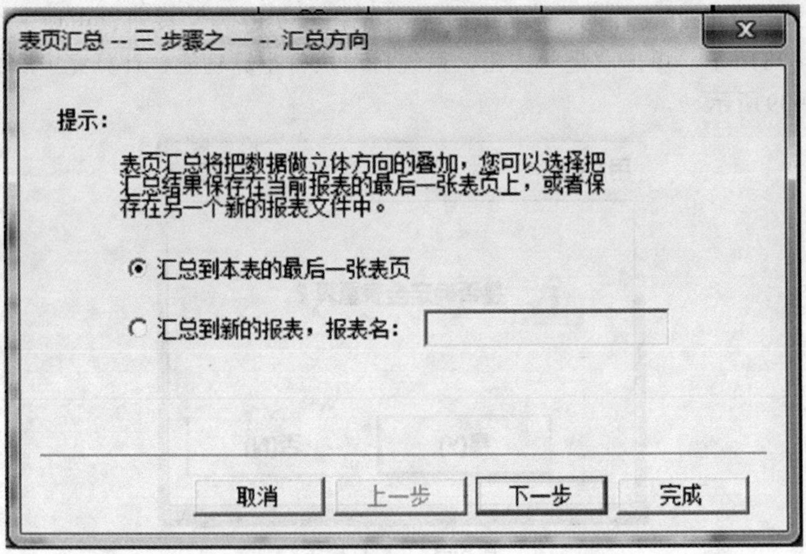

图6-40 “表页汇总—三步骤之一—汇总方向”对话框

步骤2：单击“下一步”按钮，打开“表页汇总—三步骤之二—汇总条件”对话框，以指定所要汇总的表页。如汇总报表中的部分表页，在“表页汇总条件”中定义条件时，可以单元值为汇总条件，也可以关键字或表页号为汇总条件。汇总条件可有多个，它们之间是“并且”或“或者”的关系，如图6-41所示。

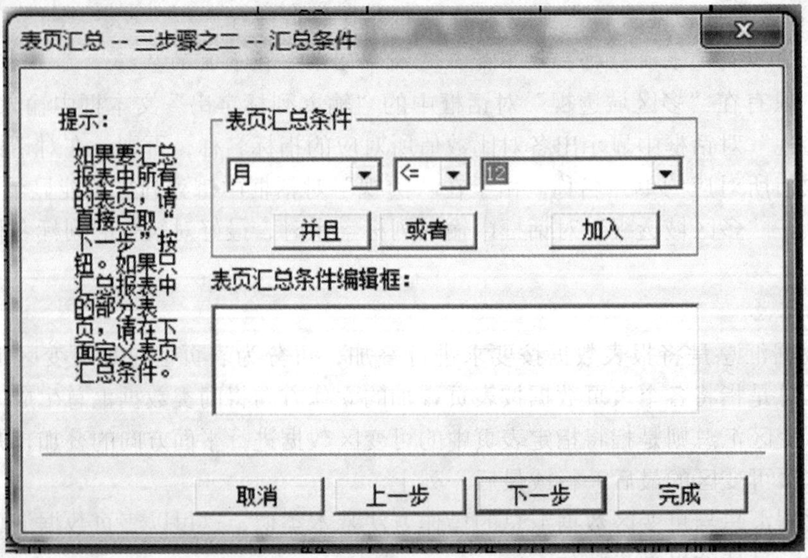

图6-41 “表页汇总—三步骤之二—汇总条件”对话框

步骤3：根据情况输入相应的内容并单击“下一步”按钮，打开“表页汇总—三步骤之三—汇总位置”对话框，如图6-42所示。

步骤4：在该对话框中选择相应的位置并单击“完成”按钮，自动开始汇总并生成汇总结果，汇总结束后，显示“汇总完毕”的提示文字，如图6-43所示。

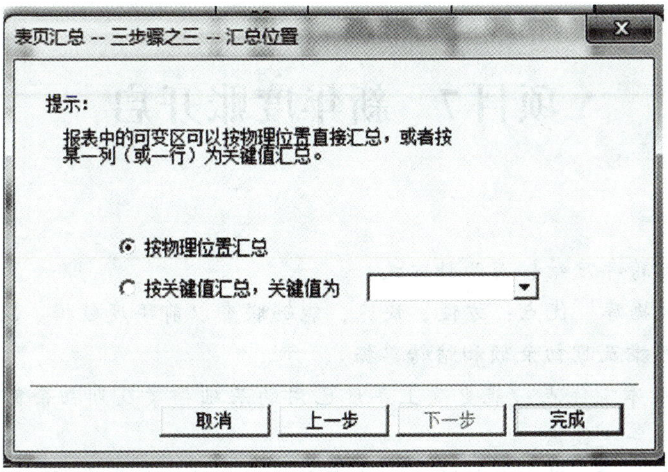

图6-42 “表页汇总—三步骤之三—汇总位置”对话框

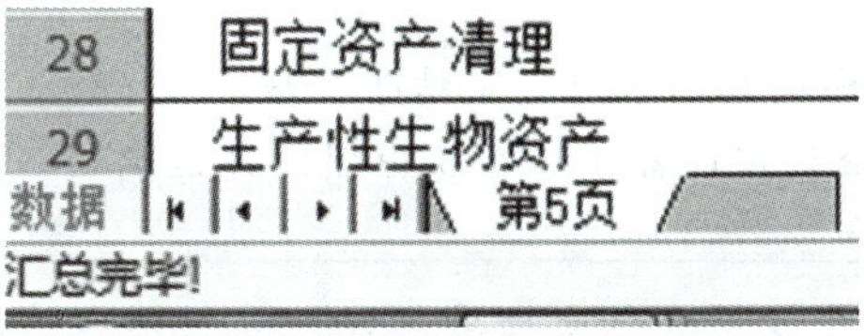

图6-43 汇总结果显示

（二）数据采集

在UFO报表系统中，可以把后缀为.rep的其他报表文件、后缀为.txt的文本文件、后缀为.dbf的数据库文件数据采集到当前报表中。

在报表中选择“数据”|“数据采集”菜单项，打开“数据采集”对话框，如图6-44所示，在其中选取源数据所在的文件之后，单击“采集”按钮或双击该文件名，即可执行数据采集，UFO报表系统将在当前报表中自动追加表页以存放数据。

图6-44 数据采集

项目7　新年度账开启

【项目说明】

U8 V10.1版本跨年度结转有两种方式：

1. 不建立新数据库。优点：方便、快速，能够联查以前年度数据。缺点：不能更改上年度已用的基础档案及期初余额和结转单据。

2. 建立新数据库。优点：能更改上年度已用的基础档案及期初余额和结转单据。缺点：不能联查以前年度数据。

以上两种方式都可以进行年结处理，各有利弊。为了让学生掌握在同一个账套中跨年度联查以前年度数据的运用，本教材采用第一种方式完成跨年度结转。

【年度结转前注意事项】

1. 确定本年12月各个模块都已经进行了结账处理。

2. 年度结转前请先备份数据以备年度结转出错时还原用。

【项目描述】

账套主管以2020年1月份登录企业应用平台，进入总账的期初余额界面，工具栏有“开账”和“结转”按钮，先点击“开账”，再点击“结转”，选择结转方式后，对“结转报告”进行确认，确认无误后完成年度结转。

任务一　开启新年度账

【任务7-1-1】账套主管徐红开启新年度账。

【操作提示】

微课：开启新年度账

（1）以账套主管徐红的身份，于“2020年1月1日”的时间登录企业应用平台。

（2）进入“总账”中的“期初余额”，点击“开账”，如图7-1所示，即可完成开账。

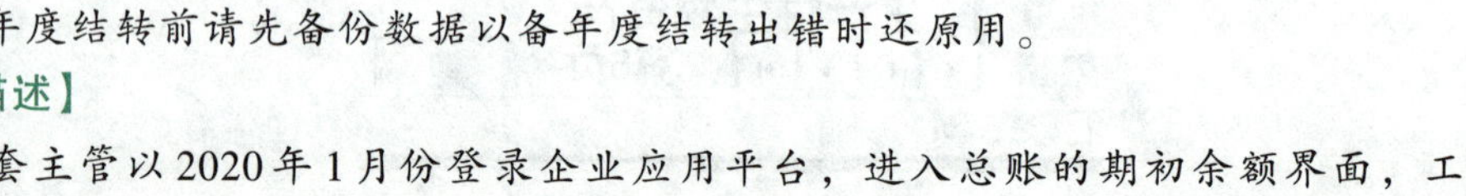

图7-1　开账

（3）再点击“结转”，选择“将上年余额全部结转至新年度”。如图7-2所示，即可完成结转。

图7-2　结转

（4）对“结转报告”进行确认。确认无误后显示“总账结转上年数据成功!”，点击“确定”，退出期初余额界面。如图7-3所示，完成开启新年度账。

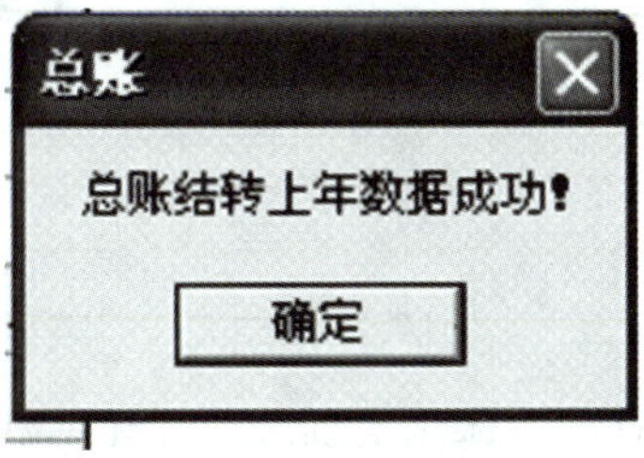

图7-3　“总账结转上年数据成功!”提示框

主要参考文献

［1］李爱红．ERP财务供应链一体化实训教程［M］．北京：高等教育出版社，2016.

［2］孙义．会计信息化综合模拟实训［M］．北京：高等教育出版社，2014.

富媒体智能型教材使用说明

在信息技术迅猛发展的今天，学生学习模式发生翻转，尤其是职业院校学生，其抽象思维相对较弱、形象思维较强，因此，符合职业教育学生特点和认知规律的富媒体智能型教材和个性化学习解决方案是提高职业教育人才培养质量的关键，也是未来职业教育教材出版的制高点。

“财经高等职业教育富媒体智能型教材开发系统工程”是传统媒体与新媒体融合、合作研发的产物。在产品操作层面将力争做到五项融合，即纸媒与数字、产与教、教与学、学与训、训与评的有机融合，有效提高并全面检验学生学习效果和教师教学质量。从教材形式来说，实现纸媒与数字媒体的融合；从教材内容来说，实现产与教的融合；从教学过程来说，实现教与学的融合；从教学模式来说，实现学习与实训的融合；从教学效果来说，实现实训与考评的融合。

“财经高等职业教育富媒体智能型教材开发系统工程”是国家新闻出版广电总局新闻出版改革发展项目库入库项目，并获得财政部文化产业专项资金支持。

数字化教学平台通过系统、有机的框架设计，将各类辅助教学资源整合在一起，具备教学管理、内容呈现、学习数据分析、学习过程支持等核心功能，是开展信息化教学的得力保障。

富媒体智能型教材体例新颖、配套齐全，以“融合”“共享”“互动”为特色，既在纸质教材上为习惯于传统教学模式的使用者增加了二维码扫描功能，以体验形式多样、内涵丰富的教学内容，也为走在教学改革前沿的使用者提供了一个具有良好互动性的教学载体。

使用富媒体智能型教材的师生在“财学院”（www.idufep.com）教学服务平台上完成注册，并输入本教材封四学习卡中的激活码，就可以使用本教材精心配套的微课视频、动画、音频、图文和试题库等全媒体资源。与此同时，教师还可以在此基础上随时更新、完善与教材及教学相关的资源而开展定制化、个性化教学。

同时，使用富媒体智能型教材的师生可以下载App客户端，开展点名、作业布置、成绩统计分析等互动式教学活动。

东北财经大学出版社有限责任公司

2020年8月